21世纪高等院校公共管理系列教材

U0674720

行政管理学

（第四版）

高丹　安仲文　主　编

东北财经大学出版社
Dongbei University of Finance & Economics Press

大　连

图书在版编目（CIP）数据

行政管理学 / 高丹，安仲文主编. —4版.—大连：东北
财经大学出版社，2021.8
（21世纪高等院校公共管理系列教材）
ISBN 978-7-5654-4259-9

Ⅰ．行… Ⅱ．①高… ②安… Ⅲ．行政管理–管理学–
高等学校–教材 Ⅳ．D035

中国版本图书馆CIP数据核字（2021）第131148号

东北财经大学出版社出版
（大连市黑石礁尖山街217号 邮政编码 116025）
网 址：http：// www.dufep.cn
读者信箱：dufep@dufe.edu.cn
大连永盛印业有限公司印刷 东北财经大学出版社发行
幅面尺寸：148mm×210mm 字数：365千字 印张：12
2021年8月第4版· 2021年8月第1次印刷
责任编辑：田玉海 责任校对：陈 阳
封面设计：姜 宇 版式设计：钟福建

定价：35.00元

教学支持 售后服务 联系电话：（0411）84710309
版权所有 侵权必究 举报电话：（0411）84710523
如有印装质量问题，请联系营销部：（0411）84710711

第四版前言

21世纪是变革的时代，中国正在进一步融入国际社会，各方面的管理制度全面与国际接轨。

科学的行政，需要行政的科学。行政管理学是研究国家和社会公共事务客观规律、研究国家行政组织，为达到一定目标，依法、有效管理国家和社会公共事务的科学。它源于美国，后来推广到西欧、日本，迄今不过百年历史。改革开放后，行政管理学在中国有了飞速发展，如今在中国，行政管理学已成为社会科学中一个充满生机和活力的独立学科。

当前，党中央对加快转变政府职能作出了重要部署，为全面加强政府建设、完善国家行政体系指明了方向、提供了行动指南，为开启全面建设社会主义现代化国家新征程提供重要保障。

本书此次修订，对有关内容进行了更新，各章增加了一些专栏，以增加趣味性、思考性和拓展有关知识，同时对书中的一些行文细节进行了完善和调整。特别是，此次修订专门设置了思政课堂栏目，以帮助学生在学习专业知识的同时，加强品德修养、坚定理想信念、厚植爱国主义情怀。

本书全面系统地介绍了行政管理学的主要知识领域，特别是对人事行政、行政效率、行政改革等的阐述，立意新颖。全书将中国传统的行政管理思想与国外先进的管理实践紧密结合，重视应用能力的培养。为方便教学，本书配有电子课件，请选用本教材的老师登录"www.dufep.cn"免费下载。

本书由广西财经学院高丹、广西工商职业技术学院安仲文主编，并负责全书的总纂和审定。其中，第五、八章由安仲文编写；第一、三、四、十三章由高丹编写；第二、十二章由广西财经学院刘玉娟编写；第六、九章由广西财经学院李宜强编写；第七、十一章由广西财经学院李黎编写；第十章由广西财经学院时宏明编写。

在编写过程中，我们参阅了许多近年来出版的同类教材和著作，借鉴和吸收了国内外众多学者、同仁的研究成果。在此，谨致以诚挚的谢意。由于编写时间仓促，加之编者水平有限，错误之处在所难免，我们诚请读者与同行提出批评和建议，以利于今后改进与完善。

作 者

2021年夏

目 录

第一章　绪论 …………………………………………………………… 1

　　第一节　行政管理学概述 …………………………………………… 1

　　第二节　行政管理学的产生与发展 ……………………………… 12

　　第三节　学习行政管理学的意义和方法 ………………………… 24

　　思政课堂 …………………………………………………………… 28

　　关键概念 …………………………………………………………… 31

　　复习思考题 ………………………………………………………… 31

第二章　行政组织 …………………………………………………… 33

　　第一节　行政组织概述 …………………………………………… 33

　　第二节　行政组织理论 …………………………………………… 40

　　第三节　行政组织结构 …………………………………………… 47

　　第四节　行政组织优化和发展 …………………………………… 57

　　思政课堂 …………………………………………………………… 62

　　关键概念 …………………………………………………………… 64

　　复习思考题 ………………………………………………………… 64

第三章　行政职能 …………………………………………………… 67

　　第一节　行政职能概述 …………………………………………… 67

　　第二节　西方行政职能的演变 …………………………………… 73

　　第三节　转型期中国的行政职能 ………………………………… 76

　　思政课堂 …………………………………………………………… 88

　　关键概念 …………………………………………………………… 89

　　复习思考题 ………………………………………………………… 89

第四章　人事行政 ·· 91

　　第一节　人事行政与公共部门人力资源管理概述 ··········· 91

　　第二节　公务员制度 ····································· 97

　　第三节　中国公务员制度及其发展 ······················ 106

　　思政课堂 ··· 123

　　关键概念 ··· 125

　　复习思考题 ··· 125

第五章　行政领导 ·· 127

　　第一节　行政领导概述 ································· 127

　　第二节　行政领导体制 ································· 135

　　第三节　行政领导素质与领导艺术 ······················ 139

　　第四节　我国新时期的行政领导 ························ 150

　　思政课堂 ··· 157

　　关键概念 ··· 158

　　复习思考题 ··· 158

第六章　行政决策与执行 ···································· 160

　　第一节　行政决策与执行概述 ·························· 160

　　第二节　行政决策 ····································· 164

　　第三节　行政执行 ····································· 173

　　思政课堂 ··· 178

　　关键概念 ··· 180

　　复习思考题 ··· 180

第七章　行政监督 ·· 183

　　第一节　行政监督概述 ································· 183

　　第二节　西方国家的行政监督制度 ······················ 187

　　第三节　中国的行政监督制度及其完善 ·················· 194

　　思政课堂 ··· 209

　　关键概念 ··· 210

　　复习思考题 ··· 210

第八章　财务行政 ·· 212

　　第一节　财务行政概述 ································· 212

　　第二节　政府预决算管理 ·············· 218
　　第三节　政府会计与政府审计 ·············· 226
　　思政课堂 ·············· 231
　　关键概念 ·············· 235
　　复习思考题 ·············· 235

第九章　行政环境 ·············· 237
　　第一节　行政环境概述 ·············· 237
　　第二节　行政环境与行政管理的互动 ·············· 241
　　第三节　中国现阶段的行政环境 ·············· 244
　　思政课堂 ·············· 251
　　关键概念 ·············· 255
　　复习思考题 ·············· 255

第十章　行政效能 ·············· 257
　　第一节　行政效能概述 ·············· 257
　　第二节　行政效能的测定 ·············· 261
　　第三节　行政效能的提高 ·············· 271
　　思政课堂 ·············· 279
　　关键概念 ·············· 281
　　复习思考题 ·············· 281

第十一章　机关管理 ·············· 284
　　第一节　机关管理概述 ·············· 284
　　第二节　机关管理的内容 ·············· 290
　　第三节　机关管理现代化 ·············· 299
　　思政课堂 ·············· 305
　　关键概念 ·············· 307
　　复习思考题 ·············· 307

第十二章　行政法制 ·············· 309
　　第一节　行政法制概述 ·············· 309
　　第二节　行政立法 ·············· 314
　　第三节　行政执法 ·············· 321
　　第四节　行政司法 ·············· 327

思政课堂 ………………………………………… 335

关键概念 ………………………………………… 337

复习思考题 ……………………………………… 337

第十三章　行政改革 ………………………………… 339

第一节　行政改革概述 ………………………… 339

第二节　当代西方国家行政管理改革 ………… 342

第三节　中国的行政管理改革及发展趋势 …… 356

思政课堂 ………………………………………… 371

关键概念 ………………………………………… 373

复习思考题 ……………………………………… 373

主要参考文献 ……………………………………… 375

第一章

绪论

行政管理是随着国家和政府的出现而出现的，作为一种管理活动，它历史悠久，而作为一门独立的学科，行政管理学则居于新兴学科之列。政府的行政管理活动对于促进社会发展和推动社会进步起着越来越重要的作用。

第一节　行政管理学概述

一、行政和行政管理的含义

（一）行政的本质

"行政"一词，中国古籍早有记载。《左传》中记有"行其政事"，"行其政令"；《史记》中记有"周公行政七年""公乃摄行政当国"，其含义是执掌国家政权、推行政府法令、管理社会事务。在国外也早有"行政"一词，古希腊学者亚里士多德在《政治学》一书中指出：一切政体都有三要素，即议事机能、行政机能和审判机能。现代英语中的"administration（行政）"就来自拉丁文"adminiastrare"。到近代，一些西方学者从不同角度对"行政"一词进行了解释，如美国学者魏洛毕认为"行政是政府部门所管辖的事务"；怀特认为"行政乃是为完成或为实行一个政权机关的政策而采取的一切运作"；孟汉认为"行政是在法律范围内执行公务"；马叶尔认为"行政是实现国家政治目的的活动"；西蒙认为"行政是若干人为达到共同目的所作的集体行动"；狄马宛认为"行政是在研究人民期望政府做些什么事情以及如何使这些事情做得成功"。考察西方学者的理论观点，我们发现，尽管对行政的理解和表述有多种，但概括起来大致是从以下3个角度对现代意义上的"行政"予以定义：

第一，从政治和行政的关系加以定义。这一观点主张"政"和"治"（"行"）分离，将政治与行政分属于不同的领域，将其看作一个总的过程中的两个不同阶段。他们认为，在一切政治制度中，只有两种基本功能，即国家意志的表现和国家意志的执行，并认为政治的领域是国家意志的表达，是公共政策的制定，而行政管理则属于对国家政策和法律的执行。这便是著名的政治与行政二分法说，其与1883年美国政府以功绩制为主要内容，以政务官和事务官的分离为主要形式的近代文官制度的确立有着直接而密切的联系。美国学者威尔逊（Thomas W. Wilson，1856—1924）和古德诺（Frank J. Goodnow，1859—1939）最先提出了这一观点。

第二，从"三权分立"角度出发，从政府的组织结构加以定义。众所周知，西方现代资本主义国家是按照"三权分立"的原则建立起来的，立法、司法、行政三者分权制衡。因而，从这一点出发，西方学者形成了关于行政的"大政府"与"小政府"两种观点。小政府的观点将行政看作除立法、司法以外行政机关的事务。认为行政就是政府组织中的行政部门管理自身内部事务和社会公共事务的活动。例如，美国行政学者魏洛毕认为"行政是政府组织中行政机关管辖事务的活动"。大政府的观点则认为，行政是包括立法、行政、司法三大部门在内的政府机构管理社会事务的活动。再如，美国行政学者菲利克斯·尼格罗和劳埃德·尼格罗认为，行政"包括所有三个部门——执行的、立法的和司法的——以及它们的相互作用"。

第三，从管理的职能角度加以定义。19世纪末20世纪初，由于科学技术和生产的发展，资本主义国家在工商企业发生了"科学管理"革命。美国的泰罗在他撰写的《科学管理原理》中主张分工协作、增强计划性、实行标准化、培训职工，规定定额和实行差别工资以挖掘潜力，提高效率。在这一背景下，科学管理的理论也逐渐被引进到国家行政管理部门。有学者便从科学管理的功能、要素、宗旨来解释行政的含义。美国学者卢瑟·古利克（Luther Halsey Gulick）将这一活动过程进行了具体分解，提出著名的POSDCRB七职能说，即计划（planning）、组织（organizing）、人事（staffing）、指挥（directing）、协调（coordinating）、报告（reporting）和预算（budgeting）。

以上对行政的不同认识可以说是不同的研究途径所致，因此每一种定义必然都有其合理的部分，但同时也必然存在着不足和缺陷。第一种定义在提出后不久就招来异议，显然，国家意志的表达功能和执行功能是相互渗透、难以截然分开的，但是，这一定义还是指出了行政与政治相比较所具有的地位，这也是现代西方公务员制度（尤其是政治中立制度）的一个重要理论基础。第二种定义指出了行政管理的主体（尽管对这一主体的确切身份有争议），但对行政管理的客体的说明比较含糊。第三种定义从技术角度去理解和研究行政活动，但同时也忽略了行政管理作为一种特殊形式的管理活动的这一基本立足点。

马克思主义向来注重对国家问题的研究。马克思曾指出："行政是国家的组织活动。"这一著名论断揭示了行政与国家紧密联系并以对国家事务的组织管理为活动内容的本质特征。行政是人类社会发展到一定阶段，随着国家的产生而产生的。在原始社会，人类就有初步的社会管理活动。那时，公共的事务由部落成员按习俗、惯例处理，社会秩序靠传统力量维持，没有专门的管理机构和管理人员。后来，随着社会经济的发展，出现了阶级，管理公共事务的权力由在经济上占统治地位的阶级的代理人即官吏掌管，就出现了国家。"国家的本质特征，是和人民大众分离的公共权力"，因此，与人民大众分离的公共权力的出现，意味着国家的产生，也就是行政的开始。国家是有阶级性的，行政实现国家的意志，其性质必然由国家的阶级性所决定。由于国家的管理职能具有二重性，既包括执行由一切社会的性质产生的各种公共事务，又包括由政府同人民大众相对立而产生的各种特殊职能。因此，行政与政治是不可截然分开的，只有把行政与国家的阶级性联系起来才能认清行政的本质。

综上所述，行政是一个内涵丰富的概念，应从综合的角度，多层次地、全面地对其进行阐述。在对行政的理解上，马克思主义的观点应该成为我们科学地把握行政概念的指导。我们可对行政作如下理解：

1.行政是国家活动

行政是一种国家活动，不是一般机关、组织、团体、单位的活动。国家是阶级矛盾不可调和的产物，是一定阶级进行政治统治和社会管理的工具。作为国家活动的行政就是管理国家事务和社会公共事务的活动，因而理所当然地不仅要执行国家的权力，而且也要代表在国家中占统治地位的阶级的意志和利益。离开国家来看行政，显然是错误的。

2.行政是国家的社会管理活动

行政不是国家所有的活动，国家活动包括政治统治和社会管理不可分割的两个方面。一般而言，国家立法活动表达统治阶级的意志，较多地显示政治统治的作用。与国家的立法、司法等其他活动相区别，行政以组织管理为活动内容，这种组织活动的主体主要是国家行政机关，更多体现为通过对国家事务的具体管理来实现统治阶级的意志；将反映国家意志的法律、法规、方针政策等付诸实施；组织人力、物力等实现既定目标，追求的是高效率。这有别于夺取政权、改变阶级结构、建立并巩固政权等政治活动。

3.行政是活动过程

行政是一个活动过程，不是孤立、静止的。活动要有运行机制、程序、方式、方法等。行政就是国家行政机关通过领导、计划、组织、协调、控制等一系列环节和手段而展开与运作的活动过程。

概而言之，我们可以认为，**行政是国家行政机关运用国家权力，为实现统治阶级的意志和利益，依法通过领导、计划、组织、协调、控制等环节和手段对国家和社会事务以及自身的运行所进行的一系列管理活动**。在这里，主体是国家权力机关的执行机关，即行政机关，也就是从中央到地方的各级政府；客体是国家事务、社会公共事务及行政组织的内部事务。它不是对社会某一部门、某一方面的管理，而是对包括政治、经济、文化、教育、卫生、军事、财政、金融和其他社会事务的整个行政事务的管理。其原则是以法律为准绳，依法行政。其程序是动态的，是通过领导、计划、协调、组织、控制等一系列环节、手段进行活动的过程。

（二）行政的特点

行政与一般管理相比较有以下特点：

1.活动性质不同

管理活动一般不具有政治性，而行政活动的性质由国家性质决定，它具有政治性与社会性相统一的特征，行政执行统治阶级的意志，其活动必然带有阶级性或具有阶级意向性，即主观上是为了维护阶级统治，而客观上维持了社会秩序，促进社会经济发展，有利于公众，服务于全社会。

2.活动范围不同

管理的范围十分宽泛，从个人到社会，从物质文明到精神文明，凡人类涉足的领域几乎都离不开管理。而行政管理是管理系统中的一个子系统，是以行使国家行政权力为界限的范围内的活动，超越权限的管理无效。

3.活动时限不同

所谓管理，就是把人、财、物等资源，通过运用计划、组织、领导和控制等方法来完成既定的组织目标的过程。管理时限较长，它是一种随人类群体活动开始就具有的，并且与人类社会并存的活动。行政是人类社会发展到一定阶段，随着国家产生而开始的活动，比管理的时限短得多。

（三）行政管理的界定

一般认为，行政与行政管理两个概念没有根本区别，可以互换使用。目前，行政学界对二者细微的差别有不同看法，有的认为行政层次较高，侧重总的方面，而行政管理层次较低，侧重具体运行活动。还有人认为，行政管理是管理的一个子系统，与其他方面的管理诸如经济管理、文化管理等层次相同，称行政管理更为贴切，但二者并没有本质区别。此外，我们所说的行政管理有时又被称为"公共行政（public administration）"，它突出强调了行政管理的一个重要特征——公共性，这是行政管理与其他管理的一个重要区别，也是行政管理学最需要着力探讨的领域。正如徐颂陶、徐理明在其主编的《中国公共行政》一书所言，选用公共行政之名"是为了更贴切地体现我国政府管理的本质特征"。

在我国，行政管理是指作为国家最高权力机关（全国人民代表大会）的执行机关的各级人民政府的工作。需要指出的是，在企业和事业单位中，也有使用行政和行政管理概念的情况。例如，许多有关国民经济的重要行业，一些属国家所有的大中型企业、事业单位，其领导者由国家行政主管部门任命或聘任，并对国家负责，它们具有相当于国家行政人员的公职身份和待遇，其下属管理机构的管理人员称为行政管理人员，他们所从事的工作称为行政管理工作。显然，这里说的行政或行政管理仅就这些单位自身的"公共事务"的管理而言。与政府管理的国家公共事务和社会公共事务并不是同一范畴的概念。因此，为便于说明现实中复杂的行政管理现象，**行政管理也就有广义和狭义之分，仅指政府所从事的行政管理称为狭义行政管理，而包括企业、事业和其他单位的行政管理则称为广义行政管理。**两者在某些管理原理上有共通之处，但管理的性质与特点又存在重大的区别。本书使用的是狭义行政管理概念。

（四）行政管理学的特点

行政管理学又称行政学，在国外亦称公共行政学、公共管理学、国家管理学等。它是探讨行政管理活动的规律、研究如何搞好行政管理的科学，是社会科学中的一门独立学科。行政管理学研究的目的在于建立科学的行政管理体系，提高行政管理的效能。也可以说，行政管理学是研究国家行政组织依法对国家政务和社会公共事务进行有效管理规律的科学。对行政管理学可以从以下特点去进一步认识。

1.阶级性与社会性

行政管理是与国家同时产生的社会现象，它是客观存在的，有着不以人的意志为转移的规律，这是行政管理学研究的前提依据。行政管理学要研究行政管理的一般规律，但行政的性质由国家性质决定，因而行政管理的理论、原则、方法归根到底是为一定的统治阶级服务，而且也是从统治阶级的管理实践中概括出来的，不可能不带有阶级的特点。但是，管理活动有其自身的规律，管理活动规律的原理、原则和方法则具有普遍适用性，在不同社会制度国家的行政管理活动中都具有指导作用。因此，行政管理具有阶级性和社会性。我们在不排斥吸收、借鉴国外的研究成果的同时，应看到不同性质和类型的国家其行政管理有各自的特性，因此要注重对本国行政管理特殊规律的研究，以指导实践。

2.客观性和实践性

行政管理学研究的目的在于，针对实际，找寻规律，指导实践，以提高行政管理的有效性，实现行政高效率。行政管理的概念、范畴、原理、原则都是从复杂的行政行为和行政现象中概括出来的，它以客观事实为依据，进行概括、总结、提高，上升为系统的理论知识体系，客观地反映行政现象背后的内在规律，因此具有客观性。但作为一门应用科学，它的知识具有高度的实用价值，它可以较直接地应用到行政管理的实践中去，为行政管理提供科学的指导和科学的方法，指导和规范行政管理活动，提高行政管理水平，因而具有很强的实践性。

3.综合性与交叉性

行政管理学是在综合了哲学、政治学、法学、管理学、社会学、心理学、决策学、信息学、人事管理学等多种学科的有关知识基础上发展起来的，与这些学科既有联系又有区别，是一门综合性、交叉性的学科。现代行政管理学的内容包含了许多学科的理论知识和实践经验，在吸收各门学科知识的基础上，对行政现象作系统研究，是一门独立的、完整的学科。

二、行政管理学的研究内容及与其他学科的关系

（一）行政管理学的研究内容

行政管理学是一门发展中的学科，随着社会的发展和进步，国家机关和企事业单位的职能、管辖范围、工作方法、机构设置等，都在不断地变化。行政管理学的理论不是僵死的教条，它根据社会实践、管理工作的经验教训，不断提出新的理论来丰富和发展，以适应时代进步和社会发展的需要。近百年来，行政管理学的理论原则、技术方法都在不断地创新，行政管理学的内容也在不断发展。行政管理学的研究主要涉及下列18个方面：

（1）行政管理学史。行政管理学史研究行政管理学学科的发展历史，了解行政管理学的起源、形成、发展和改革的全过程，从中总结规

律以借古鉴今。

（2）行政原理。行政原理研究行政管理的一般原理，也就是关于行政学的理论和方法的原则、概念和范畴的逻辑体系，作为各级行政机构采取行政措施的基本准则，同时也为进一步开展行政管理学的研究奠定坚实的基础。

（3）行政领导。行政领导是整个领导系统的一部分，是组织和管理国家行政事务的重要管理活动，在国家行政管理中处于极其重要的地位。研究现代行政领导职能、程序、类型、方法、艺术和行政领导者的素质，是实现行政管理目标的关键。

（4）行政组织。行政组织是一切行政机关相互关联的综合体，它是整个行政管理系统的"心脏"。研究行政组织的内容包括行政组织的结构、有效组织的设计原则、组织中的职位设置、组织中的信息传递及组织系统。行政组织的完善与否在行政管理中占重要地位，是影响行政效率的重要因素。研究行政组织对我国领导体制和行政机构改革具有重要指导意义。

（5）行政决策与执行。行政决策与执行的正确与否，直接影响着行政管理的成败。通过揭示行政决策与执行的原则、程序和方法，可以促进行政决策民主化和科学化以及行政决策执行有效化的实现。

（6）行政法治。行政法治是指在行政管理中运用的行政法律规范进行治理。传统的行政学很重视行政法的研究。在我国，建立和健全社会主义的行政法规，是有效实行行政管理的重要保证。

（7）人事行政。人事行政研究的一般原理，包括人事管理的目的、任务、原则、制度，行政人员的任用、选拔、调配、流动、培训、奖惩、工资、退休等内容。

（8）机关管理。机关管理研究如何提高机关工作效率，如何科学地管理机关行政事务，包括机关公文处理、机关档案管理、机关生活事务管理等。机关是行政管理机构的实体，也是行政管理的主体。行政机关自身建设和管理如何，能否发挥它应有的功能和效率，对整个行政管理具有重要意义。

（9）财务行政。财务行政研究国家收入、支出的调整与控制的一般原理。行政管理离不开经济支持，财务是构成行政管理的一个不可缺少的要素。财务行政研究的主要内容就是预算、会计核算、决算和审计。

（10）行政方法。行政管理学是一门应用性很强的科学，要实现行政管理现代化，研究行政管理的过程中就必须运用多种学科的知识为行政管理服务。特别是，现代行政管理学不断引进一些新的科学管理方法，如控制论、系统论、信息论、运筹学、投入产出、数理统计、模拟、教育、激励等。

（11）行政心理。行政心理是研究行政管理中具体的社会心理现象及其与政策制定的关系。

（12）行政信息。行政管理从某种意义上来说就是信息管理，信息在行政管理中至关重要。通过行政信息的沟通和反馈，为制定和执行行政决策，实行行政指挥和行政调控提供客观依据。行政信息研究的内容包括行政管理与信息的关系、行政信息管理及其机构设置、行政信息管理的内容和过程、信息管理人员的素质和培养。

（13）行政监督。监督各级行政机构和工作人员遵纪守法、严格履行职责、维护国家的法律和人民的权利，是行政管理的又一主要课题。因此，必须研究行政监督的性质和作用，行政监督的形成、内容和机构。

（14）行政改革与发展。实践证明，行政体制改革是经济体制改革的保证，不改革目前那些落后的行政管理体制和管理方式，经济建设和改革将流于形式。改革行政管理体制的中心环节，就是实现行政管理科学化。行政发展是衡量社会进步的基本尺度之一，是整个社会发展的重要组成部分，近年来已引起国内行政学界的重视，已成为行政学研究的一个重要的领域。

（15）行政环境。凡是对行政系统发生作用，并为行政系统的反作用所影响的条件和因素，都属于行政环境的范畴。行政管理存在和发展的全部价值，就在于它在适应行政环境的基础上，积极地促进其所赖以建立的经济基础和国家政权的巩固和发展，在于它对行政环境的能动的改造。

（16）行政职能。行政职能是行政机关在管理活动中的基本职责和作用，主要涉及政府管什么、怎么管、发挥什么作用的问题。行政职能是国家职能的具体执行和体现。

（17）行政文化。行政管理是一种文化现象，这是因为任何管理的形成，都必须以特定的文化背景为基础。实践证明，一种管理理论最终能否取得成功，并不取决于其选择的具体内容和方法是什么，而是取决于这种内容和方法同特定的文化背景与传统的融合程度。

（18）行政效率。行政管理学的根本宗旨在于提高行政效率。行政效率是行政管理的出发点和归宿点，是评价行政管理活动的重要标准。研究行政效率的作用、行政效率的测量与评价、提高行政效率的途径等，是行政管理学的一项迫切而又重要的任务。

以上18个方面的内容是各级各类行政机构普遍遇到的共同问题，这些共同问题是狭义行政管理的主要内容。本书分为13章，具体阐释这些共同问题的绝大部分内容，以使读者能对狭义行政管理的主要内容有一个基本的理解与掌握。

此外，近年来，随着我国行政管理科学研究的发展，行政管理学研究的内容与范围也在进一步深化、充实和扩大，出现了一些结合行业或专业特点的行政管理研究，如中央行政管理、地方行政管理、城市行政管理、农村行政管理、军事行政管理、外事行政管理、经济行政管理、教育行政管理、科技行政管理、公安行政管理、卫生行政管理、交通行政管理、外贸行政管理、工业行政管理、商业行政管理、农业行政管理、民政行政管理等。因此，可以预见，随着我国行政管理实践的发展，行政管理学的研究范围将更为广泛，新的研究课题将会不断涌现，并将更多地表现为多学科和多维性课题的交叉与综合。

（二）行政管理学与其他学科的关系

行政管理学既是一门综合性、交叉性、边缘性的学科，又是一门相对独立的学科，与其他学科既有密切联系，又有所区别。

1.行政学与政治学的关系

从发展进程看，行政学是从政治学中分离出来的，晚于政治学。政治学主要研究国家的基本理论和制度，包括国家的起源、阶级关系、政治制度、政府组织、政党、公民等。行政学则依据政治学的原理、原则，研究政府体制和政府行为，使政治学的原理、原则具体化。因此，行政学离不开政治学的基础，政治学也需要行政学去充实自己的内涵。

2.行政学与管理学的关系

管理学是研究一般管理规律的科学，行政学则是专门研究国家行政管理规律的科学，是管理学的一个分支。两者的关系是大系统与分系统的关系，是共性和个性的关系。

3.行政学与社会学的关系

社会学是研究整个人类社会现象和社会问题的科学，是社会科学的基本学科之一。行政管理也是一种社会管理，需要运用社会学的理论和原则。而且行政管理学只有将行政现象置于广大的社会环境中来考察，才能获得比较符合实际的理论和解决办法。但是，依法运用国家行政权力管理社会公共事务又不同于一般的社会自治的管理。现实社会的许多重大社会问题只有依靠国家行政机关的法权地位所特有的方式、手段才能解决。所以，行政管理学与社会学是相互促进、相互支持的。

4.行政学与经济学的关系

经济学是研究物质资料的生产、交换、分配和消费等经济活动规律的科学，物质资料的生产是人类赖以生存和发展的基础。一个国家的强弱，政权的兴衰，归根到底取决于社会生产力发展水平。因此，如何管理经济就成为各国行政管理的核心。行政管理学者需要有广博的经济学知识，但又不是具体的经济学者、企业管理学者。

5.行政学与行政法学的关系

行政法学是以行政法律关系为研究对象的学科，其性质和内容是研究和规定行政管理的法律规范。现代国家的行政管理都强调要依法行政。行政学研究的是如何执行政策，推行政务，实现行政目标。两者都以国家行政为研究对象，紧密相联、互相促进。

除了以上学科外，行政管理学与统计学、心理学、运筹学等学科也有着比较密切的关系。

▶▶

专栏1-1

治国理政之学

著名学者夏书章曾说过：行政或公共管理这门学科，是一门治国理政的学问，一定要明白这样一个学科定位。经过40余年改革开放历程，中国和平崛起，全世界都在研究中国是如何发展并崛起的，西方众说纷纭。《习近平谈治国理政》为这个问题提供了答案。该书一出版发行，就迅速畅销120多个国家和地区，引起了全世界热议。中国崛起的根本原因在于中国共产党领导。中国共产党从无到有，从小到大，从弱到强，中华人民共和国成立后领导人民摸索前行，后来实行改革开放，取得令世界瞩目的成就。目前国外还兴起中共学，研究中国在共产党的领导下是如何发展的。《习近平谈治国理政》是一定要看的，应该作为公共管理专业的必读书目。因为中国只有理论联系实际才有今天。什么叫中国特色社会主义道路自信、理论自信、制度自信、文化自信？回答这个问题就离不开公共管理，现在叫作治理——治国理政。西方的公共管理其实比较狭窄，而我们的外延很宽。我们不是一般意义的立法司法行政的分工。从治国理政的角度来看，这些内容其实都是公共管理的范畴。比如天气，不只是专业的气象问题，也是公共管理问题。公共管理的综合性很强，它不仅仅是很小的一部分，准确地说，广义的公共管理，包括了政府的管理、民族问题、文化问题等。有些看起来或许不是直接的行政问题，但它是国家治理的重要内容，这就是公共治理的范畴。例如，我们经常讲的行政，就有一个所行何政的前提。西语把政治和行政作为两个词，而汉语之妙在于政治一词中已经包含了治。治其实就具备了行政的内涵。因此，西方所谓"文官中立"的主张，分明是有名无实之谈。在行政系统谁当行政首长，你能不听谁的吗？我们是中国共产党领导的国家，就必须高举马克思主义伟大旗帜，不忘初心，继续前进。特别是在教育界，首先有一个培养什么人的问题，没有培养革命接班人的共识，将是严重失责。对公共管理这门学科，尤其如此。研究治国理政，培养可靠的治国理政人才，就是我们这个学科的使命所在。

资料来源：夏书章，朱正威. 治国理政之学，善政良治之用——夏书章教授学术访谈［J］. 中山大学学报（社会科学版），2020（06）. 节选.

▶▶▶

第二节　行政管理学的产生和发展

一、行政管理学产生的历史背景

　　行政管理学最初称为行政学，行政学一词最早是在 1865 年由德国学者史坦因提出来的，但当时所讲的行政学，主要是指行政法而言，还不是现代意义上的行政学。作为一门独立学科的行政学，开始于1887年威尔逊发表的《行政学之研究》一文。在这篇文章中，威尔逊强调只从政治和法律的角度来研究行政的传统做法已经过时，提出应着重研究如何有效地推行行政，提高政府的效能。他认为："应当有一门行政科学，它将为政府工作铺平道路，使它专注于公务，加强和精于政府组织并赋以责任。"1900年，美国行政学者古德诺又主张政治与行政分离，把行政作为一个单独领域加以研究，进一步推进了行政学的发展。1926年，怀特对行政学研究的主要内容做了系统的论述，开始形成行政学体系。此后又有许多学者从事行政学研究，使行政学逐渐成为一门独立学科，在许多国家引起普遍重视。

行政管理学的产生与其他学科一样，是由社会客观需要引起的，其产生的历史背景和社会条件主要可归纳为以下4个方面：

（一）满足资本主义国家经济发展对国家行政管理提出的要求

在19世纪末20世纪初，资本主义国家社会生产力和社会化大生产迅猛发展，对国家行政管理提出了新的要求，特别是随着资本主义发展到帝国主义垄断阶段，国家对经济和社会事务的干预不断加强，国家行政管理机构不断扩大，人们越来越深刻地认识到国家行政实行科学管理的重要性，迫切需要有一门科学理论来指导国家行政活动，以使政府更好地履行其职能、完成其使命。

（二）文官制度的创立和发展

19世纪末，美国文官改革运动直接推动了对行政管理学的研究。这场运动的主要目的是废除"政党分赃制"，建立"中立的"文官制度和功绩制。1877年，纽约成立了第一个文官改革协会。1881年成立了文官改革同盟。1883年，美国国会制定了《彭德尔顿法》（即《文官法》），开始确立功绩制原则。公共行政人员的考核、培训、廉洁、工作效率等也为公共行政学的公共人事行政研究提供了最主要的范畴和最早的规范，因而对行政管理学的形成具有直接的推动作用。

（三）科学管理运动的兴起，使管理科学成为传统公共行政学的一个重要理论来源

19世纪末20世纪初，资本主义国家社会生产力和社会化大生产迅猛发展，资产阶级为了在剧烈的竞争中生存和获得更大的利润，就要合

理地管理人、事、财、物，以追求高效率，于是科学管理应运而生。1911年，被誉为"科学管理之父"的泰罗（F.W.Taylor，1856—1915）出版的《科学管理原理》一书，提出了科学管理的4条原则：搜集经验以形成科学的劳动过程、对工人的科学挑选及进一步开发、将科学的挑选与培训工人相结合、正确划分工人与管理人员的实际工作，从而形成管理者与工人的长久性合作。泰罗最先发展了工时研究和动作研究，对计划职能和执行职能的划分、职能管理制的采用和组织结构上的管理控制原理等进行了探讨。其基本精神是科学地确定每一个工作人员如何以最佳的方式完成各项任务，从而提高工作效率。有"现代管理理论之父"之称的亨利·法约尔（Henri Fayol，1841—1925）在《工业管理与一般管理》一书中论述了行政管理活动包含的5种职能，即计划、组织、指挥、协调和控制，并提出了行政管理的14条原则：劳动分工，权力与责任，纪律，统一指挥，统一领导，个人利益服从集体利益，报酬，集中，等级系列，秩序，公平，首创精神，人员的稳定，团结。这些与文官制度中功绩制的原则是基本吻合的。于是，美国的行政学者开始通过科学管理来寻求提高政府行政效率的方法。可以说，科学管理运动的兴起促使了行政学的科学化。

（四）西方近代政治学、行政法学等学科的形成和发展为行政管理学提供了理论基础和研究方法

西方近代政治学说，尤其是国家学说，为行政管理学提供了有关国家权力（行政权）、民权民意、政府结构、政治过程等概念和范畴，提供了传统的理论和思辨的研究方法。行政法学与资产阶级革命几乎同期产生，其最初的宗旨是要反对和制止封建君主对资产阶级的强权的、粗暴的干涉和掠夺，后来则演变为研究行政法律关系的学问。行政法学开创了"依法行政"思想源流，建立了"法治行政"的最初的理论规范，而这恰恰是迄今为止行政管理学最重要的理论基础之一。

二、国外行政管理学发展的几个时期

在行政管理学一百多年的发展过程中，欧美国家尤其是美国的学者作出了不可磨灭的贡献。本节将以美国行政管理学的发展为主线来阐述行政管理学的发展历程。对行政管理学发展阶段的划分，国内外学者有着不同的看法。由于划分阶段根据的不同，划分方法各异。其中比较有

代表性的有以下几种。美国著名管理学家丹尼尔·A·雷恩依据管理思想的演变将整个管理学的演变分为4个时期：早期管理思想时代、科学管理时代（19世纪末到20世纪初）、社会人时代（20世纪20年代开始到第二次世界大战）和当前时代（第二次世界大战以后）；美国著名行政学家尼古拉斯·亨利按照行政管理在其学术领域中所占的体制位置和该领域的研究内容将行政管理学划分为5个范式阶段：政治-行政二分法（1900—1926），行政学原理、挑战及回应（1927—1950），作为政治学的公共行政学（1950—1970），作为管理学的行政管理学（1956—1970），作为公共行政学的行政管理学（1970年以后）。

我国学者对公共行政发展阶段的划分大多参照国外学者的划分标准和方法，其中有代表性的主要有以下几种。我国台湾学者张润书把西方行政管理学的发展划分为三大阶段：传统理论时期（X理论时期，1900—1930）、行为科学时期（Y理论时期，1930—1960）和系统理论时期（Z理论时期，1960年以后）。夏书章教授把西方行政管理学的发展历程概括为三个时期：形成阶段——传统管理时期（19世纪末—20世纪20年代）、成长阶段——科学管理时期（20世纪20年代—40年代）、科学化阶段——现代化管理时期（20世纪40年代至今）。陈福今、张德信则把西方行政管理学的发展历程根据西方工业化的发展分为"三时期"：工业化初期的公共行政、工业化完成时期的公共行政、知识经济时代的公共行政；还有学者将其划分为：形成时期的行政思想（19世纪末—20世纪30年代）、发展时期的行政思想（20世纪40年代—60年代）和繁荣时期的行政思想（20世纪70年代至今）；还有学者将公共行政发展划分为3个范式：传统公共行政范式（19世纪末—20世纪40年代）、对传统的批判与新公共行政的出现（20世纪40年代—60年代）、公共管理范式（20世纪70年代—90年代）、新公共管理范式（20世纪80年代末—21世纪初）、新公共服务时期（21世纪初至今）。

尽管划分的形式多样，但大体我们可以看出一些基本原则：第一，划分的主要依据是行政管理学理论主张中核心价值的变化；第二，凡是对行政管理学发展产生了重要影响的思想观点都应当在行政管理史中获得自己相应的位置；第三，对同一时期由于存在不同学派和研究方法，每一个阶段只有大体的上限而不硬性划定下限。

出于学习方便、易于接受的想法，本书选择一种按事物成长规律的划分方法将西方行政管理学发展分为 3 个时期，并作简要介绍。

（一）形成时期

国外学者认为，从 19 世纪末到 20 世纪 30 年代，是行政管理学形成的时期，又称科学管理时期。1887 年，美国的威尔逊在《政治学季刊》上发表了《行政学之研究》一文。他认为"执行宪法比制定宪法还要困难""应该建立一门行政科学，力求使政府少走弯路，避免杂乱无章、不成体系的现象发生，使政府在评价工作时得到尽责的声誉"。由于这篇文章论点上的开创性，威尔逊被认为是美国行政管理学研究的奠基人。继威尔逊之后，美国的另一个著名行政学家古德诺于 1900 年出版了《政治与行政》一书，对政治与行政分离的理论作了进一步系统阐述，为创建系统的行政管理学提供了理论基础。古德诺定义了行政与政治的不同作用，阐明这两者是完全能够区分开的。因为在所有的政府体制中都存在着"两种性质截然不同的政府职能"，"政府的这两种职能可以分别称作'政治'与'行政'。政治或政策与国家意志的表达相关，行政则与这些政策的执行相关"。即使是在君主制政府中，分工的需要也使区分这两种功能变得不可避免。古德诺倡导的"政治与行政分离"的二分法观点，使威尔逊开创的行政管理科学正式从政治学中分离出来，并引起人们的广泛重视和研究。1926 年，怀特在其出版的美国第一本大学教科书《行政学导论》中，采用理论研究的方法来研究行政学，并把行政要素划分为四大部分，即组织原理、人事行政、财务行政和行政法规。除了一般公共行政原理外，着重研究组织结构。魏洛毕则在 1927 年出版的另一本大学教科书《行政学原理》中提出了他发现的政府机构活动中的一些基本原则，并指出在研究一般公共行政原理的同时，应将重点放在公共行政的财务和预算上，注重宪法权力。

从威尔逊提出要建立行政科学，到以后古德诺、怀特、魏洛毕等人在自己著作中建立行政学的学科体系，是行政管理学开始成为一个独立学科的形成阶段。早期的行政学系统地论述了行政学的研究对象、内容和方法，着重研讨政府行政组织、人事行政和财务行政，同时也注意研究中央与地方之间的关系、行政首脑的作用、行政部门同立法部门及一般公众之间的关系。其以研究政府行政效率和节省开支为目标，主张

"政治与行政的分离"，充分发挥行政管理的功能作用；主张实行组织系统化、工作方式和程序合理化、机关事务计划化、组织协调化、各项工作标准化、权责分明、追求实效等。早期的行政学的主要贡献在于发现行政管理活动中的规范性的一些基本原则，勾画了行政学研究的大致范围，其理论和方法对当时行政学的发展产生了较大影响，并使得行政学开始作为一个为人们所接受的新的研究领域从政治学中独立出来，并进入了大学课堂。1939年，美国成立了全国行政学会，交流、发展、传播公共行政的知识与资料，以增进行政管理学的研究。至此，行政管理学作为一门独立的学科被确定下来。

（二）成长时期

成长时期又称行为科学时期，这个时期大致从20世纪30年代到60年代。"行为科学"这一概念是在1949年提出来的。但20世纪20年代就有人运用这种理论和方法，重视人的行为的研究。20世纪30年代，以梅奥为首的3位哈佛大学教授主持了著名的"霍桑实验"：他们在一个工厂对工人的行为同工作效果的关系进行实验研究，发现工厂产量的增加同尊重工人、听取工人的意见、注意单位中非正式组织的各种因素密切联系。他们依据这一结果，提出了"社会人"的假设，认为必须重视人与人的关系，以及人与单位的合作关系，认为人是任何合作企业的重心，管理研究必须集中在人的行为、人群关系的研究，主张管理在于激发人的积极性。"社会人"的假设的提出标志着行为科学的产生。与规范性研究方法不同，行为科学是用实证性的方法研究组织管理中人的行为以及行为过程，人和人际关系被纳入研究视野，拓展了行政管理学的研究领域。马斯洛的人类需求层次理论、麦格雷戈的X-Y理论、赫茨伯格的双因素论等都是其直接的成果。行为科学对行政学研究有很大影响，使行政学转向从社会学、心理学、人类学的角度，重视对人的行为和心理因素以及人与周围环境关系的研究，注意激发人的积极性。从20世纪30年代开始，在美国开始运用所谓"行为科学"来研究行政管理。以行为科学的理论和方法来研究行政管理，至今在国外仍很盛行。然而行为主义的方法引入行政活动研究所产生的最为重要的理论成果之一，则是有限理性决策论的提出。同时，这一时期拉斯韦尔和彼得的政策科学也对行政管理学的发展作出了重大贡献。

这一时期理论的主要特征是把行为科学运用于行政管理学的研究，把研究的重点放到人的本身、人的行为、人的作用、组织的作用以及人与组织、环境的关系，主要运用心理学、社会学等研究的科学成果来研究管理的问题。但是，这种人际关系组织理论过分强调了感情的、社会的因素，忽视了理性、行政组织、法治规范以及外在环境的作用，因而在管理实践中显示出偏颇和不足。

（三）发展时期

行政管理学的发展时期又称现代科学管理理论时期或新公共管理时期，这个时期大致从 20 世纪 60 年代至 21 世纪初期。这一时期理论的主要特征是：大量的新流派、新理论和新方法围绕政府管理问题的解决而交叉、融合，为政府管理研究的突破奠定了坚实的基础。这一时期，西方社会科学在经历了长期的分化、初步的融合之后，开始大踏步向整体化迈进，跨学科、交叉综合研究成为社会科学研究的主要趋势。一方面，一批经济学者用经济学的方法来研究传统的政治学和行政管理学的主题，形成了一系列颇有影响的新公共行政理论。这一理论的特征就是要以管理取代行政，以市场或合同取代官僚的公共行政，以缩小公共行政的规模，其实质就是要实现公共管理的社会化、市场化、企业化。如果用一句话概括"新公共管理"，就是要以市场和企业精神重塑公共部门。其中最有影响和最有成就的流派，是以 1986 年诺贝尔经济学奖获得者布坎南为代表的公共选择学派，他把"经济人"假设引入了政府行为理论，这对政府行为的分析有独特的价值，为我们认识政府及其行为提供了新视角。这一理论在西方受到高度重视。此外，另一重要学派是以科斯为代表的新制度经济学派，其主要代表人物包括科斯、诺斯、威廉姆逊与德姆塞茨等，其主要理论贡献有：交易成本理论、代理理论、制度创新理论等。另一方面，传统行政管理学者把二战以后出现的系统工程学、运筹学、控制论等新兴学科的理论引入行政管理研究，把行政管理看作许多相互依存的不同要素所构成的具有一定功能的整体。这个整体是由不同性质与作用的各个部分组成的，各个组成部分既是彼此独立的，又是互相依存和互相制约的，并有共同的目标。其强调行政管理活动与外界环境、外在系统之间的关系，强调根据环境的变化选择适当的管理方式等方面的研究，如美国社会学家帕森思提出的每个组织系统分为决策、管理和技术3个层次；美国哈佛大学的高斯和雷格斯从生物对环境的依存关系出发，认为公共行政不能囿于自身，而应当重视和研究公共行政与自然环境、社会环境间的关系，即在行政管理中必须重视行政过程的整体性，以及行政系统与社会环境之间的关联性，只有这样才能提高公共行政的水平；美国尼勃拉斯加大学教授卢桑斯提出了依据条件的不同经过权衡而随时变通的"权变理论"，等等。他们从宏观、联系、开放和动态的高度来研究行政管理学，力图将人和人的活动、对象、环境统一起来，从"决策人"出发，运用最新科学成果，从各方面的联系来研究行政管理。

随着新公共管理理论的发展，其对公共行政本身的"经济人"假设也导致了一些问题。以美国学者罗伯特·登哈特（Robert Denhardt）为代表的公共管理学者对新公共管理学的思想进行了反思，认为新公共管理的问题具体表现为以下几个方面：第一，丢失"公共性"。新公共管理将"3E"作为价值基础，强调政府像企业一样经营，忽视政府管理的核心价值中的公正、公平、正义，必然导致公共管理丢失本真。第二，弱化政府的公共职能。将本应由政府承担的公共服务职能转交给社会，政府变成逐利的主体，长此以往，政府将弱化本身的职能性。第三，将公民比喻为"顾客"是不恰当的。公民不只是服务的受众，更是社会的主人，公民需要参与到公共政策的制定过程中，由此体现公民社会的本质。第四，将政府根据"经济人"假设重构政府的同时，不仅丧失了公共属性，同时给腐败和不道德行为提供了机会。基于对"新公共管理"的反思和批判，罗伯特·登哈特夫妇提出了新公共服务理论。这一理论的核心观点分为7个方面：（1）政府的职能是服务，而不是掌舵。这是七大原则中最突出的原则。公共管理者的重要作用并不是体现在对社会的控制或驾驭上，而是在于帮助公民表达和实现他们的共同利益。（2）公共利益是目标而非副产品。（3）战略地思考、民主地行动。新公共服务理论认为，符合公共需要的政策和计划，只有通过集体努力和协作的过程，才能够最有效地、最负责地得到贯彻执行。为了实现集体的远景目标，在具体的计划实现过程中，依然需要公民的积极参与。（4）为公民服务，而不是为顾客服务。公民是公共服务的接受者、参与者和监督者，也是纳税等义务的承担者。（5）责任并不是单一的。公务员不应当仅仅关注市场，还应该关注宪法和法令，关注社会价值观、政治行为准则、职业标准和公民利益。（6）要重视人，而不能只是重视生产率。新公共服务理论家在探讨管理和组织时十分强调"通过人来管理的重要性"。（7）公民权和公民服务比企业家精神更重要。公共行政官员并不是其机构和项目的业务所有者，政府为公民所有。

　　总之，行政管理学是一个在不断发展的学科。当前，西方行政管理学的发展趋势是：从行政与政治和社会因素相分离的研究，发展到行政与政治和社会因素相结合的研究；从重视行政组织的静态研究，发展到重视行政组织的动态研究，再扩展到行政生态环境、文化环境的生态系统研究，突出了行政文化在行政管理学内容中的地位；从重视行政制度、行政组织、行政权力及行政法规的静态结构研究，扩展到对行政行为、行政过程的研究，尤其是对行政决策活动的动态功能研究；从重视行政的技术效率的研究，发展到重视行政的社会效能的研究；从重视事和物的研究，发展到重视人的行为及心理活动的研究；从单学科的研究，发展到全方位的综合研究。而且，理论与实践的联系越来越密切，更加注重对新的行政管理方法和程序的研究。总之，行政管理学的研究越来越趋向精密化、科学化、现实化。

▶▶▶

专栏1-2

威尔逊简介

　　托马斯·伍德罗·威尔逊（Thomas Woodrow Wilson，1856年12月28日—1924年2月3日），美国第28、29任总统，是美国历史上第一个具有博士头衔的总统。威尔逊出生于弗吉尼亚州，毕业于普林斯顿大学，毕业后任教25年，其中8年担任普林斯顿大学校长。1910年他当选为新泽西州州长，1912年威尔逊获得民主党总统候选人提名，击败西奥多·罗斯福，当选总统。执政期间，威尔逊推行改革，取代西奥多·罗斯福成为进步主义改革的旗手。他对内主张节制私人资本、对外干涉拉丁美洲国家的内政，这一定程度上适应和促进了美国垄断资本主义的发展。1916年，威尔逊连任总统。当时正值第一次世界大战期间，威尔逊政府起初避战，后参战。于1918年1月提出《公正与和平》方案，以"商业自由和国际门户开放"为基础内容的"十四点原则"并提出建立国际联盟，建设国际新秩序。德国战败后，此方案作为与战败国和谈方案的基础。威尔逊本人也作为总统第一次出国，出席巴黎和会。此时的美国国内政治形势出现逆转，被共和党人控制的国会拒绝批准威尔逊的方案，后付诸公民表决。结果，这一方案未被完全通过，因此，提出国际联盟的美国，最终未能参加国联，1920年民主党人失败。同年12月，威尔逊被授予诺贝尔和平奖。

三、我国行政管理学的发展

我国是一个历史悠久的文明古国，在国家管理方面积累了丰富的历史资料。早在秦汉时期就建立了中央集权制的统一的封建国家，从中央到地方设官分职，形成了完整的行政管理体制，以后各朝代都基本上沿袭秦汉的行政体制。我国历史文献中有许多关于国家管理的有价值的记载，当然在封建专制统治的时代，还不可能把行政管理作为一门专门的学问来研究。

在近代，我国受到西方思想的影响，开始重视行政管理的研究。从19世纪末20世纪初，现代意义上的行政管理学逐渐传入中国。这一时期，我国翻译出版了美国的《行海要术》《行政纲目》和日本的《行政学总论》《行政法撮要》等著作。1911年，孙中山领导辛亥革命，推翻了清朝封建统治，建立了中华民国，提出实行立法、行政、司法、考试、监察五院分立制度，开始向近现代的行政体制发展。在孙中山的著作中，对行政管理提出不少有益的见解，是我国行政学研究的重要资料。另外，我国从20世纪30年代起，也有不少学者着手研究行政学，发表、出版行政学著述，翻译、介绍西方行政学专著，如罗隆基的《我们要什么样的政治制度》《专家政治》，龚祥瑞、楼邦彦的《欧美员吏制度》等。一般认为，张金鉴教授1935年由商务印书馆出版的《行政学之理论与实践》一书是我国最早的行政学专著。在民主革命各个时期的革命根据地都建立了人民政权，形成了具有中国革命特点的组织领导和行政管理体制，充分发挥了人力、物力、财力的作用，取得了革命的伟大胜利，在政权建设和行政管理方面积累了丰富的经验。例如，在组织领导方面，在党的统一领导下坚持民主集中制的原则，协调各方面力量，党、政、军、民形成团结战斗的统一阵线；在政权机构方面，实行精兵简政、厉行节约，有效地提升了行政效率；在人事组织方面，广聚人才、选贤任能，充分调动了人的积极性；在人际关系方面，形成官兵一致、上下一致、团结互助、同志友爱的风气；在干部素质方面，培养了具有革命理想、忠于革命事业、全心全意为人民服务的高尚品质；在工作方法和工作作风方面，形成了实事求是、从实际出发、理论联系实际和密切联系群众的优良传统。对这些在长期革命战争中形成的组织领导和行政管理工作的经验，毛泽东同志和其他革命领导人的著述中都作过重要论述。这些论述虽不是专就行政管理而言，但包含许多应属于行政管理学研究的丰富内容，对我们研究行政学具有重要指导意义。

1949 年，中华人民共和国成立，在马列主义理论指导下和总结革命根据地建立工农民主政权的实践经验基础上，从中央到地方建立了新的行政管理体制，并不断加以改善和调整，在社会主义革命和建设中充分发挥了国家行政管理的重要作用。中华人民共和国成立以来，中央和地方的行政管理体制作过多次调整，行政机构也进行过多次改革。20世纪60年代初，各部门各系统在调查研究和总结经验的基础上制定了有关领导、管理和工作方法的条例，这些都应看作行政管理的研究内容。在 1952 年全国高等学校院系调整前，有的大学和干部学校开设过行政组织与管理的课程，在行政管理研究上做过一些工作。但是，长期以来，我们未能把行政管理学视为一门独立学科，对我国在行政管理上存在的问题，未能进行全面系统的科学研究，随着社会主义建设事业的发展，行政管理体制、机构设置、人事管理制度以及行政管理的方式和方法，越来越不能适应国家管理发展的需要。

1978 年，中国共产党的十一届三中全会纠正了较长期以来的路线错误，确定了政府的主要职能由政治职能转向经济职能，为我国社会科学的繁荣发展创造了有利条件。1980 年，中国政治学学会成立，酝酿了恢复和发展行政管理学的氛围，一些学者开始公开著文呼吁和讨论有关行政管理学的问题。1981 年，在昆明召开的政治学年会和政治学规划年会中，对行政改革进行了讨论。1982—1984 年，党和国家在领导体制、机构设置和人事制度等方面的改革迈出了很大步伐，但国家行政改革过程中也暴露出来缺乏系统的科学行政管理理论做指导的缺陷，这对恢复和发展行政管理学提出了现实要求，从理论和实践两方面为恢复和发展行政管理学创造了条件。1984年，由国务院办公厅、劳动人事部发起，召开了行政管理科学研讨会，并于年底成立了中国行政管理学会筹备组。1987年，全国行政管理学教学研究会成立。1988年，中国行政管理学会正式成立，开始发行《中国行政管理》月刊。1989年7月和12月，我国先后被国际行政学会第21届大会和亚太地区行政学会员国会议接受为会员国，标志着我国行政科学的国际学术交流进入了一个新的阶段。

进入20世纪90年代，尤其是在党的第十四次全国代表大会确立了建立社会主义市场经济体制的改革目标之后，政府机构开始面临前所未有的经济建设和社会发展任务。与此同时，行政学者们关注的重点也由理论研究转向理论与现实的契合。因此，建立社会主义市场经济体制带来的一系列的理论和现实的问题，转变政府职能，加强宏观调控和关于宏观调控中的一些具体问题，便成为行政学界研究的热点问题。进入21世纪，特别是加入世界贸易组织之后，如何进一步转变政府职能以提供与世界贸易组织要求相吻合的政策软环境成为政府面临的首要问题。面对环境的变化，学者们探讨了我国行政管理改革的任务、政府治理方式的变革、调整部分法律体系，认为政府应该依法行政，理顺政府与市场、政府与企业、政府与社会的关系，进一步转变职能，通过市场化手段和政府与企业、非政府公共组织的伙伴关系对现有的行政文化和管理模式进行变革，解决公共部门中现存的问题。同时，要加快政府管理的全面创新，以适应市场经济体制和世贸组织的要求。随着"科学发展观"和"创建和谐社会"的提出，行政管理学者们的目光开始转向行政体制改革，建立服务型政府、责任政府，实现电子政务和政府绩效评估等方面。

2019年，党的十九届四中全会公报中指出："坚持和完善中国特色社会主义行政体制，构建职责明确、依法行政的政府治理体系。国家行政管理承担着按照党和国家决策部署推动经济社会发展、管理社会事务、服务人民群众的重大职责。必须坚持一切行政机关为人民服务、对人民负责、受人民监督，创新行政方式，提高行政效能，建设人民满意的服务型政府。要完善国家行政体制，优化政府职责体系，优化政府组织结构，健全充分发挥中央和地方两个积极性体制机制。"

这些标志着我国的行政管理学无论在理论研究还是在实践方面，都已进入一个全新的发展阶段。

第三节　学习行政管理学的意义和方法

一、学习和研究行政管理学的意义

随着我国经济的快速发展和国际竞争的日益激烈，学习和研究行政管理学，建立一个精简、高效、灵活的行政管理体制，对我国的经济体制和政治体制改革，对推进我国经济持续发展和政治和谐稳定，都具有十分重要的意义。

（一）学习和研究行政管理学是适应世界以经济、科技为主进行综合国力竞争的需要

当今世界的竞争，已经转变为以经济、科技为主进行综合国力的竞争。现代经济的发展，需要科学技术，而科学技术的发展又依赖于科学管理。管理与技术被普遍认为是支撑当代社会经济飞速发展的两个轮子，缺一不可。正如美国著名的阿波罗登月计划总负责人韦伯所说："我们没有使用一项别人没有的技术，我们的技术就是科学的组织管理。"而在所有的组织管理中最重要的是政府的组织管理，所以我国经济的快速发展迫切要求各级政府官员和公务员学习行政管理的科学知识，掌握行政管理的内在规律，对政府进行科学的管理。与此同时，随着全球化浪潮的迅猛推进，与国际的接轨对我国政府的管理也提出了更高的要求。因此，学习和研究行政管理学有利于我国优化行政体系，提高管理水平，实现行政管理的现代化，以保障经济持续、稳定地发展，从而加强我国在国际上的竞争力，迎接全球竞争的新挑战。

（二）学习行政管理学是推进我国经济体制和政治体制改革的需要

体制改革是当前我国社会主义初级阶段的基本任务，主要包括经济体制改革和政治体制改革两个方面。目前，经济体制改革已经取得很大的成就，并正在进一步深化。作为政治体制重要内容的行政管理对于经济体制改革的成效具有重要的意义，特别是从传统的计划经济向社会主义市场经济转变这一根本性变革中，原有的行政管理体制和

管理方式必须进行相应的变革，否则，就会阻碍经济体制改革的进程。同时，改革与社会发展也给行政体制、政府活动的目标、价值取向与方法不断带来挑战。这些都涉及行政体制改革。只有深入学习和研究行政管理学，才能有比较充分的理论准备对行政改革作出较为科学和深刻的分析，才能保证行政改革实践朝着正确的方向顺利发展，避免大的失误和反复。

（三）学习和研究行政管理学是提高行政机关工作人员素质，更好地为人民服务的需要

我国是人民民主专政的社会主义国家，人民政权应为人民服务。从本质上说，社会主义国家的政府干部是人民的勤务员，其宗旨是全心全意为人民服务。但在我的行政机关和行政干部中，有相当一部分由于缺少相关知识和科学的方法，因而有为人民服务之心，却无为人民服务之力，有的干部甚至好心办了坏事，损害了群众的利益。要使行政机关更好地为人民服务，一方面要提高行政人员的政治素质、品德素质、知识素质，另一方面要有一套科学的管理制度和管理方法。所有这些都表明学习和研究行政管理学的必要。学习和研究行政管理学，使广大行政人员掌握科学的管理方法，使行政机构建立科学的管理制度，这样就能使政府机关为人民办更多的事，把事办得更好，使行政干部能够更好地为人民服务。

二、研究和学习行政管理学的方法

研究和学习行政管理学的原则是以马克思主义的辩证唯物主义和历史唯物主义为指导，从我国社会主义发展的国情和行政管理的实际出发，借鉴并吸收世界各国行政管理实践和理论中一切有用的经验和知识，研究与探索适合我国国情的行政管理体系，建立与完善有中国特色的行政管理学的学科体系，为社会整体、协调地进步与发展服务。这里我们重点介绍五种基本的研究与学习行政管理学的方法。

（一）系统研究法

系统研究法来源于系统工程理论，是当代最具影响力的一种科学研究方法。它是按照客观事物本身的系统性，把我们所要研究的对象放在系统的框架中加以考察的一种科学方法。系统研究法要求我们把构成行政管理的各种要素看作一个有机的整体，看作一个系统进行全

向分析，把事物的各环节联系起来，对它们之间的关系进行定量分析，以确定目标和实施方法的最优化，求得更高效率。对行政管理进行系统分析，不仅要静态地看系统的构成，而且要从动态角度研究系统的活动，将之看作信息的"输入-转换-输出"的过程，同时还要研究信息的反馈。

（二）行为科学研究法和心理研究法

行为科学研究法是以人的行为为基点，研究行政管理过程中的个人、团体、组织、领导和行为以及环境对人的影响的规律，发现并建立人的行为的原理与普遍性原则的一种方法。这一方法的特点是专注于寻找事实，只提供事实。它关注"是什么"，而非"应当是什么"，即认为要解决问题，首先就得了解问题，正如医生看病，首先要知道病情，然后才能对症下药，并非一片药可医好所有毛病。该方法在研究上还主张价值中立，因为价值的渗透会妨碍对事物的客观理解，着眼于发现事实是这一方法的优点。

心理研究法是以人的心理为基点，研究行政管理过程中个人、群体、社会的心理活动规律的一种方法。这两种方法既互相区别又紧密联系、互相交叉。行为科学研究法致力于探索人的心理活动的外在表现（行为表现、行为变化等）；心理研究法则致力于探索人们外部行为的内在机制（心理过程、心理效应等）。但人的外部行为是人内在心理状态的表现和反映，而人的心理活动又总是通过外部行为表现出来。因此，这两种方法在使用时是不能截然分开的。

（三）案例分析法

案例分析法通过对已经发生的真实且具代表性的行政事件的发生过程、行为和方法等进行系统分析，总结出行政管理的某项原理或原则，以指导行政管理活动。行政案例是具体的行政管理活动的缩影，针对案例的研究成果在解决具体问题上往往具有较强的针对性。需要注意的是，在进行案例搜集后，不仅要注意解决个案问题，更要善于在众多案例中发现共性问题，并提炼出具有一定价值与思想内涵的理论。

（四）比较分析法

比较分析法是行政管理学中比较常用的一种方法，既包括历史比较，也包括共时比较。通过比较不同文化、不同国别、不同历史时期的政府在管理公共事务和解决社会问题时采取的行动，从中找出可资借鉴之处，为建设适合我国国情的最优化的行政体制所利用。需要注意的是，在运用比较分析法时，既不能断章取义、支离破碎地理解不同国家、不同历史时期、不同文化背景下政府的管理制度与方法，也不能忽略其产生、存在的背景与土壤。

（五）历史研究法

中国古代社会，特别是封建社会，国家政治统治制度之完备，政治管理经验之丰富，在世界上可谓无与伦比。以马克思主义理论为指导，批判地继承这一历史遗产，既是行政管理学研究的任务，又是一个重要的研究方法。

行政管理学是一门管理的科学，它从现代企业管理学中吸收、引进了许多现代的管理学原理。因此学习和研究行政管理学，必须应用现代科学的理论，如信息论、系统论、决策论，等等。以系统论来说，行政管理是一个由许多子系统（行政部分）组成的庞大系统，它不仅由中央、省、市、县不同层级的政府部门组成，而且在每一层级中又由领导部门、职能部门等各系统构成，在子系统中又有着更细小的不同系统。各个系统之间是互相作用、互相依赖、互相配合、互相协调的。在某些时期内把某一系统或某一要素独立起来深入研究是必要的，但忽视了行政系统内部影响和制约作用，会影响研究的效果。同时，行政管理系统又是社会大系统中的一个组成部分，单纯从行政管理系统内部加以研究，还远远不够，必须研究行政管理系统与周围各种系统的关系。在这一研究过程中，要广泛应用系统论的原则，如整体性原则、相对独立性原则和最优化原则等。在应用系统论的原则研究行政管理学的过程中，就必然会涉及行政生态学。行政生态学也是当前西方国家行政管理学者提出和研究的热门课题，它研究行政活动的生态环境，包括国内和国际的制约条件，这些都对行政管理活动有深刻影响，因而应当把行政管理活动放到这个生态环境中去加以研究，才有可能得到真正科学的结论。此外，行政管理学还是一门综合性的社会科学，其研究方法也是多种多样的，除了以上介绍的几种以外，还有许多具体的方法可以利用，如理论研究法、社会研究法、统计研究法、模拟研究法、数学研究法等。

总之，在现代的行政管理学研究和学习中，必须不断地应用现代科学理论，这也对行政管理学的研究工作者提出了更高的要求，要求我们努力学习新科学，不断扩大自己的知识面，把行政管理学的研究放在更高的科学水平之上。

>>>>>>>>>>>>>>>>>>>> **思政课堂** <<<<<<<<<<<<<<<<<<<<

坚持和完善中国特色社会主义制度，推进国家治理体系和治理能力现代化建设

中共中央2019年11月5日印发了中共中央总书记习近平受中共中央政治局委托在中国共产党第十九届中央委员会第四次全体会议上就《中共中央关于坚持和完善中国特色社会主义制度、推进国家治理体系和治理能力现代化若干重大问题的决定》起草情况作的说明。

习近平在说明中指出，从党和国家事业发展的全局和长远出发，中央政治局决定这次中央全会专题研究坚持和完善中国特色社会主义制度、推进国家治理体系和治理能力现代化问题，主要有以下几方面考虑：

第一，这是实现"两个一百年"奋斗目标的重大任务。建设社会主义现代化国家、实现中华民族伟大复兴，是我们党孜孜以求的宏伟目标。自成立以来，我们党就团结带领人民为此进行了不懈奋斗。随着改革开放逐步深化，我们党对制度建设的认识越来越深入。1980年，邓小平同志在总结"文化大革命"的教训时就指出："领导制度、组织制度问题更带有根本性、全局性、稳定性和长期性。""制度好可以使坏人无法任意横行，制度不好可以使好人无法充分做好事，甚至会走向反面。"1992年，邓小平同志在南方谈话中说："恐怕再有三十年的时间，我们才会在各方面形成一整套更加成熟、更加定型的制度。"党的十四大提出："在九十年代，我们要初步建立起新的经济体制，实现达到小康水平的第二步发展目标。再经过二十年的努力，到建党一百周年的时候，我们将在各方面形成一整套更加成熟更加定型的制度。"党的十五大、十六大、十七大都对制度建设提出明确要求。

党的十八大以来，我们党把制度建设摆到更加突出的位置，强调"全面建成小康社会，必须以更大的政治勇气和智慧，不失时机深化重要领域改革，坚决破除一切妨碍科学发展的思想观念和体制机制弊端，构建系统完备、科学规范、运行有效的制度体系，使各方面制度更加成熟更加定型"。党的十八届三中全会首次提出"推进国家治理体系和治理能力现代化"这个重大命题，并把"完善和发展中国特色社会主义制度、推进国家治理体系和治理能力现代化"确定为全面深化改革的总目标。党的十八届五中全会进一步强调，"十三五"时期要实现"各方面制度更加成熟更加定型，国家治理体系和治理能力现代化取得重大进展，各领域基础性制度体系基本形成"。

党的十九大作出到21世纪中叶把我国建成富强民主文明和谐美丽的社会主义现代化强国的战略安排，其中制度建设和治理能力建设的目标是：到2035年，"各方面制度更加完善，国家治理体系和治理能力现代化基本实现"；到21世纪中叶，"实现国家治理体系和治理能力现代化"。党的十九届二中、三中全会分别就修改宪法和深化党和国家机构改革作出部署，在制度建设和治理能力建设上迈出了新的重大步伐。党的十九届三中全会指出："我们党要更好领导人民进行伟大斗争、建设伟大工程、推进伟大事业、实现伟大梦想，必须加快推进国家治理体系和治理能力现代化，努力形成更加成熟更加定型的中国特色社会主义制度。这是摆在我们党面前的一项重大任务。"现在，我们党有必要对坚持和完善中国特色社会主义制度、推进国家治理体系和治理能力现代化进行系统总结，提出与时俱进完善和发展的前进方向和工作要求。

第二，这是把新时代改革开放推向前进的根本要求。在改革开放40多年历程中，党的十一届三中全会是划时代的，开启了改革开放和社会主义现代化建设历史新时期；党的十八届三中全会也是划时代的，开启了全面深化改革、系统整体设计推进改革的新时代，开创了我国改革开放的新局面。党的十八届三中全会推出336项重大改革举措。经过5年多的努力，重要领域和关键环节改革成效显著，主要领域基础性制度体系基本形成，为推进国家治理体系和治理能力现代化打下了坚实基础。同时，也要看到，这些改革举措有的尚未完成，有的甚至需要相当长的时间去落实，我们已经啃下了不少硬骨头但还有许多硬骨头要啃，我们攻克了不少难关但还有许多难关要攻克，我们决不能停下脚步，决不能有松口气、歇歇脚的想法。我在庆祝改革开放40周年大会上强调，要"坚持方向不变、道路不偏、力度不减，推动新时代改革开放走得更稳、走得更远"。这就要求从全面建设社会主义现代化国家的战略需要出发，对全面深化改革工作进一步作出部署。

相比过去，新时代改革开放具有许多新的内涵和特点，其中很重要的一点就是制度建设分量更重，改革更多面对的是深层次体制机制问题，对改革顶层设计的要求更高，对改革的系统性、整体性、协同性要求更强，相应地建章立制、构建体系的任务更重。新时代谋划全面深化改革，必须以坚持和完善中国特色社会主义制度、推进国家治理体系和治理能力现代化为主轴，深刻把握我国发展要求和时代潮流，把制度建设和治理能力建设摆到更加突出的位置，继续深化各领域各方面体制机制改革，推动各方面制度更加成熟更加定型，推进国家治理体系和治理能力现代化。

第三，这是应对风险挑战、赢得主动的有力保证。古人讲，"天下之势不盛则衰，天下之治不进则退"。当今世界正经历百年未有之大变局，国际形势复杂多变，改革发展稳定、内政外交国防、治党治国治军各方面任务之繁重前所未有，我们面临的风险挑战之严峻前所未有。这些风险挑战，有的来自国内，有的来自国际，有的来自经济社会领域，有的来自自然界。我们要打赢防范化解重大风险攻坚战，必须坚持和完善中国特色社会主义制度、推进国家治理体系和治理能力现代化，运用制度威力应对风险挑战的冲击。

资料来源：央视网. 习近平关于《中共中央关于坚持和完善中国特色社会主义制度　推进国家治理体系和治理能力现代化若干重大问题的决定》的说明［EB／OL］．［2019－11－05］．http：//tv. cctv. com／2019／11／05／VIDE1ACz9Y1dpt0fFmpNObZC191105. shtml.有删减.

【思考】在新的历史时期，《中共中央关于坚持和完善中国特色社会主义制度 推进国家治理体系和治理能力现代化若干重大问题的决定》在我国发展历程中发挥着什么作用？

关键概念

行政 行政管理 行政管理学 系统研究法 行为科学研究法 心理研究法 案例分析法

复习思考题

一、单项选择题

1.最先提出"政治与行政"二分法的学者是（ ）。

A.古德诺 B.威尔逊

C.亚里士多德 D.西蒙

2.美国学者（ ）将科学管理活动过程进行分解，提出著名的POSDCRB七职能说。

A.古德诺 B.韦伯

C.古利特 D.西蒙

3.作为一门独立学科的行政学，开始于1887年威尔逊发表的（ ）一文。

A.《彭德尔顿法》 B.《科学管理原理》

C.《行政学之研究》 D.《政治与行政》

4.20世纪30年代，管理进入行为科学时期，以梅奥为首的3位哈佛大学教授主持了著名的（ ）。

A.霍桑实验 B.照明实验

C.福利实验 D.访谈实验

5.在西方，最早提出行政概念的是（ ）。

A.古德诺 B.威尔逊

C.亚里士多德 D.西蒙

二、多项选择题

1.有些学者从"三权分立"的角度界定公共行政范围，认为国家可以分为（　　）三种权力。

A.政党　　　　　　　　B.司法

C.行政　　　　　　　　D.立法

2.行政管理学是在综合了（　　）、管理学、社会学、决策学、信息学、人事管理学等多种学科的有关知识基础上发展起来的。

A.哲学　　　　　　　　B.政治学

C.心理学　　　　　　　D.法学

3.新公共管理时期的实质就是要实现公共管理的（　　）。

A.社会化　　　　　　　B.市场化

C.企业化　　　　　　　D.科学化

4.公共管理强调价值调和与责任，重视4E，即（　　）、效率、效能，（　　）。

A.经济　　　　　　　　B.公平

C.效果　　　　　　　　D.期望

5.下面是公共物品的是（　　）。

A.国防　　　　　　　　B.外交

C.教育　　　　　　　　D.社会保障

三、简答题

1.行政管理的含义是什么？

2.行政与一般管理有何区别？

3.行政管理学的研究内容有哪些？

4.简述西方行政管理学的发展概况。

5.学习行政管理学的方法有哪些？

第二章

行政组织

行政组织是国家行政职能的承担者，是运用行政权力依法实施行政管理的主体。一切行政管理活动都必须依靠一定的行政组织来推行，所以，建立起科学、合理的行政组织机构，是保证行政活动顺利进行的重要前提。

第一节　行政组织概述

一、行政组织的含义与特征

（一）行政组织的含义

"组织"是指人们围绕一定目标联合起来进行有序活动的群体。从语义学上来看，"组织"是一个历史悠久的词汇，在西方起源于医学的"器官"一词，在我国则起源于农耕生活。现代汉语中的"组织"一词可以做名词或动词使用。同样，行政组织是静态组织结构和动态组织活动过程的统一。就动态讲，行政组织指为完成行政管理任务而进行的组织活动和运行过程。就静态讲，有广义、狭义之分。广义的行政组织，除政府行政组织外，还包括立法、司法、企业、事业等部门及社会团体中具有行政性职能的机构。狭义的行政组织，则专指为推行政务，依据宪法和法律组建的国家行政机关体系，是国家机构的重要组成部分。本章着重研究静态的、狭义的行政组织，即政府行政组织。我国的政府行政组织包括从中央到地方的各级人民政府及其所属部门、单位。

（二）行政组织的一般特征

行政组织是政府管理国家和社会的公共事务、提供公共服务的组织，与其他社会组织相比，具有如下基本特征：

1.政治性

行政组织是国家政权组织的重要组成部分，代表国家行使行政权力，是统治阶级实施政治统治与社会管理的工具，具有明显的政治统治性质。

2.公共性

行政组织除了承担其政治职能以外，还承担着管理社会公共事务和为社会提供服务的职能。可以说，行政组织是专门管理社会公共事务的组织，是为国家和全体公民办事的机构，具有管理一般社会公益事业和公共事务的职责，具有社会公共服务性质。

3.系统性

行政组织是各类行政机关的有机组合，是由人员、职位、单位、部门等复合而成的有机整体，是围绕权力线和指挥命令系统展开的、上下级之间具有严密等级节制关系的组织体系，是国家和社会组织中最为复杂、庞大的组织系统之一，在组织结构上具有严密性和系统性特征。

4.权威性

行政组织在执行国家意志、管理国家和社会公共事务过程中，以国家强制力为后盾；在全国各级政府的行政管辖区域内，行政组织是国家行政权力、国家强制力的象征和代表。行政组织依据宪法和法律的规定，有权在其职责范围内颁布各种行政法规和行政规章，有权处理各种社会公共事务，并对各种社会组织和公民以及广泛的社会生活施加影响，实行普遍的约束。

二、行政组织的基本构成要素

（一）组织目标——灵魂

组织都是为了实现组织目标而建立起来的，组织目标是组织成员认为可以追求达到的某种未实现的状态，决定着组织行为的方式和组织发展的方向。一个清晰而明确的组织目标，是行政组织存在的基础，也是组织凝聚力的重要保证。

（二）机构设置——载体

机构设置是承载组织权力的一系列特定机构，它是组织内部分工的结果。行政组织都要通过一定的机构设置体现出来。

（三）组织人员——主体核心

任何组织都是以人为核心的，组织不是物质关系的体现，而是人际关系的体现。行政人员是行政组织的主体，如果没有合格的高素质的行政人员，没有完整而合理的人员机构，行政组织就很难有效运转。

（四）权责体系——基础

为进行有效的行政，行政组织必须合理地划分权力和职责。通过行政组织中各个部门、层次、成员之间若干从属、并列等相互关系的确认，通过权力和职责的划分，保障组织各组成部分有序运行。

（五）物资设备——有形要素

行政组织的存在和运转，必须有一定的物资作保证，离开物资的支持，人们的组织活动便无法展开。物资设备包括场地、房屋、办公设备、用品、经费等，这些都是行政组织开展组织活动必不可少的物资基础。

（六）法规制度——框架

法规制度是指以书面文件等形式对组织构建、运行程序等进行的严格规范。法规制度对组织成员具有普遍的约束力，组织成员的活动不能违反组织的法规制度。

（七）技术信息——软件

行政组织中的技术不仅指组织活动过程中所采用的科学技术，也包括政治技术。信息是组织活动不可缺少的因素，信息传递的途径和方式，也正是组织各部分相互协调的途径和方式，组织过程在一定意义上是一个信息收集、整理、制造、传递、反馈的过程。

（八）团体意识——心理基础

团体意识是形成组织目标的共同心理基础，它关系到组织成员的工作状态和进取精神。缺乏团体意识，组织的集体行为就难以形成。行政组织由于其行为的特殊性，往往需要具有比一般组织统一程度更高的团体意识。

三、行政组织设置的基本原则

行政组织设置的基本原则，是解决行政组织设置的规范法则，在一定意义上，行政组织设置的基本原则就是行政组织结构的原则。按照行政组织科学化、规范化的要求，我国行政组织须遵循以下一些基本原则。

（一）职能一致原则

职能目标是任何一个组织存在的基础。组织作为一个整体，有其统一的职能目标。而在组织系统内部，又有从横向和纵向分解出来的若干层级组织和部门组织子系统，它们在整体组织统一目标之下也有各自相对完整的分目标及职能。这些职能目标是组织设计的依据，组织设计必须根据职能目标的变化而相应调整。

（二）精干效益原则

行政组织设计中应当体现因事设职、因职用人、人尽其才、物尽其用的行政成本概念。所谓精简并不是越少越好，而是相对于担负的职能任务而言，做到人员素质能力匹配、员额数量适中。这样既避免了人浮于事带来的扯皮而导致的低效和无效，又减少了行政经费的开销，有利于提高行政绩效，实现低成本高效率的政府行政目标。

（三）完整统一原则

行政组织是一个统一领导和指挥下的组织，因此组织设计必须体现这样一种机制要求。在确定行政组织层级时，要使上下级之间形成一条连续的等级链条，并且在上级领导下级、下级只接受直接上级领导的原则下，明确行政链条上各级行政组织和各个行政工作岗位之间的工作关系，是自上而下、便于指挥的完整统一的组织系统。

（四）管理幅度和层次适度原则

管理幅度与管理层次既是组织设计又是职能划分的两个重要因素。幅度构成组织的横向结构，层次构成组织的纵向结构，横向结构与纵向结构相结合构成组织的整体结构。在组织条件不变的情况下，管理幅度与管理层次通常成反比例关系，即管理幅度宽，则管理层次少，反之则多。管理幅度和管理层次设置的合理程度极大地影响组织效能的发挥，因此，必须实现两者的适度搭配，这是组织实现有效管理的重要前提。

（五）职权责一致原则

在行政组织中，职位、权力、责任三者相互依存，不可分离。在组织设计中，必须贯彻在其位、谋其政、负其责的原则。在其位就是确定每一个人的具体工作职位；谋其政就是根据所在职位确定职权范围，即获得与职位和岗位对应的职权；负其责就是在获得职位权力的同时要承担与之相应的行政责任。体现职权责一致原则的组织设计就有了保证行政组织平稳运行的基础。

（六）民主参与管理原则

行政组织的核心动力是人的积极性和创造性，为此，组织设计必须体现人本原则。通过民主参与管理，增加成员的主体意识，进而调动人的主观能动性，有利于人对于自身价值实现的追求，有利于通过授权来鼓励组织成员积极性和创造性的发挥。

（七）依法设置原则

政府行政组织是国家管理组织中的一个系统，是受权力主体委托行使公共事务管理和公共服务职能的，因此必须根据宪法和法律以及有关的编制规定来决定行政组织机构的设置、调整和撤销，必须依法审定机构及其员额的增减，以保证政府行政组织设置的严肃性、权威性和稳定性。

专栏2-1

北京经开区机构改革基本完成 试点"一枚印章管审批"

北京经济技术开发区机构改革近日已基本完成，原有60个行政机构精简为23个，并试点"一枚印章管审批"方式。此次机构改革，将传统条块管理模式重塑为准入、审批、监管、执法等环节分工协同的"链条式"工作体制和管理服务机制，实现政府、市场与社会的良性互动。

改革后，北京经济技术开发区工委、管委会内设部门、行政执法机构、事业单位等机构由60个缩减至23个，其中工委、管委会职能机构14个、公共服务机构9个。机构整合、精简力度大，削减比例超过60%。

改革后，机构职权运行呈现"一轴多面数点"的图谱样态，围绕以环节划分为基础的链条式管理轴，分布党的建设、产业发展、新城建设、城市运行、社会治理、服务保障、营商环境等多个业务发展面，在每一发展面上又有数个核心机构支撑，相互分工协同，"咬合"运行。

值得一提的是，此次机构改革探索设立公共服务机构，其中新组建的"行政审批局"将过去分散在16个部门的审批权限集合于一身，"一枚印章"管起所有行政审批事项，原来分散在多个部门的行政许可权集中到一个部门统一办理。目前，在首批纳入用章范围的194项事项中，已有149项在行政审批局集中办理，7 500件以上行政审批事项通过这种新方式办理。

同时，北京经开区还将城管执法分局、环境执法队，及产业发展、社会建设、城市运行、市场监管、劳动监察等领域的执法职责整合，组建了综合执法局，集中行使经济发展、城市建设运行、社会事业3大方面30多个领域7 000多项职权。"通过一次综合检查将企业涉及的各方面检查全部覆盖，减少对企业生产经营的打扰，给企业减负。"北京经开区有关负责人介绍。

资料来源：郭宇靖. 北京经开区机构改革基本完成 试点"一枚印章管审批"[EB / OL]. [2020 - 04 - 16]. http://www.xinhuanet.com/local/2020-04/16/c_1125863381.htm,

▶▶

四、行政组织的类型

现代行政组织可以说是各类形式机构的复合体。按照不同的功能，可以将行政组织分为以下5种类型。

（一）领导机关

领导机关也称首脑机关，是各级政府统辖全局的指挥、决策和督导中心。领导机关是行政组织的中枢，其职能是负责制定行政组织的目标、规划和政策，对所辖区域内的行政工作进行统一领导，它在整个行政组织中起统率作用。例如，我国的国务院和地方各级人民政府就属此类。

（二）职能机关

职能机关也称业务机关，是指在领导机关领导下，负责组织和管理某一具体业务和社会事务的机关。它对上受领导机关的指挥和监督，执行领导机关的各种具体指示、方针和政策；对下行使政府的行政管理职能，指导下级相应的行政部门或某些社会公益性组织的活动。因此，它是政府组织系统中数量最多、拥有较多直接行政管理权限的机构类型，大部分行政机关都是职能机关。例如，我国国务院所属的各部、委、办及直属总局，地方政府所属各厅、局、处等。

（三）辅助机关

辅助机关也称幕僚机关，是指为领导机关和职能机关实现行政目标而在行政组织内部承担辅助性工作的机关。它对各职能部门没有直接的指挥权和监督权，其功能主要是为领导机关和职能机关收集信息、提供咨询、协调沟通各方面的关系，管理日常事务等。辅助机关包括办公机关、信息机关和咨询机关。具体说来，其又可细分为综合性辅助机关、专门性辅助机关和咨询性辅助机关3种。综合性辅助机关即各级政府的办公厅（室）、秘书处（科）等，主要处理各种综合性事务，协助领导处理政务，沟通协调各方面的关系，管理机关的日常事务；专门性辅助机关即各级政府中的人事部门、总务部门、财务部门等；咨询性辅助机关包括各种智囊团、政策研究室等，其职能主要是为领导机关和职能机关的决策提供各种建议。

（四）咨询机关

咨询机关也称智囊机关或参谋机关，是指为决策机关提供意见和建议、主要由专家学者或有实际经验的行政人员组成的行政机关。它不是执行机构，也不是秘书班子，只是研究咨询、协调政策，被形象地称为政府机关的"外脑"。发达资本主义国家多以半官方或民间咨询机构为主体来承担公共行政咨询任务，政府系统中则以聘任"顾问"的形式灵活地发挥参谋咨询作用；而社会中介组织体系不太健全的国家则主要以设立官方咨询机关的形式来完成公共行政咨询职能。

（五）派出机关

派出机关是指一级政府根据政务管理需要在所辖区域内设置的代表

机关，它不是一级政府的行政机关，是委派机关权力的延伸，其主要任务是贯彻执行上级政府机关的决议和指示，完成上级机关交办的行政任务，检查、督促下级机关贯彻上级机关指示和决议的情况。例如，国家审计署向各省派驻的特派员办事处、公安局的派出所、城市市区所设的街道办事处、我国以前曾经实行过的省以下的地区行政公署等，都属于派出机关。

第二节　行政组织理论

行政组织理论是指那些说明或预测行政组织现象的原理和论断。多年来，行政学者们对行政组织的问题进行了深入的研究，留下了丰富的著述。现代组织理论的研究更是融入了大量的心理学、社会学、人类学、应用数学、运筹学和经济学方面的思想和研究方法。行政组织理论已成为行政管理学研究领域中一个重要的部分。

一、古典组织理论

古典组织理论是西方早期行政组织理论的第一个里程碑，主要有以泰罗为代表的科学管理组织理论，以法约尔、古利克为代表的行政管理组织理论和以韦伯为代表的科层组织理论（也叫官僚制组织理论）。这一时期研究者们的注意力主要集中在组织的结构、功能和活动方式等基本问题上，并以制度规范为中心去设计合理的组织体系，认为组织应该是一个目标明确、专业分工、层级结构、权责一致、法度完备的体系。

（一）泰罗的科学管理组织理论

泰罗是科学管理的创始人，其基本管理思想体现在他于1911年出版的《科学管理原理》一书中，其重点在于计划、专业化、标准化和提高人的工作效率。科学管理的产生是管理从经验走向科学的标志，也是管理走向现代化的标志，泰罗也因此被称为"科学管理之父"。泰罗提出了一套标准化操作方法让工作人员掌握，提出要明确划分计划职能和执行职能，它还提出命令统一原则和例外原则：所谓命令统一原则，就是一个工作人员只听从一个上级的命令；所谓例外原则，就是高层管理者把日常管理事务交给下级去做，但仍保留重要事务的决策权和对下层管理的监督权。

由"泰罗制"引申出来的科学管理组织理论就是把企业的科学定量管理办法搬到行政管理工作中，包含权责划分、任务专门化、严格的奖惩制度等一些基本原则。尤其是泰罗提出的以专业分工为基础的职能主义思想，对提高行政组织的基层管理效率有一定作用。但"泰罗制"的缺陷是把组织中的成员看作"会说话的机器"，认为人的活动仅仅出于个人的经济动机，忽视了组织成员之间的交往及社会因素对工作效率的影响。

（二）法约尔行政管理组织理论

法国的亨利·法约尔对企业组织及其管理的理论作出了重大贡献，其理论主要反映在《工业管理与一般管理》（1916年出版）一书中。法约尔关注的焦点是整个组织，因而有的学者称他的管理理论为"一般行政管理理论"。法约尔组织理论的重点在组织结构上，他指出，设计组织结构有项基本要求，即保持统一指挥、规定工作职责、确保有效控制。法约尔还概括出组织管理过程的5项职能，并提出他认为适用于任何类型组织的14项原则：劳动分工、权力和责任、纪律、统一领导、统一指挥、个人利益服从整体利益、人员的报酬、集中、等级制度、秩序、公平、人员的稳定、首创精神及人员的团结。

卢瑟·古利克把他那个时期的管理理论加以系统化，提出著名的管理七职能说，即任何一个完善的行政组织，必须具备计划、组织、人事、指挥、协调、报告和预算7种工作内容。他的另一贡献体现在部门化分工和协作的原则上，他认为组织的产生来源于客观的需要，总是先由个别职位组合成小的管理单位，再将小的单位组合成较大的单位，最后再组合成最高层级的部门。他指出，这种组合必须遵循4项标准，即工作目标、工作程序、服务对象、服务地区。古利克的行政组织理论为组织理论的完善与发展提供了重要的依据。

（三）韦伯的官僚制行政组织理论

古典理论时期最为典型的代表人物是韦伯。他站在更高层次和更广阔的背景上考虑组织问题，概括出他认为适用于一切复杂组织的最有效的组织形式——官僚模型的组织理论，并获得了"现代组织理论之父"的美誉。

韦伯提出"官僚"这个术语，并非是贬义，而是专指组织结构中的某些特点。韦伯视野中的"官僚制"实质上是指一个以效率为中心，以分部–分层、集权–统一、指挥–服从为特征，以等级原则为基础，以组织稳定为目标，以个人服从组织为要义的金字塔形的组织结构。其实质是通过一层一层的行政隶属关系，遵照行政命令来完成内部交易的组织形式。韦伯组织理论中包含许多合理内容：它强调组织结构的形式要经过科学设计而不能仅仅诉诸经验；它突出效率原则并以此作为组织设计的中心法则；它重责、权、利的有机结合；它主张从组织结构上保证"法治"而不是"人治"；它强调"一个人员一个上司"；等等，这些思想直到今天仍有不可忽视的意义。

韦伯特别强调权威在维系和支配一个社会组织中的作用，据此提出了社会组织在演进过程中的3种完全不同的组织形态：一是"神秘化组织"。它建立在具有超凡魅力的领袖人物的个人权威之上，因此组织的基础不稳固，领袖人物去世后，它若通过继位方式产生新的领袖，则发展为"传统组织"；若通过已有的法律方式产生新的领袖，则过渡到"官僚组织"。二是"传统组织"。它建立在传统的"家长政治"基础之上。继任的领导者力图以过去的一套习惯、规则、不成文制度来确立自己新的权威——服从链。在"传统组织"中，旧的不成文习惯和组织运行模式变成了"法律"，传统就是"法官"。这种组织中的领导者和被领导者之间是主人和臣仆之间的关系，整个组织犹如一个传统式的大家庭。三是"合理–法律化"的组织形态，即"官僚组织"形态。顾名思义，所谓"合理"，就是要把一切旧的习惯、规则，都重新放在以效率为理性的标准下去衡量，看它有无合理性。在合乎理性的前提下，再用法律的形式把合理的制度固定下来。韦伯认为，唯有官僚组织才是效率最高的组织形式，"其精确性、工作的速度、任务的明确性、对文件的熟悉程度、活动的连续性、权限的划分、指挥的统一、严格的上下级关系、人员摩擦的控制，以及在物资和人员方面的成本的减少，这一切在严格的官僚机构中将达到最佳的状态——这些都是严格的官僚制组织具有优势条件的特点"。

韦伯的组织理论是传统组织理论的最高成就，为资本主义制度提供了一种高效率、理性化的官僚体系学说。但是，对组织本身制度完备性的过分追求又典型地暴露出这一时期组织理论的共同缺陷，如忽视了组织中人的需求、行为等对组织活动的重要影响。

二、行为科学组织理论

从20世纪30年代起，行政组织理论的研究逐渐引进行为主义的研究方法，把人的行为和人际关系作为研究组织的基点，来揭示组织的社会心理特征及本质，形成了行为科学组织理论，又称"新古典组织理论"。其主要有以梅奥（E.Mayo）为代表的人际关系组织理论、以巴纳德（C.I.Barnard）为代表的组织平衡理论和以西蒙（H.A.Simon）为代表的决策过程组织理论。

（一）梅奥的霍桑实验与人际关系组织理论

20世纪二三十年代，梅奥在美国芝加哥郊外的西方电气公司的霍桑工厂中进行了测定工作条件、社会因素等对生产效率影响程度的试验。在1933年出版的《工业文明中人的问题》一书中，梅奥全面地总结了霍桑实验的结果，系统地提出了一套新的人际关系组织理论，其基本观点是：人并非"经济人"，而是"社会人"；组织中的个人的需求是多方面的，人的行为除受经济因素的刺激外，还受不同的社会、心理和文化因素的激励；企业中除了"正式组织"，还有非正式组织，非正式组织影响工作效率，还影响整个组织文化。因此要建立一个有效率的组织，必须加强组织中各层级之间的沟通及组织成员参与，要运用民主方式进行管理，激励成员的工作热情和积极性。

（二）巴纳德的组织平衡理论

巴纳德的贡献主要在于它把组织问题变为管理的核心。巴纳德提出：（1）组织本质的系统论观点。巴纳德认为："组织是两人以上、有共同目标、通过一定物质和信息手段、彼此协调自己行为的系统。"组织是人的系统、物质系统、社会系统共同构成的一个整体，在这个整体中，组织系统起着核心作用，它受人、社会、物质三方面条件的制约和影响，又反过来作用于它们。（2）权威接受理论。巴纳德认为，组织中的权威应建立在下级服从的基础上，权威来自于下级的认可，在于命令能否被接受和执行。由此导致了对组织中管理对象的重视。（3）组织平衡理论。巴纳德重视组织中的正式组织与非正式组织、个体与群体的平衡，认为有效率的组织要保证个人为组织所作贡献和从组织所获报酬的动态平衡，才能抵消成员对组织的离心力，否则组织就会陷于无效、紊乱以致崩溃的境地。巴纳德对组织本质的深刻见解，以及对组织的系统和社会性分析，促进了组织理论的深化和发展。

（三）西蒙的行政组织决策理论

西蒙以决策为中心建立了决策过程理论。西蒙认为，组织的全部活动都是决策活动，决策贯穿于管理的全过程，管理就是决策。组织是由作为决策者的个人所组成的系统，因而组织成员不是机械执行任务的工具，而是有选择能力的"理性人"。但是，人的理性由于无法摆脱主观和客观条件的限制，其选择能力又是有限的，是有限的理性，组织的功能就在于提供一个有利于作出合理决策的组织结构，以引导其成员的决策，弥补其理性不足，管理者的作用是使行政组织成为一个有系统的、有步骤的、有理性的决策程序，以促使组织效能的提高。

行为科学时期的组织理论以人为中心，研究人的行为对于组织的影响及它们之间的相互关系，重视人的心理需求。但局限于人和组织行为的研究，只注重社会科学实证的研究方法，忽视组织结构、法规及环境的作用等。

三、现代行政组织理论

20世纪60年代以后，组织理论的研究引进系统论、控制论、信息论的成果，从此进入了一个新的发展阶段，主要有以卡斯特（F.E.Kast）为代表的系统分析组织理论和以劳伦斯（P.R.Lawrence）为代表的权变组织理论。

（一）卡斯特的系统组织理论

系统组织理论用系统分析方法研究组织，认为行政组织是"一个结构的技术系统"，由许多分系统组成，包括目标与价值分系统、技术分系统、社会心理分系统、结构分系统和管理分系统。这些分系统不是互相隔绝的，而是按照一定的结构形成有机联系的整体，从而产生部分大于整体的功能。另外，行政组织又是一个有机开放的系统，是受社会政治、经济和文化等环境影响的生态系统，只有在同社会环境进行物质、能量、信息交换的相互作用中，才能建立和维护自身的工作流程和正常运转，并随环境的变化不断进行反馈调节，以保持组织与环境之间的动态平衡。

（二）劳伦斯的权变组织理论

权变组织理论是在系统理论的基础上产生的，"权变"的意思是"权宜通变"。权变理论认为，组织要不断适应变化了的条件和环境，组织形式、管理方式要随条件和环境的变化而变化，这样才能提高组织效率。权变组织理论认为不存在普遍适用的、一成不变的组织模式，不能把某种在特定环境中适用的组织模式和方法生搬硬套。一种组织模式和管理方法的有效性，将随着组织内外各种因素的变化而变化，一切都取决于时间、地点、条件，只有权变，没有不变。权变观在系统论提供总体指导思想的基础上，由原则性转向灵活性、由标准化转向多样化。

可见，现代组织理论强调组织的部分、部分之间的交互影响、部分之和组成的整体的重要性，而且更着重从组织和社会环境的相互影响方面把组织看作一个动态的、开放的系统，充分反映出组织体系内外因素的多元性。

四、组织理论新的发展趋势

（一）组织文化论

20世纪80年代，经济竞争的日益国际化和日本经济与管理对美国产生的冲击与震荡，使得组织文化运动在美国流行起来。组织文化的奠基人是爱德加·沙因。沙因认为：从本质上讲，组织文化是一种基本的假设模式，这种基本的假设模式是由一个给定的群体在学习如何处理外部适应与内部整合问题时所发明、发现或发展起来的；这些假设一直被认为是很好的、有效的，因而它们会被当作感觉、认知和思考有关内部整合及外部适应问题的正确方法传授给新的成员；由于这些假设长期被反复使用，它们很可能成为理所当然的和无意识的。沙因将组织文化分为3个层次。继沙因之后，路易斯论述了组织文化研究的社会学和心理学渊源，提出并论证了组织是文化生成环境的观点。在组织文化学派的发展过程中，斯默西奇的贡献在于研究了共有意义对一个组织存在与发展的功能。与路易斯提出的"组织是文化生成的环境"相对应，她认为"组织是作为一个共有意义的系统而存在的"。

（二）学习型组织理论

"学习型组织"自1990年由彼得·圣吉提出后，已经成为21世纪初的流行词。学习型组织的理论研究也日渐深入，中外学者和理论家们往往根据个人对学习型组织的理解提出了不同的概念。彼得·圣吉在其著作《第五项修炼》中将学习型组织描绘成这样一种组织:"在其中,大家得以不断突破自己的能力上限,创造真心向往的结果,培养全新、前瞻而开阔的思考方式,全力实现共同的抱负,以及不断一起学习如何共同学习。"学习型组织的学习是组织的学习而不是个体的学习,强调全员学习、全程学习、团队学习,倡导"工作学习化,学习工作化"。学习型组织的核心概念就是创新和变革。学习型组织以改善心智模式、团队学习、系统思考来提升组织的应变能力;以自我超越、建立共同愿景来成就组织,实现组织远大愿望和提升自创未来的能力。

(三)虚拟组织理论

虚拟组织是一种区别于传统组织的以信息技术为支撑的人机一体化组织,其特征以现代通信技术、信息存储技术、机器智能产品为依托,实现传统组织结构、职能及目标。在形式上,没有固定的地理空间,也没有时间限制。组织成员通过高度自律和高度的价值取向共同实现团队的共同目标。虚拟组织具有以下特征:

(1)界限的模糊性。

(2)组织结构扁平化,结构上可大可小,编制不固定。

(3)功能的专长化。

(4)并行或串行分布式作业。

(5)虚拟组织具有较大的适应性、在内部组织结构、规章制度等方面具有灵活性。

(6)组织间连接以先进的信息技术为依托。

与传统组织不同的是,虚拟组织交流的手段是现代信息和通信技术。虚拟组织的信息交流在技术上的体现就表现在是"群件→Internet→标准数据交换技术→Internet→EDI"。因此虚拟组织的支持技术主要由部分组成:基于Internet的群体技术(Groupware)、EDI(Electronic Data Interchange)电子数据交换技术、标准数据交换技术。可以说这3部分技术的最终目的就是实现虚拟组织各纵向和横向单位之间进行实时的信息交流。基于此,虚拟组织也才具有了不同于传统组织的特征。由此可见,虚拟组织与传统层级组织相比具有以下几个方面的优势:

(1)动态灵活性。面对市场的不确定性,组织可以随时组建或解散，通过建立专门的临时性组织和组织成员的动态合作关系迅速形成较强的竞争力，实现对组织环境的敏捷响应。

（2）资源整合性。虚拟组织可以打破时空限制，整合内外资源，在更大的范围内实现其自身价值，在最大程度上满足客户对于产品复杂性的要求。

（3）组织结构扁平化。虚拟组织大大消减了组织的层级，使得决策层贴近执行层，实现了组织结构的扁平化。[①]

第三节　行政组织结构

行政组织的结构是指行政组织的各组成要素之间的相互联系方式或互动关系模式。行政组织结构是行政组织的基本框架，只有通过行政组织结构的设置，才能显示出组织内部成员之间的权责关系以及各部门之间的分工合作关系、工作程序、活动方式、控制方式，也才能表达出组织内部许多变量之间的关系，如权威、责任、专业、分工、专业化及部门之间的依赖关系等关系模式。科学合理的组织结构，能保证行政组织内的各个构成要素——人力、物力、财力等有一个最佳的使用效率。

一、行政组织的一般结构形式

随着人们对公共组织认识的不断加深，人们根据不同需要设计出多种组织结构形式，但这些结构形式都是在一般的组织结构形式基础上发展起来的，一般结构形式已经清晰显示出组织内部成员之间的权责关系以及各部门之间的分工合作关系、工作程序、活动方式、控制方式等，所以我们首先了解组织的一般结构形式。

（一）直线结构

直线结构的特点是单一垂直领导，其结构简单，领导隶属关系明确，结构中每一层级的个人或组织只有一个直接领导，不与相邻个人或组织及其领导发生任何命令与服从关系。其结构如图2-1所示。

直线结构具有信息传递途径单一，传递速度快等优点，但基层自主

---

① 胡佳林. 基于虚拟组织理论的地方政府再造研究——台湾桃园县政府的实践［D］. 兰州：兰州大学，2011：14.

性小，且由于各职位工作程序固定，容易导致僵化。直线结构主要为规模不大、工作较为简单的公共组织所采用。

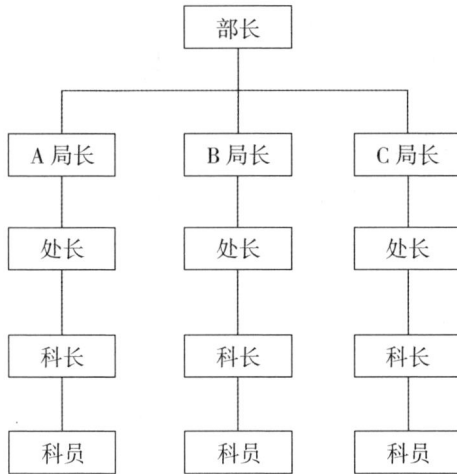

图2-1　直线结构

（二）职能结构

职能结构是相关部门在水平方向依照职能不同进行分工，再分别对下级部门实施领导的结构。在职能结构中，每个上级部门并没有自己单一管理的下级部门，同样，每个下级部门也不只是服从一个上级部门，其结构如图2-2所示。

职能结构依靠水平分工领导，拓展了各层管理事务的范围，适宜于相对较复杂的管理工作，但下级部门由于多头领导，容易出现政出多门的情况，而领导部门如果相互缺乏协调，反倒会造成执行混乱的局面。

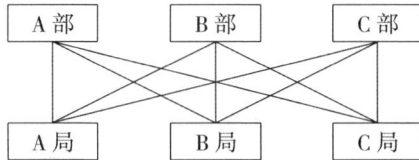

图2-2　职能结构

（三）直线–职能结构

直线–职能结构是在综合直线结构和职能机构基础上形成的一种组织结构形式。各级部门间既有垂直领导关系，又有水平领导关系，如图

2-3所示。

　　直线-职能结构加强了对水平层次领导部门的协调领导，有助于克服政出多门的问题，同时每个下级部门在只有一个明确上级领导的基础上，接受其他相关上级部门的指导和监督，有助于决策科学化、民主化。但这种结构的一个潜在缺陷是，垂直领导有可能排斥水平领导，部门之间的关系更加复杂。

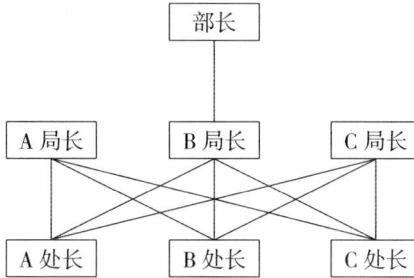

图2-3　直线-职能结构

（四）矩阵结构

　　矩阵结构是以完成某项工作为核心，从有关部门抽调人员组成临时机构来履行工作任务的结构。与直线-职能结构不同的是，矩阵结构中垂直领导与水平领导是并重的，如图2-4所示。

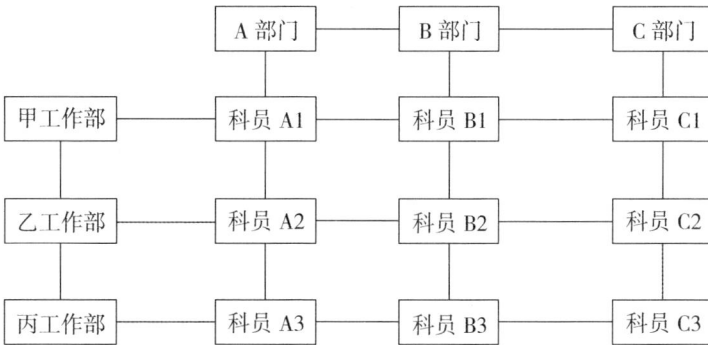

图2-4　矩阵结构

　　矩阵结构既保持了组织成员构成的稳定性，又有助于充分发挥组织成员的综合优势，组织效率相对较高。与前述3种结构形式相比，矩阵组织更加灵活，适应能力也更强，因此也有人把矩阵组织称为适应性组织。矩阵组织由于较能适应复杂工作的需要，已被很多规模较大的公共组织采用，特别在行政组织中，矩阵结构非常普遍。不同时期政府设置的临时办公机构就是以矩阵形式组织起来的，如各种工作领导协调小组及办公室等。

与矩阵结构相似的还有一种称为旁系组织的结构。旁系组织是从科层结构的正式成员中抽出一部分人，按自由联合方式组成某一特定的常设机构，来解决特定问题的组织。与矩阵结构不同的是，旁系组织成员在完成旁系组织任务时，并不与自己本职工作完全脱离，也就是说，旁系组织成员是"不脱产"或"半脱产"的。生活中常见的"经济学会""行政学会""专业技术职称等级评审委员会"以及高校中的"学术委员会"等都是典型的旁系组织。

二、管理层次和管理幅度

管理幅度与管理层次是影响组织结构的两个决定性因素。

管理幅度是指一名上级管理者或一个组织有效管理的下级人员或单位、部门的数目。管理幅度是衡量管理工作复杂性的重要标志，一项工作越复杂，管理幅度一般也就越宽。管理幅度多宽为宜并没有一个普遍适用的标准，只能是因人、因事而定。但管理幅度是有一定限度的，如同挂钟的摆幅一样，过大或过小都将影响管理效能。我国现行行政组织在管理幅度上过大和过小的问题都有。例如，省这一级管理幅度偏大，管辖了数十个县（市）。另一方面，许多单位内部又存在着管理幅度偏小的问题，行政领导副职过多，"官"多"兵"少的情况并不鲜见。

管理层次是指公共组织内部纵向划分的等级数。管理层次是以人类劳动的垂直分工和权力的等级属性为基础的。不同的行政组织管理层次的多寡不同，但多数可以分为上、中、下三级或高、中、低、基层四级，前者如通用的部、局、处三级建制，或传统工厂的厂、车间、班组三级建制，后者如国务院、省政府、县政府、乡政府四级领导体制。无论哪一种管理级数，高层总是负责制定组织总目标，偏重于决策、协调和监督事务，人数相对少；中层承上启下，负责执行上级政策，协调下级活动；基层主要负责执行落实具体事务，人数相对多。

在组织条件不变的情况下，管理幅度与管理层次通常成反比例关系，即管理幅度宽，则管理层次少，反之亦然。管理层次多、管理幅度小的组织结构，其形态类似底宽上窄的"金字塔"，因此这种形态的组织结构被称为尖形结构。尖形结构中管理层次分明，上级对下级控制严格、影响力强。其优点是权力集中，分工明确，便于统一行动，但因其层次多，信息传递途径长，容易造成信息失真，使高层决策被走样执行，不利于发挥下级机关和员工的积极性。此外，上级对下级的严格控制，在一定程度上反而阻碍了下级积极性、主动性的发挥，工作缺乏灵活性，容易走向僵化。

管理层次少、管理幅度大的组织结构，其形态扁平，因此称为扁形结构。扁形结构管理层次少，信息传递迅速，不易失真，决策执行时间短，下级执行人员拥有较大的自主权，决策、执行面广，也较灵活。不过，由于上级对下级的控制不强，扁形结构组织相对比较松散，集体行动难度较大。

因此，在组织结构设计上，人们总是力图把尖形结构与扁形结构的长处结合起来，尽量克服两者的缺点，以求设计出令人满意的结构。尖形结构与扁形结构具体如图2-5所示。

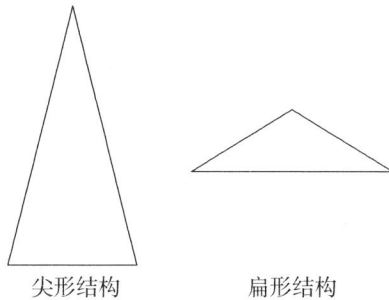

尖形结构　　　　　　　扁形结构

图2-5　尖形结构与扁形结构

三、行政组织体制

行政组织体制按不同的标准可以划分为不同类型：根据行政组织中最高决策权所属人数可分为首长制和委员会制；根据行政组织构成单位的功能和性质可分为层级制和职能制；根据行政权力的使用特点可分为集权制和分权制；根据行政组织中同一层级各部门所受的指挥和控制可分为完整制和分离制。

（一）首长制与委员会制

首长制又称一长制或独任制，是指行政组织的诸多最高决策权归一个行政首长执掌的组织体制。首长制历史十分悠久，古代的君主制便属首长制。现代国家中首长制仍然是一种重要的行政组织体制，美国的总统制是典型的首长制，总统享有总揽一切内政、外交、军事等重大事务的决策权，其他行政人员只向总统一人负责。我国行政组织实行"首长负责制"，从国务院总理到省长、市长、县长、区长、乡长都是相应级别行政组织的"首长"。

首长制的优点是：权力集中，责任明确，指挥灵敏有力，易于保守秘密，可减少不必要的摩擦和损耗，能迅速完成任务。首长制的缺点是：由于行政决策大权由首长一人独揽，容易导致滥用权力，独断专行，压制民主，营私舞弊而无人牵制监督。而且，首长个人在精力、体力、知识、智慧、才能方面的局限，也不利于对行政事务的周密考察与恰当处理。

委员会制又称合议制，是指行政组织的法定最高决策权由两个以上的委员通过委员会议集体执掌的组织体制。早在古罗马时代，委员会制便已产生。今天，瑞士联邦委员会是典型的委员会制。瑞士联邦委员会由议会选举7位委员组成，每届任期4年，联邦委员会主席由议会从委员中选举，任期1年，不得连任，不管是主席还是委员，其地位完全平等。我国在中华人民共和国成立初期曾在最高行政机关政务院实行过委员会制。政务院各政务委员的权力平等，最高决策权不属于总理一人，而属于全体政务委员，行政决策遵循少数服从多数的原则而定。

委员会制的优点是：能够集思广益，容纳多方面的意见，处事考虑周全，委员互相牵制，有利于权力监督。缺点是：责任不明确，容易造成争功诿过的弊端，委员间相互协调不易，力量难以集中，决策迟缓，并且容易泄露决策机密。

首长制与委员会制各有利弊，现实中应视具体情况而用，以扬长避短。美国著名行政学家伦纳德·D.怀特认为，首长制适于执行与指导事务，委员会制适于政策寻求与决定的事务。中国古代行政管理思想也认为："天下之事，虑之贵详，行之贵力，谋在于众，断在于独。"（张居正：《陈六事疏》）因此，有人提倡集首长制与委员会制于一体的混合制。

1954年，《中华人民共和国宪法》（以下简称《宪法》）颁布后，我国大体上采取首长制与委员会制相结合的体制。由于"文化大革命"的干扰，委员会制的优点并未正常发挥出来，集体负责变成无人负责，行政效率极为低下。五届人大五次会议针对这种情况规定，我国国家行政机关实行首长制，1982年的《宪法》对此加以确认。我国目前实行的是首长制，同时也吸收了委员会制的长处。在国务院，实行国务委员会议制度和常务委员会议制度；地方各级行政组织实行政府会议制度。一般情况下，重大问题都要经过会议集体讨论，最后才由首长集中意见来决定。行政首长要对人大及其常委会负责，受其监督。这样，尽可能克服单纯首长制与委员会制的弊端，发挥两者的长处。

（二）层级制与职能制

层级制又称分级制，是指行政组织纵向分为若干层次，上下层业务性质相同，但有隶属关系，业务范围由上至下逐层缩小的组织体制，如全国的中央、省、县、乡四级分级，部队的军、师、团、营、连的分级。层级制的优点是组织系统业务相通，便于沟通领导；权力集中，从上到下贯穿下来，有助于统一指挥。缺点是：上级任务繁杂，往往顾此失彼；缺乏专业分工，工作弹性小；各层级行政首长权力集中，要求下级对上级绝对服从，容易造成独断专行。

职能制又称分职制，指行政组织横向依据不同的业务性质、职能而平行划分若干部门，每个部门所管业务内容不同，但所管范围大小基本相同的组织体制，如国务院的各部委，各省的各厅局就属于此。

职能制的优点是分工明确，有助于工作专业化，提高行政效率，行政首长也有精力进行组织的宏观管理。缺点是分工单位无力进行全局协调，责任不明，过细的分工还使部门主管过多，政出多门，使下级部门无所适从。

现代行政组织大都是将层级制与职能制有机结合起来，以层级制作为基础，在每一层级进行职能分工。我国的行政组织也是实行层级制和职能制相结合的双重体制。在层级方面，从中央到地方，分为国务院、省（自治区、直辖市）、市（州）、区（县）、乡（镇）。在职能方面，国务院分设若干部委；省（自治区、直辖市）政府分设若干厅、局；市

（州）政府分设若干局；区（县）政府分设若干分局；乡（镇）政府分设若干所。国务院的各部委与地方各级行政组织相对应的厅、局、分局、所之间，也还存在着纵向的领导关系。

随着社会的发展，横向分工变得越来越细，这在一定程度上加剧了组织体系内部门林立、层次重叠的情况，破坏了组织的全局性，组织管理难度增加，造成指挥混乱。为了既加强组织的整体性和原来垂直领导的稳定性，又协调指挥，提高行政效益，就需要建立为实现特殊目标而从不同的分工部门选派人员组成临时组织，以增加组织体系的灵活性。

（三）集权制与分权制

集权制是指行政权力集中在上级机关，下级机关仅有有限的裁量权，须依靠上级机关的指令办事的组织体制。在这种体制之下，高层的机关往往包揽较多的事务决策。

集权制的优点是：政令统一，可在行政组织系统内实行一致标准，便于集中力量，发挥优势，统筹兼顾。集权制的缺点是：层级节制过严，下级的行为带有被动性，积极性得不到发挥，不能因地制宜、及时处理行政事务，机关及个人也容易导致独裁和长官意志。

分权制是指下级组织在其管辖范围内有较大的裁量权，上级组织不予干涉的组织体制。在联邦制国家中，分权制的行政组织体制最为普遍。

分权制的优点是：各级行政组织可以因地制宜地发挥自己的特长处理事务，行政措施紧贴实际，能适应客观环境的变化；各层级有自己的权力和责任，容易激发行政人员的工作积极性；还可防止上级组织和个人的独断专行。分权制的缺点是：权力过于分散，上级组织的目标、意图难以实现，上级反受下级牵制；下级组织机关彼此分离，中央无力调控，容易形成地方势力，相互冲突，发生纠纷，造成行政组织的分裂。合理的行政组织体制就是结合集权制与分权制优势的体制，不能太偏于集权制，也不能太偏于分权制。孙中山先生曾认为，凡事务有全国一致之性质者，划归中央；有因地制宜之性质者，划归地方；不偏于中央集权或地方分权。

二战后，世界各国的行政管理体制都有集权化的倾向。但20世纪80年代以来，各国政府又开始推行分权政策，如法国社会党政府的

"权力下放法案"及美国里根政府的"还权于州"计划等。由于分权能使组织提高自身的反应速度和灵活性，更能适应社会生活的瞬息万变，因此分权是未来行政组织发展的趋势。我国的行政体制是典型的集权制，但越来越注意发挥地方的积极性。

（四）完整制与分离制

完整制又称集约制或一元统属制，是指行政组织中同一层级的各个机关受一个机关或一位行政首长指挥、监督的组织体制。完整制下的组织实行分工协作，以取得协同一致的效果。中国实行完整制。

完整制的优点是：权责集中分明，组织结构简单统一，机构之间分工合作好，有利于领导机构的全局统筹和行政命令的贯彻执行，并能人尽其用，发挥专业优势。完整制的缺点是：行政首长权力过分集中，属下单位缺乏自主性，容易造成因循守旧的工作作风。

分离制又称独立制或多元统属制，是指同一层级的各机关，受两个以上的机关或行政首长的指挥、监督的组织体制。在分离制之下，各机关彼此独立，不存在隶属关系。美国是实行分离制的典型国家，美国各州州长以下的各部门工作，一般由民选的委员会来主持，州长很难对这些民选的委员会大量行使指挥监督权，联邦政府的独立委员会也可摆脱总统的某些控制。

分离制的优点是：行政机关独立性大，措施灵活，通过发挥专业部门优势，对某些局部事务能够采取有力的措施。分离制的缺点是：机构间协调合作有一定难度，个别部门的独自行动可能造成整个行政组织的工作混乱，降低行政效率。在实践中，分离制迎合了多元化社会的需要，然而行政组织各部门密切合作，是提高行政效益的基本前提，因而完整制更多被采用。

以上我们介绍了行政组织体制的几种主要类型，在同一国家里，情况往往很复杂，常常是几种类型同时存在。

四、我国行政组织结构

（一）纵向结构

纵向结构行政组织内若干层次中特别是上下层次之间形成的是领导与服从关系。纵向结构有宏观与微观之分。

宏观上的纵向结构是指各级行政组织间的层级关系，我国的行政组织可分为中央行政组织和地方行政组织两大层次。中央层次即指中央人民政府一级，地方行政组织的层次划分有3种类型：

（1）两级制。两级制只有一种情况，即直辖市–区。

（2）三级制。三级制包括4种情况：直辖市–区–乡、镇；直辖市–县–乡、镇；省、自治区–地级市–区；省、自治区–县、县级市–乡、镇。

（3）四级制。四级制也包括四种情况：省、自治区–地级市–县–乡、镇；省、自治区–地级市–区–乡、镇；省、自治区–自治州–县级市–区；省、自治区–自治州–县、县级市–乡、镇。

在地方行政组织中，我国设有特别行政区一级，包括香港和澳门。特别行政区政府不同于一般地方政府，它享有更高更多的自治权。例如，根据《中英联合声明》和《中华人民共和国香港特别行政区基本法》的有关规定，除外交和国防事务统一由中央人民政府负责管理外，香港特别行政区享有行政管理权、立法权、独立的司法权和终审权，可以用"中国香港"的名义进行国际经济文化交流等活动。

微观上的纵向结构是指行政组织内部的工作层次关系，如国务院各部委下设的司局级、处级和科级层次，省（自治区、直辖市）人民政府的厅、局下设处级、科级等层次。

纵向结构根据行政管理的权限和特点，还可相对分为高、中、低和初级4个层次，体现在职位上，可分为高级职位、中级职位、低级职位和初级职位。层次越高，责任和权力越大，工作的方式也相应不同。

（二）横向结构

横向结构又称分部结构，它反映的是同级行政组织之间和各行政组织构成部门之间分工协作的来往关系。横向结构中的各部门都有明确的工作范围和相应的权责划分，各部门之间是一种平行关系。

行政管理活动需要通过行政组织内履行不同职能的部门按一定的工作程序、原则相互协作而实现，这些部门一般可分为决策部门、执行部门、反馈部门、监督部门等。按照职能来划分部门是最普遍的分部方式，政府机关成立时大都采用这种方式。我国的行政管理部门按职能大体可分为业务部门和辅助部门。业务部门如国家发展和改革委员会内设的产业发展司、投资司、国外资金利用司、地区经济发展司、基础产业发展司、价格司等机构；辅助部门如各级政府内设的负责日常事务保障的机关事务管理局（办公室）等机构。

但是，行政组织活动的复杂性决定了仅仅按职能方式划分和设置部门是不够的，还应结合其他方式来进行分部，主要有：按地区划分、按服务对象划分、按行业与产品类型划分。

（1）接地区划分。对于行政组织活动分散在一个广阔的区域，中央中枢机关不易统一指挥的行政组织，这种划分较为有效。例如，公安系统按省、市、县、乡等区域分别设立相应部门，处理辖区内相关事务；其他如市场监督管理、税务、邮政等情况大致相同。

（2）按服务对象划分。例如，国家外国专家局、老干部局、军队转业干部安置办公室、知识分子工作处等。

（3）按行业和产品类型划分。例如，国家部委管理的国家粮食局（由发展和改革委员会管理）、国家能源局（由发展和改革委员会管理）、国家国防科技工业局（由工业和信息化部管理）、国家外汇管理局（由中国人民银行管理）等。

行政组织的纵向结构与横向结构并不是相互脱离的，二者相互交织形成了行政组织的结构网。在我国，行政组织中的横向结构服从于纵向结构。

第四节　行政组织优化和发展

行政组织是一个不断与其环境发生作用的开放系统。只有不断与外界环境发生联系，及时调整自己，行政组织才能够适应环境变化，通过自身的适应性程序来化解外界冲突，保持组织系统稳定，提高自己的适应能力。因此行政组织必须进行优化和发展，以适应变化了的新形势、新问题，更好地行使行政管理的职能。

一、政府再造论

20世纪90年代以来，最引人注目的公共组织变革理论当数"政府再造论"。1992年，戴维·奥斯本和特德·盖布勒在美国出版了《改造政府》（也称《再造政府》）一书，锋芒直指官僚制，提出应该用企业精神来改造公共部门。该书出版后引起极大反响，时任美国总统的克林顿甚至评价说："美国每一位当选官员都应该阅读这本书。我们要使政府在 90 年代充满新的活力，就必须对政府进行改革，该书给我们提供了改革的蓝图。"

政府再造论认为，在今天，大多数政府机构要完成的任务日益复杂，所处的环境充满竞争，变化迅速，顾客（公众）要求质量更高且更有选择余地的服务。传统的官僚制已不能适应这种变化，反而成为沉重的包袱。因此，必须发动一场革命，彻底打破官僚制。

政府再造是指对公共体制和公共组织进行根本性的转型，以大幅提高组织效能、效率、适应性以及创新的能力，并通过变革组织目标、组织激励、责任机制、权力机构以及组织文化等来完成这种转型过程。 简单地说，政府再造就是用企业化体制来取代官僚制，即创造具有创新惯性和质量持续改进的公共组织和公共体制，而不必靠外力驱使。

政府再造要分别从目标、激励、责任、权力、文化 5 个方面入手，采取 5C 战略与之对应，进而通过变革途径完成再造。

二、组织变革趋势

什么样的组织是组织变革所追求的目标？目前，关于组织变革趋势的研究主要从 4 个方面展开。

（一）着眼于知识经济时代组织特征及内部个体作用的变化

在此方面，典型的理论为学习型组织论。学习型组织论认为，新的组织所依赖的技术不以机器为基础，而以知识为基础，它的设计是用来处理知识和信息的，组织成员的首要任务不是追求单一的效率，而是如何识别和解决新的问题。因此，学习型组织中所有人员都必须不断学习，使组织能不断进行新任务的尝试。学习型组织不存在单一模型，它强调的是组织管理者如何提高自己的学习能力，并促使每个组织成员都能主动参与到组织问题的识别、解决过程中来。

（二）着眼于组织结构的变化

着眼于组织结构变化的理论主要有无缝隙组织论以及网络组织论、虚拟组织论等。无缝隙组织论认为传统的科层结构导致组织变成一个庞大、僵化而又四分五裂的怪物，这是组织适应性与活力下降的主要原因，因此，必须以无缝隙组织来取而代之。与传统科层组织相比，无缝隙组织具有以下特点：第一，在工作中不存在条块分割，没有推诿扯皮，组织任务主要由具有多种技能的团队完成；第二，组织成员的角色明确性与清晰度低，没有严格的内部分工；第三，提供非标准化的产品或服务，具有高度的顾客导向性；第四，有较高的时间敏感度，注重结果和反馈，对工作的评价建立在顾客满意的基础上。拉塞尔·M.林登认为："和我们的手工业者非常相似，无缝隙组织中的工作人员负责整件工作，直接与最终用户接触。"

（三）着眼于组织功能的变化

政府再造论着眼于组织功能的变化，并给出了关于完美政府组织的答案，具体包括10条标准：

（1）起催化作用的政府，即政府把"掌舵"职能（即政策和规划制定）和"划桨"职能（服务提供和执行）区分开来，政府只"掌舵"，不"划桨"。

（2）社区拥有的政府，即把服务控制权从官僚手中夺过来，放到社区手里，政府通过对社区的拨款和授权来解决问题，而不直接提供服务。

（3）竞争型的政府，即要求服务提供者在绩效和价格的基础上对业务展开竞争，以促使公共组织改进服务质量。

（4）有使命感的政府，即进行内部放松管制，废除大量内部规章制度，从根本上简化行政制度，要求各个机构明确各自使命，让管理者在法律的范围内自由寻找完成使命的最好方式。

（5）结果导向型政府，即将责任从投入转移至产出结果，政府按结果而不是按投入进行拨款。

（6）顾客驱使的政府，即从满足顾客的需要而不是官僚的需要出发，为顾客提供最大的价值，如有可能让顾客来选择服务提供者。

（7）企业化政府，即政府不仅将精力集中在花钱上面，而且还要关注挣钱，要求得到投资回报。

（8）预知型政府，即政府追求的是预防问题而不是克服问题，通过战略规划等手段提高预见能力。

（9）分权的政府，即政府通过组织或体制将权力下放，鼓励那些直接面对顾客的组织更好地利用自己的决策，组织权力向一线雇员转移，组织层级扁平化。

（10）市场导向型政府，即政府通过重构私人市场，依靠市场力量而不是行政力量来解决问题。

（四）着眼于组织类型的变化

在此方面，典型的理论为非营利组织论。在现实社会中，有些组织以实现私人利益最大化为目标，而有些组织服务于公共利益不以营利为目标。我们通常把前者称为私人组织，把后者称为公共组织。还有一些组织介于两者之间，比如，收费的服务机构、私人的非营利组织等，它们主要致力于社会服务和管理，其基本宗旨是满足居民的需求，人们将之称为第三部门或非营利组织。第三部门有非营利性、志愿性和公益性等特征。非营利性是指它不以营利为目的；志愿性是指它的成员是根据自身的志愿来参与组织活动；公益性是指它的宗旨是满足公众的利益，为公众服务，满足他们的需求。在现代社会，公共事务的管理者已经不仅仅局限于传统的政府部门和事业单位，非营利组织发挥着越来越大的作用。

还有一类是半强制型公共组织，半强制型公共组织的存在和发展是市场经济发展的必然要求。在市场经济条件下，政府管理是"有限管理"，即在市场失灵的一定范围内实施管理。但是市场功能的内在缺陷又需要这样一些公共组织的存在：这些公共组织实施管理更多地依靠市场手段而不是行政手段，它们的管理行为对当事人有一定的强制性，要求当事人遵守。但这类公共组织的强制性在一定程度上是可对抗的，当事人也可拒绝裁决。这类公共组织的典型如各种形式的仲裁委员会，通常情况下，委员会的裁定要求当事方遵守。但若当事人对裁决结果有异议，他不一定要照章执行，而是可以向法院起诉，法院的裁定才是最终的裁定。此外，消费者权益保障委员会、各种行业协会等也是现实生活中人们最常接触到的半强制型公共组织。

▶▶

专栏2-2

继续完善党和国家机构职能体系

一、提出过程

党的十九大明确要求，深化机构和行政体制改革，统筹考虑各类机构设置，科学配置党政部门及内设机构权力、明确职责。党的十九届三中全会作出构建系统完备、科学规范、运行高效的党和国家机构职能体系的决策部署。2019年5月，习近平总书记出席深化党和国家机构改革总结会议并发表重要讲话。他强调，继续完善党和国家机构职能体系，推进国家治理体系和治理能力现代化。

二、基本内涵

继续完善党和国家机构职能体系，必须坚持稳中求进工作总基调，坚持正确改革方向，准确理解系统完备、科学规范、运行高效的主要内涵和精神实质。系统完备就是机构健全、职能配套、机制完善，重点解决党和国家机构职能体系覆盖面问题，确保党的领导全覆盖，确保党的领导更加坚强有力。科学规范就是设置合理、程序严密、于法周延，重点解决党和国家机构职能体系精准度问题，不断提高制度化、规范化、程序化水平。运行高效就是运转协调、执行顺畅、监督有力，重点解决党和国家机构职能体系实效性问题，推进党和国家机构职能优化协同高效。系统完备、科学规范、运行高效，三者彼此联系、相互贯通，但各有侧重、内涵不同，是一个全方位、立体化的有机整体。

三、意义作用

继续完善党和国家机构职能体系，是为完善和发展中国特色社会主义制度、推进国家治理体系和治理能力现代化提供有力组织保障，是坚持和加强党的全面领导的必然要求，是推进国家治理体系和治理能力现代化的重大举措，是完善和发展中国特色社会主义制度的现实需要，是坚持以人民为中心发展思想的制度安排。

四、实践要求

继续完善党和国家机构职能体系，要以坚持和加强党的全面领导为统领，以推进党和国家机构职能优化协同高效为着力点，把机构职责调整优化同健全完善制度机制有机统一起来、把加强党的长期执政能力建设同提高国家治理水平有机统一起来，继续巩固机构改革成果。要健全党对重大工作的领导体制，决策议事协调机构重点是谋大事、议大事、抓大事，党的工作机关要带头坚持和加强党的全面领导，更好发挥职能作用，严明政治纪律和政治规矩。要加强党政机构职能统筹，发挥好党的职能部门统一归口协调管理职能，统筹本领域重大工作。要提高机构履职尽责能力和水平，各部门要严格依照"三定"规定履职尽责，聚焦主责主业，突出重点关键。要发挥好中央和地方两个积极性，确保党中央集中统一领导和国家制度统一、政令统一。要推进相关配套改革，深化事业单位改革，着力加强综合行政执法队伍建设，强化基层社会管理和公共服务职能，完善机构改革配套政策。要推进机构编制法定化，依法管理各类组织机构，继续从严从紧控制机构编制。要增强干事创业敢担当的本领，准确把握新机构新职能提出的新要求，坚守人民立场，以钉钉子精神抓好工作落实。

资料来源：本书编写组. 新时代党员干部学习关键词［M］. 北京：党建读物出版社，2020.

>>>>>>>>>>>>>>>>>>>>>>>> **思政课堂** >>>>>>>>>>>>>

深化党和国家机构改革的主要成效

2018年，党的十九届三中全会部署的深化党和国家机构改革实现了对党和国家组织结构与管理体制的系统性、整体性重构，取得了一系列重要理论成果、制度成果、实践成果。机构改革建立了适应新时代要求的党和国家机构职能体系主体框架，为完善和发展中国特色社会主义制度、推进国家治理体系和治理能力现代化提供了有力组织保障。深化党和国家机构改革是贯彻落实党的十九大精神和全面深化改革的一项重大任务，应当系统总结本轮机构改革取得的主要成效和宝贵经验，在新的起点上继续完善党和国家机构职能体系，推进国家治理体系和治理能力现代化。

加强党的全面领导得到有效落实，维护党的集中统一领导的机构职能体系更加健全。本轮机构改革注重完善党对重大工作的领导体制机制，优化党中央决策议事协调机构。根据2018年2月《深化党和国家机构改革方案》，新组建中央全面依法治国委员会和中央审计委员会，将深改、网信、财经、外事等4个领导小组改为委员会，新组建中央教育工作领导小组。统筹设置党政机构，构建分工合理、责任明确、运转协调的党政机构职能体系。机构改革后，中央组织部统一管理公务员工作，中央宣传部统一管理新闻出版和电影工作，中央统战部统一管理宗教工作和侨务工作。更好发挥党的职能部门归口协调作用，改革后形成了大组织、大宣传、大统战的归口管理格局。中央组织部统一管理中央编办，中央统战部统一领导国家民委，整合组建中央和国家机关工委，中央宣传部归口领导中央广播电视总台。

党和国家机构履职更加顺畅高效，各类机构设置和职能配置更加适应统筹推进"五位一体"总体布局和协调推进"四个全面"战略布局需要。本轮机构改革根据"一类事项原则上由一个部门统筹、一件事情原则上由一个部门负责"的思路，通过梳理各部门事权类型和特点，整合职责相近或联系紧密的职能职责组建新机构。自然资源部整合了原分属国土、水利、农业、林业等部门的自然资源管理职责，应急管理部整合了原分散于安监、国务院办公厅、公安、民政等10余个部门的职责，市场监管总局整合了原工商、质检和食品监管部门的职能职责。围绕人民日益增长的美好生活需要，突出问题导向推进机构改革。生态环境部整合了多部门环境保护职责，统一行使生态和城乡各类污染物排放的监管和执法职责。国家医保局统筹推进医疗、医保、医药"三医联动"改革，有力保障人民群众获得更加公平可及的医疗卫生服务。国家卫生健康委整合全国老龄办相关职能，为积极应对人口老龄化和向国民提供全周期健康服务提供了组织保障。

省市县主要机构设置和职能配置同中央保持基本对应，构建起从中央到地方运行顺畅、充满活力的工作体系。本轮地方机构改革既要完成中央明确部署的"规定动作"，也要发挥好省级及以下机构设置自主权，在一定范围内因地制宜设置机构和配置职能。省、市、县各级涉及党中央集中统一领导和国家法制统一、政令统一、市场统一的机构职能与中央基本对应，确保机构职能履行上下贯通、执行有力。应急管理、退役军人事务、医疗保障等重点领域新组建机构，实现了从中央到省、市、县（区）四级上下一致对应设置。此外，各地还运用自主权在优化决策议事协调机构、加大党政机构合并设立或合署办公力度、根据新形势任务设置地方特色机构等方面完成了一系列"自选动作"。

增强机构改革的整体性、系统性、协同性，同步推进相关各类机构改革，改革整体效应进一步增强。本轮改革整体性推进中央和地方各级机构改革，根据时间表、任务图确保中央和省市县改革有机衔接、有序推进。坚持党政军群机构改革协同推进，重构性健全党的领导体系、政府治理体系、武装力量体系、群团工作体系。发挥党总揽全局、协调各方作用，推动人大、政府、政协、监察机关、审判机关、检察机关、人民团体、企事业单位、社会组织等在党统一领导下协调行动、增强合力。构建系统完备、科学规范、运行高效的党和国家机构职能体系，系统性增强党的领导力、政府执行力、武装力量战斗力和群团组织活力。

资料来源：张克. 深化党和国家机构改革的成效与经验［N］. 学习时报，2020-02-10.

【思考】请思考，机构改革的目的是什么？多轮的机构改革中，我们取得的重要经验是什么？

关键概念

组织　行政组织　直线结构　职能结构　直线-职能结构　矩阵结构　政府再造

复习思考题

一、单项选择题

1. "组织"是指人们围绕一定目标联合起来进行有序活动的群体。因此，目标形成了一个组织的（　　　）。

A.载体　　　　　　　　　　B.基础

C.动力　　　　　　　　　　D.灵魂

2. 在组织条件不变的情况下，管理幅度与管层次通常成（　　　）关系。

A.正比例   B.反比例

C.没有关系   D.看情况而定

3.泰罗是科学管理的创始人,其基本管理思想体现在他1911年出版的(　　　)一书中。

A.《彭德尔顿法》   B.《科学管理原理》

C.《行政学之研究》   D.《政治与行政》

4.下列哪种特点的公共组织不适宜采取宽管理幅度?(　　　)

A.工作任务复杂、工作差异大

B.工作种类接近

C.组织成员知识程度高、责任感强

D.领导者水平高、能力强

5.古典理论时期最为典型的代表人物是(　　　),他获得了"现代组织理论之父"的美誉。

A.韦伯   B.法约尔

C.亚里士多德   D.西蒙

二、多项选择题

1.行政组织的基本特征是(　　　)。

A.政治性   B.公共性

C.系统性   D.权威性

2.古利克把他那个时期的管理理论加以系统化,提出著名的管理七职能说,即任何一个完善的行政组织,必须具备(　　　)、协调、报告和预算7种工作内容。

A.计划   B.组织

C.人事   D.指挥

3.在组织设计中,必须贯彻在其位、谋其政、负其责的原则,因此,(　　　)三者相互依存,不可分离。

A.职位   B.权力

C.责任   D.义务

4.学习型组织的学习是组织的学习而不是个体的学习,强调(　　　)倡导"工作学习化,学习工作化"。

A.全员学习   B.独立学习

C.全程学习   D.团队学习

5.政府再造要分别从（   ）、文化方面入手，采取5C战略与之对应，进而通过变革途径完成再造。

A.目标   B.责任

C.激励   D.权力

三、简单题

1.简述行政组织的特征和基本要素。

2.如何进行行政组织结构的调整？

3.行政组织的管理幅度和管理层次之间是什么关系？

4.简述我国行政组织的体制。

5.结合我国实际谈谈我国行政组织改革的趋势。

第三章

行政职能

　　行政职能是行政组织设置和改革的依据，也是行政决策和行政执行的基础。科学配置政府职能体系，正确处理政府与市场、政府与企业、政府与社会之间的关系，对于建立科学有效的公共行政体制，推进政府机构改革，完善行政运行机制，具有十分重要的意义。

第一节　行政职能概述

一、行政职能的含义、特点及作用

（一）行政职能的含义

1.行政职能

　　所谓行政职能，是指政府在国家、社会生活中所起的基本作用，包括职责和功能两个方面，是国家职能的重要组成部分。其中，行政管理职责涉及政府应该管什么事、管到何种程度等问题；而行政管理功能则指的是行政管理可以发挥的作用和具有的能力，行政职能是上述两方面的有机统一，主要明确政府"管什么"的问题。

2.行政职能与国家职能的关系

国家职能包括立法职能、司法职能和行政职能三大部分。行政职能受国家职能的制约，是国家职能的具体执行和体现，也是实施国家职能的关键。行政职能在以立法职能为依据、以司法职能为后盾的同时，又接受立法职能和司法职能的监督。国家职能与行政职能都是由国情环境、国家的根本制度和社会发展形势等客观条件所决定的，而不是由人的主观所决定的。

（二）行政职能的特点

1.执行性

从行政权与立法权之间的关系来看，行政机关是国家权力机关的执行机关。中央及地方各级行政管理机关必须执行同级人民代表大会的决定和决议。由此可见，行政职能具有明显的执行性质。

2.强制性

从行政权与司法权之间的关系分析，行政机关在代表国家行使行政权力，依法管理国家事务、社会公共事务和机关内部事务时，都必须以司法权力为后盾，要求全社会共同遵守相关的法律、行政法规和行政规章。因此，行政职能具有强制性。

3.动态性

行政职能并不是固定不变的。它不但因国家历史类型不同而异，而且随着行政环境的变化以及国家政治、经济和社会的发展，行政职能的范围、内容、重点和作用都将发生变革。例如，在自由资本主义时期，资本主义国家政府的角色是"守夜人"，不干预经济活动，主要依靠市场这只"看不见的手"来调节和引导社会经济和其他公共事务的发展；而在垄断资本主义时期，由于劳资矛盾激化、经济危机频繁，政府转而奉行凯恩斯主义，加强了对经济的干预和调节；在当代资本主义国家，政府的社会服务职能不断强化，同时，既注重利用市场这只"看不见的手"，也重视利用政府这只"看得见的手"来综合调节经济活动。保持着"an arm-length"的关系。

4.多样性

行政管理的范围涉及国家及社会公共生活的所有方面，社会有多少个领域，行政管理就有多少个方向。例如，国民经济、文化教育、国防建设、民政外交等方面的管理职能，这些职能密切相连，共同作用于社会生活的各个领域。

（三）行政职能的作用

行政职能是国家职能的具体执行和体现，它反映了国家的性质和政府活动的方向，是政府开展行政管理活动的依据和前提，行政管理各个环节和层面的活动，都可以说是行政职能的运用和展开。行政职能在行政管理中的地位是至高无上的。行政职能的作用主要表现在如下几个方面。

（1）行政职能决定政府角色地位，即"管什么"的问题，直接影响到行政管理活动的整个过程，影响到社会政治、经济和社会的全面发展。

（2）行政职能是行政组织设置的依据、前提和基础。有什么样的职能就需要设置什么样的组织机构。职能决定着机构的规模、层次和数量。职能变了，机构也应随之调整或改革。行政职能决定着行政管理的内容和方式。政府的各项活动应该是在行政职能规定的范围内进行，不能超越这个范围，管理的内容不同，其管理方式也应有所不同。

（3）行政职能的实现是衡量行政管理效率和效能的重要标准。评价行政效率和效能高低的标准很多，但最重要的标准就是看政府是否有效地履行了各项职能。

（4）行政职能的界定是正确处理党政关系、政企关系、政社关系的前提，是我国当前行政改革的重要内容。

二、行政职能的构成

从政府发挥作用的领域来看，行政职能可以分为政治职能、经济职能、文化职能和社会职能。这四大方面集中了政府在国家全部社会生活中所起的整体作用，因而被称作政府的基本职能。从政府运作的过程和履行职能的方式来看，行政职能可以分为计划职能、组织职能、协调职能、控制职能等。这些职能构成行政管理周而复始的循环过程，它们不仅存在于不同类型的国家，而且作用于行政管理的不同层次和不同领域。

（一）行政基本职能

从行政的内容和范围上看，行政基本职能主要由政治、经济、文化、社会服务等职能构成。这些职能集中体现政府在国家社会生活中的整体作用以及行政的基本内容和范围，反映行政与经济基础及其他上层建筑的辩证关系。

1.政治职能

政治职能主要是指保卫国家的独立和主权，保护公民的生命安全及各种合法权益，保护国家、集体和个人的财产不受侵犯，维护国家的政治秩序等方面的职能。政治职能的具体内容主要包括：（1）军事职能，保护国家的独立和主权。政府担负着维护国家安全、抵御外来侵略的重要任务。（2）维护社会治安职能。在我国，各级人民公安和武装警察机关是保卫国家安全、维护社会秩序、履行人民民主专政职能的重要机关。它们的共同任务就是打击犯罪、改造罪犯，维护正常的社会秩序、生产秩序和生活秩序，保护国家、集体和个人的财产及生命安全等。（3）民主职能。建设高度的社会主义政治民主，是我国社会主义政治制度建设的一个重要目标和任务。加强民主建设，保障人民群众的民主权利，是人民政府的神圣职责。在建设中国特色社会主义的伟大事业中，必须进一步完善各种民主制度，建立健全各种民主监督机制，提高政府行政活动的公开性、透明度和民主化，不断扩大政府机关同人民群众的联系渠道。

2.经济职能

经济职能是指政府作为上层建筑的主要组成部分，必须以积极手段推动社会生产力的发展，维护经济基础的巩固和发展。经济职能是政府在国家经济管理中的职责范围和应发挥的作用，是现代国家行政的基本职能之一。在社会主义市场经济条件下，政府的经济职能比以往任何时期都占有更重要的地位和发挥更大的作用，它是对市场调节局限性与不足的一种补充。就我国来说，一般包括以下几个方面的内容：（1）宏观经济调控。其作用是保证总需求与总供给的平衡和国民经济总体结构的合理，促使国民经济和社会发展良性循环。这是中央政府最主要的经济职能。（2）产权界定和保护。各国政府普遍推行国家正式规制来对产权进行界定和保护，并设立相应的行政司法机关来保证实施。这体现了国

· 70 ·

家上层建筑（法律和法规形式）对经济基础（私有或公有产权）的直接保护。（3）国有资产管理。政府通过向国有企业派驻监事会主席和财务总监等手段，对国有资产进行资产管理，保证国有资产的保值和增值。（4）进行收入再分配，缓解收入分配不公。当今各国政府都非常重视对国民收入再分配的调节。社会主义国家强调经济发展必须以实现共同富裕为目标，资本主义国家则宣扬"福利国家"，实现"全民福利"。尽管两者的出发点和采取的方式各不相同，但却都力图按照各自的价值标准来贯彻社会公正。

3. 文化职能

文化职能是指领导和组织精神文明建设的职能，包括思想政治工作，对科学、教育、文化等事业进行规划管理等，其根本目的是提高全民族素质，铸造可以使国民自立于世界民族之林的强大精神支柱。当前，各级政府的文化职能是要紧密结合现代化建设和改革开放实际，把握转型期的经济社会特点，大力加强和改进意识形态领域里的工作，不断改进思想政治工作，坚持不懈向国民开展爱国主义、集体主义和自力更生、艰苦奋斗的思想教育，用党的指导思想指导理论、宣传、教育、新闻、出版、文学、艺术等方面的工作，为人民服务、为社会主义建设服务。

4. 社会职能

广义的社会职能是与政治职能相对应的概念，是指除了政治职能以外的其他行政职能，它包括了经济职能和文化职能。狭义的社会职能是指除了经济职能和文化职能以外的，政府对社会生活领域公共事务的管理职能。本书所用的概念是狭义的社会职能，即组织动员全社会力量对社会公共生活领域进行管理的职能。它主要是通过专门机构（民政、城乡建设、环境保护部门以及政府调控下的各种非营利性组织）对社会保障、福利救济等社会公益事业实施管理来实现的。其主要包括：（1）制定社会保障的有关法律制度，完善社会保障体系，维护纳税人的合法权益。（2）筹集、管理和发放社会保障基金。（3）创办各种社会公益、服务事业。（4）大力开展对环境污染的治理，加强生态环境保护。控制人口增长，使之保持在适度状态。（5）加强社区建设，提高人民群众和社会组织的自我服务和自我管理能力。

▶▶

专栏 3-1

中国政府有保护每一个公民的义务

2016 年 10 月 26 日，国台办举行例行记者会。发言人安峰山被问至被海盗劫持渔船上的两岸船员都已经获救一事时回应表示，中国政府没有放弃对每一个公民的保护义务，为救出被劫船员付出了巨大努力，经过长达 4 年多的艰苦斡旋，最终使 26 名幸存船员成功获救。

2012 年 3 月 26 日，该渔船在亚丁湾海域遭索马里海盗劫持后，大陆有关方面高度重视，积极展开营救工作。海协会多次致函中国台湾海基会，核实船员信息、转达家属诉求、要求台有关方面敦促船东采取有效措施处理营救事宜，但未获积极配合。安峰山说，生命无价，人间有情。尽管劫持事件发生在万里之外，资讯信息不畅，沟通渠道缺乏，致使营救工作困难重重，但中国政府没有放弃对每一个公民的保护义务，为救出被劫船员付出了巨大努力。根据有关方面授权并受两岸渔工家属委托，海协会积极开展工作，配合外交部等有关方面和国际机构加强沟通、通力合作。经过长达 4 年多的艰苦斡旋，最终使 26 名幸存船员成功获救。

资料来源　常红，杨牧. 国台办回应被劫渔船获救：中国政府有保护每一个公民的义务 [EB/OL]. [2016-10-26]. http://tw.people.com.cn/n1/2016/1026/c14657-28809 3 94.html.

▶▶

（二）运行职能

行政管理不同领域的职能，都必须通过一个完整的行政管理过程来实现。在这个管理过程的每一个环节中，政府都在以一定方式执行其职能。因此，从行政管理过程的角度分析，国内外学者从不同角度作了不同的概括和表述，大体可分为计划、组织、协调、控制 4 个方面。

1.计划职能

计划是行政乃至所有管理机构的首要职能。它包括两个方面的含义：一是制定目标及实施方案；二是在具体的法律法规范围内，制定系统的工作程序。有效地履行计划职能，可以使政府最大限度地减少各种消极因素的干扰，使公共行政朝着既定的正确方向运行。计划职能是其他职能实施的前提条件，从根本上决定着管理的其他职能。

2.组织职能

组织职能是指政府根据行政计划的各项目标要求，建立组织机构，配备相应人员，确立职位、职权、职责关系，将行政组织内部各要素组成有机整体，实现各种资源的最佳配置。政府履行组织职能的根本目的在于增强公共行政的整体性和凝聚性，提高管理效率。政府组织职能的主要内容包括：（1）建立合理的行政组织体制，建立快捷高效的行政指挥系统，充分调动各个要素的积极性；（2）合理分解计划目标，根据具体的任务，设置相应的专职管理机构，并将分解的目标和任务具体地落实到相应的职能部门和工作人员，使责、权、利相一致，做到任务明确、职责清楚、彼此协调、运行灵活。

3.协调职能

行政决策的实施，必然会涉及行政环境、行政组织、个人等各个方面，作为行政机关就必须不断地对行政组织与行政环境之间、不同行政组织之间、行政组织与个人之间以及个人与个人之间的关系进行协调，通过协调可减少和消除行政系统的内耗，沟通和理顺行政系统与其他系统的关系，得到民众和其他社会组织对行政管理活动的支持与理解，整合和提高整体行政力量，使整个行政系统运行有序，确保行政管理目标的顺利实现。行政协调，也是现代行政管理的重要内容。

4.控制职能

控制职能是指政府在调节行政行为，使之与既定目标相符的过程中所发挥的作用。控制不是政府对既定要素的简单投入过程，而是政策或目标执行程序中进行的调整。政府要有效地履行控制职能，就要确立具有客观性、完整性、具体性和可操作性的控制标准；要深入实际获取偏差信息，把握偏差变化趋势；采取具体控制措施；保持对控制过程实施有效监督。

第二节　西方行政职能的演变

行政职能的产生和发展与国家职能的产生和发展相一致。随着国家的历史更替和人类社会生产力的发展，行政职能也在不断演变。就西方国家来说，同社会形态发展相适应，行政职能的演变也经历了奴隶社会、封建社会和资本主义社会时期。为研究方便，理论界一般将其分为前资本主义时期、自由资本主义时期、垄断资本主义时期和当代资本主义时期。

一、前资本主义时期的行政职能

前资本主义时期包括奴隶制、封建制时期。奴隶制国家是在经济上占统治地位的奴隶主阶级对被统治的奴隶阶级的专政。这时期国家行政职能的重点在于政治统治，通过强化政治职能，使用国家强制力来维持奴隶主阶级政权的生存和发展。其经济职能方面则十分微弱，其他的社会管理职能也很少。与奴隶制国家相比，封建制国家经济职能的内容稍有增加。这时期国家为了巩固封建主的统治、增加国家税收，往往由国家出面管理一些有利于经济发展的事务，同时，国家也承担了一定的社会管理职能，进行某些社会公共事业的建设。但总的来看，封建制国家的社会管理职能还是很微弱的，其职能的重点仍在于政治统治，通过强化政治职能来维护封建地主阶级的统治。

二、自由资本主义时期的行政职能

从封建社会进入资本主义社会，工厂机器生产取代了手工生产，商品经济代替了自然经济。这时期资产阶级政府以保障资产阶级的自由、平等、民主权利为目的，通过政治统治职能对新生的资产阶级政权的巩固和发展起着"守夜人"的作用。同时在经济和社会事务管理方面，新生资产阶级崇尚亚当·斯密的"政府要好，管事要少"的信条，反对政府对经济的干预，因而这一时期，政府实行自由放任的政策，主要依靠"无形的手"来调节和引导社会经济及其他各方面事业的发展，政府对社会经济的干预较少。

三、垄断资本主义时期的行政职能

从19世纪末到20世纪初，西方主要资本主义国家均已进入垄断资本主义时期。这时期随着生产规模扩大，生产资料和社会财富逐渐集中到了少数垄断组织手中，垄断代替了自由竞争，劳资矛盾日益尖锐，严重的经济危机也周期性地频繁爆发，过去那种依靠"无形的手"来调节社会经济发展的做法已远远不够了。传统的"守夜人"政府面对危机束手无策、一筹莫展，显现出了相当的软弱性，因此，极力主张政府干预经济的凯恩斯主义应运而生。而且，在美国，随着以凯恩斯主义经济理论为基础的、以国家干预为核心的罗斯福"新政"的推行，通过加强政府对银行、金融、货币、信用的控制和采取对农产品生产和销售进行补贴等办法，使危机得到了有效的控制，并使经济逐步走出了困境。以罗斯福为首的新政派相信，大萧条不仅是经济衰退的结果，而且是政治崩溃的结果，因此，必须大大扩展联邦政府的权力，加强国家的作用。这一时期的资本主义国家的行政职能，在保持资产阶级专政的前提下，垄断资本和国家政权紧密结合，政府的经济职能和社会服务职能均得到扩大和加强。例如，政府通过行政手段和法律手段来维系市场的正常秩序，通过预算和高额税收、发行公债等办法承担起某些社会公共事务，在收入再分配领域内采取系列福利措施等。

四、当代资本主义时期的行政职能

资本主义国家行政职能的扩张，给西方国家的经济带来了一段时期的繁荣，但进入20世纪70年代后，西方国家的经济都不同程度地陷入了滞胀的泥潭，政府干预过多的弊端不断地暴露出来。特别是1973年的石油危机出现后，西方国家普遍出现的经济衰退及大量的政府预算赤字，造成了公民对政府的信任危机，使反对政府干预的呼声不断高涨，而且迅速蔓延。这使得一些学者又重新回到古典自由主义立场上，反思政府对经济和社会领域的过多干预行为，并提出政府应奉行"尽可能市场，必要时国家"的原则，在充分发挥"无形的手"调节社会经济发展的前提下，也强调利用"有形的手"来弥补市场机制的不足，为资本主义社会经济生活的运行创造条件和提供相对稳定的社会环境。西方一些国家在此理论基础上启动了放松对市场经济的管制、约束和限制行政权力、调整行政职能重心的改革。同时，政府的社会服务职能也在逐步扩大。对于诸如就业、住宅、交通、人口控制、环境保护、生态平衡等一系列新的社会问题以及一些投资大、见效慢、私人垄断组织无力承担或不愿承担的社会公共事务等，政府不得不加以研究解决，以维护社会经济的发展和政治的稳定。

从西方国家行政职能演变的历程我们可以看到，西方国家的行政职能经历了从限制到扩张再到限制的波浪式发展过程。特别是进入资本主义社会后，西方行政职能理论的发展，实质就是自由放任主义和国家干预主义这两种学说此消彼长的过程，这一过程是伴随着社会经济文化的发展和国家形势的变化而发生的。它们之间的对立与融合为现实政治中政府与市场、政府与社会、政府与个人的平衡提供了建设性的理论依据。经过多年的实践发展和理论争论，西方各国逐渐认识到，政府职能既不应是"全能"的，也不应是"无为"的，而是要在两个极端之间找到恰当的平衡点。政府在推动经济的发展中应该发挥什么样的作用，如何发挥作用、如何依据变化了的外部环境及时调整自己的职能设置，这些都是处在现代进程中的各国政府应该认真研究并着力解决的问题，西方国家的经验和教训值得我们借鉴。

第三节　转型期中国的行政职能

一、中国行政职能的转变及发展

（一）中国行政职能转变的必然性

行政职能转变是指国家行政机关在一定时期内，根据国家和社会发展的需要，对其职能的范围、内容和方式作出调整和变革。

1.中国行政职能转变是行政环境发展变化的必然要求

任何行政管理都是在一定的行政环境下展开的，行政管理与行政环境是互动的关系，行政环境是行政管理活动进行的前提和基础，一定的行政管理又改变着行政环境。因此，当行政环境发生变化时，行政管理职能必须随之进行调整和改变。另一方面，行政管理的对象是国家事务、社会公共事务及机关内部事务。随着社会经济、政治、文化的发展，行政管理对象的事务从内容到范围都会发生巨大变化，这些都要求变革行政职能去适应。例如，现阶段我国建立了社会主义市场经济体制，推进生产力进步、搞好经济建设成为我国各项工作的中心。这就必然要求行政职能适应这一客观环境，改变原有的在计划经济体制下形成的行政职能，强化政府的经济职能。行政环境的改变又是社会变迁的结果，因此，从这个意义上讲，社会变迁是行政职能转变的根本原因。

2.我国行政职能的转变是机构改革的重要前提和基础

行政职能是政府机构设置和机构改革的重要依据。政府机构改革包括：科学分解、确定政府各机构职能，合理划分各机构权力，调整、设置政府机构，合理配置和使用人员，转变机构运行方式，改革机构办事手段，完善机构运行机制，精简多余机构和官员等。因此，政府机构改革并不是简单的撤减合并，该增设、加强的还需要坚决地增设、加强。过去常把机构改革仅看作机构的撤销、合并、调整等，忽视了以转变职能为基础的原则。由于职能没有转变，政府还在管那些管不好、管不了、不该管的事情，使得精简的人员又重新回到政府机关，撤并了的机构又重新恢复，冲抵了改革的成效。这是导致机构周而复始恶性膨胀的重要原因之一。

3.行政职能转变是行政管理科学化和技术手段现代化的必然结果

随着科学的发展和技术的不断进步，行政管理的手段发生了相应的变化。现代管理普遍采用系统论、信息论、控制论等科学技术方法，运用心理学、现代数学的成果进行定性和定量的研究分析。特别是电子计算机和各类办公自动化系统的产生和发展，如电子政务、无纸化办公等，已成为现代行政管理发展的必然趋势。这一切必然改变着政府的管理方式和管理职能。

从世界各国政府职能发展的历史实践看，世界各国的行政职能都是在不断发展变化着的。总之，只有转变行政职能才能适应社会的发展，才能适应行政环境的变化，才能实现行政管理的科学化，才能提高行政效能。当然，我们在强调政府职能转变的共性的同时，不可否认，由于各国的国情不同，各国政府职能转变又有其自身的特殊性。

（二）我国行政职能转变的历史回顾

中华人民共和国成立以来，我国的行政职能几经变革，走过了漫长的发展道路。但大体上可分为四个时期：

第一个时期，从中华人民共和国成立到改革开放前。中华人民共和国成立之初，由于当时国内同敌对势力斗争的需要和国际上以美苏为代表的资本主义同社会主义两大阵营对立的影响，我国的行政职能主要体现出政治保卫职能，即防范和打击敌对势力和反社会分子，是为了巩固国家政权。但到后期受"左"的思想的影响，奉行"以阶级斗争为纲"

的路线，仍是重政治统治职能，轻社会管理职能；重阶级斗争，轻经济建设。在这一时期，虽然1952年、1958年、1960—1970年间进行过三次行政体制改革，每次改革的初衷也是为了克服官僚主义，提高行政效率，但是在计划经济体制和政治挂帅的环境下，政治体制、经济体制和行政体制高度重合，党政不分、政社不分、以党代政的情况非常普遍，行政职能并未发生实质性变化。

第二个时期，从1978年十一届三中全会到1984年十二届三中全会。1978年12月18日，中国共产党召开了具有划时代意义的十一届三中全会。会议决定把党和国家的工作重点转移到社会主义现代化建设上来，确立了我国以经济建设为中心的发展方针，并在会后发布十一届三中全会公报，指出："实现四个现代化，要求大幅度提高生产力，也就必然要求多方面改变同生产力发展不相适应的生产关系和上层建筑，改变一切不相适应的管理方式、活动方式和思想方式，因而是一场广泛、深刻的革命。"从此，我国行政职能的重心开始由政治职能转移到经济职能上。1980年，邓小平同志在中共中央政治局扩大会议上尖锐地指出，我们党和国家机关存在的令人不能容忍的官僚主义现象，同我们长期认为社会主义制度和计划管理制度必须对国家事务都实行中央高度集中的管理体制有密切关系，因而各级政府都管了许多不该管、管不好、也管不了的事，这是我们官僚主义的一个总病根。邓小平同志的讲话为我国行政职能的转变奠定了最坚实的理论基础。这一时期虽然未明确提出行政职能转变的概念，但实际上已为以后政府职能的转变指明了方向。

第三个时期，从1984年十二届三中全会至1992年十四大。这一时期，随着我国经济体制改革从农村发展到城市，逐步触及政府体制等深层次矛盾问题，开始认识到要解决企业存在的问题，仅靠在企业内部做文章是不够的，还需调整政府职能。十二届三中全会通过《中共中央关于经济体制改革的决定》，明确提出我国社会主义经济是公有制基础上的有计划的商品经济，突破了把计划经济同商品经济对立起来的观念。在此基础上，对原来计划经济条件下高度集中统一的经济管理职能体系作了较大的调整。1987年党的十三大召开，第一次明确提出政府职能转变这个行政体制改革的核心问题，这是在对我国经历的多次机构改革进行深刻认识后得出的结论，成为政府职能转变进程中的又一里程碑。正是在十三大精神的指引下，自1988年开始，中国政府进行了一次以强调职能转变为特征的行政改革，这次改革在认识和实践上都有重大突破。但由于历史条件的限制，在认识社会主义和资本主义关系问题上仍受一些旧观念的束缚。因此，这次机构改革受到一定限制，带有一定的过渡性。

第四个时期，从邓小平同志的南方谈话发表、党的十四大明确提出经济体制改革的目标是建立社会主义市场经济体制到现在。围绕社会主义市场经济体制建立，党的十四大将政府职能转变作为需要认真抓好的环节之一，指出："不在这方面取得进展，社会主义市场经济体制就难以建立。"并且进一步指出，政府职能转变的根本途径是政企分开，政府的职能主要是统筹规划、掌握政策、信息引导、组织协调、提供服务和检查监督。1994年的政府工作报告中指出，政府的主要职能是搞好宏观调控、综合协调和社会管理。这就规定了政府职能转变的基本目标和基本内容。1997年，党的十五大提出要转变职能，推进机构改革。1998年政府机构改革的目标是，建立办事高效、运转协调、行为规范的公共行政体系。2002年，党的十六大强调进一步转变政府职能、改进管理方式，形成行为规范、运转协调、公正透明、廉洁高效的行政管理体制。2005年的政府工作报告指出，政府改革的重要目标是努力建设服务型政府。创新政府管理方式，寓管理于服务之中，更好地为基层、企业和社会公众服务。整合行政资源，降低行政成本，提高行政效率和服务水平。政府各部门要各司其职，加强协调、配合。健全社会公示、社会听证等制度，让人民群众更广泛地参与公共事务管理。大力推进政务公开，加强电子政务建设，增强政府工作透明度，提高政府公信力。2008年，党的十七届二中全会通过《关于深化行政管理体制改革的意见》和《国务院机构改革方案》，会议提出要贯彻党的十七大关于加快行政管理体制改革、建设服务型政府的要求，着眼于推动科学发展、保障和改善民生，在加大机构整合力度、探索职能有机统一的大部门体制等方面迈出重要步伐。

2015年5月12日，国务院召开"全国推进简政放权放管结合职能转变工作"电视电话会议，首次提出了"放管服"改革的概念。2016

年的《政府工作报告》提出，持续推进简政放权、放管结合、优化服务，不断提高政府效能。"放"指中央政府下放行政权，减少没有法律依据和法律授权的行政权，理清多个部门重复管理的行政权。"管"指政府部门要创新和加强监管职能，利用新技术、新体制加强监管体制创新。"服"指转变政府职能减少政府对市场进行干预，将市场的事推向市场来决定，减少对市场主体过多的行政审批等行为，降低市场主体的市场运行的行政成本，促进市场主体的活力和创新能力。简政放权是民之所望、施政所向。2020年，"十四五"规划和2035年远景目标建议提出，建设职责明确、依法行政的政府治理体系。根据"十四五"规划和2035年远景目标建议，加快构建以国内大循环为主体、国内国际双循环相互促进的新发展格局是"十四五"时期经济社会发展指导思想的重要内容。构建新发展格局必须进一步深化包括行政体制改革在内的改革开放：一要打破市场壁垒、区域壁垒，畅通国内大循环；二要深化"放管服"改革，进一步激发市场主体活力，建设有效大市场；三要建立适应国际循环要求的对外开放体制机制；四要建立有利于体现创新理念的体制机制；五要更好发挥政府的宏观经济治理功能。

由此可见，我国政府对公共行政职能的认识日益深入，转变职能的决心非常坚决，采取的措施也比较科学合理，到目前为止，取得了令人满意的效果。

二、现阶段我国的行政职能

（一）行政职能定位的依据

确立行政职能最根本的依据是生产力和生产关系、经济基础和上层建筑所发生的变化。一定时期的生产力和生产关系决定一定时期的经济基础和上层建筑，政府是上层建筑的一部分，行政职能是政府最基本的职责和功能，它始终受到生产力和生产关系以及经济基础的影响和约束，并由其决定。这种生产力和生产关系及经济基础的影响通过社会需要得以表现。也就是说，行政职能确立的依据是通过社会需要这一方式反映出来的。所以，现阶段政府虽有责任满足社会需求，包括市场经济建设的需求和特定问题解决的需求等，但这种满足并不是没有边界、没有标准的，需求满足的界限和标准，主要表现为以下两个方面。

1.社会环境的需要

决定政府责任范围大小、作用程度强弱的基本因素是社会环境的需要、社会环境与政府组织之间相互联系和作用。社会环境变化会引起政府组织包括行政职能的变化。

2.政府能力

政府职能与政府能力是两个关系极为密切的概念。政府职能是政府在一定时期内根据国家和社会发展的需要应该承担的职责和功能，而政府能力则指政府实际能够履行这种职责和功能的程度。可见，政府职能框定了政府能力的基本内容和发展方向，政府职能的变化必然要求政府能力的相应调整；反过来，政府能力的强弱则决定了政府职能的实现程度。因此，政府在考虑自己的职能时，必须考虑自身的能力。影响政府能力的主要因素有：

（1）政治因素。中国的经济要建设好，中国特定的现代化问题要解决好，就需要一个相对安定的政治环境。所以，中国政府职能的定位应该以政治稳定为前提。

（2）经济因素。行政职能的履行与行政经费密切相关，任何国家政府都必须依赖经济发展所提供的经费支持。社会所提供经费的多寡，决定政府履行职能的广度和深度。

（3）技术因素。随着现代科技的发展，科技为政府行政不断提供新的方法和技术，越来越成为影响政府行政能力的重要因素。特别是网络技术、电子技术大大推进了办公自动化和电子政务的发展，拓宽了政府活动的空间，增强了政府的行政能力。

上述两个方面的标准可以确定政府职能的合理边界。但是要取得良好的效果，仍需要我们多方面的努力。公共选择经济学家已经告诉我们，政府也是"经济人"。事实上，在很多情况下，不管什么政府都可能是"经济人"，因为政府除了追求公共利益之外，总有其不同于公共利益的自身利益。政府常常因为政治条件的限制，而无法根据合理的标准自我约束，使自己向社会索取的成本与其所创造组织的收益相对称。当然，在经济生活领域，政府的职能是补充市场之不足。市场机制作为化"私"为"公"的有效机制，对政府的"自利"行为却是无能为力的。于是，具有"经济人"特性的政府，就很可能因没有自然的约束，而滥用社会赋予的权力，浪费社会给予的财力支持。为了使政府能够以合理的标准约束自己的行为，使政府的职能定位在较为合理的水平上，必须建立并完善一种制度化的机制，使可能是"经济人"的政府行为得到制度化的约束，保证它自觉为公共利益服务，不滥用社会赋予的权力，不浪费社会给予的财力支持。也就是说，我们应该在经济分析的基础上，发展并运用一套有效的伦理政治分析的方法，精心设计一种既具有普遍性又符合经济原则的政府行为规范；然后以此为依据，建立一种既经济又切实可行的政治制度，以保障政府职能的合理性。

专栏3-2

权力傲慢比行政不作为更可怕

"请把我局第一次回复内容读三遍，若还不理解，最好屈尊到户籍窗口咨询为宜。"2016年3月28日，福建省宁德市12345政务服务平台出现这样一条对居民诉求的回复。有网友评价此回复为"最个性回复"，也有网友指出公安局的回复"很傲慢"。

居民在政务平台咨询转户口问题，认为当地公安部门的回复太简单。对此，公安部门回复称"请把我局第一次回复内容读三遍"，言下之意，不是我们回复太简单，而是你头脑太简单，明显带有轻蔑的意味，很霸道、很傲慢。可见，如果说公安部门处理问题简单、粗暴，是一种行政不作为；那么，其回复称"把我局第一次回复内容读三遍"，就是一种权力傲慢了。

殊不知，行政不作为也好，权力傲慢也罢，均损害了政府部门形象；特别是权力傲慢，严重损害了政府部门公信力。各地应以"神回复"为鉴，用好手中的权力，始终将群众利益和诉求放在首位。

资料来源：张西流. 权力傲慢比行政不作为更可怕 [N]. 市场星报，2016-03-30.

（二）现阶段我国政府职能的定位

党的十八届三中全会审议通过《中共中央关于全面深化改革若干重大问题的决定》，指出："加强中央政府宏观调控职责和能力，加强地方政府公共服务、市场监管、社会管理、环境保护等职责。"决定中对政府职能的界定可以被认为，新的历史时期，我国政府对政府职能的全新界定。

1.经济调节职能

经济调节职能是政府对市场经济进行总量控制和宏观管理，确保国民经济健康稳定发展的功能。在经济体制转轨时期，政府要正确制定和执行宏观经济政策，综合运用财政、税收、货币和产业政策及指导性经济计划等来调控宏观经济政策，减缓经济周期性波动，抑制通货膨胀，保证社会总供给与社会总需求的平衡，而不是干预经济活动，要从"划桨者"的角色中跳脱出来，成为社会经济的"掌舵者"。

2.市场监管职能

市场是经济活动的运动场。要发展市场经济，必须建立健全、统一、开放、竞争、有序的现代市场体系，这包括建立和完善各项市场规则、维护市场秩序、规范市场运行准则等，政府必须利用各种手段规范市场经济秩序、鼓励公开交易、公平竞争、反对垄断和一切有碍竞争的消极因素，保证市场机制公平、平等和公正地正常运行，这样才能让市场在国家宏观调控下对资源配置起决定性作用。同时政府还要承担经济纠纷仲裁人的角色，公平解决各种经济纠纷，保护消费者和劳动者权益，使每个利益当事人都能在公平的秩序和仲裁下，开展经济活动，从而保证市场机制正常运转和国民经济健康发展。

3.公共服务职能

市场经济条件下，政府必须提供公共产品，满足社会公共需要。政府有责任促进社会效益高但经济效益不高的经济部门和自然垄断部门的发展，对这些部门的基础设施和公用事业进行直接投资，承担组织或经营公共产品生产的任务，对提供公共产品和服务的私人企业进行严格管理，以保证公共服务的质量。在公共服务方面，政府职能主要包括社会保障职能、科技教育发展职能、公共卫生发展职能和环境保护职能。

（1）社会保障职能。社会保障是确保公民维持稳定生活的社会稳定机制。社会保障包括社会保险、社会福利和社会救助3个方面。社会保险包括养老保险、失业保险、医疗保险、生育保险等方面，各种社会保险可以解决自己无法解决、经济上无法负担的各种社会、家庭、自身问题。目前，我国的社会保险还在完善中，如近几年的医疗保险改革以及失业保险改革等。社会福利是政府对社会特殊群体提供的政府福利，如政府对残疾人、孤儿、孤独老人的照顾，以及最低生活保障制度等。另外，政府还通过社会救助对重大社会危机事件或人民生活进行兜底保障。

（2）科技教育发展职能。当今世界，科技发展日新月异，其对经济发展的巨大推动作用越来越重要。世界各国之间以经济为中心的综合国力的竞争实质上也是人才的竞争，而人才的培养又与各个国家教育、科技水平相关，因此，发展科技和教育，提高国民素质，培养更多人才已经成为政府的重大使命。

（3）公共卫生发展职能。医疗卫生可以说是具有巨大正外部效应的公共物品和服务，私营部门很难充分或完全予以提供。而医疗卫生又关系到人民群众个体的身体健康，因此，各国都把它列为政府公共服务职能的重要内容。

（4）环境保护职能。环境也是一种公共物品，具有公共物品所普遍具有的非排他性，并且投资大、见效慢，私人垄断组织无力承担或不愿承担，只能由政府来管理。随着工业化进程的加快，全世界面临着有史以来最严重的环境危机。这使得各国政府不得不加强对环境保护方面的管理，环境保护已经成为当代各国政府社会管理的一项重要内容。资源与环境问题已经成为中国可持续发展的极大障碍，但这类问题属于市场机制无法解决的外部效应，必须由政府来承担相应的职责。为此，政府在制定经济发展目标和政策的同时，应充分考虑环境问题，采用污染减少型技术，治理各种空气、水质、噪声的污染，推广生态农业，保护生物多样性等。同时还要加强环境保护教育，动员全社会共同搞好环境保护方面的管理。

4.社会管理职能

社会管理就是对社会公共事务实施管理，以推进社会整体协调发展和增进社会公共利益。社会公共事务涉及社会生活的方方面面，如维护国家主权和领土完整、国家安全、社会秩序，发展经济、教育、科技、文化、卫生、体育事业，开展社会公共服务等，一般具有公益性、非营利性和规模性等特性。社会管理职能又可分为2类8种具体职能：一类是调控性职能，分为指导职能、协调职能、监督职能、保卫职能。指导职能主要是指进行方针政策、发展规划、科学规律的指导。协调职能是指协调行政各部门之间、中央和地方之间的关系，达到综合平衡、协调发展。监督职能是指行政部门内部的监督。这种监督多半是上级对下级的监督，也有综合性监督和专门性监督。保卫职能是指镇压职能之外的、经常性的维护法律和权益的任务，对内要维护社会秩序，保卫法律的尊严，对外要维护国家和民族的利益，保卫国家主权和权益。另一类是管理性职能，分为公用福利事业管理职能、行政事务管理职能、科教文卫管理职能和经济管理职能。公用福利事业管理职能是纯服务性的职能，发展公用事业，改善福利待遇，提供社会服务，是政府行政部门的重要工作。行政事务管理职能主要由行政办公厅（室）系统行使，完成一般行政事务工作。科教文卫管理职能是对社会精神生活的管理，包括科学、教育、文化、卫生等方面的活动。经济管理职能是政府行政部门的主要职能，也是政府立法机关和司法机关的重要职责，因而具有特别重要的地位。

三、转型期中国行政职能的转变

（一）当前我国行政职能转变面临的形势及任务

当前，我国处于深化改革时期，而简政放权和法治政府建设作为改革的"当头炮"，处于攻坚阶段，存在不少障碍和问题：一是在简政放权方面，存在你放我不放、上放下不放、重数量轻质量等问题。二是在政府监管方面，一些政府部门及其工作人员习惯于"以审代管、以罚代管"，认为不审批就无监管职责；简政放权后，一些地方和部门监管体制和监管方式不适应市场及新业态的发展要求。三是在政府服务方面，一些部门及其工作人员服务意识不强、服务水平不高。

针对这些问题，进一步转变政府职能应坚持"放、管、服"三管齐下。

一是深化简政放权，进一步激发市场活力。简政放权包括"放开"和"下放"两层含义。"放开"即凡是市场能调节、社会能承担的事务，政府相关审批权要坚决取消；"下放"即将政府必不可少的审批、核准和备案事项，根据实施能力和管理便利性原则，在不同层级政府间合理划分并明确公布。"放开"和"下放"都要聚焦准入和办事领域，既放开准入，又放松管制。

二是改进政府监管，营造公平有序的发展环境。应转变监管理念，强化政府的法定职能意识，防止监管缺位和监管过度；创新监管方式，充分利用大数据等信息手段，探索"互联网+监管"模式；完善监管体系，形成系统的事中事后监管制度和跨部门、跨行业综合监管体系。

三是优化公共服务，更好履行政府职责。完善公共服务供给机制，搭建审批事项少、行政效率高、行政成本低、行政过程公正透明的政务服务平台。①

同时，我国政府对国际风险的承受能力较差。近年来，国际经济风云变幻，汇率变动、油价升降、国际游资流向变化、国际股市波动等都给我国经济带来不同程度的影响。面对这些外来风险的冲击，我国经济的安全防护网并不健全。

（二）中国政府职能转变的基本途径

1.深化市场取向的经济体制改革，加快政治体制改革的步伐，通过综合配套的方式不断推进政府职能转变

首先，在任何实行市场经济的国家，市场机制和政府管理都是影响经济发展的两个基本因素。这两个因素相互影响、相互制约。因此，要真正实现政府职能转变，最基本的途径就是加快市场经济的发展，使市场机制逐步健全。其次，我国要走出政府职能转变的困境，关键是要进行主动的综合配套改革。而且随着我国经济体制改革的深入和社会主义市场经济的进一步发展，社会对政治体制改革的呼声也越来越高，但由于政治体制改革特有的复杂性和敏感性，人们对政治体制改革都较为谨慎。事实上，在我国渐进性改革和我国特有的体制背景下，政府职能转变、行政体制改革与政治体制改革的协同发展更具有现实性和紧迫性。只有通过政治体制改革，进一步加强社会主义民主和法制建设，才能为政府职能转变、为行政改革创造良好的外部环境。

2.理顺政府与市场的关系，加强宏观调控与服务职能

在市场经济中，市场在配置资源中发挥基础性作用，政府的职责主要是进行宏观调控，预防或者弥补"市场失灵"的情况，并向市场主体提供服务，维护市场秩序。从本质上讲，当前我国行政职能转变的关键是，划清政府与市场各自发挥作用的领域，把应该由市场进行调节的还

---

① 王露.转变政府职能须"放、管、服"三管齐下［N］.人民日报，2015-12-31（07）.

给市场，发挥市场在资源配置方面的基础性作用。而政府则需要把宏观管起来，管住管好，弱化直接干预企业的微观管理职能，实现管理方式由微观管理、直接管理向宏观管理、间接管理的转变，推动"政府调节市场，市场引导企业"的经济运行新格局的形成。

在市场经济社会中，政府在加强宏观调控职能之外，还应当强化服务职能。在市场经济建设的过程中，行政职能面临着新的挑战。一方面，市场经济需要加强管理，以创造良好的经济秩序；另一方面，市场经济需要注重服务，以满足市场和市民社会的需要。在宏观经济环境建设、政策咨询与信息服务等方面，政府具有自身的优势，提供这些方面的服务是政府内在的职责。政府应加强协调和服务职能，要具备为各类企业的生产经营以及走向国际市场提供服务的能力，从而为企业提供相关的信息咨询和政策性的指导意见。而面向信息时代的政府职能定位将会呈现出服务的个性化特色。

3.大力扶持和发展各类社会组织和社会力量，不断增强社会自我管理的能力

面对宏观经济管理的复杂化，与市场失灵相对应的政府失灵也随之出现，因而即使是在政府管理的范围内，政府也不可能是"全能"政府。为了应对经济全球化的挑战，政府必须从纷繁芜杂的事务中解脱出来，专注于国家发展的重大战略问题和国民经济的关键性问题。因此，必须进行政府职能转变，而社会的成熟程度和社会自我管理能力的发育程度直接影响和制约着政府职能转变。所以，要从根本上改变社会能力过于弱小的现状，鼓励和大力扶持介于政府和营利性私人企业之间的第三部门的发展，让社会尽快成熟起来。这里所说的第三部门包括城市和乡村的基层自治组织及各类社会中介组织等。在西方发达市场经济国家，第三部门的作用日益突出，使得西方发达国家的公共管理迅速走向社会化和多元化，极大地改善了公共事务管理的绩效和公共产品或服务供给的质量。因此，无论是社会基层自治组织还是各类社会中介组织，在我国未来社会的发展中都应该受到高度的重视，一方面社会自身要争取、要努力，另一方面政府应该从体制和机制等根本环节上给予支持，如可积极探索将市场机制引入公共服务领域的途径和方法：政府负有组织提供社会公共产品和公共服务的责任，政府可以采取购买服务的方

式，政府负责监管，实际服务交由社会与企业提供或政府与企业合作提供等多种方式；允许外资和民间资本进入法律法规未禁止进入的公共服务领域，实现公共服务的市场化，充分发挥非政府公共部门、私人部门在公共产品和服务生产与提供中的作用。改变过去单纯依靠行政手段的管理方法，实现以法律手段为主，综合运用经济、法律和行政手段管理社会公共事务。总之，推进政府职能转变，强化政府自身的改革。应在有限政府、有效政府、责任政府、法治政府和服务政府的理念下，转变政府的职能，改革政府的管理机构。在这一过程中，应注意吸收社会力量参与，这样做不仅有助于获得广泛的社会支持，而且有助于防止因受利益因素影响而导致政府职能转变只限于在政府体制内部互相变换，避免出现空转、虚转和假转等问题，真正实现政府职能的转变。同时，应努力促进市场机制、政府机制和社会机制三者的良性互动。通过市场机制的有效运行，为政府机制和社会机制提供丰富的物质基础；通过政府机制的有效运行，为市场机制和社会机制提供良性的制度平台和制度保障；通过社会机制的增效运行，解决"政府不能、市场不为"的政府失灵和市场失灵问题。

思政课堂

推动营商环境持续改善

新华社北京10月21日电，国务院推进政府职能转变和"放管服"改革协调小组全体会议21日在京召开，中共中央政治局常委、国务院副总理、国务院推进政府职能转变和"放管服"改革协调小组组长韩正出席会议并讲话。会议认真贯彻党中央、国务院决策部署，落实全国深化"放管服"改革优化营商环境电视电话会议要求，审议有关文件，研究和部署下一阶段重点工作。

韩正表示，推进政府职能转变和"放管服"改革，要始终瞄准使市场在资源配置中起决定性作用和更好发挥政府作用这个大目标，坚持目标导向和问题导向相统一，突出重点、以点带面，把改革不断推向深入。要着力解决含金量高的权力舍不得放、下放的权力企业用不上，一些改革措施企业和群众感受度不高，相关政策不配套、下放权限难以有效行使等问题，确保改革取得实实在在的效果，最大限度激发市场主体活力和社会创造力。韩正强调，要聚焦关键环节和重点领域，推动营商环境持续改善。要把为市场主体纾困作为重中之重，通过"放管服"改革推动助企纾困政策落到实处。要扎实推进"证照分离"改革在全国范围全覆盖，实施好告知承诺制，严格清理变相审批。要切实做好测绘和工程建设领域企业资质改革，大幅减轻企业负担。要进一步创新办法，用好互联网、大数据等手段，切实提高事中事后监管的针对性、有效性。要推动数据互通共享，持续提升政务服务水平。

资料来源：新华社.坚持目标导向和问题导向相统一，聚焦关键环节和重点领域，推动营商环境持续改善［N］.人民日报，2020-10-22.

【思考】作为全流程改革的一种体现，"放管服"改革转变了哪些行政职能和理念？

关键概念

行政职能 政治职能 经济职能 文化职能 社会职能

复习思考题

一、单项选择题

1. ( ) 职能是政府最基本的职责和功能。

A. 行政　　　　　　　　　B. 立法

C. 司法　　　　　　　　　D. 社会管理

2. 凯恩斯主义强调对市场的态度是 ( )。

A. 干预　　　　　　　　　B. 不干预

C. 无所谓　　　　　　　　D. 动态平衡

3. ( ) 是行政职能转变的根本原因。

A. 统治阶级利益　　　　　B. 矛盾调和

C. 经济发展　　　　　　　D. 社会变迁

4. 在任何实行市场经济的国家，( ) 和政府管理都是影响经济发展的两个基本因素。

A.市场机制   B.价格机制

C.调控机制   D.管控机制

5.(   )始终都是公共行政学各类问题的核心。

A.权力   B.经济

C.社会   D.公共

二、多项选择题

1.行政职能的特点包括(   )。

A.执行性   B.强制性

C.动态性   D.多样性

2.我国政府在经济、社会转型时期的角色与职能的权威概括起来包括4个方面:(   )和社会管理。

A.阶级统治   B.公共服务

C.市场监管   D.经济调节

3.确立行政职能最根本的依据是(   )和生产关系、(   )和上层建筑所发生的变化。

A.生产力   B经济基础

C.资源配置   D.基础设施

4.从现代社会和各国政府行政实践来看,政府的基本职能可以分为(   )。

A.政治职能   B.文化职能

C.社会职能   D经济职能

5.社会保障包括社会保险、(   )3个方面。

A.社会福利   B.社会救助

C.商业保险   D.住房保障

三、简答题

1.行政职能的含义是什么?

2.行政职能体系中基本职能和运行职能分别包括哪些内容?

3.简述西方资本主义国家行政职能的演变过程。

4.简述我国行政职能转变的必然性。

5.简述现阶段我国的行政职能。

6.讨论我国行政职能转变的途径。

第四章

人事行政

人事行政在公共行政活动中居于核心地位。任何社会公共事务，都需要合适的人去完成。因此，选好人、用好人，就是各项行政管理活动成功与否的关键。应把人事行政视为立国之基、治国之本、富国之道、强国之根，高度重视挑选、培养和使用优秀人才。

第一节　人事行政与公共部门人力资源管理概述

一、公共部门人力资源管理的含义

"人力资源"一词是由当代著名管理学家彼德·德鲁克于1954年在其《管理的实践》一书中提出的。人力资源管理源于传统人事管理，但又超越了传统人事管理，现代人力资源管理关心的是"人的问题"，其核心是认识人性、尊重人性，强调"以人为本"。在一个组织中，主要关心人本身、人与人的关系、人与工作的关系、人与环境的关系、人与组织的关系等。人力资源管理就是一个人力资源的获取、整合、保持、激励、调整及开发的过程。通俗地说，现代人力资源管理主要包括求才、用才、育才、激才、留才等内容。

公共部门人力资源是整个社会人力资源的组成部分，公共部门人力资源管理也是整个社会人力资源管理系统的一部分，它们分别具有一般意义上的人力资源和人力资源管理的含义、属性等。公共部门人力资源主要是指在政府组织、国有企事业单位中的各类工作人员，这些工作人员既包括公务员，也包括各类专业技术人员，还包括其他员工，如工人等。毫无疑问，公务员是公共部门人力资源的重要组成部分。

公共部门人力资源管理是以国家行政组织为主要分析对象，政府管理机关依据法律规定对人力资源进行的规划、录用、任用、使用、付酬、保障等管理活动和过程。公共部门人力资源管理包括两方面内容：一是宏观的，为了保证整个社会人力资源整体结构的相互匹配以及符合国家发展的需要，政府通过制定一系列法规、政策或措施，对全社会人力资源开发事务进行规划、决策、组织、协调、控制等，如制定人力资源开发规划，确定人员聘用与流动的规范，颁布执业资格和工资政策，建立和维护公平公正的人才竞争秩序，扶持、帮助特殊群体或地区开发智力资源等。二是微观的，对每个具体的政府部门工作人员进行管理，包括公务员的人事规划、考试考核、录用选拔、职务任免、职位分类、人员培训、职务升降、人才流动、奖励惩罚、工资福利、申诉控告、权利义务、辞职辞退、退休退职等管理活动。其主要任务就是开发公共部门人力资源，选用合格的行政人员更好地行使国家行政权力，更好地履行政府职能，实现行政事务与行政人员之间的最优结合，充分发挥行政人员的聪明才智和潜能，取得最高的行政效率和最佳的行政效益。

二、公共部门人力资源管理与传统人事行政管理的区别

公共部门人力资源管理是基于现代人本主义管理理论发展起来并逐步走向完善的。它与传统人事行政管理有着很大的区别，主要表现在如下几个方面：

第一，管理的观念不同。现代人力资源管理把人力资源看作资本和财富，更加注重对人力资源的开发和人性化管理。传统的人事行政管理把人力看作组织的成本，简单作为劳动力使用，忽略了人力资源能动性的开发。

第二，管理的侧重点不同。现代人力资源管理强调人本主义，认为管理的首要目标是满足人的自由和全面发展，为其创造各种条件，让其主观能动性和潜力得以发挥。传统的人事行政管理则以事为中心，强调人适应组织，注重事而不注重人的因素。

第三，管理的模式不同。现代人力资源管理是主动开发型的策略式管理，把人力资源的开发提到战略高度，为提高人的素质和能力而建立相应的一系列机制。传统的人事行政管理则是被动的反应型管理，按照行政性的决策和指示精神进行分配和处理。

第四，管理的方法不同。现代人力资源管理注重管理过程的动态化，把人的录用、使用和培训、考核、激励等全过程有机地结合起来，同时加强同组织内其他部门的紧密联系和沟通。传统的人事行政管理则是孤立的静态管理，把人限定在一个位置上，强调稳定性，在人员的雇用、培训开发、考核、调动、奖励上是分割化的管理。

三、公共部门人力资源的性质

公共部门人力资源管理是人力资源管理的一个特定领域，它不仅具有现代人力资源的一般性质，还具有本领域内的自身特性。

（一）人力资源的一般性质

1.能动性

能动性是人力资源首要的特征，也是人力资源管理的目的。人力资源由于自身的意识和思维，使其具有物质要素所不具备的意志、个性和创造力，能够主动作用于外界，这也是人力资源与一般的物质资源的本质区别。人力资源的能动性使得运用有效的激励手段和开发机制来调动人的积极性成为可能。

2.再生性

人力资本的积累和利用有一个循环圈，那就是"劳动力的消耗—劳动力的生产—劳动力的再消耗—劳动力的再生产"，劳动力不断地被消耗，又不断地被生产出来。同时，其再生性也表现为人口的生产与再生产。

3.时效性

人力资源有自身的生命规律，在生命周期的不同阶段，其劳动能力和开发潜力是有明显差别的。人的青年时代和壮年时代肯定是人力资本和开发潜力最大的时期，在人力资源的开发与管理上，就要注意到这种差异，做到"人成其才，人尽其才"。

4.社会性

人具有群体性，人类劳动是群体性劳动，不同的人一般都分别处于各个劳动组织之中，这同时也是经济发展和社会分工的必然结果。人力资源从本质上讲是一种社会资源。

5.人力资源具有可投资性

劳动人口只要具有从事生产、经营及公益事业的本领，就随时可以投入，投入得当会使更多的劳动力发挥更大的作用。

6.高增值性

任何组织的硬件、资金等资源的运用方式和范围都有一定的局限，人力资源是有价值的资源，其所产生的影响、收益份额都远远超过其他资源，并且呈不断上升的趋势。同时，人力资源的使用也是一个不断补偿、更新、发展和丰富的过程，是一种具有高增值性的资源。

（二）公共部门人力资源的特性

1.政治性

政治性是由公共部门人力资源在国家和社会中所处的特殊地位和所起的特殊作用决定的。国家行政部门的工作人员掌握着公民和国家赋予的特殊权力，并执行国家的法律和各项政策，在国家和社会的发展中的地位举足轻重。因此，公共部门人力资源必须拥有为公的信念，较高的理论、政策水平，具备相应的法治观念和政治水准。

2.道德性

公共部门人力资源主要是政府行政人员，他们代表政府的形象，其行为过程和结果直接关系到政府的信誉。所以，对公共部门人力资源的政治品德和职业操守必须有较高要求，力争做到"任人唯贤"。一般来说，公共部门人力资源的政治素质和道德品质要高于社会人力资源整体的平均水平，具体来讲，就是要有高尚的职业道德、为人民服务的精神、热情的工作态度和良好的工作作风。

3.有限性

公共部门人力资源作为一种公共人力资源，它的数量要受到公共部门职业性的限制，不是越多越好。

4.高资本性

公共部门人力资源的收益额大大超过自然资源和资本资源，且不存在收益递减现象，而是收益递增。

四、人事行政制度

在人类社会发展史上，人事制度的种类繁多。在西方近现代历史上，主要经历了3种不同的人事制度，那就是贵族型人事制度、官僚型人事制度和民主型人事制度。贵族型人事制度是一种封建性较强的人事制度，它注重门第和阶级的区别，强调高级官员必须有较高的门第、家世和社会地位，依此把公职人员划分为森严的等级，彼此间不能互相流动。官僚型人事制度是封建君主制度推翻以后遗留下来的副产品。这种制度的特点是：官员自成体系或集团，不受选民的监督与控制，公民对不称职的官员无可奈何；官员自上而下实行一元化控制，只对上级负责，不对公众负责，官员任职实行终身制，是一种不求有功、但求无过的不民主的人事制度。民主型人事制度的特点是：公民在法律上和实际上都有平等的权利和机会竞选官职，各级公务员的应考资格没有门第、出身、党派、性别等限制，完全按成绩选用，人事制度的管理有法可依，并有强有力的人事监察制度作为保障，以保证行政人员奉公守法，发挥出积极性和创造性。

传统的"人事"是指人们在社会生产和劳动过程中结成的人与人、人与事之间的关系，简称为"人事"关系。人事的实质是用人以治事，选择合适的人做适当的事，使人与事有机结合，以达到人尽其才、事竟其功的目的。人事管理是指对"人"和"事"关系的组织、协调、指挥、控制和监督等。

人事行政与人事制度的概念有所不同，从广义上讲，人事制度是指社会组织对其工作人员的管理而制定的种种系统化、规范化的规定，包括人事行政制度；从狭义上讲，人事制度常指公务员制度或文官制度等，其特征是静态的，多偏重于成员的法定权责关系以及法令规章的制定，是人事行政的一种法定形态；而人事行政则是动态的，除了有关制度方面的规定外，还包括行政人员的心理状态分析，工作中的方法运用问题等，其范围较之人事制度更为广泛。

人事行政与人事管理的概念也有所不同。人事管理是通过制定相关法律、法规、制度和措施并进行具体的应用，以对组织成员进行招募、使用、管理等，可以理解为是人事行政所使用的行政技术方法和具体执行程序等，一般指政府对国家公务员的管理。政府的人事管理就是人事行政，它是人事管理在政府范围内的应用。人事管理的外延要比人事行政大，其主体不限于国家行政机关，还包括其他社会团体和企业、事业单位，而其对象则包括了这些组织内的所有工作人员。

五、人事行政的地位和功能

（一）人事行政在政府行政管理中居于核心和关键的地位

人事行政是政府行政管理职能中的首要职能，它在政府行政管理中居于核心和关键地位。自古以来，人就是行政的根本，无论是东方国家还是西方国家，都比较重视人在政府行政管理中的重要作用。政府的一切行政管理活动，都要通过人的活动来实现。因此，人事行政的基本任务是选人、用人，谋求人与事的相称、人与人的协调，科学地选人、用人是政府行政管理成功的关键。当今世界，政府行政管理职能日趋复杂化，行政管理范围越来越大，职能越来越多，分工越来越细。在这种情况下，为确保整个政府行政系统的有效运作，就必须有一支精干、高效的公务员队伍来制定和实施各项法规和政策，人事行政也就必须围绕着"因事择人、因人任用、事得其人、人尽其才"这一中心展开。

（二）人事行政是巩固国家政权的重要保证

人事制度历来是国家政治制度的主要组成部分，人事行政居于国家政权建设的核心地位。任何一个统治阶级，要想巩固自己的政权，除了依靠国家机器通过专政的手段来维护本阶级的利益，还必须通过有效的行政管理来维持政权的稳定，而一切行政管理都是由人来进行的。

（三）人事行政是推动经济和社会发展的必要条件

人事行政属于上层建筑的范畴，它既服务于经济基础，又对经济基础起着巨大的影响作用。先进的人事制度、科学的人事管理、合理的人才使用，使人们的体力、智力、创造性、积极性得到最充分的发挥，就能推动社会生产力的发展，促进国家经济的增长。反之，落后的人事制度，混乱的人事管理，势必浪费人才，扼杀人们的积极性和创造性，其结果必然是束缚社会生产力的增长，妨碍国家经济的发展。

（四）人事行政是加强人才建设、促进人才成长的重要途径

人才建设是当前我国现代化建设中的一个大问题。认真分析各类人才的特点和作用，研究人才成长的规律，制定科学合理的人才管理制度，对加强人才建设、促进人才成长，有着不可忽视的作用。

第二节　公务员制度

一、公务员制度的基本内容

（一）人事行政管理体制

人事行政管理体制指由人事权力配置所反映出来的人事管理机构同行政系统关系的基本模式。国外的人事行政体制可分为3种类型：

1.部外制

部外制指人事管理机构设在行政系统之外，独立统掌人事大权的制度。这种独立于行政系统之外的人事管理机构，不仅独立行使官员的考试权，负责录用选拔人才，还同时掌管官员的考核、培训、晋升、付酬、奖惩、退休、抚恤等各项事务。部外制的优点是：地位超然，不受政党和行政首长的干涉和控制，独立行使职权，标准统一，行事公平，有利于客观、公正地选拔人才，并且指挥统一，有利于对官员队伍的管理进行全面规范，集中人力、物力统筹规划、宏观调控。其不足之处在于：由于人事机构设在行政部门之外，对各行政部门的实际情况不够了解，容易造成治事权和用人权分离，部外机构统一的措施不切合各部门的具体需要，而行政首长又缺乏用人权和人事监督权，行政首长配合的积极性不高，容易产生矛盾，限制人事主管机构职能的充分发挥。实行部外制的典型国家是美国和日本。

2.部内制

部内制即人事行政的管理机构设立在行政系统内部，各行政部门负责本部门人事管理的相关事宜的制度。政府下设的人事行政机构，主要是制定政策，监督协调各部门工作，提出人事行政的一般原则，而不负责人事管理的各项具体工作。官员考试录用、考核、奖惩、任免、交流、调配、付酬、培训等事务归用人部门自行负责。其特点与部外制恰

恰相反。部内制的优点在于人事主管机构同行政机构合为一体，职权统一，各部门可以根据本部门的实际需要任用和开发人才，切合实际，提高效率，有利于用人和治事的统一。其缺点是人事管理各自为政，管理的标准不统一，行政首长的主观意志容易主导人事管理工作，不利于客观、公正地选拔人才、任用人才，并且分散化的人事管理不利于对官员队伍进行整体规划和全面发展。实行部内制的国家主要有法国、德国和瑞士等。

3.折中制

折中制指介于部外制和部内制之间的一种管理体制。在行政系统之外有独立的人事管理机构，各行政部门内部也设立相应的官员管理机构，部外机构专管官员的考试，其他人事行政事务归各部门自行管理。折中制综合了部外制和部内制的优点，考试权的部外独立行使，既统一了官员录用的标准，又避免了政党和行政首长的干扰，便于客观、公正地选拔人才。此外，人事管理的具体工作在部内进行，便于人事行政同行政机关密切结合，做到了用人和治事的统一。折中制主要以英国为代表。

由于部外制和部内制在实践中暴露出的弊端，显示出折中制本身的优势，许多国家人事管理体制互相借鉴，不断融合。

（二）公务员的选拔制度

任用和选拔国家机关工作人员是人事行政的初始环节，也是国家公务员管理体制的核心内容。国内外比较常用的任用方式主要有以下几种：

1.选任制

选任制就是用选举的方法来确定任用对象的方式。 一般说来，选任制能够较好地反映人民群众的意愿，体现民主管理的原则，因而比较适合于选拔各级行政领导人员。由于选举通常是定期进行的，并对任期有严格规定，而且被选者必须向选举他的公众负责并受其监督。因此，选任制有助于克服官僚主义和领导职务的终身制。专业管理人员和科技人员的选拔，一般不适宜采用选任制。

2.考任制

考任制就是通过公开考试的方法来考查应考者的知识和才能，并以

考试成绩的优劣为基本依据，由用人单位选拔所需要的各种人员。由于考任制具有明确统一的评价标准，并遵循平等的竞争原则，可以在最广泛的领域内选拔出符合需要的优秀人才担任适当的职位，因此，是一种富有生命力的人事任用形式，特别是在选拔和录用广大的中下级行政管理人员和科技人员时，考任制的应用最为普遍。因为考任制有学历的规定和年龄幅度的限制，可以从一开始就保证应考者年轻化和必要的专业水平。但它的缺点也很明显，就是考试一般只能考查一个人的知识和才能，而一个人的思想品德和政治素质难以通过考试的方法得到客观评价，因此还必须辅之以考察的方法。

3.委任制

委任制就是由上级机关或由人事部门按照其管理权限直接指定下属工作人员的方式，委任制适用于同行政首长紧密合作的行政人员以及必须向上级机关直接负责的官员。这种任用方式的特点是权力集中，指挥统一，任用程序简单明了，缺点是容易造成单凭个人好恶用人的弊病。在现代行政管理中，委任制主要适用于政府部门的副职以下的负责人以及领导者的秘书和辅助人员等。

4.聘任制

聘任制就是用人单位运用合同形式聘用行政人员的方式。用人单位有聘用和解聘的权利，个人有应聘和辞聘的权利，在合同中一般明确规定双方的权利、义务及有效期限。聘任制通常适用于国家机构的一般管理人员和专业人员、科技人员等。聘任制的好处既表现在破除人才的部门所有制和地区所有制，有助于人才的合理流动，又表现在一定的合同期内能保持人员的相对稳定，充分发挥专业技术人员和管理人员的积极性。实行聘任制必须要有严格的岗位责任制和考核制作为保证，否则很容易在实行过程中被个人关系所利用。

上述4种任用方式中，以考任制的地位最为重要。

（三）公务员的分类制度

人事分类是指按照一定标准，将国家行政部门的公务人员或按照职位划分、归类、设立等级等原则进行管理。分类的标准一般按照工作性质、责任轻重、资历条件及工作环境等因素分类，人事分类的对象是行政部门中的官员或职位，以职位为中心形成的是职位分类，以官员的官阶为中心形成的是品位分类,这是两种基本的人员分类模式。

1.职位分类

职位分类是一种以事为中心的人事分类制度,其基本做法是将行政组织体系中的各个职位,按照工作性质、业务内容、技术复杂程度、责任轻重以及所需资格条件,区分为若干规范化的种类和级别,以此作为公务员管理的依据。它是为适应现代社会发展的需要而首先在美国的公务员管理体系中兴起的一种科学的人事分类制度。职位分类主要贯彻四条原则:一是因事设岗原则,即一个政府有多少事、需要设立多少岗位都要经过比较精确的计算;二是因岗选人原则,只有符合岗位要求并按规定程序进入的人员才能取得公务员的相应岗位;三是同工同酬原则,即相同工作难度和工作责任的岗位,工资报酬相同;四是规范标准原则,即对所有职位最后都编制成"职位规范",对职务名称、特征、任务、权限、责任、待遇等都有详细规定。

2.品位分类

品位分类是一种以行政人员的学历、文化程度、资历等个人条件为主要分类依据的人事分类制度。这种分类制度的特点是先把公务员划分成不同的品位等级,然后再进一步划分为不同的职务类别。在品位分类下,公务员既有代表其地位高低和报酬多寡的官阶,又有代表其权力大小和责任轻重的职位,而且公务员的品位与其工作的职位之间可以不对等。由于个人的品位不随职务的变更而改变,所以可能会出现高官低职或低官高职的情况。英国是实行品位分类制度的代表,将文官分为工业类和非工业类,其中,工业类文官主要分布在国防和环保部门,非工业类文官包括文书办事人员、科学家、工程师、统计员等10类。

3.职位分类与品位分类的比较

(1)职位分类制是以"事"为中心,以公务员所在职位的工作、责任为分类的依据,是按事设职、按职择人;品位分类制是以"人"为中心,以公务员个人的资格条件为分类的主要依据。

(2)职位分类制中,公务员本人的等级就是所在职位的等级,职位变动,等级也就变动,等级是随职位而定,而不是随人走;品位分类制中,等级与职位是分开的,同样职位的公务员可能品位等级不同,而同样品位等级的公务员也可能职位不同,当职位变动时,品位却可以不变。

（3）职位分类制中工资差别与职位工作的难度、责任大小和资历深浅成正比，同工同酬；品位分类制中则以品位等级定工资，存在同工不同酬、同酬不同工的现象。

（4）职位分类制重视专家的作用，利于专才成长，实行专才专用原则，非经考试合格，一般不得晋升，而且每一次晋升，几乎都得经过相应的考试，不能越级晋升；品位分类制主要不以考试来确定是否晋升，比较注重公务员的资历，且可以有较大的晋升幅度。

（5）职位分类制中，公务员分类较复杂，职类、职系、职级、职等划分较多，进行职位分类的过程比较复杂，技术性要求较高；品位分类制中，公务员只作大体上的分类，分类较少，较为简单，不需要很高的技术。

（6）职位分类制下，任何公务职位都要经调查、评价后才划分等级，都有规范性的职位说明，公务员的升迁调转范围和程序都有严格的规定，易于对公务员进行科学管理，但是管理方面缺乏灵活性，公务员流动与调转的限制条件较严格，流动与调转的范围也极小；品位分类制下，公务员的管理具有伸缩性，人事管理机构拥有灵活和富有弹性的管理权限，但对公务员的管理带有更多的经验色彩和主观性。

各个国家由于具体的历史条件和社会政治经济情况不同，而实行了不同的人事分类制度。近些年来，这两种分类制度出现了相互影响、相互渗透的趋势。一方面，采用职位分类的国家逐步简化了职位分类的结构，缩减了职系数目和职级、职等层次，开始注意人对职位的影响，注意担任某种职务的人员其级别与职位的分离；另一方面，采用品位分类的国家，也开始重视对职位的系统调查、评价和分类，强调因事设职、增加职类和简化职级，从而出现了"两制合流"的现象。

（四）公务员的管理原则

1.公开考试、择优录用原则

在此原则下，所有文官都必须通过公开的竞争性考试择优录用，政府任何一级官位都向成绩优秀者开放。西方各国都用立法的形式把考试内容、方式、条件、机构等固定下来，形成制度，成为一个通行的体制。这对建立一支精干、稳定和高水平的公务员队伍，保持行政系统的高效率和连续性起了重要的作用。

2.职务常任制原则

西方国家一般把政府官员中的事务官，即通常所称的文官，录用后就按工作成绩逐年提升，使其对自己的本职工作有全面的了解，实行职位的常任制。文官只要没有过失，就可以终身任职，有终身的职业保障，并享受较为优厚的待遇。西方国家的实践表明，公务员的职位常任制有利于政局的稳定和行政管理的连续性，有利于政府工作效率的提高和行政管理专家队伍的成长。

3.政治中立原则

在多党轮流执政的西方国家，为了避免政府官员的"大换班"和业务类公务员卷入党派斗争，保持公务员队伍的稳定，使各项行政工作继续进行，业务类公务员实行常任制，不与内阁成员共进退，实行政治中立。政治中立的具体内容因国而异，一般要求业务类公务员不得参加党派，不得介入党派活动，不得参加政党的竞选活动，不得以党派偏见影响决策，文官的工作与党派之争完全分开，不得兼任议员（否则必须辞去公职），不准参加游行示威（法国例外）和罢工，不得参加任何经济性的营利活动，不得接受政治捐款，也不得对政党或其他政治团体提供援助。实践证明，坚持政治中立原则有利于公务员以公正态度处理行政事务和保持政府工作的稳定性，因此许多国家都以立法形式确定这一原则。

但是，近些年一些国家的人事行政改革正在扭转这一原则，比如英国的撒切尔夫人政府就取消了文官部，强化高级文官政治控制，彻底打破文官在选拔与晋升方面的独立传统。美国通过《文官制度改革法案》及相应的政策调整，公务员选拔晋升的权力逐渐转移到政务官和行政部门手中，独立的文官管理机构权力大为削弱。这样的发展趋势，生动而有力地佐证了彼得斯所提出的官僚并非仅仅是技术和管理的而且是政治的观点。[①]

4.实行功绩制原则

功绩制强调的是实实在在的工作成绩，而不是年资高低、亲疏关

---

① 黄建洪，金太军.当代西方行政改革：整体态势及其启示［J］.国外社会科学，2013（2）.

系、党派关系等其他因素。这是在录用与提升公务员时必须遵循的准绳。它要求必须按照公开考试的成绩录用公务员，必须按照工作的成绩提升公务员。功绩制体现了"任人唯能"和"奖优罚劣"的思想，实现了担任政府职位"机会均等"的原则。从历史上看，西方国家的国家公务员制度是资产阶级革命胜利后反对封建等级制度的成果，其核心就是"功绩制"。

5.法规完善、依法管理原则

西方各国都有专门的公务员法规，构成公务员管理的法规体系，对公务员的身份、地位、权利、义务，以及对权利的保障机制与程序、违反公务员法的罚则等予以详尽规定，使公务员管理有法可依、有章可循，从而使公务员管理具有较高的规范性和透明度。

二、西方国家公务员制度

西方国家的公务员制度并不是从来就有的。最早在欧洲的封建制国家中实行的是"恩赐官职制"，就是国王和大臣根据自己的喜好把官职赐予手下人。美国建国后，最早实行的是"个人徇私制"，就是当权者按个人关系的亲疏来任用官员。两党制出现后，西方国家形成了有名的"政党分赃制"，主要代表国家是美国。所谓"政党分赃制"，就是把政府的所有官职当成战利品，竞选得胜的政党首脑有权像指挥官一样，把官职作为奖赏分给有功之臣。19世纪，"政党分赃制"愈演愈烈，往往是新总统一上台，大小官员几乎全部被总统的党派所更换，造成政府更迭频繁、政局不稳，政府工作无法维持正常运转。这一现实促使西方国家下决心改革旧的官员制度。19世纪早期，英国许多政治性报刊开始介绍和主张中国式的文官考试。1870年，英国的文官制度正式建立，是世界上建立的第一个常任文官制度，即现代公务员制度。19世纪中叶开始的英国文官制度改革，确立了以考任制为核心的任用制度和以工作实绩为基础的考核制度，奠定了英国公务员制度的基础，也奠定了英国现代政府体制的基础。在英国之后，美国、法国、德国、日本等发达国家，都开始了现代公务员制度建设，为其建立现代政府体制奠定了基础。西方国家的公务员法是其法律体系不可分割的组成部分。公务员制度是西方国家政党制度的直接产物——政党轮流执政的结果。因此，国家公务员制度作为对封建人事制度的彻底否定，已经为世界各国普遍采用，而且国家公务员制度的不断完善也已成为当代世界发展的共同趋势。

在西方国家，**公务员（civil servant，个体概念；civil service，群体概念）（美国称为 government employee）一般指通过非选举程序而被任命担任政府工作的国家工作人员。**

西方国家公务员制度中普遍实行两官分途原则。两官是指政务官和业务官（或称事务官）；两官分途是指两类官员在产生方式、管理形式、职责范围等方面属于两种不同的类型，对两类官员的管理也有所区别，两类官员不能交换任职，两类官员的职责也不能交换履行。根据西方国家法律，国家政务官由选举或政治任命产生，国家按照宪法、选举法和国家组织法对他们进行管理。政务官对选民负责，负责政策制定和重大行政决策，并与政府共进退，实行任期制。业务类公务员，即文官或事务官，对行政首脑负责，通过竞争性考试或考核产生，依照公务员法进行管理，其去留不受政府更迭的影响，负责政策执行，不与内阁共进退，实行常任制，又称常任文官。有关文官的考试、录用、考核、奖惩、付酬、培训、晋升、调动、解职、退休等方面的各项管理制度，统称为文官制度。

世界各国公务员制度对公务员的界定范围大体可归纳为 3 种类型：第一类仅指中央政府系统中非选举产生的和非政府任命的事务官或常任文官。英国及许多英联邦国家（如澳大利亚等）属于这种类型，其中英国文官的范围是这种类型中最典型的，这是范围较小的一类。第二类是指中央政府机关中的所有公职人员，包括政务官和事务官。美国、菲律宾、泰国、韩国、加拿大等国基本属于这种类型，这类范围适中。第三类是大范围的，包括从中央到地方的政府机关的公职人员、国会除议员以外的工作人员、法官、检察官，国有企事业单位的工作人员，日本和法国基本属于这一类型。尽管各国公务员的范围不一，但适用于公务员法的人员基本上都是政府系统的事务官，即非选举产生和非政治任命的政府工作人员，这是各国公务员的普遍规定。但这种做法与我国的公务员管理办法有比较大的区别。

亚洲国家公务员的范围一般都比较宽泛，其中以泰国为代表，包括行政部门的官员、司法官员、立法官员以及国有事业单位的工作人员，但是公务员法规范的只是中央一级的公务员和王室特殊类公务员，甚至不包括省级行政部门公务员和自治区公务员。日本公务员的范围广泛，甚至包括为队长、局长开车的司机，日本《国家公务员法》和《地方公务员法》规范的除特别职公务员以外的所有公务员，而不调整特别职的公务员。他们的共同之处就是公务员法调整的范围是委任制公务员，且一般包括国有企事业单位的工作人员。

欧洲多数国家公务员包括中央政府、地方政府及其所属的公共企事业机构的工作人员，但不是所有公务员都适用公务员法，不适用公务员法的公务员包括议会工作人员、法官、军事人员，只有法国还包括议会工作人员、法官和军官。其共同特点是公务员法适用于中央政府和地方政府机关各部门从事行政管理事务的常任工作人员、外交人员、教师、医务人员，而不是仅适用于行政机关的公务员。

三、国际上的人事制度改革

国际上，人才竞争日趋激烈。20世纪80年代以来，人事行政改革的潮流席卷全球。纵观世界各国的人事改革，尽管名称、起始时间、具体过程和操作方法不尽相同，但人事改革目标取向基本一致：人事行政理念由"管人治事"到"以人为本"；人员任用由以委任为主转为契约聘任为主；人才选拔由封闭到开放，由限于本民族国家到面向全球；用人标准由重学历、专业知识转为重创新能力；人才开发从阶段性到伴随人生全过程；组织结构由强调纵向层级到重视横向联系；工资制度由根据职级到依据绩效；人事运作由重规则与过程到重结果，由强调服从到突出自主创新；官民关系由命令与服从到服务的提供与消费及合作伙伴；人事服务方式由实体扩展到虚拟网络，人事服务地点由衙门到服务社会化；政府人事职能由对公务员的管理到对整个国家的人力资源进行开发。世界各国人事制度改革的最初的直接原因是减少政府支出，持续发展的根本动因是，以信息技术为主导的科学革命改变了人的状况和环境，对人的素质提出了新要求；经济全球化的发展对人事制度提出了新要求和新挑战；政治多极化的出现引起很多国家政治治理形态发生变化，要求人事制度做相应的改革。

第三节　中国公务员制度及其发展

一、中国公务员制度的历史发展

我国行政机关的人事管理，过去长期实行与计划经济体制相适应的"干部制度"，表现出明显的缺陷，已基本退出历史舞台。我国现代公务员制度的建立和发展，大致经历了四个发展阶段：

（一）酝酿和探索阶段

根据形势发展的需要，党的十三大和七届全国人大提出建立国家公务员制度，党的十四大和八届全国人大提出尽快推行国家公务员制度，到党的十五大和九届全国人大提出完善国家公务员制度，党的十六大提出健全公务员制度，国家公务员制度不断趋于完善，实施工作不断走向深入。其间，邓小平同志发表了一系列重要讲话，强调要改革不合时宜的干部人事制度，要敢于打破老的框框，健全干部的选举、招考、任免、考核、轮换制度，对各级各类领导干部职务的任期，作出适当的、明确的规定。

（二）《国家机关工作人员条例》的形成阶段

根据邓小平同志的指示，针对我国人事管理方面存在的问题，从中央到地方，在人事制度改革方面开始了积极的探索。1982年、1983年，中央和地方国家机关先后进行了机构改革，并按照干部"四化"（革命化、年轻化、知识化、专业化）的方针，调整了各级领导班子，建立了老干部的离休、退休制度，开始逐渐废除实际上长期存在的领导职务终身制。与此同时，许多地区和部门在干部的录用、考核、交流、培训等方面也进行了一系列的改革探索。1984—1986年，根据中共中央书记处的要求，中共中央组织部和原劳动人事部组织专家学者和实际工作者，着手起草《国家机关工作人员条例》，它成为《国家公务员暂行条例》的前身。从1989年初开始，首先在国务院六个部门进行国家公务员制度试点。1990年，又在哈尔滨市、深圳市等20多个省市进行试点。所有这些改革都处于试验性阶段，从整体角度来看，一些单项制度的改革往往因为缺少全局的配合而难以真正发挥作用，必须进行综合性的配套改革，从全局出发，从具体问题的相互关系上来把握。

（三）国家公务员制度正式确立阶段

1993年8月，国务院常务会议审议通过并发布《国家公务员暂行条例》，自同年10月1日起实施。我国开始在各级国家行政机关实行公务员制度。公务员制度的推行，促进了机关干部人事管理的科学化、制度化、民主化，对优化干部队伍、促进机关的廉政勤政、提高工作效能、推进干部人事的依法管理，起到了重要作用。《国家公务员暂行条例》实施后，从中央到地方，各级公务员制度均已初步建立。但由于公务员制度未以法律的形式出现，导致公务员管理权威性不够、执法检查机制不健全、强制力不够等问题比较突出。随着依法治国方略的深入实施，随着完善公务员制度的条件更加成熟，制定一部具有中国特色的公务员法，变得非常必要和迫切。

（四）制定、完善公务员法规体系阶段

2000年8月，有关部门在深入调查研究、总结《国家公务员暂行条例》实施经验的基础上，着手研究起草公务员法。2002年初至2004年初，中组部、人事部在征求中央和国家机关各部门以及各省、自治区、直辖市人事部门及有关专家学者意见基础上，同时借鉴国外有益经验，经反复研究论证，形成公务员法草案送审稿，并于2004年3月由人事部报送国务院。经国务院常务会议审议原则同意后正式提请全国人大常委会审议。根据常委会委员审议意见和各方面提出的意见，全国人大法律委员会和全国人大常委会法工委又对法律草案进行了反复修改。2005年4月27日，《中华人民共和国公务员法》（简称《公务员法》）在十届全国人大常委会第十五次会议获得通过，自2006年1月1日起施行，这是我国第一部国家机关人事管理的法律。《公务员法》所规定的内容体现了我国干部管理体制的重大突破，是对公务员实行法治化、规范化管理的一项基础性建设，对于改革和完善党的执政方式，加强党的执政能力建设，提高治国理政水平，发展社会主义民主政治，都具有重要而长远的意义。2018年12月29日，《公务员法》于第十三届全国人民代表大会常务委员会第七次会议上修订通过，2019年6月1日起施行。

事实上，任何一个法治国家或地区都不可能用一部公务员法律解决公务员管理中的所有问题。我国公务员法律体系包括宪法、国务院组织法、地方组织法、法官法、检察官法、警察法、监察法、公务员法，应以公务员法为基础和骨干，以党中央、国务院有关公务员管理的法规、政策、其他几部组织法和选举法的有关规定和地方有关公务员管理的行政法规，以及中组部、人力资源和社会保障部和其他机构、国务院部委及地方公务员管理的法规、行政规章一起，构成公务员管理的规则体系。

二、《公务员法》的立法目的

（一）规范公务员的管理

规范公务员的管理，使公务员的管理有法可依，是《公务员法》的直接目的。《公务员法》明确了公务员在国家生活中的法律地位，国家与公务员的法律关系不是经双方当事人协商形成的，而是法定的，脱离这种关系的公务员是不存在的。公务员实施活动，在形式上必须以国家机关的名义，在实质上必须按国家机关的意志进行；国家机关有权要求公务员以国家的名义和按国家的意志活动。

（二）保障公务员的合法权益

为了使公务员能够尽职尽责地履行好本职工作，加强对公务员的合法权益的保障是非常必要的。对于公务员的合法权益，只有充分予以保障，才能使公务员正确履行职务，更有效地行使职权，更好地执行国家公务。并且，公务员享有的权力是法定的，其权力的产生、变更或消除都必须按法定事由和法定程序来进行，任何组织或个人都不得以任何理由和形式非法侵害或剥夺公务员的法定权力。

（三）加强对公务员的监督，建设高素质的公务员队伍

在公务员队伍中，有兢兢业业的骨干分子，也不乏贪污腐化的败类。这不仅与我们的制度设计有关，与监督力度不够也有很大关系。因此，加强对公务员的监督，是《公务员法》的题中应有之义。首先要把好"入口关"，从招录公务员阶段起，就要监督到位、绝不允许搞暗箱操作，切实坚持公开、平等、竞争、择优的原则，从源头抓起，优化公务员队伍。其次，就是加强惩戒力度，奖优罚劣，严格按照《公务员法》规定的内容，对违反纪律的公务员给予相应处分。同时搞好平时考核和定期考核，对定期考核不称职的，按照规定程序予以处理。坚决贯彻党的"革命化、年轻化、知识化、专业化"的"四

化"方针。总之，对公务员的监督，要常抓不懈，以确保公务员队伍的高素质和纯洁性。

（四）促进勤政廉政

廉政是公务员行为的重要准则，是公务员制度建设面临的一个重要问题。因此，通过立法建立一系列切实可行的制度尤为重要，主要有：①回避制度，对有一定亲属关系的公务员在任职和工作上作出一定的限制，防止以权谋私现象的发生；②定期交流制度，以减少人际关系的影响，保证公务员依法秉公办事；③惩戒制度，《公务员法》第五十三条明确规定了公务员必须遵守的十六项纪律，对违反这些规定的人员必须予以相应的处分等。制度健全了，勤政廉政建设就有了可靠保障。

（五）提高工作效能

机构臃肿、效率低下、官僚主义、官本位主义等会影响工作效能，是我们要坚决克服的。多年来的机构改革无不把提高工作效能作为重中之重。《公务员法》的主要立法目的之一就是提高工作效能，避免各种消极因素的影响，努力造就高效能政府。为了实现这一立法目的，《公务员法》从公务员管理的角度做了重大变革，明确规定国家实行公务员职位分类制度，把专业技术类公务员和行政执法类公务员从综合管理类公务员中分离出来，又规定了一些具体措施，以促进提高工作效能的立法目的的实现。

三、《公务员法》的重要意义

《公务员法》是调整国家与公务员之间管理与被管理关系的法律规范的系统，是有关立法原则、立法宗旨和目的、管理机构、条件、权利和义务、职务级别、录用和职位聘任、考核和培训、职务任免升降、奖励和惩戒、交流和回避、工资福利保险、辞职辞退和退休、申诉和控告、违反公务员法的法律责任等一系列法律规范的系统。

（一）公务人员人事管理科学化、法治化的里程碑

《公务员法》是贯彻依法治国方略，加强对党政机关干部的依法管理，建设社会主义法治国家、建设社会主义民主法治的必然要求。作为我国第一部公务人员人事管理的法律，制定《公务员法》体现了两方面的需要：一是贯彻依法治国方略，实现公务人员人事依法管理的需要。这部法律的出台，填补了我们国家法律体系的空白，具有里程碑的意

义。二是及时总结十几年推行公务员制度改革的经验、进一步完善公务员的需要，将改革成果法制化，如竞争上岗、公开选拔、任职的试用期，领导人员引咎辞职等，使现行的人事制度法制化。

（二）制度创新的重要成果

《公务员法》在制度创新上的重要成果主要表现为：

（1）公务员的范围更加明确。《公务员法》所称的公务员，是指依法履行公职、纳入国家行政编制、由国家财政负担工资福利的工作人员。

（2）公务员分类制度（职务、职级）设计有重大创新。长期以来，我国实行的是以"品级分类"为特征的干部制度。此法确立了我国以职位分类为主，以品位分类为辅的人事分类制度。

（3）创设"聘任制"与"任期制"，创新公务员更新制度。对一些专业性强和辅助性的职位实行聘任制，有利于增强公务员队伍的开放性，为机关吸引优秀人才特别是专业技术人才开辟了一条合法渠道。"领导成员职务实行任期制"，有利于公务员队伍的新陈代谢、提升公务员整体素质，这是公务员更新机制的一个重大变革。

（4）将"公开选拔"与"竞争上岗"确立为法定的职务晋升方式之一，这是对传统委任制的重要改革，是公务员职务晋升制度的最大突破之处。

（5）首次以法律形式把"引咎辞职""责令辞职"引入公务员管理制度。由此，责任追究制度上升为公务员管理的一项基本法律制度，这是公务员监督机制的突破。

（三）进一步加快干部人事制度改革的一项重大举措

21世纪头20年是我国改革发展的重要战略机遇期，当前时期正是全面建设小康社会的关键时期。《公务员法》的颁布实施，正是适应了这样的新形势、新任务的需要，是贯彻依法治国方略、加强对党政机关干部依法管理的必然要求。它着眼于公务员制度的完善和创新，着眼于加强对公务员的管理监督和激励保障，着眼于促进勤政廉政和提高工作效能，着眼于建设一支优秀人才密集、善于治国理政的高素质、专业化的公务员队伍。通过《公务员法》的颁布实施，将把我国公务员队伍的建设和管理提高到一个新水平。对公务员实行法治化、规范化的管理，标志着我国干部管理体制的重大突破，从而有力地改革和完善了党的领导方式和执政方式，进一步推动了我国社会主义市场经济与民主法制建设。

四、中国现行公务员制度概况

我国《公务员法》明确规定，公务员是指依法履行公职、纳入国家行政编制、由国家财政负担工资福利的工作人员。履行公职指其承担公共职务和责任，而非从事私人事务。纳入国家行政编制就是说公务员必须是纳入国家行政编制序列的人员，如果没有纳入国家行政编制，即使其履行的是公职，也不能认定其是公务员。由国家财政负担工资福利是指公务员的工资都由国库提供保障，而无须其自身创收。但并不是所有财政供养的人员都是公务员，如公立学校的老师、科研院所的科研人员等，虽然由国家负担其工资福利，但也不属于公务员，因为他们不履行公职、没有纳入国家行政编制，只有以上三项条件同时具备的人员方能称为公务员。

（一）我国公务员管理的原则

1.强调公务员的政治性，不搞"政治中立"

西方国家实行多党制，其文官制度为适应这种政治体制的需要，对官员的政治活动有诸多限制，实行分途而治。我国是社会主义国家，我国的公务员制度不是西方国家那样的多党竞争的产物，国家公务员维护的是无产阶级和广大劳动人民的共同利益，国家公务员制度是上层建筑的组成部分，它为党的基本路线的贯彻和执行提供保证，是社会主义政治制度的自我完善，因此我国公务员制度要求公务员坚持四项基本原则，坚持党的基本路线，始终与党中央保持一致，积极参与国家政治生活。

2.坚持公开、平等、竞争、择优的原则

这一原则又简称为公平竞争的原则，是当代公务员管理中普遍实行的原则，是民主政治在干部人事制度中的体现，也是人事管理和人才成长规律在公务员制度中的反映。这一原则贯穿于公务员制度的各个方面和各个重要环节之中，是确立各项具体管理制度的指导原则。

（1）公开：比如，对公务员的录用管理，首先要做到招录信息的公开透明，其次要做到招考方式的公开，通过公开考试的方式决定是否录用。

（2）平等：比如，凡是中华人民共和国公民，只要符合《公务员法》规定的公务员应当具备的资格条件，均有平等的权利和同等的机会参加竞争，不得因家庭出身、社会关系、民族、性别等非本人素质因素，享受特权或受到歧视，打破地域限制和身份限制，使每一个具备法定权利的公民均享有行使宪法赋予的管理国家事务的权利。

（3）竞争：对于公务员的任用，应当通过竞争的方式进行，而不能采取暗箱操作，任人唯亲。竞争上岗就是一个很好的做法，对进一步拓宽选人用人渠道，促进德才兼备、实绩突出、群众拥护的优秀人才脱颖而出，对激励机关工作人员爱岗敬业、恪尽职守、开拓进取、奋发向上，都具有非常重要的意义。

（4）择优：在工作中，注重工作实绩，通过严格考核和充分竞争，择优晋升。《公务员法》立法目的之一，就是建设高素质的公务员队伍，要实现这一目标，就要坚持择优的原则，这体现在公务员管理的全过程：一是要把好"入门关"，通过竞争，把德才兼备的应招人员录用为公务员，才能保证公务员队伍的纯洁性，对于不符合公务员任职资格的，决不任用；对于符合条件的，要优胜劣汰，保持公务员队伍的高素质。二是要把好"清理关"，对于在年度考核中，连续两年被确定为不称职的公务员；对于不履行公务员义务，不遵守公务员纪律，经教育仍无转变，不适合继续在机关工作，又不宜给予开除处分等情况的公务员，要及时辞退。

3.坚持党管干部的原则

《公务员法》明确规定，公务员制度贯彻中国共产党的干部路线和方针，坚持党管干部的原则。党管干部原则是我国公务员制度的鲜明特色，是我们党领导人民长期进行政权建设中形成的重要组织原则，是党的干部路线、方针、政策的集中体现，是规定党的干部工作各个方面和全部过程的总的规范。做好公务员管理工作，必须不折不扣地坚持党管干部的原则。公务员必须接受中国共产党的领导，执行党和国家制定的路线、方针、政策。

4.坚持任人唯贤、德才兼备的任用原则

公务员的任用，坚持德才兼备、以德为先，坚持五湖四海、任人唯贤，坚持事业为上、公道正派，突出政治标准，注重工作实绩。

任人唯贤、德才兼备，是党的干部路线和方针的核心内容。所谓任人唯贤，是指任用干部应以坚决地执行党的路线、服从党的纪律、和群众有密切的联系、有独立的工作能力、积极肯干、不谋私利为标准。任人唯贤是相对于任人唯亲而言的，应尽量减少任用公务员过程中的人为因素。德才兼备的原则是党选拔任用干部的根本原则，是任人唯贤的具体体现。德才兼备就是既要有德，又要有才；既要政治上靠得住、作风上过得硬，又要工作上有能力。德才兼备才符合公务员的标准，才是社会主义现代化建设需要的人才，同时，我们常说，德才兼备，以德为先，德是居于首要位置的。有德无才的人只能说是一个庸才，但不能说是坏人；而有才无德的人，就丧失了起码的资格，更谈不上担当公务员的重任。因此，公务员的任用，应将公务员的良好思想品质作为录用、考核、晋升的重要条件之一。同时，《公务员法》明确规定了要注重工作实绩，促使公务员不断进取，积极向上，要有忧患意识，成为一名有真才实干的公务员，只有这样才不愧于公务员的称号。

5.坚持监督约束与激励保障并重的原则

监督约束与激励保障并重，是公务员管理的一个基本原则，也是公务员管理的本质特征之一。同时，也要健全激励与保障机制，充分调动公务员的主动性、积极性和创造性。《公务员法》规定的公务员必须遵守的十六项纪律都是监督和约束公务员言行的规定，要求公务员严于律己，以身作则，时刻牢记作为国家公务员的职责，严格按照纪律规定，从各方面为社会公众起到表率作用，树立公务员的良好形象。

6.分类管理的原则

我国没有照搬西方的职位分类模式，而是在充分分析了职位分类和品位分类两种制度优缺点的基础上，取长补短，既兼顾了我国传统的品位分类方法，又吸收了现代职位分类的优势，考虑到成本和操作等具体情况，形成了以职位为主、与品位相结合的人事分类制度。

7.法治原则

公务员管理属于国家人事行政的范畴，公务员管理坚持法治原则，是依法治国、依法执政、依法行政的必然要求。法治原则在公务员管理中的贯彻，突出体现在两个方面：一是公务员管理按照法定的权限、条件、标准和程序进行，即对公务员的依法管理；二是公务员依法履行职务的行为受法律保护。

（二）我国现行公务员制度解析

1.公务员的条件、权利和义务

条件构成公务员的资格基础，而权利和义务是公务员行为不可分割的两个方面，公务员的权利和义务同时产生，相互联系，相互制约。《公务员法》对于加入公务员队伍的门槛有一定的规定。公务员应当具备的条件保证了公务员应该具备的最基本素质，公务员的基本条件对于任何在公务员职位上工作的人都是必要的。

公务员的权利是指国家依据法律法规，赋予公务员可以享受某种利益或者有权作出或不作出某种行为的许可和保障。具体地说，公务员的权利有三层含义：第一，享受权利的主体是公务员。第二，公务员依法享有权利。第三，公务员权利受法律保护。

公务员的义务是指国家法律对公务员必须作出或不得作出一定行为的限制和约束。具体地说，公务员义务包括三层含义：第一，义务的主体是公务员。第二，公务员必须依法履行义务。第三，当公务员未能或没有依法履行其法定义务时，必须承担相应的法律责任，国家有关机关必须依法追究其法律责任。

2.公务员的职务与级别

分类管理是公务员制度中的一种科学的管理方法，也是实行公务员制度的国家共同遵循的基本原则。公务员职位分类制度的建立解决了公务员激励机制不健全的问题。《公务员法》将建立多元化的公务员职务发展途径，在传统行政职务外，增设专业技术职务，在基层行政执法机构设立行政执法职务等。同时，通过增加级别数量，拉大级差，扩充级别功能，建立新的职级，有助于从制度上冲破"官本位"意识。《公务员法》设立综合管理类、专业技术类和行政执法类等职位类别，表明公务员正常晋级可以不受职务职级的限制，一名兢兢业业、有所成就的普通公务员，也可以领取领导职级的工资，这样就能给公务员更多激励。

根据2018年新修订的《公务员法》，实行公务员职务与职级并行制度，根据公务员职位类别和职责设置公务员领导职务、职级序列。2019年3月，中共中央办公厅印发《公务员职务与职级并行规定》，2019年6

月1日起施行，进一步深化公务员分类改革，推行公务员职务与职级并行、职级与待遇挂钩制度，健全公务员激励保障机制，建设忠诚干净担当的高素质专业化公务员队伍。

国家根据公务员职位类别和职责设置公务员领导职务和职级序列。职级，是公务员的等级序列，是与领导职务并行的晋升通道，体现公务员政治素质、业务能力、资历贡献，是确定工资、住房、医疗等待遇的重要依据，不具有领导职责。公务员可以通过领导职务或者职级晋升。担任领导职务的公务员履行领导职责，不担任领导职务的职级公务员依据隶属关系接受领导指挥，履行职责。

推行公务员职务与职级并行、职级与待遇挂钩制度，是新时代干部人事制度改革的重要成果，有利于建立公平合理的公务员体制，拓宽公务员晋升通道，有助于完善激励保障制度、能上能下制度。"公务员"不是"官"，而是一个公共服务职业。让公务员的辛勤付出，不仅仅以职务的形式来回报，还要通过建立起相应的竞争基准和工薪分配、荣誉分配、福利分配标准来回报。坚持持续激励原则推行职务与职级并行制度，坚持严管和厚爱结合、激励和约束并重，建立持续激励机制，坚持工资制度改革与职务职级改革同向发力。

3.公务员的录用和考核

公务员的录用是指机关为补充担任主任科员以下及其他相当职务层次的非领导职务的公务员，按照法定条件和程序，采取公开考试、严格考察、平等竞争、择优录取的办法。录用公务员，必须在规定的编制限额内，并有相应的职位空缺；录用公务员，应当发布招考公告。招录机关应当采取措施，便利公民报考。法律规定，招录机关根据考试成绩、考察情况和体检结果，提出拟录用人员名单，并予以公示。新录用的公务员试用期为一年，试用期满合格的，予以任职；不合格的，取消录用。

《公务员法》规定，公务员的考核应当按照管理权限，全面考核公务员的德、能、勤、绩、廉，重点考核政治素质和工作实绩。行政机关按管理权限和法定程序对其工作人员进行考察和评价的人事活动，是人事行政的重要环节。这是保证国家行政人员遵纪守法，尽职尽责的重要措施。公务员的考核分为平时考核和定期考核。定期考核以平时考核为基础。考核的方法一般实行领导与群众相结合、平时考核与年度考核相结合的方法。法律规定，定期考核的结果分为优秀、称职、基本称职和不称职四个等次。定期考核的结果应当以书面形式通知公务员本人。定期考核的结果作为调整公务员职务、级别、工资以及公务员奖励、培训、辞退的依据。

>>>

专栏4-1
《关于县以下机关建立公务员职务与职级并行制度的意见》

2015年1月，中办、国办印发了《关于县以下机关建立公务员职务与职级并行制度的意见》，人社部、中组部、中央编办、财政部、国家公务员局5部门部署了县以下机关公务员职务与职级并行制度的实施工作。意见提出，将对县以下机关公务员设置5个职级，由低到高依次为科员级、副科级、正科级、副处级和正处级。办事员任满8年未提拔的，可享受科员待遇；科员任满12年未提拔的，可享受副科待遇；副乡科级、副主任科员满15年未提拔的，可享受正科级待遇；正科级干部15年未提拔的，可享受副处级待遇；副县处级干部15年未提拔的，可享受正处级待遇。职级晋升后，可以享受相应职务层次非领导职务工资待遇，但工作岗位不变。

>>>

4.职务的任免与升降

《公务员法》规定，公务员职务实行选任制和委任制。领导成员职务按照国家规定实行任期制。公务员晋升职务，应当具备拟任职务所要求的思想政治素质、工作能力、文化程度和任职经历等方面的条件和资格。公务员晋升职务，应当逐级晋升。特别优秀的或者工作特殊需要的，可以按照规定破格或者越一级晋升职务。

5.奖惩制度

公务员的奖励是指机关为了调动公务员的积极性和创造性，鼓励和引导公务员忠于职守，廉洁从政，对工作表现突出、有显著成绩和贡献，或者有其他突出事迹的公务员或者公务员集体，给予奖励。奖励坚持精神奖励与物质奖励相结合、以精神奖励为主的原则。奖励分为：嘉奖、记三等功、记二等功、记一等功、授予称号。对受奖励的公务员或者公务员集体予以表彰，并给予一次性奖金或者其他待遇。

公务员的惩戒是指国家机关对违法违纪应当承担法律责任的公务员，依法予以处分的活动。行政处分是国家行政机关对所属公务员的违纪行为所进行的行政制裁，尚未构成犯罪的或者虽构成犯罪，但依法不追究刑事责任的，都应给予行政处分，处分分为：警告、记过、记大过、降级、撤职、开除。公务员在受处分期间不得晋升职务和级别，其中受记过、记大过、降级、撤职处分的，不得晋升工资档次。对公务员的惩戒要遵循以下原则：合法性原则，惩戒与教育相结合的原则，处理公平、适当的原则。

6.培训制度

公务员的培训是指根据国家发展战略和公务员职业发展需要，从公务员职位要求出发，有计划有组织地为提高公务员政治和业务素质所进行的政治理论、政策法规、现代科学与管理知识以及履行职务的技能等方面的培养和训练。

我国培养行政干部过去主要依靠党校系统，现在从中央到地方都设立了各级各类的行政管理干部学院。目前我国公务员培训机构主要有三类：一是国家行政学院，二是地方行政学院，三是其他具有相应资格的培训机构。培训的类型包括对新录用人员的培训、对晋升领导职务所需资格条件的培训以及各项专门业务培训等。

7.交流与回避

国家公务员的交流与回避是公务员管理的两个重要环节，是加强公务员队伍的廉政建设、提高公务员的素质和水平、促进社会稳定的两项重要措施。

《公务员法》规定，国家实行公务员交流制度，公务员可以在公务员队伍内部交流，也可以与国有企业事业单位、人民团体和群众团体中从事公务的人员交流。交流的方式包括调任、转任和挂职锻炼。

《公务员法》规定中关于亲缘回避的情况是：公务员之间有夫妻关系、直系血亲关系、三代以内旁系血亲关系以及近姻亲关系的，不得在同一机关担任双方直接隶属于同一领导人员的职务或者有直接上下级领导关系的职务，也不得在其中一方担任领导职务的机关从事组织、人事、纪检、监察、审计和财务工作。

关于地域回避的情况是：公务员担任乡级机关、县级机关及其有关部门主要领导职务的，应当实行地域回避，法律另有规定的除外。

8.工资、福利、保险

《公务员法》在总结我国实施公务员制度以来的经验的基础上，对公务员工资福利保险制度作了规定。其中最重要的改革是将公务员的工资结构由过去的四块，即职务工资、级别工资、基础工资和工龄工资并为两块，即统一的职务与级别相结合的工资制度。公务员工资包括基本工资、津贴、补贴和奖金。国家建立公务员工资的正常增长机制。正常增资是国际上公务员工资制度的通行做法，是指国家必须保证在每年的财政预算中有必要的经费用于公务员增加工资。同时，公务员的工资实行法定制度：即任何机关不得违反国家规定自行更改公务员工资、福利、保险政策，不得擅自提高或者降低公务员的工资、福利、保险待遇，任何机关不得扣减或者拖欠公务员的工资。公务员工资实行定期调查制：《公务员法》明确规定，公务员工资水平应与国民经济发展相协调、与社会进步相适应；并规定，国家实行工资调查制度，定期进行公务员和企业相当人员工资水平的调查比较，并将比较结果作为调整公务员工资水平的重要依据。

公务员的福利待遇，是指国家机关为改善和提高公务员的物质文化生活水平，通过举办集体福利设施，提供服务和发放补贴等形式，给予公务员的一定生活保障和生活享受，用以满足他们的普遍性的消费需要，解决公务员个人或家庭难以解决的某些困难。福利的作用在于提高公务员的工作和生活条件，促进公务员身心健康，增强公务员队伍凝聚力，调动公务员工作积极性，提高机关工作效率。

公务员保险制度，是指国家通过立法程序建立的，对暂时或者永久丧失劳动能力的公务员给予物质帮助的制度。国家建立公务员保险制度，对解除公务员的后顾之忧，调动他们的工作积极性具有重要作用。我国的公务员保险制度包括退休保险、患病保险、工伤保险、生育保险、失业保险等。

9.辞职、辞退制度

公务员的辞职、辞退制度，体现了科学的激励、竞争机制和正常的新陈代谢机制，是疏通和扩大公务员队伍"出口"渠道的根本措施，在国家公务员制度中占有不容忽视的地位。

公务员的辞职、辞退制度中一条重要的条款体现了问责原则和监督约束：领导成员因工作严重失误、失职造成重大损失或者恶劣社会影响的，或者对重大事故负有领导责任的，应当引咎辞去领导职务。领导成员应引咎辞职或者因其他原因不再适合担任现任领导职务，本人不提出辞职的，应当责令其辞去领导职务。责任追究制度上升为公务员管理的一项基本法律制度，是公务员监督机制的突破，引咎辞职从一种政治责任，演变成为一种法律责任。引咎辞职既有政治性，又有法律性，是我国法律责任体系中一种新的责任制度。

辞退是将不合格的公务员清理出公务员队伍，解除国家机关与公务员的任用关系。公务员被辞退后就失去了公务员身份，不再享受公务员待遇，对公务员的权利影响甚大。因此，应当非常慎重。所以，在公务员法中规定了要予以辞退的和不得辞退的两种情况，以体现公务员身上更多的法律权利、义务和责任。

10.退休

公务员的退休制度，体现了科学和正常的新陈代谢机制，是疏通和扩大公务员队伍"出口"渠道的措施之一。我国现行的退休制度符合现阶段公务员队伍的实际情况，在《公务员法》中没有作修改，依法可以法定退休和自愿提前退休，依法享受退休金和其他的法定待遇。

需要注意的是，公务员退休后从业，发挥余热，应当遵守法律的有关规定。为维护机关工作的正常秩序，保障公务员队伍的廉洁，《公务员法》规定："公务员辞去公职或者退休的，原系领导成员的公务员在离职三年内，其他公务员在离职两年内，不得到与原工作业务直接相关的企业或者其他营利性组织任职，不得从事与原工作业务直接相关的营利性活动。"公务员退休后从事与原工作业务直接相关的营利性活动，必须按照法律的规定，经过一定的隔离期方能进行。这样规定是为了防止有些公务员在职期间和被管理对象达成一种默契，获取不当利益，从市场经济竞争角度说，这也是为了维护公平竞争。

11.职位聘任制度

《公务员法》规定，公务员管理将引入聘任制，即机关单位根据需要，经省级以上公务员主管部门批准，可以对专业性较强的职位和辅助性职位实行聘任制。为严格控制聘任制范围，法律规定聘任制岗位必须经省级以上公务员主管部门批准，涉及国家秘密的，不实行聘任制。为解决聘任制公务员与签约机关的纠纷，《公务员法》还首次引入人事争议仲裁制度，解决双方因履行聘任合同发生的争议。当事人如果对仲裁裁决不服，可向法院提起诉讼。

聘任制相对于传统公务员的选任制和委任制，有利于进一步解决公务员能进不能出、缺乏活力等问题。近30年来国外公务员管理越来越多地采用聘任制，为机关吸引优秀的人才特别是专业技术人才开辟了一条高效率、低成本的渠道，为使用辅助性、操作性的人员提供了一种灵活、便捷的方式。

五、我国国家公务员制度的发展

我国公务员制度实施以来，人事管理的目标基本实现，人事行政运行机制初步形成，并在实践中不断创新。结合公务员制度在实践中出现的问题，公务员制度还需要从以下几个方面进一步完善。

（一）进一步完善公务员录用机制

1.改变录用人员的程序

在公务员录用第二阶段的面试过程中，出现了由程序化考试设计带来的考试时间短、考察问题具有局限性和偶然性的弊端。在进行面试前，不能让用人单位和考生有任何形式的接触和了解，使得用人单位只能在有限的半个小时面试中，匆忙作出决定。因此，公务员考试面试前，应给用人单位和考生有一段时间进行接触，增加相互交流、了解，增加用人单位决策的客观性和准确性，以避免双方选择的盲目性。

2.基层经验应是公务员的必备素质

招录国家公务员应侧重"有基层工作经验"。近年来，"基层经验"已成为招录国家公务员的一个关键词，中央机关的岗位中要求有基层经验的达到了1/3以上。公务员是党的路线、方针、政策和国家法律法规的执行者，其素质状况直接影响党的路线、方针、政策的贯彻落实情况，决定着政府的管理水平和效率。公务员有了在基层工作的经历，更能体会基层群众的疾苦，加深对民情的了解；同时能强化自身的责任意识，促进其树立科学的发展观和正确的政绩观。这样，在制定政策、处理问题时，就能不犯或少犯官僚主义、教条主义错误；在工作中，就能真正做到权为民所用、情为民所系、利为民所谋。所以，不但要让现有的公务员下基层锻炼，更要完善公务员录用工作机制，积极拓宽基层优秀人才进入公务员队伍的渠道，同时要求没有工作经验的应届毕业生到基层工作、锻炼一段时间，这对于进一步提高公务员队伍整体素质，优化公务员队伍结构将有积极的意义。

（二）进一步完善公务员培训制度

在此方面，最重要的就是转变培训观念，确立公务员的培训投资是政府人力资源开发投资的观念，公务员接受知识培训不是个人行为，而是政府对人才资源的开发。具体而言，在培训内容上，要对不同层级的公务员（包括乡科级以下、乡科级、县处级）设置不同的培训内容，即使设置同样的培训内容，对不同层级的公务员也应各有侧重；在培训方式上，要多采用科学先进的方法，如角色扮演法、公文事务处理培训法、无领导小组讨论法、案例分析法等；在培训管理上，采用宽严结合的方法，不仅要用严格的制度约束学员，更要运用多元的培训内容、灵活的培训方式吸引学员参与。

（三）进一步完善公务员激励机制

1.完善公务员考核制度

科学地进行公务员考核是一个世界性的难题，各国对公务员的考核繁简不一，还没有一套大多数国家公认的考核方法。中国公务员考核也面临这些问题，从公务员考核的实际情况出发，做好公务员考核工作需要：第一、细化考核内容，确立客观评价标准。按照规定，公务员考核内容分为德、能、勤、绩、廉，内容划分比较粗，对公务员考核标准只作原则性规定，在考核实践中不易准确把握，往往因部门小或组织者的不同而在执行中出现很大差别。为此，应制定考核实施细则，细化考核内容和标准。因此，各地方政府和政府各部门在现有考核标准原则指导下，应制定适合本组织的客观考核标准。第二，完善科学考核方法。现行考核方法的具体操作环节包括个人述职、民意测验、考核小组评议、领导最后敲定。自实行公务员考核评价以来，由于个人之间考核结果的差别不大，机关因考核引起争议的矛盾并不明显，公务员考核并没有发挥应有的效果。应对不同层次和不同职务的公务员考核采取不同方法，如述职考核法、测验考核法、专家考核法、民意考核法、考试考核法等。

2.完善公务员晋升制度

我国实行考核委任晋升和推荐选举晋升，考核委任和推荐选举虽然也具有一定的竞争性，但还未成为比较规范的竞争性制度。推荐政府组成人员，基本上是等额选举，即使没有当选也会另有安排，基本不存在被选举对象之间的相互竞争。考核委任晋升也是如此。两种晋升方式在一定程度上不能达到竞争择优的效果。针对这种情况，应推行竞争性考试考核制度，对晋升较低领导职务或非领导职务推行晋升资格考试和竞争性考绩考核，建立优升、平降、劣汰的竞争机制，竞争晋升可先在机关内部进行，以后逐步扩大范围。

（四）进一步完善公务员监督约束机制

公务员财产申报制度是一种具有广泛性和群众性的公正、透明的监督。近些年来，公务员的腐败给国家造成经济上的巨大损失，并极大地损害了公众对政府的信任度。公务员财产申报制度如果能纳入《公务员法》，将成为约束公务员行为、防止权力腐败的有力手段。

世界上许多国家都建立了财产申报制度，如美国、泰国、新加坡、韩国、俄罗斯、日本、法国等。我国1995年颁布了《关于党政机关县（处）级以上领导干部收入申报的规定》，但由于其规定的有限性，如只将工资、各类奖金、津贴、补贴及讲学、写作、审稿等劳务所得纳入领导干部申报范围，实际上是一种收入申报制而非财产申报制，并且该规定没有上升到法律高度，效力太低，基本没有起到约束、监督作用。

我国应该规定具体完备的财产申报制度，规定初任申报、现职申报、离任前申报和离任后申报等环节，所申报的不仅是本人的，还须申报其配偶和直系亲属的有关财产收入和支出情况。申报财产的种类不但包括工资，还包括房地产、汽车、存款、有价证券、债权债务、信托资产等。申报时须写明财产名称、价值、位置，还须注明来源、估价方法、变更情况等。

有人认为，我国的现实状况决定了财产申报制度入法困难重重。《公务员法》没有将其纳入进来，但从国家的长远发展来看，这是必须建立的一项法律制度，因为它是人民意志的体现，是国家健康发展的需要。不论什么样的社会制度，也不论什么样的公务员管理办法，都是这样制定的。

▸▸▸▸▸▸▸▸▸▸▸▸▸▸▸▸▸▸▸▸▸▸▸▸▸▸▸▸▸▸▸▸▸▸▸▸▸▸

专栏4-2

坚决贯彻落实坚持和加强党的全面领导的基本要求

※加强理论学习，增强贯彻落实的自觉性坚定性

习近平新时代中国特色社会主义思想是当代中国马克思主义、21世纪马克思主义，是做好党和国家一切工作的根本遵循。要学懂弄通做实习近平新时代中国特色社会主义思想，全面理解坚持和加强党的全面领导的重大意义、科学内涵和实践要求，自觉把党的全面领导落实到工作的各方面、全过程。

※加强政治历练，提高贯彻落实的能力和水平

坚持和加强党的全面领导，是实现国家治理体系和治理能力现代化的根本政治要求，必须从政治上考量。要加强思想淬炼、政治历练、实践锻炼，做党的全面领导的坚定维护者、有力执行者。要不断增强本领，增长才干，提高贯彻落实党的全面领导的能力和水平。

※加强监督检查，坚决维护制度的权威性

要带头遵守党的全面领导制度，善于从制度上思考把握问题，善于在制度轨道上推进各项事业。要把落实党的全面领导制度情况，作为巡视巡察的重要内容、考察干部政治素质的重要方面，对破坏党的全面领导制度的行为，严肃追责问责，坚决维护党的全面领导制度。

资料来源：王京清. 新时代坚持和加强党的全面领导的基本遵循［N］. 中国纪检监察报，2020-07-30. 节选.

▸▸▸▸▸▸▸▸▸▸▸▸▸▸▸▸▸▸▸▸▸▸▸▸▸▸▸▸▸▸▸▸▸▸▸▸▸▸

思政课堂

建设忠诚干净担当的高素质干部队伍

一、提出过程

2013年6月，习近平总书记在全国组织工作会议上，提出了"信念坚定、为民服务、勤政务实、敢于担当、清正廉洁"的好干部标准。2014年10月，习近平总书记在对云南工作的重要指示中明确提出："党员干部要做到对党忠诚、个人干净、敢于担当。"2015

年12月，习近平总书记在全国党校工作会议上强调："实现中华民族伟大复兴的中国梦，关键在于培养造就一支具有铁一般信仰、铁一般信念、铁一般纪律、铁一般担当的干部队伍。"2018年7月，习近平总书记在全国组织工作会议上强调指出："贯彻新时代党的组织路线，建设忠诚干净担当的高素质干部队伍是关键。"

二、基本内涵

建设忠诚干净担当的高素质干部队伍，忠诚是为政之魂，要选拔任用那些在大是大非面前立场坚定、旗帜鲜明的干部，在重大抉择面前方向正确、态度坚决的干部；干净是立身之本，要选用那些牢固树立正确世界观、人生观、价值观，严守党纪国法的干部，清清白白做人、干干净净做事的干部；担当是成事之要，要选用那些时刻牢记肩负的使命，敢于担当、敢于冲锋、尽职尽责、尽心竭力的干部。三者相辅相成、有机统一，缺一不可。

三、意义作用

建设忠诚干净担当的高素质干部队伍，深刻阐明了新时代好干部标准，体现了党对干部工作规律的深刻把握，是系统推进干部队伍建设，全面提高干部工作质量的重大举措。它有利于进一步激励广大干部新时代新担当新作为，有利于为党建设高素质干部队伍，进而为实现"两个一百年"奋斗目标、实现中华民族伟大复兴的中国梦提供坚强组织保证。

四、实践要求

建设忠诚干净担当的高素质干部队伍，重点是做好干部培育、选拔、管理、使用工作。要建立源头培养、跟踪培养、全程培养的素质培养体系，把理想信念教育、知识结构改善、能力素质提升贯穿干部成长全过程；要建立日常考核、分类考核、近距离考核的知事识人体系，使选出来的干部组织放心、群众满意、干部服气；要建立以德为先、任人唯贤、人事相宜的选拔任用体系，选用的干部必须是政治上过得硬、靠得住的干部；要建立管思想、管工作、管作风、管纪律的从严管理体系，管好关键人、管到关键处、管住关键事、管在关键时；要建立崇尚实干、带动担当、加油鼓劲的正向激励体系，把干部干了什么事、干了多少事、干的事群众认不认可作为选拔干部的根本依据，激励各级干部撸起袖子加油干。

资料来源：本书编写组. 新时代党员干部学习关键词［M］. 北京：党建读物出版社，2019.

【思考】习近平总书记在多个场合、多次强调干部队伍建设问题，请谈谈人事干部队伍对国家发展的重要性？

关键概念

公共部门人力资源管理　部外制　部内制　选任制　考任制　委任制　聘任制　职位分类　品位分类　公务员　聘任制　职位分类　品位分类　公务员

复习思考题

一、单项选择题

1."人力资源"一词是由当代著名管理学家（　　）于1954年在其《管理的实践》一书中提出的。

A.泰勒　　　　　　　　　　　B.约翰.R.康芒斯

C.彼德·德鲁克　　　　　　　D.雨果·芒斯特伯格

2.（　　）就是用选举的方法来确定任用对象的方式。

A.聘任制　　　　　　　　　　B.选任制

C.考任制　　　　　　　　　　D.委任制

3.西方多党制国家坚持公务员（　　）原则，有利于公务员以公正态度处理行政事务和保持政府工作的稳定性。

A.公开考试　　　　　　　　　B.政治中立

C.政党轮换　　　　　　　　　D.功绩制

4.我国公务员管理原则中强调公务员的政治性，不搞（　　）

A.内部选拔　　　　　　　　　B.政治中立

C.政党轮换　　　　　　　　　D.功绩制

5.公务员的任用坚持任人唯贤、德才兼备、注重（　　）的原则。

A.公道正派　　　　　　　　　　B.政治过硬

C.工作实绩　　　　　　　　　　D.事业为上

二、多项选择题

1.下列是人力资源一般性质的有：（　　）。

A.能动性　　　　　　　　　　　B.再生性

C.高增值性　　　　　　　　　　D.社会性

2.下列是公共部门人力资源特征的有：（　　）。

A.政治性　　　　　　　　　　　B.道德性

C.有限性　　　　　　　　　　　D.高资本性

3.我国公务员入职管理中坚持（　　）、择优的原则。

A.公平　　　　　　　　　　　　B.公开

C.平等　　　　　　　　　　　　D.竞争

4.《公务员法》规定中关于亲缘回避的情况是：公务员之间有夫妻关系、直系血亲关系、三代以内旁系血亲关系以及近姻亲关系的……也不得在其中一方担任领导职务的机关从事组织、（　　）和财务工作。

A.人事　　　　　　　　　　　　B.纪检

C.监察　　　　　　　　　　　　D.审计

5.公务员的考核应当按照管理权限，全面考核公务员的（　　）、（　　）、（　　）绩、廉，重点考核政治素质和工作实绩。

A.德　　　　　　　　　　　　　B.能

C.勤　　　　　　　　　　　　　D.政

三、简答题

1.我国国家公务员制度的指导原则是什么？

2.你认为我国公务员制度的理论和实践上需进一步提高和改善的地方还有哪些？

3.职位分类制度与品位分类制度的各自特点和优缺点是什么？

4.请说明一般人事行政管理与公共部门人力资源管理的联系和区别。

5.现代人事行政的激励-保障机制是什么？

行政领导

行政管理活动分工细密且专业化，需要行政领导进行整合，使全体人员通力合作。毋庸讳言，行政领导者的地位和作用是显而易见的。

第一节　行政领导概述

一、领导

（一）领导的含义

领导，英文为 lead、leader、leadership。亨利·法约尔（Henri Fayol）认为，领导是保证技术职能、商业职能、财务职能、安全职能、会计职能、管理职能这 6 项职能得以贯彻的保证力量；韦伯（Max Weber）认为，领导是一种影响他人的力量源泉；伯克（Edmund Burke）认为，领导是使组织朝目标前进的影响行为；孔茨（Harold Koontz）认为，领导是说服人们合作而达到一个共同的目标的行为；《孙子兵法·计篇》中则说：将者，智、信、仁、勇、严也。

综上所述，可以从 4 个方面理解领导：

（1）领导是一个动态的过程，该过程是领导者个人品质、追随者个人品质和某种特定环境的函数。

（2）领导者是行政领导活动的主体，在一定的组织体系中处于组织、决策、指挥、协调和控制地位的个人和集体。被领导者是按照领导者的决策和意图，为实现领导目标，从事具体实践活动的个人和集团，他们是实现预定目标的基本力量。环境是对领导活动产生影响的各种外部因素的总和，领导与被领导这一相互作用的过程是在特定环境中作用的，是受环境制约的，领导者对客观环境很少有选择余地，但如果能审时度势、因地制宜，也能在有限的时间和空间内，取得最大的成果。这3个要素缺一不可，它们相互结合，才能构成有效的领导活动。

（3）领导是在服从组织常规指令之外施加的影响能力，这种能力并不是职权所天然授予的，领导应该是一种引导和鼓励部下的过程，以身作则和善于鼓舞士气是领导成功的重要手段。

（4）领导的目的是解决问题。从行为学角度看，领导是在解决问题时所采取的最初的行动。如在出现突发事件时，首先出现的临时指挥行动。

可见，**领导是一个动态的演进过程，是组织中主管职能的承担，在一定思想的指导下，通过一定的组织机构，依据有关规章制度，行使其职权，运用各种方法和手段，通过领导者自身的影响力，使一个人的意志扩展为多个人的意志乃至实现整个组织的合作，都为完成共同的目标而付出团队性的努力。**

按领导的权力基础分类，有正式领导和非正式领导；按领导活动的层级分类，有高层领导、中层领导和基层领导；按领导活动领域分类，有政治领导、行政领导和业务领导等。

（二）领导与管理之间的关系

人们通常认为管理工作与领导工作基本相同，在广义或外延层次上二者具有相等性。领导与管理长期"合二而一"使用，在"领导"一词出现之前，其含义包括在"管理"之中，二者往往被当作同义语使用。《宪法》第一条明确规定："中华人民共和国是工人阶级领导的，以工农联盟为基础的人民民主专政的社会主义国家。"这里，《宪法》强调的"工人阶级领导"，其"管理"和"领导"是一脉相承的同义语。在现实活动中，存在着包括决策及实施决策的领导，即广义的领导；也存在包括决策执行与决策制定的管理，即广义的管理。很明显，在这里，广义的"领导"与广义的"管理"是同义词。

在狭义上两者具有本质上的差异性。从历史来说，管理与领导的分化及人们对其本质的认识是一个自然历史过程。随着社会活动规模扩大和社会分工的发展，19世纪中期发生了所有权与经营权分离。20世纪初，泰罗提出计划（管理）职能与执行职能分开的科学管理，开创了人类社会管理的新纪元。随着决策现象凸现，领导、管理、决策与执行者四者相互关系的研究突出起来。人们在归纳研究中，发现领导与决策联系在一起，管理与执行联系在一起，逐渐形成了领导就是决策、管理就是对决策的执行的观念。从而开始认识到领导与管理各有不同的本质内涵，把它们相互区别开来，使人们的认识又进一步深化了。管理工作要比领导工作宽泛得多，管理是一种程序化的控制工作，包括拟订计划、选择方案、建立机构、配备人员、执行决策、实施控制等一系列职能，是为组织活动选择方法、建立秩序、维持运转的行为。领导工作是管理工作的重要职能，领导活动本身就脱胎于管理活动，是一种更高层次的管理活动。领导是主管人员在这一系列的管理活动中调动人的因素，合理配置各种资源以达到预期目的的行为，体现的是管理过程的战略性，是一种确定方向、开拓局面的管理行为。我国《宪法》对国务院各项具体职权的规定中，"领导"与"管理"在使用时，就有"领导"、"领导和管理"和"管理"的不同规定，这应视为是科学精神的体现。

人们通常习惯把领导者和管理者作为同一个概念。实际上，管理者和领导者并不是同义词，它们具有层次上的差异性。管理者是被任命的，他们拥有合法的权力进行指挥和协调，其影响力来自于他们占据的职位所赋予的正式权力。而领导者既可以是任命的，拥有职位职权，也可以从一个群体中产生出来，不必运用正式的权力，而是运用个人的领导魅力影响他人。管理者是组织目标的忠实执行者，而领导者是组织目标的制定者；管理者的工作包括谨慎地拟订计划，建立组织机构以帮助人们实现计划，并给组织机构配备最适合的人员，而领导者的主要职责在于影响人们为组织和集体的目标作出贡献，要置身于群体之间，促使群体前进，鼓舞成员为实现组织目标而努力。一个称职的管理者必然要掌握一定的领导方法，具备一定的领导者素质；而一个成功的领导者也不可能不参与直接的管理过程，而只空谈对组织成员的引导和影响。因此，领导者与管理者的区分只是一种笼统的区分，在实际的领导活动和管理活动中，它们是相互包容、相互渗透的。一般来说，称职的管理人员应该是一位称职的领导者；一个成功的领导者必定要具备各方面的组织管理素质，掌握各种管理方法，因而他必定是一个优秀的管理者。而事实上，有一些管理者缺乏影响他人的能力，得不到被领导者的追随和认同，所以虽然拥有职位、职权，却不能影响、引导和率领组织成员实现组织目标。在这里，我们讨论的领导者是指那些拥有职位、职权并能够影响他人的人。

二、行政领导

（一）行政领导的界定

所谓行政领导者，是指从事行政领导工作的人，可以是政府部门的领导者，也可以是非政府部门中从事行政工作的领导者。在我国，各级国家行政机关和企事业单位的领导者统称为行政领导者。狭义的行政领导是指国家行政管理系统中的领导，是为实现一定的行政目标，国家行政机关中主管职能的承担者依法行使国家权力，组织和管理行政事务所进行的行政活动。广义的行政领导还包括了企事业单位的行政领导者通过行使行政职权，组织管理行政事务而进行的决策、指挥、组织、控制、协调等行政活动的过程。本书主要从狭义的行政领导方面进行阐述。在行政机关体系中，由于领导层次不同，其行政领导者的职务名称也不相同，如国务院有总理、部长、委员会主任等职务名称。行政领导是国家行政管理过程中的关键环节，其作用的发挥程度直接关系到行政目标和国家职能的实现程度。

领导作为一种创造性活动，必须具备必不可少的要素。构成领导的要素，可以从不同的角度去理解。从领导活动的过程来分析，至少有五个要素：领导者、被领导者、行政目标、领导方式、领导环境。缺少其中任何一个要素，都无法形成领导的活动过程。行政领导者是领导活动的主体，在领导活动中起主导作用，他们以个人的思想觉悟、知识和技能服务于被领导者，并动员群众、组织群众适应环境的要求和变化，以实现公共行政目标；被领导者是公共行政领导活动中的基本力量，领导者的决策和意图只有通过被领导者的行动，才能变成现实；行政目标是行政领导者与被领导者共同作用的对象、共同活动的凝聚力，是行政领导活动的出发点和归宿；领导方式是行政领导者与被领导者的活动关系模式，是领导活动的方法、程序，是实现行政领导职能的必要因素；领导环境是指领导者实施领导过程所面临的周围境况，它对领导主体、客体、目标、方式都有影响作用，为行政领导活动提供了范围和限度。这5个基本要素构成完整的领导活动过程，领导者与被领导者相互作用，既矛盾又统一，共同在领导环境中不断寻求适当的领导方式，来实现行政目标。

行政领导可以从不同的角度去分类：

1.按领导性质和作用可分为政治领导和业务领导

政治领导的任务在于使行政管理活动符合国家统治阶级的利益和意志，并不断巩固统治地位，实现国家管理的总体目标。这种政治领导主要是通过方针、政策的指导和法令、规章的约束以及思想政治教育引导来实现的。

业务领导是指对公共管理的某个方面或某项工作的具体指导活动。领导方式同业务部门工作结合，十分具体、可行，目标是完成具体的管理任务。

政治领导要在各种具体业务领导中加以实现，业务领导的最终目标是达到政治领导所要求的国家总体行政目标。

2.按业务性质可分为一般权限行政领导和专门权限行政领导

一般权限行政领导是指国家各级政府的领导活动。这种行政领导权力由宪法予以专门规定，在其管辖的行政区域内，由行政领导者负责统一领导各行政机关的工作，对行政管理的目标、规范、人事任免、奖惩、监督及公务员制度的实施，都有决策权、指挥权和控制权。这种行政领导活动具有明显的综合性、全面性。

专门权限行政领导是指在一级政府机关领导下的职能部门的领导活动。其领导职权由有关法律和行政法规来规定，其领导机关在中央是国务院的各部门，在地方是地方政府所属的各单位，如省税务局、市人事局等。这种行政领导活动具有专门性、业务性、局部性等特点，其领导职权的行使者具有专门的知识技能。

（二）行政领导的特征

行政领导的特征有：合法性、政治性、权威性、执行性、综合性、层次性。

1.合法性

合法性即行政领导者要在一定的职权范围内运用自己的权力，尽到自己的职责，权力的行使不能与法律相违背。合法性要求领导权力的运用必须是在法定职权范围之内的充分运用，必须建立在正当的基础之上。

2.政治性

行政领导作为一个历史范畴，它的内容随着国家的发展变化而变化，在不同历史时期不同国家行政领导内容、地位、行政方式是不同的。在原始社会虽已产生领导现象，但内容比较简单，在领导活动过程中，领导者和被领导者的关系是平等的，不包含有任何强制性权力。随着阶级和国家的出现，剥削阶级领导实际上意味着对劳动人民的权力统治。在资本主义社会，随着资本主义民主制的建立，行政领导的方式有所改变，但其实质仍然是少数人对多数人的权力统治。社会主义国家的行政领导本质上是为人民服务的，这与以往一切剥削阶级占统治地位的行政领导是有根本区别的。可见，行政领导具有鲜明的政治特点。

3.权威性、强制性

行政领导是一种国家领导，它在整体上纳入了国家权力的强制范围，主要依据法律行使国家权力，组织和管理社会公共事务。法律和权力的权威性、强制性决定了行政领导的强制性、权威性。行政领导者颁布的命令和指示，被领导者必须执行，否则就要受到惩处。

4.执行性

行政领导的执行性是它的明显特点。在我国，国家权力机关与行政机关之间的关系不同于西方的三权分立，行政机关是权力机关的执行机构。因此，行政机关必须在权力机关发出的指令下工作。对行政机关来说，它与权力机关的关系是：按权力机关的合法指示依法行政；根据权力机关的合法要求，迅速组织人力资源与物力资源，提高工作效率，以便高效快捷地实现权力机关的工作意志。

5.综合性

行政领导涉及国家政治、经济、文化、科学、教育等各个方面，是一种全方位的领导活动，并且贯穿于整个行政活动的各个环节和全部过程的始终。随着社会和经济发展，行政事务正日益增多，行政领导面临如此繁杂、广泛的事务，必然具有政治领导、经济领导、文化领导、业务技术领导等综合特性。

6.层次性

对处于不同层级、承担不同责任的领导者，素质要求也是不同的。例如，美国学者罗伯特·卡茨认为，领导者必须具备3种技能：技术技能（专业业务能力）、人际技能（处理人际关系能力）、概念技能（分析和决策能力）。如果把领导者分为低、中、高3个层次，那么3种技能的结构比例依次为：低层次——47：35：18；中层次——27：42：31；高层次——18：35：47。行政领导者一步步向上升迁时，他对技术技能的需求将会逐渐降低，而对于概念技能的需求程度将会急剧上升。一位高阶层的行政领导者若想发挥最高的效能，就必须具备良好的概念技能。

（三）行政领导者的地位和作用

行政领导者在整个国家和行政管理系统中处于主导地位，其作用渗透于行政管理的各个方面，贯穿于行政管理的全过程，其效果直接关系着国家和政府职能的有效发挥，关系着国家的前途和命运。

具体来说，它的作用主要有以下几个方面：

1.行政领导者是行政管理活动的组织者、指挥者和服务者

行政管理系统是一个庞大而复杂的整体，行政领导的职责在于带领整个行政机关及行政管理人员高效率地实现行政目标。这个整体要实现国家行政管理的总目标或某一个具体职能部门的总目标，为了提高行政效率，就必须有步骤、有计划、有方法、有策略地组织行动，必须上下左右步调一致，充分调动全体行政工作人员的积极性、自觉性，这就需要有统一的组织、指挥。同时，领导者是人民的公仆，其一切工作都是为人民服务的，而不是为了谋取私利。

2.行政领导贯穿于行政管理的全过程

行政管理过程与行政领导过程是交叉的，行政管理过程实质上是一个不断制定和执行政策的过程，而决策和使用人才是行政领导干部的根

本职责，这两种领导职责构成了有效的行政管理活动，并贯穿于行政管理活动过程的始终。

3.行政领导者是影响行政管理活动成败的最重要因素

行政管理每个因素都对行政管理产生影响。由于行政领导具有统领、引导整体管理的功能，尤其是为行政决策规定了目标及达到目标的途径和措施，因而成为行政行为的指南和准则。正是这样的决定作用，规定了担负行政决策责任的行政领导者是整个行政管理活动成败的关键。正确认识行政领导者的职、权、责，建立和完善科学的行政领导制度，掌握并运用科学的行政领导方法、方式和艺术，优化行政领导者的素质结构，无不对行政管理效能产生决定性影响。

（四）我国行政领导活动的原则

原则是指人们观察、处理问题的行为准绳。我国行政领导活动的原则既受制于领导活动中具有普遍意义的科学规律，也受到行政领导活动政治性质的直接影响。我国行政领导活动应遵循下列一些原则。

1.群众路线原则

群众路线的工作方法是中国共产党在长期的革命斗争中创造和发展起来的，是党的一项优良作风，它和统一战线、党的建设共同构成我们党克敌制胜的三大法宝。其要旨是：一切为了群众，一切依靠群众，从群众中来，到群众中去。群众路线也正是我们党和国家的政治优势。我国行政领导活动是领导者与被领导者相互作用、共同发生社会效用的活动，是与广大人民群众相互作用的活动。为此，坚持群众路线的原则，充分体现了我国社会主义领导的本质就是服务，必须克服高高在上、脱离群众的官僚作风，国家公务员必须清正廉洁，彻底根除特权思想。

2.依法行政原则

依法行政原则是法治国家、法治政府的基本要求。法治（rule of law）要求政府在法律范围内活动，依法办事；政府和政府工作人员如果违反法律，超越法律活动，就要承担法律责任。法治的实质是人民高于政府，政府服从人民。因为法治的"法"反映和体现的是人民的意志和利益。法治不等于"用法来治"（rule by law）。"用法来治"是把法单纯作为工具和手段，政府运用"法"这一工具和手段来治理国家，治理老百姓。单纯"用法来治"的实质是政府高于人民，人民服从政府，因为政府以治者居，人民被视为消极的被治者。依法行政的基本含意是指政府的一切行政行为应依法而为，受法之拘束。德国行政法学者认为，依法行政原则包括3项内容：（1）法律创制，指法律对行政权的运作、产生绝对有效的拘束力，行政权不可逾越法律而行为；（2）法律优越，指法律位阶高于行政法规、行政规章和行政命令，一切行政法规、行政规章和行政命令皆不得与法律相抵触；（3）法律保留，指宪法关于人民基本权利限制等专属立法事项，必须由立法机关通过法律规定，行政机关不得代为规定，行政机关实施任何行政行为皆必须有法律授权，否则，其合法性将受到质疑。

3.集体领导与个人分工负责相结合的原则

集体领导和个人分工负责，二者相互联系、内在相统一，不可分割、不可偏废。实行集体领导和个人分工负责相结合的制度，基本要求有两个方面：一是凡属重大问题，如重大问题决定、重要干部任免，重大项目安排、大额资金使用以及上级要求必须由集体讨论决定的问题，都要按照集体领导、民主集中、个别酝酿、会议决定的原则，由集体讨论、作出决定，任何个人都无权自作主张。二是要明确规定各个领导成员所负的具体责任，做到事事有人管、人人有专责。每个领导成员都要根据集体决定和分工，切实履行自己的职责，不允许各行其是。

第二节　行政领导体制

一、行政领导体制分类及阐释

行政领导体制是指行政领导权限的界定及制度，它包括行政领导权限的划分、领导机构的设置和领导关系的规定等。行政领导体制制约着行政领导行为。现代行政领导体制可分为首长制、委员会制和混合制。

首长制，也叫独任制或独立体制，是指行政组织法定的最高和最后的行政决策权由行政首长一个人行使，并由此人对行政领导机关的决策负责的领导体制。美国的总统制是首长制的典型代表。这种领导体制具有事权集中、责任明确、决策速度快、效率高、有利于保守秘密、便于建立强有力的行政指挥系统等优点。但缺陷在于受个人知识、能力和精力的局限，考虑问题容易片面，从而影响行政效能。如果行政首长人选选择不当，缺乏监督机制，可能造成独断专行、主观片面、滥用职权的弊端。世界各国的经验证明，对行政性、执行性、技术性、军事性的管理职能，行政首长制是有效的领导体制。应该指出，在实行首长制的同时，必须建立健全广泛的外部监督机制与组织内部监督制度，以确保行政首长正确地行使自己的职权。

委员会制，也叫合议制或委员会集体负责制，是指行政组织的法定最高和最后的决策权和责任由领导集体行使的一种领导体制。瑞士联邦政府是委员会制的典型代表。对重大的管理事项，委员会按少数服从多数的原则集体定夺。其优点是：集思广益，合乎民主要求，能避免决策片面、独断专行，能协调各方利益，提高决策的整合能力。其缺点是：由于权力、责任分散，容易产生职责不清、相互扯皮、居功诿过等现象，导致决策迟缓、效率低下，不利于组织的高效统一运转。委员会制一般适用于政策性、决策性、立法性的行政管理领域。

混合制，指在行政组织中，一部分行政管理工作由委员会行使决策权，一部分管理工作由行政首长个人行使决策权的一种领导体制。一般来说，重大行政事务的决策权由委员会行使，具体行政事务的决策权由首长个人行使。混合制兼有首长制和委员会制的优点，但若运用不好，也可形成两者共有的弊端。我国建立在民主集中制基础上的行政首长负责制堪称混合制的代表。

二、行政领导的职、权、责

领导者就是权力的执掌者，在整个领导活动中处于支配和主导地位。领导者的职务、职权和职责构成了其角色的基本结构。职务与职权、职责是密切相关的，没有一定的职务就不会有相应的权力，而没有相应的权力也就不可能履行相应的职务所规定的职责。

（一）行政领导者的职务

行政领导者的职务是指国家权力机关或国家人事部门根据法律和行政程序，以事为中心确定的，经法定途径选拔和任命行政领导担任的行政工作职位及其在组织中应履行的责任，它是领导者实施领导活动的依据。

凡是行政领导者，都拥有行政职务和行政职权，职务高、职权就大、职责也就重，三者成正比关系。每个职位都有适当的工作量和职责范围以及相应的职权。可见，职务是行政领导者行使职权、履行职责的前提。没有一定的职务，就不存在职权和职责，职务是职权和职责的载体。"不在其位，不谋其政"说的就是这个道理。在行政管理的实践中，职务是依法确定的，行政领导职务的设置必须确定职位的工作范围与工作量、职权标准、职位的组合要求等。它具有相对的稳定性，任何个人无权任意设置或废除、改变行政职务，更不会因为在其职位之上的领导者的去留而变更。我国最高行政职务是国务院总理。依照《宪法》的规定，国务院是最高国家行政机关，总理领导国务院工作。因此，总理在最高国家行政机关中拥有最高地位，担负着国家最高的行政职务。在我国，行政领导者所承担的领导职务，是为人民服务的岗位，有上下之别，无贵贱之分。

（二）行政领导者的职权

行政领导者的职权，也称权力，是根据行政领导者的行政职务所赋予的权力，是由于行政领导者担任法律赋予的一定的职务而获得的具有法律效力的权力。领导必须有权，权力是领导职务的需要，没有权力，领导者根本无法履行他的职责。行政领导者职权大小是与其所担当的行政领导职务的高低相适应的，由职位派生出来。行政领导者的职权是其权力和责任的统一体，这就规定了行政领导者依法可以行使而且必须行使其职权，否则就是违法和失职。

职权是依法确定的，它是一项法定权力，因而具有强制性和不可抗拒性。领导者一经授权就具有了与其职务相称的权力，领导者的职权随着授权的开始而获得，随着授权的终止而结束，任何人不得以任何形式把它转让。职权是领导者履行职责的基本保证。

根据行政管理学的原理，行政领导者所拥有的职权及其行使都有严格的限制。一是国家各级行政领导者职权的大小，要受到所处的行政管理层次、领导者职位的高低和所担负职责的轻重所限制；二是行政领导者职权的行使，要受到职务范围、职责目标、行政区域的限制；三是行政领导者组织、领导行政活动，要受到党组织、国家权力机关、上级行政领导机关和国家法律、行政法规的监督、检查和制约，同时还要受到人民群众和社会舆论的监督和约束。

必须要明确的是，在我国行政机构中，行政领导者的职权代表的是国家和人民的利益，不是行使职权者个人的利益，绝不允许利用职权谋取私利。为此，每一个行政领导者，都必须正确地了解自己的职权并正确认识其职权范围，为国家和人民掌好权和用好权。具体来说，职权的内容大致包括决策权、用人权、指挥权、协调权、奖惩权、代表权、提案权和控制权等。

（三）行政领导者的职责

行政职责是指行政领导者在国家机关中处于一定的职位所承担的一定工作任务及应负有的责任。行政职责有两方面的含义：一是指具体工作责任；二是指在法律上应负的行政责任。职责使领导者在接受授权的同时明确与其职务相对应的责任和义务，它规定了领导者的工作目标和具体要求。职责构成了对领导者的制约力，它是对领导者进行绩效考核的基本依据，称职的领导者应该是其职责的出色履行者。

是领导就要有责任。责任是领导者的根本属性，一个领导者担任了某项职务，就意味着他必须承担这个职务所应承担的责任，如果没有尽到自己的责任，则意味着失职。现代西方国家在国家元首和政府首脑担任职务时要举行隆重的宣誓就职仪式，就是为了体现责任与权力之间密不可分的联系，目的是促使这些领导者明白责任的概念对于他们工作的重要意义。

如前所述，权力是尽到责任所必需的手段，但是就责任和权力两者而言，责任始终应该在权力之上。对于行政领导者来说，责任始终是第一位的，权力则是第二位的，权力不过是尽责的手段，责任才是行政领导的真正属性。任何有权无责的现象都是不能允许的。

在我国，行政领导者的职责所包括的内容是非常丰富的，主要有：贯彻执行党的路线、方针、政策和国家法律、法规；主持制定本部门的工作计划和作出行政决策；选拔、任用合格的人才从事行政机关工作；对本部门和下属工作单位进行监督、协调工作；对工作中的失误和错误负行政责任等等。

职、责、权统一的原则认为：职务、职权、职责是密切相关的，是必须结合在一起的要素。因此，必须做到职务到人、责任到人和权力到人。只有被委任担任一定的领导职务，人才会获得相应的职权；获得与职务相应的职权，就构成了作为领导者的基础和前提条件，人才会实现其领导，履行其职责；而没有作为约束力量的职责，职权就必然会被滥用。职务、职权、职责的完整结合是领导者实现其领导的必要保证。

第三节　行政领导素质与领导艺术

一、行政领导者的素质

素质一词最早见于生理学，指人的神经系统和感觉器官的先天特点，其后又被人们用来泛指事物本身所具有的内在特征。领导者素质理论是管理科学的基础理论，也是管理科学自20世纪产生以来始终在研究和探讨的问题。素质理论认为，领导绩效的优劣与领导者自身的素质高低有关，而领导者自身素质高低也必然成为制约领导者权力大小的条件，即构成权力要素，或称为权力资本。因此，一位领导者，特别是优秀的领导者应具备什么样的素质，如何据此去识别、选拔和培训领导者，包括领导者本人应如何据此有意识地发展自己，是素质理论的核心内容。

领导者素质有双重含义：首先，指担任领导角色的个体为完成其特定的岗位职责所必须具备的自身条件，构成领导者的各种内在要素，即使领导者之所以成为领导者的生理、心理、文化、思想、政治、道德等因素，以及由这些因素综合而形成的本质性能力，亦即领导能力，它们是领导者任职的内在根据和条件，统称为领导者素质。其次，还指这些要素、能力的现实状态，即发展程度或实际水平。也就是说，领导者素质同时又是一个发展的动态概念，在一定的生理和心理条件基础上，通过学习和实践形成的在领导工作中经常起作用的内在要素的总和，用以描述和揭示现实领导者的实际状态、水平和差距。领导者素质的高低与先天遗传的生理、心理特点有关，受它们的影响与制约，但主要是后天社会实践中自身努力的结果。

行政领域运作和发展的活力，归根结底取决于其工作人员特别是行政部门领导者的素质。领导类公务员作为行政领导者，在行政组织中处于一定行政领导职位，既是行政机关的掌权者，又是行政工作的负责人，还是社会和人民的公仆，具有相应职务、职责与法定职权，并应是具有相应素质与能力的人。行政领导所处的地位和作用，要求其必须具备比一般公务员更高的条件，即具有胜任领导职责所必需的素质。要建立办事高效、运转协调、行为规范的行政管理体系，完善国家公务员制度，建设高素质的专业化的国家行政管理干部队伍，素质建设是其中的重要问题，领导者素质尤其是重中之重。

二、行政领导者个人素质结构

（一）政治素质

行政是为政治服务的，行政领导者必须有鲜明的政治观念，自觉地为国家的政治任务服务。其政治素质如何，不仅是本人问题，更关系着国家的长治久安和整个社会生活的稳定发展。要善于实行政治民主，这是行政领导者的政治素质的重要表现，独断专行不只是作风问题，更是政治素质的问题，一个称职的行政领导者应善于发扬民主、广开言路，胸怀开阔，能容纳不同的意见，特别是要能正确地对待反对自己的人及反对自己的意见。社会主义行政领导干部特别要强调的素质具体包括：（1）要有坚定正确的政治方向，必须具有远大的共产主义理想、坚定正确的政治方向；（2）要有全心全意为人民服务的思想境界，密切联系群众，坚决维护人民群众的利益；（3）坚持求真务实的工作作风，解放思想，实事求是，一切从实际出发，勇于开拓进取；（4）要有廉洁奉公的政治道德，遵纪守法，树立公仆形象。

（二）道德品质素质

领导者要具有高度的威信，这在很大程度上取决于其品德修养。一是要有尊重科学、实事求是的精神，重事实，重科学，不唯上，不唯书，对上对下同样负责，敢于坚持真理，修正错误。二是待人真诚，宽宏大量，以谦虚、公正、诚实的态度，广泛听取不同意见，不计较个人恩怨，以大局为重，团结与任用反对过自己的人，使组织中保持正常、和谐的人际关系。三是要顾全大局，严于律己。不争功诿过，敢担风险，敢负责任，不迁怒他人，不以势压人，必要时能够忍辱负重。四是严格遵纪守法，不以权谋私。行政领导者是国家机关的公职人员，其手中的权力是为了履行自己的职责，不能用于其他方面，绝不能用手中的权力谋求私利，违法违纪。

（三）知识素质

领导活动是一种兼有科学性和艺术性双重特点的综合性、创造性活动，知识素质是行政领导水平的重要要求。现代行政领导者要具有较宽的知识面，成为掌握业务知识与领导知识的"双内行"，做到博与专的统一，从而适应整个知识系统既高度分化又高度综合的发展趋势及其客观要求，这样才能得心应手地协调各种关系，处理各种问题，应付复杂局面和突发事件。同时，行政领导者具有丰富的学识，更容易受到下属的尊重与拥护，有利于履行自己的职责。现代的行政领导者应具备的才华不是只有一般基础知识的所谓"一"形人，或只有一门专业知识的所谓"I"形人，也不是只有基础知识和一门专业知识的所谓专才，即所谓"T"形人，而是需要有一般基础知识、一门专业知识，还有一门管理专业知识的通才，最好是有专业、懂管理，有一般基础知识，又有比较新、比较丰富的现代科学知识的人，即所谓的"井"形结构的人。

（四）能力素质

能力素质与知识素质并不完全一致，能力是知识的发挥和运用。能力素质主要包括创新能力与综合能力，主要是实践性的，是运用知识去处理实践问题的技能，它是由知识、智慧、技能和性格等因素综合而成的。就行政领导而言，最主要的能力是组织、管理行政活动的能力。衡量一个行政领导者是否称职，主要看他是否具有履行其职责的能力。

1.创新能力

行政领导者多从事非常规性的面向未来的工作，创新能力是最基本的能力素质要求。其具体包括：洞察力，善于发现问题，并能正确地分析问题，敏锐、迅速、准确地抓住问题的本质和要害；预见力，超前地把握事态发展的能力，它以对事物发展的正确认识和对现实性与可能性关系的辩证分析为基础；决断力，行政领导者能够权衡利弊，果敢地抓住机遇，迅速作出选择决策，形成方案的能力；推动力，激励下级实现创新意图的能力，要有善于识别部属、善于有效地组织、并合理地加以使用的能力，通常表现为领导者的感染力、吸引力、凝聚力、号召力、影响力，以及个人魅力；应变力，依据客观情况的变化，在偶然性面前善于随机处置的快速反应力，及时调整工作重点和策略，掌握工作的主动权的能力，这是创新能力的一个重要表现。

2.综合能力

综合能力是行政领导者的又一基本能力要素。因为领导工作是一种"统领各方"的工作。"各方"既包括各组织、机构、系统，各种利益和力量，也包括各种知识、信息、情况等。综合能力具体包括以下内容：信息获取能力、知识综合能力、利益整合能力，其中利益整合能力是指行政领导把分散的甚至有冲突的利益要求整合为利益共识，并据此制定政策的组织协调能力。

3.心理和身体素质

从个体心理素质角度来看，心理素质是指公务员在内部和外部环境作用下所形成的意志、心理感受等方面，主要包括情绪的稳定性、团结协作的相容性、工作的独创性、面对服务对象的谦和态度、心理的自我调节等。作为一个行政领导者，更应具备这些心理素质。其具体为：敢于决断的气质，任何决策都是有时效性要求的，在对客观事物充分调查的基础上，行政领导者应有不失时机地、勇敢果断地处置问题的热情与气魄；积极开放型的性格，领导者应有敢为天下先、善于争先的品格，领导者要与各种人打交道，要随时处理各种矛盾，这决定了行政领导者要有开放的心态，公道正派的作风，能团结众人一起去不懈地奋斗；坚韧不拔的意志，开拓创新，难免遭受挫折、失败，只有具备不怕挫折与失败而百折不挠的毅力，才能经得起各种风浪的考验。

身体素质主要指公务员的体力，公务员必须具备充沛的精力，能够适应外部环境的各种变化。领导者良好的身体素质，绝不是个人的私事，而是工作的需要。为了应付日常的繁重工作，每个领导者都必须保持健康的体魄和充沛的精力，以做好领导工作。

三、行政领导班子素质结构及优化

行政领导集体是各级行政机构决策制定和组织实施的中心，是实现各级行政目标的指挥中心。对任何行政组织来说，拥有一个出色的领导集体是十分必要的。系统论明确指出，整体大于部分之和，一个好的领导集体能够充分发挥各领导者各自的优势，取长补短，保证领导集体发挥出最佳的整体效益。不管哪一个层级、部门的行政领导集体，都有其共同的特征：第一，是相应的行政机构中的核心，在行政机构中起指挥和组织作用；第二，是由一定数量的行政领导者构成，即使是基层的行政机构也总是需要几位行政领导者组成为行政领导班子；第三，依靠行政领导者的集体智慧，讨论决定行政工作中的重大问题，分工执行；第四，在行政领导集体中必定有主要领导人，即行政首长，由他来主持这个行政领导集体的工作，召集行政领导集体的会议。

（一）静态意义上的素质结构

行政领导班子是一个有机的整体，是人数、年龄、心理、出身、专业等要素的组合，这些因素在一个领导集团中，处在比较稳定的状态，不会有大起大落的变化，而且能在长期的领导活动中发挥作用。从静态意义上说，其素质结构包括5个方面：

1.人数结构

一个领导班子究竟由几个成员组成才能最大限度地发挥集团的功能问题，始终是政治学、管理学等学科研究的一个难题。英国学者通过对原始社会集团的研究，发现了由4～6人可组成"高效率小组"；美国人通过对企业组织的研究，提出了3～9人的理想管理幅度；我国的实践经验证明，"7"是一个小集团有效工作的限数等。根据历史经验和近年来的研究成果，一个大型领导集团应将其成员控制在21人以内，如政治局、大内阁等；核心领导集团成员应控制在7个以内，如小内阁等。总之，领导成员的数量与领导集团的素质密切相关，合理控制领导成员的数量，可以缓和领导集团内部的紧张关系，提高领导和决策效能。

2.年龄结构

行政领导班子由不同年龄的人合理构成，形成最佳的年龄结构。就我国目前情况来看，优化年龄结构主要是解决领导班子年轻化问题，但要注意不能走极端，不能片面地理解为青年化。一般说来，根据不同的领导层次，理想的行政领导集体应由老、中、青各年龄层次的人按一定的比例组成。对一个好的行政领导集体来说，年龄结构的组成应偏向于菱形，即中间大，两头小，以中年领导为主，年轻人和老年人为辅。

3.知识结构

行政领导班子应具有较高的文化知识和专业知识水平，还要强调各类人才的合理搭配，达到互相补充。当代任何重大社会、政治、经济问题的解决，都离不开综合性知识，只有将各种"专才"很好地组合，构成整体的"全才"或"通才"，才能胜任综合而复杂的行政领导工作。因此，配备行政领导班子应将具有不同专长的人有机地结合，以形成既有较宽的知识面，又有精深的专门知识的立体而不是平面的知识结构。也就是说，领导成员之间的知识应能够交叉配合，以适应工作的需要。一般说来，行政领导集体的知识水准应高于行政组织的平均知识水准，行政领导者应该既有学问，又有见识，还要具备相当的能力。当然，能力和学历并不成正比，但高学历的领导者应该成为现代领导者的主流。

4.智能结构

所谓智能，指人们运用知识分析和解决问题的能力。领导班子的智能结构，指把不同智能类型的领导成员组成一个高智能、多功能的有机整体。人的智能不仅在水平上有高低之分，而且在类型上也有区别。因此，在组建领导班子智能结构上，既要考虑领导成员之间智能水平的合理搭配，更要注意智能类型的搭配。在这种领导群体结构中既要有善于分析综合、有远见卓识、有决断魄力的主要领导者，又要有足智多谋、善于谋划的智囊人物；既要有富于创造能力的思想家，又要有具备组织能力的活动家；既要有埋头苦干的实干家，又要有善于交际、具有协调沟通能力的公共关系专家，等等。

5.气质结构

气质结构是指行政领导班子成员在不同气质类型方面的合理构成。人的气质可划分为胆汁质、多血质、黏液质、抑郁质四类，它们各有特点。在行政领导班子的气质结构方面，应有一个互补平衡的良好搭配，以求得领导班子的多功能化和高效能化。

（二）动态意义上的素质结构

从动态意义上讲，行政领导班子必须具备的素质包括：

1.团队意识

在人类历史发展中，有两种类型的"集团"：一是由某些"成员"组成的集团；二是由某些"个人"组成的集团。"成员集团说"中的个人不是以个人身份进行活动的，而是隶属于这个集团的一个"成员"，他在集团行为中不存在独立人格和自由意志，他必须以组织的立场表达一个"组织成员"的意见。因为不能控制自己在集团中的生存条件，因此也不能获得自由发展的条件。而"个人集团说"中集团是由具有独立人格和自由意志的个人组成的共同体，个人和集团之间不存在隶属关系，集团是每个个人的一种自由联合，这种联合是建立在控制自己的生存条件和自由发展基础上的。由于集团中的每个人已经控制了自己的生存条件，所以为其自由发展提供了可能。

而人类社会的各种"领导集团"，都是由隶属于该集团的"成员"构成的，而不能是由"个人"构成的共同体。因此，作为领导集团的领导成员，领导者应当做到：

（1）在领导活动中，必须积极主动地把领导集团的意志化作个人意志，并严格按照集团意志的要求从事各种领导活动，即统一意志是领导集团活动的首要原则。这正是那些职位最高的人从自己工作中得到乐趣最少的原因所在。

（2）在领导活动中，领导集团中个人的身份是"领导成员"，不管这个集团内部是集权的还是分工负责的，只要他是在从事领导活动，他就必须履行"领导成员"的角色，任何逾越都被视为违背领导原则的行为。那些在领导活动中一味强调个人身份的行为，如个人立场、个人表现、个人利益等等，是引发领导成员之间意气之争、造成领导集团内部矛盾冲突的主要原因。

（3）作为领导成员的领导者，在领导活动中，可以创造性地发挥其角色功能，但不允许在领导活动中表现个人意志和个人人格，赋予领导活动以个人的名义和性质。那些惯于在领导活动中追求个人意志，企图为领导活动打上个人烙印的人，不应在领导集团中久留；而那些创造性地发挥领导成员角色的人反而能够在领导活动中留下自己的光辉形象。

（4）领导集团中的每个成员，不管他掌握着多大的权力，具有多大的权威，都不可能达到控制领导集团的生存与发展条件的程度。所以，那些聪明的领导者大多能够控制自己的权力欲望，懂得"水能载舟，亦能覆舟"的道理。而那些试图获得绝对权威，控制领导集团生存与发展条件的人，都不可避免地遭遇权力的倾覆。

2.社会动员与社会统御的能力

能否有效地动员社会，动员群众参与决策、执行决策和参与管理，是集团领导者领导能力的集中体现，是树立领导形象的最有效的途径。社会动员能力和社会统御能力是相辅相成的关系，两者不可偏废。只有动员能力，没有统御能力，就会在领导活动中失去控制，导致社会混乱；而只强调"统御"，不注意动员群众，就不可能获得群众的支持和有效地动员社会的力量与资源，即使正确的决策也无法有效地执行。

3.清除积弊和开拓进取的能力

任何领导活动都不可避免地带来一些弊端，而这些弊端积累到一定程度时，必须加以清除。一个素质较高的领导集团，能够及时发现和正视这些弊端，并不间断地解剖自己，锐意改革，积极进取。

四、行政领导的领导方式及艺术

（一）行政领导的领导方式

领导方式是关系领导行为有效性的基本问题之一，领导方式的选择与领导行为的合理程度直接相关。因此说，领导方式选择的正确与否，是决定领导行为有效与否的关键性因素，同时也反映领导水准、领导风格以及个性特征。根据不同标准，可把领导分为不同类型。

1.按权力控制程度分类

按权力控制程度分类可分为集权型行政领导、分权型行政领导和均权型行政领导。（1）集权型行政领导：领导者的支配欲很强，对下属不信任，总是把一切权力紧紧握在自己手里，工作任务、方针、政策及方法都由行政领导者决定，然后布置给部属执行。这种类型的行政领导者偏重于运用权力推行工作而不注意向部属宣传行政目标，因而有时会发生抑制部属的积极性、创造性、责任感的副作用。（2）分权型行政领导：行政领导者只决定行政目标、政策、任务的方向，对部属在完成任务各个阶段上的日常活动不加干预。行政领导者只问效果，不问过程与细节。这种行政领导方式被称为"效果管理"领导。（3）均权型行政领导：行政领导者与工作人员的职员权限明确划分，工作人员在职权范围内有自主权。这种行政领导方式主张分工负责、分层负责，以提高工作效率，更好地达成行政目标。

2.按领导重心分类

按领导重心分类可分为以事为中心的行政领导、以人为中心的行政领导和人事并重式的行政领导。（1）以事为中心的行政领导：这种行政领导者以工作为中心，强调工作效率和以经济的手段取得最大工作成果，以工作的数量与质量和达成行政目标的程度作为评价成绩的指标。

这种行政领导者对工作抓得很紧，但对部属关心很少。（2）以人为中心的行政领导：这种行政领导者认为只有部属是愉快的、愿意工作的，才会产生最高的行政效率、最好的效果。因此，行政领导者尊重部属的人格，不滥施惩罚，注重积极的鼓励和奖赏，发挥部署的主动性和积极性，注意改善工作环境，给予部属合理的物质待遇，从而保持其身心健康和工作愉快。（3）人事并重式的行政领导：这种行政领导者认为，既要重视人，也要重视工作，两者不能偏重。既要充分发挥主观能动性，也要改善工作的客观条件，使部属既有饱满的工作热情，又有主动负责的精神。行政领导者对工作要求严格，易于创造出最佳成果。

3.按领导态度分类

按领导态度分类可分为体谅型行政领导和严厉型行政领导。（1）体谅型行政领导：行政领导者对部属十分体谅，关心其生活困难，注意建立相互依赖、支持的友谊，赞扬部署的工作成绩，以提高其工作水平。（2）严厉型行政领导：行政领导者对部属十分严厉，重组织、轻个人，要求部属个人利益服从组织利益，严格规定每个人的责任，执行严格的纪律，重视监督和考核。

4.按权变依据分类

针对不同的行政领导对象和客观环境，选择效果较好的领导方式，即实行权变领导。按权变依据分类可分以下几种类型。（1）按照组织性质实施权变领导：由于行政组织的性质、任务和活动规律不同，可采用不同的行政领导方式。军队作战单位要求指挥统一，行动迅速，争取时间，保守军事秘密，故适宜采用集权型、严厉型领导；学术单位的活动属于创造性劳动，重在独立研究，自由讨论，工作具有探索性、复杂性、连续性特点，宜采用民主型、分权型领导。（2）按照受教育程度实施权变领导：被领导者的政治觉悟和文化程度往往决定他们的自觉性、分析判断能力和独立自主能力。因此，可以按其受教育程度的高低采取民主型、体谅型或集权型、严厉型行政领导。（3）按照被领导者成熟程度实施权变领导：被领导者在心理方面可分为未成熟、低度成熟、中度成熟、高度成熟等不同情况。成熟人的特点是具有主动性、自动性、深刻性、复杂性、长远性；未成熟人的特点是具有依赖性、简单性、肤浅性、被动性。因此，对成熟人宜采取民主型、体谅型、以人为中心的行政领导方式；对未成熟人宜采取集权型、严厉型、以事为中心的行政领导方式。（4）按照上下级关系实施权变领导：依照上下级关系的不同情况决定不同的行政领导方式。行政领导者领导权威较高而领导有效时，宜采用集权型、严厉型或以事为中心的行政领导方式；反之，应采用与之相对应的行政领导方式。上下级有良好的友谊，部属对上级尊敬、依赖、乐于接受命令，宜采用民主型、分权型、体谅型或以人为中心的行政领导方式；反之，宜采用与之相对应的行政领导方式。另外，机构健全、组织分工合理、人员素质高的，宜采用民主型、分权型、体谅型或以人为中心的行政领导方式；反之，应采用与之相对应的行政领导方式。

作为一名行政领导者，在实际工作中应当采取哪种领导方式，不可一概而论。一般情况下，应当是多种方式并重、灵活运用，不可形而上学，拘泥于某一种方式。

（二）行政领导的领导艺术

权力的运用不是一个单纯的概念，而是涉及领导者如何处理有关交流、命令、奖惩和授权等活动的能力和技巧，只有在这些具体的日常活动中，领导者的领导艺术才能得到最充分的发挥。

1.交流

交流可通过正式的文件、报告、书信、会议、电话和非正式的面对面交谈等进行。其中，面对面的个别交谈是深入了解下属的最好方式之一，善于同下级交谈也是一种领导艺术。所以，领导者必须掌握好善于同下属交谈，倾听下属意见的艺术。例如：耐心听讲；仔细观察说话者的神情，揣摩其话中的意思；不随意插话；不急于解释和申辩；控制情绪，对错误的信息保持冷静的态度，等等。

2.命令

命令的下达方式有3种：要求、请求和建议。领导者在紧急情况下采取应变措施或面对缺乏责任心的下属，以"要求"的态度下达命令较有成效；在一般情况下，则以"请求"的态度下达命令，这可被视为对下属的尊重且有利于培养良好的上下级关系；只有在下属具备良好的工作能力和工作自觉性的情况下，以"建议"的口吻发布命令才有可能收到实效。在命令发布后，应注意命令的"回馈"，即通过观察受命者的表情与动作或直接由其复述命令内容来掌握对方理解命令的程度；在一段时间后，应注意命令的"追踪"，即通过要求下属定期呈报执行情况及亲自视察等方式了解命令的执行效果。

3.奖惩

领导者如能把下属的工作成效与奖励制度紧密结合起来，将会对提高下属的工作责任感创造好的条件，但必须注意的是"赏不可多予"，否则奖励就会失去它的作用。此外，在行政管理过程中，领导者对下属的态度与期望足以影响他们的行为，良好的期望也能够起到奖赏的作用，发挥激励士气与提高工作效率的功能。惩罚是权力运用的一种消极形式，良好的惩罚制度应遵循一些原则。例如：惩罚前必须事先警告；惩罚必须及时进行；对任何违规者施以同样的惩罚；惩罚必须对事不对人；"罚不可滥施"，等等。

4.授权

在授权的问题上，领导者往往存在着3个误区。第一是不会授权。有的领导者习惯于大事小事都自己干，一天到晚忙得团团转，不会把一些事情交由下属去办。第二是不敢授权。有的领导者总怕把权力授给自己的下属后，工作干不好，会出现偏差和闪失。第三是不愿授权。其原因一是对下属不信任；二是认为只有自己手中有了权，办事才方便，说话才有人听；三是认为只有事事亲自决定，才显示出自己有本事；四是唯恐把权授给他人，减少了自己的价值和分量，影响了自己的地位和利益。

5.时间运筹

有一个重要的管理学原理就是"重要的少数与琐碎的多数原理"，这个原理是20世纪初意大利经济学家兼社会学家维尔弗雷多·帕累托所提出的，他指出这样一种资源配置状态：在任何特定的群体中，重要的因子通常只占少数，而不重要的因子则占多数，因此，只要控制重要的少数，即能控制全局。这个原理经过多年的演化，已变成当今管理学界所熟知的"80-20原则"：即80%的价值是来自20%的因素，其余的20%的价值则来自80%的因素。举例说明如下：80%的销售额是源自20%的顾客；80%的生产量是源自20%的生产线。这一原理要求领导者把有限的时间用在每天工作中20%的最重要、最有价值的事情中，就能做到事半功倍，极大地提高工作效率。

领导艺术是领导者个人的知识、经验、才能的结晶，是领导方法的巧妙应用。领导艺术不同于一般的领导方法。一般的领导方法是具有程式的，较为规范的；领导艺术则是领导方法的非规范化的应用，具有较大的随机性。领导艺术在于领导者根据具体情况，审时度势，灵活应用，巧于施展计谋。它虽然有赖于领导者的知识，但更重要的是有赖于领导者的经验、才能和机智。领导艺术与领导科学也有区别。领导科学是领导艺术中规范化的知识结晶，是关于如何实行有效领导的、系统的、科学的理论；领导艺术是领导科学的重要组成部分，是领导科学原理的随机应用，它总是因人因时而异、因地因时而变的，属于领导科学中的方法论范畴。

第四节　我国新时期的行政领导

一、我国行政领导的价值取向

行政领导的价值取向，对于一个组织来说，影响是举足轻重的。行政领导的价值取向应该符合客观规律、科学并应走在时代的前列，具有高格调、高境界。党的十九大报告中提出了新时代坚持和发展中国特色社会主义的十四条基本方略，其中很重要的一条是"坚持新发展理念"，即创新、协调、绿色、共享、开放的新发展理念。"十三五"时期的实践充分证明，新发展理念完全是科学的、正确的。放眼"十四五"乃至更长发展阶段，习近平总书记强调："新时代新阶段的发展必须贯彻新发展理念，必须是高质量发展。"从"有没有"向"好不好"转变，进入新发展阶段，质量问题已成为发展中的矛盾和问题的集中体现。

第一，事业至上。身为行政领导，人生的目的和追求是什么？这是一个首要的价值取向抉择。40多年的改革开放，使我国形成了全方位、宽领域、多层次的对外开放格局。现在，我国进出口总额已达到世界第一，吸收外资世界第一。同时也要看到，我国对外开放水平还有很大的提升空间。例如，对外开放海强陆慢、东快西慢的特征明显，出口产品技术含量和附加值不高，具有自主知识产权和自有品牌的产品不多，等等。这些都迫切要求行政领导具备更高尚的人生追求，以国家繁荣未定为己任，高瞻远瞩地制定政策，加快对外开放优化升级，实现增长动力和竞争优势的转换。

第二，国家至上。全面建成小康社会、全面深化改革、全面依法治国、全面从严治党，协调推进"四个全面"战略布局不仅仅是新形势下党和国家各项工作的战略目标和战略举措，而且是当代中国马克思主义的最新成果，体现了对于中国特色社会主义现代化进程中社会运行规律的深刻把握和对社会良性运行与协调发展的深切关怀，是行政领导必须领会"四个全面"的精神实质，增强自身国家和民族意识，赋予组织和组织领导者的存在和发展以更高的价值，这种崇高的信念会战胜任何艰难险阻，培养出战无不胜的团队。

第三，奉献为荣。在市场经济条件下，作为领导者往往会受到更高的诱惑，会接受很多直接的考验。行政领导要胸怀大局，做敢于担当的表率。坚持围绕大局开展工作，始终做到不以事小而不为、不以事杂而乱为、不以事急而盲为、不以事难而怕为。要甘于奉献，做爱岗敬业的表率。保持良好心态，涵养高尚情操，在平凡岗位上创造不平凡的业绩。要严格要求，做廉洁自律的表率。带头贯彻中央"八项规定"精神和主管单位意见，旗帜鲜明反"四风"、转作风、树新风，塑造新时期党办干部的良好形象，为服务全市发展大局作出应有贡献。

第四，群体为高。领导者位高权重，怎样看待部下，如何处理个人与群体的关系，这是领导者价值取向的另一个侧面。不可否认，领导者无论有多么突出的才能，都不能包打天下，也不可能无所不知，无所不能。优秀的领导者应当清楚地看到个人的局限性，看到群体的重大作用，从而在决策时"集思广益"。总之，领导者要牢固树立"群体为高"的价值取向。

第五，以人为本。任何事业都离不开资源，其中包括人、财、物、时间、知识等。领导者应把人看作决定一切的因素，人是使组织兴旺发达的根本。"以人为本"的领导者，尊重人、关心人、善于知人、用人、培养人，使组织成为培养人才的摇篮。

第六，勇于创新创业。受制于当前发展现实，我国经济发展亟须

· 151 ·

寻找新动能，以增强韧性与活力，积攒力量蓄势待发，由此"大众创业，万众创新"顺势而起。创新创业是指基于技术创新、产品创新、品牌创新、服务创新、商业模式创新、管理创新、组织创新、市场创新、渠道创新等方面的某一点或几点创新而进行的创业活动。这里的创新不仅指的是技术方面的创新，还包含管理创新、知识创新、流程创新、营销创新等方面。总之，只要能够给资源带来新价值的活动就是创新。

综上所述，作为一名行政领导，应当不断提高自己的素质，树立科学的、高境界的价值取向，完成自己所肩负的使命。

➤➤➤

专栏 5-1

拧紧责任落实的"螺丝钉"

习近平总书记多次强调，加强和改进党的建设，必须切实加强党的领导，牵住责任制这个"牛鼻子"。落实"四管"要求，首先要落实责任。要落实好党委（党组）的主体责任。2020年3月，中央印发《党委（党组）落实全面从严治党主体责任规定》，明确把建设忠诚干净担当的高素质专业化干部队伍作为党委（党组）落实全面从严治党主体责任的重要内容。党要管党，首先是管好干部；从严治党，关键是从严治吏。要把"四管"要求列入各级党委（党组）履行主体责任监督检查和巡视巡察的重要内容，推动主体责任全面落实到位。落实好党委（党组）书记的领导责任。党委（党组）书记既是履行全面从严治党主体责任的第一责任人，也是从严管理干部的第一责任人。健全完善"一报告两评议"、基层党建述职评议考核和领导干部政治素质考核、年度考核、平时考核、专项考核机制，深入了解从严管理干部工作情况，推动党委（党组）书记做到守土有责、守土有方，切实把责任尽到、把干部管好。落实好组织部门的主管责任。组织部门是干部管理监督的主责部门，必须深耕细作"四管"的"责任田"。增强"管"的意识，延长"管"的链条，更加自觉地把"四管"要求贯彻落实到干部教育培养、选拔任用、日常监督全过程、各方面。完善"管"的机制，增强"管"的合力，加强与纪检监察机关、审计、信访、网信等部门的信息沟通和协调配合，推动党内监督同国家机关监督、民主监督、司法监督、群众监督、舆论监督协同发力，增强"管"的针对性、实效性。

资料来源：曾万明. 完善"四管"从严管理机制［N］. 中国组织人事报，2020-09-01.

▶▶▶▶▶▶▶▶▶▶▶▶▶▶▶▶▶▶▶▶▶▶▶▶▶▶▶▶▶▶▶▶▶▶▶▶▶▶▶

二、我国现行的行政领导体制

我国行政领导体制的实践和发展主要可分为委员会制和行政首长负责制两种类型。

（一）委员会制（合议制）

1949年通过的《中央人民政府组织法》规定，由总理、副总理、秘书长、政务委员组成的政务会议，必须有政务委员过半数出席始得开会，须有出席的政务委员过半数的同意始得通过决议。这表明，当时的政务院实行委员会制（合议制），政务院总理主持全院工作，副总理和秘书长协助总理执行职务，而政务院的重要决策须经政务会议集体讨论决定。每星期举行一次，由总理负责召开。总理根据需要或者三分之一以上政务委员的请求，得提前或延期召开会议。政务会议表决须有出席政务会议的政务委员过半数同意始得通过决议，总理与每位政务委员都是平等的一票。可见，政务院的最高决策权并不属于总理一人，而是属于全体政务委员。后来，按照1954年通过的《国务院组织法》，国务院的各部、委的部长、主任也作为国务院组成人员参与国务院会议集体决策。一般认为，此后的国务院行政领导体制为部长会议制也属于委员会制（合议制）的范畴。

（二）行政首长负责制

1982年，我国《宪法》明确规定"国务院实行总理负责制"，"各部、各委员会实行部长、主任负责制"，又规定"地方各级人民政府实行省长、市长、县长、区长、镇长负责制"。这是中国在总结三十多年行政管理的经验教训的基础上提出来的。其要旨是各级政府部门，都有一个行政首长领导下的领导班子，领导机关的各位成员按照分工负责的方法，分别处理某一方面的日常事务，并对日常事务进行一般决策。在集体讨论、集思广益的前提下，突出行政首长在重大决策中的作用，政府或政府部门一切重大事务，都由行政首长最终决策，明确行政首长对于决策所应负的责任，以提高行政效率与行政效能。行政首长负责制，指在民主讨论的基础上，各级行政首长集中正确的意见，有权对本级政府工作中的重大问题作出最后的决定，并对这些决定及他所领导的全部工作负有全面的责任。按照行政首长负责制的要求，需要经过领导机关全体成员的集体讨论，行政首长要尊重集体讨论的意见，对集体讨论中的不同意见，不采取少数服从多数的表决方式，而是由行政首长最后定夺。这是行政首长负责制的最大特征，也是与委员会制（合议制）的最大区别。

行政首长负责制兼备了委员会和首长制的优点，决策权力相对集中，又体现了民主决策的精神。个人责任比较明确，因而领导活动行动迅速，效率也较高。行政机关之所以采用首长负责制，是因为国家行政机关的工作任务具有高度的连续性，协作关系复杂，因而必须建立统一的、强有力的、高效率的指挥系统和管理系统；国家行政机关只有实行首长负责制，才能适应这种要求，才能对工作中的问题作果断的处理；而分工合作则有利于提高行政领导效率，从而避免办事拖拉，争取时效。

行政首长负责制也有不足之处，就是作为行政首长的个人，其知识、经验和才干毕竟有限，容易造成决断上的失误；另外，如果人选不当，还有可能产生滥用权力、徇私舞弊的现象，因此，行政首长负责制发展到今天，建立了各种议事或咨询机构，以发挥专家集团的智囊作用，发挥补充和完善的功能，使首长负责制向着既职权集中、责任明确，又决策民主、分工合作的更加科学化和合理化的方向发展。

1.行政首长负责制的基本原则

依法行政的原则指行政首长在实施行政领导活动的过程中必须坚持以相应的法律法规为准则，从而做到依照法律法规开展行政领导工作。应当说，依法行政的原则既是行政首长在实施行政领导时的基本原则，也是国家行政机关行使行政权力时所普遍奉行的准则。依法行政的原则反映了市场经济对国家行政机关和行政首长工作活动的客观要求，也反映了社会由人治向法治转变的历史必然性。依法行政包括权限上的限制和程序上的控制两个方面，因此，该原则要求行政首长在实施行政领导活动的过程中必须做到行政行为的内容合法和程序合法。同时，行政首长要坚决避免以权代法、以言代法，坚决做到有法必依、执法必严、违法必究、从严治政，违法的行政领导干部必须承担相应的法律责任。

职、责、权统一的原则要求：首先，不同的领导干部担任的职务各不相同，所承担的责任和享有的权力也就各不相同，因此，行政首长负责制必须明确职务，这是承担责任和享有权力的前提与依据；其次，不同行政机关的领导干部在工作职责范围上有所不同，因此，行政首长负责制必须明确责任，这是行政首长负责制的关键；最后，不同的领导干部担任不同的行政领导职务，负有不同的责任，也就应当具有各自的权力，因为行使一定的权力是履行一定职责的必要条件。

2.集体领导与行政首长负责制度的关系

根据我国《宪法》和有关法律的规定，国家行政机关的领导，遵循集体领导与个人负责相结合的原则，一方面坚持集体领导，另一方面又实行个人负责制、首长负责制。重大的问题由领导集体充分讨论作出决定，然后由首长负责去执行，各领导成员分工负责具体事项。这样做，既发挥了集体的智慧、组织的作用，又增强了个人的责任心，发挥了个人的作用。列宁曾指出："任何时候，在任何情况下，实行集体领导都要最明确地规定每个人对一定事情所负的责任。借口集体领导而无人负责，是最危险的祸害。"集体领导与个人负责制，两者是互相联系、辩证统一的：（1）集体领导是集各个行政领导者的智慧，也是集各个行政领导者分工的各种具体工作的情况、经验和教训，没有个人的负责制，集体领导就不可能有充实的内容、完善的计划、正确的决定。（2）个人负责是建立在集体领导基础上的，每个行政领导者所分工负责的工作，是由领导集体决定的，需要向领导集体承担责任，绝不能离开领导集体的决定另搞一套。（3）领导集体是领导成员的集合体，它的决定、计划、决策必须通过领导集体的各个成员来实现，如果没有个人负责制，领导集体的决定就会流于空谈，就会出现议而不行或互相推诿、敷衍了事的现象，领导集体就失去了它的领导作用。可见，领导集体必须与个人负责制相结合，才能发挥领导集体的作用，提高行政效率。

3.民主集中制与行政首长负责制的关系

我国《宪法》第三条规定："中华人民共和国的国家机构实行民主集中制的原则。"各级人民政府作为国家机构的组成部分，也必须遵循这一原则。国家行政机关实行的首长负责制与民主集中制并不矛盾，它与民主集中制的关系主要体现在以下几个方面：（1）民主集中制原则所否定的是排斥民主的官僚集中制与拒绝集中的无政府主义，它绝不排斥个人负责制。（2）行政首长负责制是民主集中制在国家行政机关的表现形式。国家行政机关所担负的国家职能，决定了它在执行民主集中制的原则时，在形式上不同于国家权力机关。国家权力机关表决任何议案都必须坚持少数服从多数的原则，只有多数人赞成，才能通过。而国家行政机关主要是执行国家权力机关的既定决议，面对千头万绪的行政事务，其核心是效率问题。如果行政机关在执行职务时，事无巨细都要反复讨论，没有多数人的同意就不能进行工作，就会沉溺于"开不完的会"。一旦决策通过后付诸实施，又会因"集体决策"而强调"集体负责"，最终导致"无人负责"。（3）中国实行的首长负责制，是以民主为前提的个人负责制，同那种否定民主的个人独裁制有明显的区别。因为国家行政机关的首长都是经过法定的民主程序选举或决定任职的，对国家的《宪法》、法律的执行负责任，并受到国家权力机关、上级国家行政机关和人民群众的监督。行政首长如果违反人民的意志，就会受到制裁，包括罢免其行政职务。行政首长在决定行政事务中的重大问题时，都须先提交法定的会议进行民主讨论，然后才集中正确的意见，作出最后决定。可见，行政首长的最后决定权是以民主为前提的。中国的行政首长负责制从制度设计时的理想目标看，它兼有通常所说的"合议制"和"首长制"两者的长处，而要避免两者的弱点，既要重视民主讨论，又要强调首长最后决定权，既要避免合议制影响效率的弱点，又要避免首长制容易忽视民主、走向专断的弱点。

4.加强和完善行政首长的责任追究制度

当前，我国正在开展政治文明建设，政治文明的一个重要体现就是依法行政、从严治政，建设责任政府，而加强和完善行政首长的责任追究制度正是努力实现这一目标的需要，因为，有权必有责，每一份权力背后都有一份沉甸甸的责任。作为行政机关的首长，如果不能够兢兢业业，恪尽职守，就应当被追究责任，应当付出代价。行政首长的责任追究制度有一个从认识到实施的逐步完善过程，当前，人们对这一制度的认识已经发展到了比较充分和成熟的程度，而这一制度的各种实施运作也逐步为人们所接受和欢迎。现在的任务，就是要在已有的基础上进一步提高人们对这一制度的认识，进一步完善对这一制度的修订，进一步落实对这一制度的实施，使之尽快在我国的政治文明建设中成熟。行政首长的责任追究制度的具体实施办法依照责任事故或失误的性质与程度有所不同，如有引咎辞职、降职、免职和撤职等等。

思政课堂

落实好米袋子省长负责制、菜篮子市长负责制

近日，国家发展改革委、商务部强调，要坚持问题导向，抓住关键症结，进一步落实好"米袋子"省长负责制和"菜篮子"市长负责制，保障生活必需品市场稳定供应，确保人民基本生活，维护社会大局稳定。要进一步加强组织领导，形成市场保供合力。强化组织保障，完善机制建设，采取有效举措，全力保障本地区生活必需品市场供应不脱销、不断档，满足人民群众的生活需要。要进一步强化协调机制，提升应急保供能力。完善生活必需品市场"联保联供"机制，跨省联动协调货源，形成重点突出、涵盖全国、运转高效的供给保障网。要进一步强化市场监测，摸清底数掌握动态。全面、及时、准确掌握当地生活必需品市场供求变化，不断提高市场监测的灵敏性、及时性、有效性和前瞻性。要进一步细化保供抓手，全力保障市场供应。既要集中力量保重点，增加粮油、肉类、方便面、瓶装水等生活必需品市场供应；也要细化分类保关键，重点增加蔬菜供应，特别注意土豆、白菜等耐储蔬菜的市场供应。要进一步加强宣传指导，及时回应社会关切。及时准确报道本地市场供应情况，实事求是地宣传保供稳价进展，稳定社会预期，增强民众信心。

资料来源：佚名. 国家发展改革委、商务部进一步部署做好生活物资运输等综合保障工作［EB/OL］.［2020-01-31］. http://www.gov.cn/xinwen/2020-01/31/content_5473436.htm.节选.

【思考】为何在重点工作中不断强化"**负责制"？行政首长负责制有何重要性？

关键概念

领导　首长制　委员会制　混合制

复习思考题

一、单项选择题

1.美国的总统制是（　　）的典型代表。

A.议会制　　　　　　　　　　B.首长制

C.选举制　　　　　　　　　　D.委员会制

2.我国建立在民主集中制基础上的行政首长负责制堪称（　　）的代表。

A.议会制　　　　　　　　　　B.首长制

C.混合制　　　　　　　　　　D.委员会制

3.领导活动是一种兼有科学性和（　　）双重特点的综合性、创造性活动。

A.民主性　　　　　　　　　　B.创造性

C.综合性　　　　　　　　　　D.艺术性

4.转换型领导同时关注工作与人员两个方面，但更重要的是关注人员，以下不属于转换型领导对部署关怀的是（　　）。

A.发展取向　　　　　　　　　B.亲和取向

C.辅导取向　　　　　　　　　D.情感取向

5.我国《宪法》第三条规定："中华人民共和国的国家机构实行（　　）的原则。"

A.行政首长负责制　　　　　　B.民主集中制

C.集体负责制　　　　　　　　D.合议制

二、多项选择题

1.（　　）、（　　）和党的建设共同构成我们党克敌制胜的三大法宝。

A.群众路线　　　　　　　　　B.从严治党

C.正风肃纪　　　　　　　　　D.统一战线

2.以领导者对权力运用的方式为标准，领导方式划分为哪几种类型：（　　　　）。

A.民主式的领导　　　　　　　　B.独裁式的领导

C.以人员为中心的领导　　　　　D.放任式的领导

E.以工作为中心的领导

3.行政领导者素质的构成主要有（　　　　）。

A.道德素质　　　　　　　　　　B.文化素质

C.身体素质　　　　　　　　　　D.心理素质　　E.政治素质

4.《孙子兵法·计篇》中说：将者，智、（　　　　）、（　　　　）、勇、严也。

A.理　　　　　　　　　　　　　B.忍

C.信　　　　　　　　　　　　　D.仁

5.气质结构是指行政领导班子成员在不同气质类型方面的合理构成。人的气质可划分为（　　　　）、（　　　　）、黏液质、抑郁质四类，它们各有特点。

A.胆汁质　　　　　　　　　　　B.多血质

C.开朗质　　　　　　　　　　　D.霸道型

三、简答题

1.领导与管理的联系与区别是什么？

2.联系实际，分析如何高效而清廉地运用权力。

3.如何有效统一运用首长负责制与委员会制？

4.领导素质的特点与作用是什么？

5.如何实现行政领导群体结构的最佳组合？

6.我国领导体制的主要弊端与领导体制改革的内容是什么？

7.简述行政领导者的职位、职权和责任之间的关系。

第六章

行政决策与执行

行政决策是行政管理的首要环节和各项管理功能的基础，行政决策的正确与否直接关系到行政管理的成败。政策的制定和执行也是公共行政组织和国家行政机关最基本的活动，如何提高决策的质量，保证良好的政策效果，是各级行政组织普遍关心的问题。"良法美策贵在能行"，各种公共政策、法律、法规等都是通过行政执行活动完成的。

第一节　行政决策与执行概述

一、行政决策与执行综述

行政决策与执行是整个行政管理中一个重要的组成部分。在现行体制下，我国的行政决策与执行是政府调控经济、社会的发展的重要宏观政策手段。如何制定好的政策解决经济发展中的问题、缓解社会矛盾、解决老百姓的实际困难，成为摆在我国各级政府面前一个十分紧迫的任务。

在现实工作中我们也观察到，我们国家并不缺少好的政策，但是在执行方面往往不到位，有很多群众对执法人员的滥用权力十分不满，而很多基层执法人员也抱怨执法的艰难。政府部门如何科学地进行决策与执行，是本章要探讨的问题。

二、行政决策与执行的关系

在我们谈论行政决策与执行的关系之前，应当明确一个概念，即决策不等于决断，决断属于执行范畴，是在变幻莫测的执行决策过程中对于突发问题的取舍。**决策是对长期任务、中期任务或短期任务所要达到的目标、所要采取的各种措施，以及运作流程事前所进行的有关计划和决定。**

（一）决策的基础性作用

1.决策决定着执行的方向与目标

这个问题不难理解。没有决策的执行是没有方向的执行，没有决策的执行就像建楼没有基础一样，非常危险，但是仓促的、急功近利的决策往往给执行埋下隐患。

2.科学正确的决策是完善政府建设的重要保证

一个科学、完整的战略决策，是政府不断自我完善中不可或缺的指导性文件。因此在政府运作的过程中，要充分认识到决策的重要意义，在行政管理过程中要形成一个科学合理的决策体系，以保证各项决策的正确性，从而保证执行朝着正确的方向运行和发展。

3.决策是社会和谐的基础

一个政府不能统一目标、统一方向、统一资源，做得再好也只能事倍功半。所以，必须充分重视决策管理，建立一套科学的决策流程，并完全按照流程进行决策，只有这样，才能有效地避免决策失误，确保政府决策、执行系统的良性发展。

（二）执行的反作用

1.执行是检验决策正确与否的重要标准

决策是否正确，只有在执行过程中才能得以验证。特别是一些事关大局的决策，必须要在一些小的范围内进行实践、检验后才能铺开。

2.执行对决策具有修订作用

很多事情没有先例，我们应当"摸着石头过河"，一点点来。如果发现问题，应当马上修正，以避免造成更大的损失。

3.执行是决定决策实现程度的关键因素

执行是一个量变的过程，随着执行的不断深入，决策所确定的目标在一点一点地实现，而强大的执行能力是实现决策目标的根本保证。

我们可以看到，决策具有基础性作用，它决定着执行的内容与方向等；同时，执行对决策也有反作用。但无论是执行还是决策，都要实行动态管理，出现偏差要及时修正。世界永远不变的是变化。

三、我国的行政决策与执行

(一) 我国行政决策与执行的现状

对于行政机关，特别是地方各级行政机关，日常工作中大量的活动都是行政执行。政府依靠行政执行去实现既定的决策目标，社会公众通过这个窗口，接受政府的规范和服务，并形成对政府的认知和评价，这是行政管理的一个环节。目前，行政执行中存在的一些问题，如上有政策下有对策、有令不行、有禁不止、有章不循、有法不依、知法犯法等，都影响着政府决策的实施。

导致行政执行存在问题的原因是多方面的，但其根本在行政体制。我国实行决策与执行合一的体制，从中央到地方、从部门到职位皆集决定与执行于一体。这种体制的优点是有利于迅速决策、快速执行，有利于决策与执行二者之间在运行过程中灵活地整合，有利于上级对下级直接指挥。其弊端是：行政机关既忙于决策又忙于执行，精力分散，结果往往是宏观决策搞不好，具体执行也搞不好；决策与执行合一还使得一些部门自行决策、自行执行，导致决策与执行的随意性，边决策边执行，或者边执行边决策，执行的结果往往与初始的决策目差之千里；决策与执行合一也使得一些部门从方便执行出发来制定决策，而给公众带来诸多不便；决策与执行合一，难以区分是决策失误还是执行走形，无法追究行政责任，也易滋长地方、部门保护主义；决策与执行合一使得决策对执行的监督陷入"自己监督自己"的境地而流于形式。

(二) 解决行政决策与执行难题的途径

1.在体制上将决策与执行分开

随着我国市场经济体制的逐步建立和完善，社会的飞速发展要求将决策与执行适当分开。行政决策与执行分开是现代行政管理的一个发展趋势。行政决策与执行分开，就是要改变传统的决策与执行合一的职能体制,把决策与执行这两种不同性质的职能分别交给不同的主体承担,从而使决策者和执行者各司其职,各负其责。决策与执行分开后,可以根据决策与执行既相互联系又互为制约的内在关系,合理配置职能,建立规范的运行机制:政府决策部门负责决策过程并对执行部门行使监督检查、政策指导、组织协调等职权,不干涉具体的执行过程;政府执行部门按照专业的执行规范独立地执行决策部门作出的各项决策并向决策部门反馈信息、提出意见和建议。决策部门与执行部门按照决策、执行、监督、反馈的管理系统原则,建立起既相互独立,又互为联系、互为制约的规范的运行机制。

2.实现行政决策与执行的程序化和公开化

如何准确、及时、高效地实施决策,如何规范执行行为,如何对执行行为实施有效的监督,也需要从技术层面加以解决。从我国执行领域看,需要解决公开化和透明度问题,从行政执行的特点出发,按照公平与效率的要求,实现行政执行的程序化、规范化,做到依法行政。具体而言,我们应当做到:

(1)行政决策公开化与程序化。要在科学、民主决策的基础上,积极推行重大决策内容的公开,既要使市场主体和社会公众熟知政府决策,又要提高人们对政府决策的理解、认知程度,减少在实施过程中的阻力。公开行政决策是指行政机关在进行行政决策时,其决策的过程应向社会公开,包括决策的理由、依据、阶段、方式等公开。行政决策公开可采取旁听、报道、听证会等方式实现。同时,行政决策必须要程序化。行政决策程序化是指公共政策的制定必须要严格按照法律、规章规定的过程来进行。很多人认为程序在决策中并不重要。实际上,行政决策的程序化可以在很大程度上保证政策的公平性。没有行政决策的程序化,一个政府和国家的法治化也就无从谈起。

(2)建立执行公示制度。行政执行当中所依据的法律、规章、制度必须要公开。要保障被管理者和广大公民的知情权。同时,行政公示制度也有效地避免了滥用权力和交叉执法的情况。

(3)行政执行要按程序进行,过程应当公开。首先,执法人员在执法过程中应当出示证件或挂工作牌。其次,应当向被管理者说明执法的原因。最后,执法者应当主动向被管理者说明申诉的途径和方法。

建立相关监督制度，要在法律和制度上建立相应的行政复议制度、行政监督制度等行政救济制度，从制度上保障广大公民的申诉权。同时也要建立起社会舆论监督体系，让整个社会来监督政府。应当鼓励各种新闻媒体包括网络、电视、电台、报纸、杂志等对政府进行监督，使得整个社会形成敢说话、说真话的风气，从而促进我们政府的各项工作都有所提高。

3.要继续大力推进行政审批制度改革

各地区、各部门要抓紧做好取消事项的落实工作，并切实加强事中事后监管。要严格落实《中华人民共和国行政许可法》关于设定行政许可的有关规定，对以部门规章、规范性文件等形式设定的具有行政许可性质的审批事项进行清理、取消。要继续大力推进行政审批制度改革，深入推进简政放权、放管结合、优化服务，加快政府职能转变，不断提高政府管理科学化、规范化、法治化水平。

第二节　行政决策

一、行政决策及其类型

（一）行政决策的含义

在现代社会中，决策可以说无处不在，已经渗透到社会生活的方方面面。国家路线方针的制定、各个公司的市场策略的定位、每个单位的规划蓝图，都有决策行为，决策似乎与我们大家形影不离。的确，我们的日常生活非常需要决策。决策是人类社会确定方针、策略的计划活动。它涉及人们生活的各个领域，人和集体的各种行动都受决策的支配，它可以有意识地指导人们的行动走向和未来预定的目标。

公共行政领域中的行政决策，是指行政机关和行政工作人员在行政管理过程中，为了实现国家或公众利益，依照法律制定的程序选择行动方案并付诸实施的过程。它有以下特点：①前瞻性。任何一种决策都是立足现实并且面向未来的活动，但是未来有很多不确定性，人们无法完全地掌握未来，因此决策就只能是种设想。当然，这种决策对于未来的预测，并不是空穴来风的，而是立足于现实，运用相关知识以及现代工具的一种大胆的预测。②主观性。由于决策是人的行为，受到人的生理以及心理方面的影响，也受到相关决策者的价值观的影响。所以，作为决策者主体的人会对决策产生影响。③过程性。决策虽然是由有主观能动性的人来制定的，但是在大多情况下，决策的出台并不是简单的"拍案定案"。从信息的收集以及从公众、法律的监督方面来看，它都是需要一定的过程来完成的。

（二）行政决策的类型

1.确定型决策、不确定型决策和风险型决策

确定型决策，是指决策者拥有相关完备的信息，对决策方案的成功率也相当自信，决策目标明确，对决策实施的结果也能够准确地预测。它是一种较容易的决策类型。

不确定型决策，是指决策者的信息不完备，对决策的方案模棱两可，决策目标较模糊，对决策的结果难以控制和预测。由于其风险较高，这种类型的决策对于决策者的技术水平要求也高。

风险型决策，是介于以上两种决策之间的决策类型。它是指决策者对决策对象各个方面有一定的了解，决策目标也较清楚，但是要达到决策目标尚面临一定的风险。

2.程序化决策和非程序化决策

程序化决策也叫常规化决策，是指决策者对管理过程中重复性的日常事务，能做到依法按照相关规章制度所进行的决策。

非程序化决策也叫非常规化决策，是指决策者遇到没有任何先例的问题，找不到解决此类问题的解决方案的先例所进行的决策，是非重复性的、偶然性的决策。

以上两种决策的界限有时候较模糊，大多数决策往往是程序化和非程序化决策的结合。

3.个人决策和集体决策

个人决策，是指在行政机关只有机关首长一人拥有决策权，在进行决策时，由机关首长作出决定，其他人只有批评、建议的权利，没有决定权。

集体决策，是指在进行行政决策时，采取少数服从多数的原则，由行政领导集体作出决策。

4.经验决策和科学决策

经验决策，是指决策者完全凭借自己的思想水平、生活经验和解决问题的惯性思维方式所进行的决策。这是领导者常用的决策类型，是最传统的决策类型。

科学决策，是指以现代的科学技术、现代的决策理论为基础，利用科学手段和科学方法所进行的决策。

以上两种决策方法应当结合使用。经验决策和科学决策各有所长，各有所短，不能互相取代。

5.危机决策

危机决策，是指出现自然或人为的突发性事件后，决策者迅速作出反应，启动突发应急机制，组织应对行为的过程。

▶▶▶

专栏6-1

有效规范行政决策程序

决策是行政权力运行的起点。规范决策行为特别是重大行政决策行为，是规范行政权力的重点，也是法治政府建设的重点。党员干部能否做到依法决策、有序决策，决定了权力机关能否规范用权、正确履职，关系着法治政府建设目标能否顺利实现。

用法治给行政权力定规矩、划界限，规范行政决策程序，要求党员干部在进行决策时统筹整体与部分、系统与要素的关系，加强前瞻性思考、全局性谋划、战略性布局、整体性推进。

立足全局，做好部署。坚持用联系的、发展的、全面的观点分析问题，反对用孤立的、静止的、片面的观点分析问题，既是唯物辩证法的一贯主张，也是做好行政决策工作的基本前提。行政决策始于决策的整体部署，规范行政决策程序要坚持把好"源头关"，切实将"守方向、讲程序、守程序"作为部署决策的基本理念，并贯穿于决策全过程。

"守方向"，就是要立足党和国家工作全局和大局来谋划决策工作。在此过程中，党员干部要养成"一叶落而知天下秋"的洞察力，要认清大势、把握规律、未雨绸缪，切实增强决策的预见性；要统筹经济建设、政治建设、文化建设、社会建设、生态文明建设，坚持以新发展理念指导行政决策工作，从推动经济社会高质量发展的高度把握决策方向，以增强决策的战略性；要广泛听取各方面意见，多方论证进行决策评估，确保决策工作有的放矢，增强决策的全面性。

"讲程序、守程序"，就是要严守"程序意识"。党员干部要结合目标任务的特性统筹制定行政决策的一般程序和基本步骤。例如，在完成普通工作、常规任务时，要坚持程序从简和效率优先的原则，防止因程序繁琐造成工作拖延；在解决重大社会问题时，要着力细化决策程序，将法定程序贯穿于决策的各个环节、各个方面，确保决策的科学性和合法性。要在决策中严格遵守程序性原则，要将是否坚持程序、是否依法依规作决策作为评判决策质量的基本标准，加速推动决策工作的有序化和规范化。

资料来源：李毅. 有效规范行政决策程序［N］. 中国纪检监察报，2020-12-08. 节选.

▶▶

二、行政决策体系概述

（一）行政决策体制的含义

行政决策体制是指行政决策机构和人员所形成的组织体系以及制定决策的有关制度。当代社会，科学技术迅速发展并渗透到社会生活的各个方面，社会化的大生产已成为一种必然趋势。这就必然要求决策的制度化，因此现代行政决策体系的构成也就日趋完善。

（二）现代行政决策系统的构成

1.行政决策的中枢系统

这是行政决策体系的核心，它由拥有行政决策权的领导机构及其人员组成，只有它才有权就一定范围内的行政管理问题作出决策。一个行政机关只能有一个决策中枢系统，切忌多中心，切忌政出多门。

在我国，中枢系统的决断方式往往采用全体协商一致的方式。集体决断方式是中枢系统集体以会议、投票表决等形式，以多数同意作为最后决断，并对决策实施后果集体负责，这是较常用的方式。此外，现代行政决策中枢系统中仍可以运用个人决断方式，即最后决断由首长个人作出。这两种决断方式各有长短，从1982年起，我国相关法律就明确规定了改委员会集体决断制为行政首长负责制，这是一种集两种决断方式优点于一身的决断制度。

当前我国具有行政决策中枢职能的组织系统主要有：

（1）中央政府决策中枢系统，由总理、副总理、国务委员、秘书长等组成。

（2）地方各级政府决策中枢系统，由各个地方的行政首长组成，如在省级人民政府就由省长、副省长、秘书长等组成。

2.行政决策的参谋咨询系统

它也称为"智囊团""思想库"，它主要是为行政决策的中枢系统提供相关参考意见，为正确、科学的决策提供智力支持，其主体一般是由科研院所和政策研究机构组成。

当前我国具有参谋咨询职能的系统主要有：

（1）中央级参谋咨询系统：包括全国各重点高校以及中国社会科学院、国家行政学院、中国科学院等。

（2）地方级参谋咨询系统：包括各地方院校以及各地党校、社会科学院等。

3.行政决策的情报信息系统

人类社会已经进入信息时代，面对当今复杂多变的社会，要作出一项正确的决策，如果没有大量的、完备的信息作参考，那是无法达到预期目标的。因此，必须建立收集信息的专门机构、人员等。因此，行政决策的情报信息系统就应运而生了。行政决策的情报信息系统指的是从事行政信息收集、处理的一整套系统，包括相关机构、人员和信息工具。

在我国，行政决策的情报信息系统的表现形式多种多样，在此不一一列举。

4.行政决策审批控制系统

行政决策审批控制是指对行政决策的执行情况进行监控，由行政决策中枢系统之上或之外的权力机构，依法进行有效的审批控制的组织体系。

当前我国具有综合性监控职能的组织系统主要有：

（1）县级及县级以上各级人大常委会，如全国人大常委会有权撤销国务院制定的同宪法、法律相抵触的行政法规、决定和命令，县及县级以上地方各级人大常委会有权撤销本级人民政府不适当的决定和命令等。

（2）中央和地方各级国家行政机关，如中央人民政府即国务院有权改变或者撤销各部委发布的不适当的命令、指示和规章，有权改变或者撤销地方各级国家行政机关的不适当的决定和命令，县级以上的地方各级人民政府有权改变或者撤销所属各工作部门和下级人民政府的不适当的决定。

三、现代行政决策体制的特点

当今社会，行政决策的理论、程序、方法都有很大变化，现代行政决策的机构和人员及其相互关系也发生了显著变化。行政决策体制呈现出了很多新的特点。

（一）行政决策体制已成为各级政府不可缺少的组织系统

当今中国社会经济发展迅速，人民的受教育程度不断提高，这就给政府的决策失误留下了极小的空间。为了决策的正确，政府一系列政策的出台都必须依赖行政决策体制的各个主体将决策风险降到最小。

（二）决策体制中各组织系统在决策过程中的分工明确化

全球经济一体化，世界分工细化更加突出，世界各国都在寻求自己的位置。作为一体化中重要的一份子，政府以及政府相关体系也在逐渐分工细化；决策体系中的成员，都在努力将自己打造成本专业领域中的领导者，而将其他非本专业的内容外包，这就使得各个决策组织系统在决策过程中的分工更加明确化。

（三）现代行政决策体制的运行不断向科学化、技术化发展

当今世界是信息化的世界，科学技术发达，计算机的普及和新的公共管理知识的普遍推广也给行政决策体制的改革提供了物质和理论基础。新的统计学、工商管理学作为新的管理方法在公共部门得到了广泛运用，互联网的普及和信息化政府办公等都改变了行政决策体制的运行方式。

（四）现代行政决策体制呈现决策事务量增大，人员增多的趋势

虽然精简人员是当今政府部门的改革方向之一，但是由于我国长期以来经济增长速度较快，新的行业、新的情况层出不穷，同时原来旧有的行业不断变化、消失，这就使得许多旧有的政策、法规无法适应新的需要，同时新的形势也要求制定、更新政策法规与之相适应。因此，政策的新陈代谢速度就加快了。对于行政决策体制组织而言，要处理的事

务量就大大增加了，工作人员也就相应增多了。

四、中国行政决策的科学化与民主化

（一）行政决策的科学化与民主化

行政决策科学化，是指决策方针、决策制度、决策程序、决策方式等必须科学化。所谓行政决策民主化，是指决策方式、过程、内容等必须公开化，人民必须参与行政决策的各项内容。实行行政决策的科学化与民主化是我国政治体制和经济体制改革的基本目标之一，具有重大的现实意义。

首先，历史经验告诉我们，没有行政决策的科学化与民主化就没有我们今天改革开放的成果。我国20世纪五六十年代的"大跃进""人民公社"给整个国家带来了灾难性的后果，党的十一届三中全会之后，由于采取了一系列正确的决策，各项事业得到了迅速的发展。之所以出现这样的结果，与决策的科学化与民主化是分不开的。

其次，全球经济一体化也要求我们必须实行行政决策的科学化与民主化。民主、开放、共赢成为了当今世界的发展趋势。由于计算机和互联网的普及，世界变得更小，过去那些"拍脑袋""家长制"的决策方式已经无法适应新的形势需要。这就必然要求决策的科学化与民主化。

最后，提高行政决策的科学化与民主化也是我们党和政府不断提高执政能力、管理公共事务能力的必然要求。我国目前正处于激烈的社会变革时期，只有决策的科学化与民主化才能建立起和谐、公平的社会秩序。

（二）实现决策科学化、民主化的主要障碍

1.权力高度集中的体制

实现决策科学化、民主化的最大障碍，就是权力高度集中的体制。在我国，有的地方和部门无论什么事情，一切都不加分析地集中处理，而权力又往往集中于少数人手中，所以大多数事情都需要由少数人拍板，大多数人无权决定。这样就形成了一元化领导和权力的过分集中。造成了多数人无所事事，少数人负担过重的现状。同时，权力的过分集中，也造成了权力的滥用与腐败行为。

2.决策的法治化和制度化程度低

虽然当今科学技术迅猛发展，生产力不断发展，人们受教育的程度不断提高，但是中国几千年的封建专制文化仍然根深蒂固。如果搞民主决策，很多人往往无所适从。有很多决策者也习惯把手中的权力当作炫耀的资本，官本位意识很重。在现实中，决策的法治化、制度化建设往往得不到重视。

3.缺乏科学民主的决策程序

在现实行政中，违反程序进行决策的现象相当普遍，这也是影响决策质量的重要原因。按程序决策，关键是要有程序的意识和程序的立法。一方面，要强化"按程序决策"的意识。作为领导者，应努力做到每一个决策都一丝不苟地按法定程序进行。所谓法定程序，主要包括法定的步骤、法定的顺序、法定的形式和法定的期限等。虽然程序本身没有实质内容，但不可否认的是，严格按法定程序决策会大大减少决策的随意性，从而有助于减少决策的失误。另一方面，要加快行政程序立法。在我国现行的法律、法规中，虽然已有一些关于行政程序的法律规范，但仅局限在行政诉讼和行政处罚等极少领域，就整体而言，行政程序的立法严重滞后，绝大多数行政行为的程序没有法律化；已完成法律化的程序都或多或少地存在程序不完整、相互脱节、手续繁琐、互相冲突等问题，应该按照先分散后统一的原则加快进行行政程序立法。就当前来说，可以先分散地制定新时期的程序，如行政收费程序、行政许可程序和行政审批程序等，在条件成熟之时，再形成统一的行政程序法典。

4.部分决策者素质偏低

决策科学化、民主化要求决策者有一定的素质，包括科学、人文、道德等素质，否则，决策过程中的任何一环失误都会带来严重的损失。习近平主席在2020年中央党校（国家行政学院）中青年干部培训班开班式上的重要讲话中，突出强调年轻干部要提高科学决策能力。这为年轻干部提高解决实际问题本领，想干事、能干事、干成事明确了方向。"要有战略眼光，看得远、想得深。科学决策是反映实践规律、推进发展进步的理性决策，是瞄准建设发展目标方向、破解制约发展问题症结的明智决策。这要求我们必须有战略性和全局性的眼光，善于从事业发展的大局观察和认识问题、透过现象抓住事物本质。"①

（三）实现我国决策科学化、民主化的根本途径

1.全面依法治国，形成依法决策的基本框架

党的十八大以来，中共中央总书记、国家主席、中央军委主席习近平围绕全面依法治国发表了一系列重要论述，对贯彻落实党的十八大和有关全会精神具有重要指导意义。习近平强调，依法治国是坚持和发展中国特色社会主义的本质要求和重要保障；坚持中国特色社会主义法治道路，最根本的是坚持中国共产党的领导，建设中国特色社会主义法治体系、建设社会主义法治国家，坚持依法治国、依法执政、依法行政共同推进，坚持法治国家、法治政府、法治社会一体建设；要推进科学立法，完善以《宪法》为统帅的中国特色社会主义法律体系；要严格依法行政，加快建设法治政府；要坚持公正司法，努力让人民群众在每一个司法案件中都能感受到公平正义；要增强全民法治观念，使遵法守法成为全体人民的共同追求和自觉行动；要建设一支德才兼备的高素质法治队伍；全面依法治国，必须抓住领导干部这个"关键少数"。党的十九大召开后，党中央组建中央全面依法治国委员会，从全局和战略高度对全面依法治国又作出一系列重大决策部署，推动我国社会主义法治建设发生历史性变革、取得历史性成就，党对全面依法治国的领导更加坚强有力，全面依法治国总体格局基本形成，全面依法治国实践取得重大进展。2020年11月，中央全面依法治国工作会议在北京召开，强调"坚定不移走中国特色社会主义法治道路，为全面建设社会主义现代化国家提供有力法治保障"。

2.加强对行政决策的监督

当前，要大力推进政务的公开，提高决策透明度，让广大百姓拥有必需的知情权。同时，要运用好我国特有的党内监督、国家权力机关监督、法律监督和行政机关内部层级监督机制，使得这些机制能够与人民的监督结合起来，这样才能有效地推进决策的科学化与法治化。

3.建立公民社会，加强舆论监督

全社会的公共事务除了由政府管理外，各行业、各社会集团（如教

---

① 吴爱军.努力提高科学决策能力［N］.解放军报，2020-11-20.

师、律师、企业家)的力量也相当强大,他们实际上承担了一部分公共事务的管理。这样不但能体现人民当家作主的政治体制,同时也平衡了社会各个阶层的利益。最后,公民组织参与公共事务管理还能节省政府的行政开支。

各个社会阶层、各个行业的特殊利益应当由各自的自治组织来表达,然后再通过社会协商加以协调。政府只需要扮演裁判者和利益平衡者的角色。民间组织参与政府决策虽然使得决策的速度较慢,但这种形式却更能平衡社会利益,大大减轻社会矛盾。此外,一些相关行业的法案的制定和草拟可以交给相关民间机构去做。如在西方国家,公司治理规则通常就是由民间机构制定的,我们也可以借鉴学习这种做法。

4.参政议政、参与决策要进一步制度化

政治协商会议在推动政协委员参政议政上做了很多工作,也收到了一定的效果。全国政协各专业委员会在党中央和国务院重大决策中提出了许多好的意见,为提高决策质量起了很好的作用。

第三节 行政执行

一、行政执行概述

(一)行政执行的含义

行政执行也称行政实施,即运用各种资源,经解释、实施服务和宣传等行动方案将政策观念形态内容转化为现实效果,是行政机关及行政人员依法实施行政决策,以实现预期行政目标和社会目标的活动总和。

(二)行政执行的特征

1.行政性

行政执行是发生在管理领域中的,不论从掌握的情况还是从处理该问题的技术上看,最有发言权的是行政机关。行政执行是一种具体行政行为,其执行主体只是行政机关。从法理的角度分析,行政执行权是行政权的一个组成部分,行政执行权是行政机关应有的职权,该权力只应由行政机关行使。

2.程序性

对于一个完整成熟的具体行政行为而言，从对一个案件开始的检查或调查，到作出最终决定，而后是执行，这是一个行政行为的完整的程序或过程。仅仅是行政执行不是一个独立的具体行政行为，当行政行为进行到执行阶段，由于执行的严重瑕疵而造成的行政行为违法时，应视整个行政行为违法，而不是行政执行阶段违法，就是说行政执行是行政行为的程序上的环节而非独立的行政行为。

3.强制性

行政执行并非行政机关执法的必经程序，它只有在行政相对人不主动履行行政法定义务时，才由行政机关依靠国家强制力为后盾强制实施。这里所说的强制性并非一种主观上的威慑力量，而是在客观上实际使用的手段；它不依赖于人们在认识上的认可和接受，而表现为在实际操作过程中的直接运用和对义务人的强迫。

（三）行政执行的功能

如果有人对国家颁布的正式法律和相关政策可以公然违反而不必受到惩罚，依然我行我素，那么出台这些具有约束性的条文就不具有意义了；如果国家颁布的法律、规章制度无法得以执行，那么政府的权威就会丧失。因此，政策的出台固然重要，但如果没有行政的执行，那也就是一纸空文，行政执行的功能由此可见，具体列举如下。

1.确保行政决策目标的实现

行政决策的主要目的是解决相关社会问题。政策的制定，主要是研究问题，而行政的执行则是最直接地去解决具体问题。任何行政决策都必须通过执行来达到政策的目标。因此要从出台政策到落实效果就必须重视行政执行。我国的很多社会问题，不是因为没有好的政策，而是我们没能够很好地贯彻执行政策。

2.检验行政决策的效果

政策并不是十全十美的，只有通过社会生活中的行政执行，才能够清楚一项政策的优缺点，才能够对其进行分析和评价，然后不断地修改和完善。由此可见，没有政策的执行，就没有政策的完善。

3.为今后的政策制定打好基础

与其他事物一样，一项政策也需要经历一个由不成熟走向成熟的过程。同时，由于政策是由人制定的，而人本身有一定局限性，因此新政策的出台总是伴随着相当多的不稳定性和不完整性。这些缺点都要在未来得以不断调整、修复。而行政执行的过程就是不断检验政策的过程，同时也在执行过程中不断发现新的问题并不断反馈，以便为将来不断完善相关政策打好基础。

二、行政执行的相关条件

（一）物质资源

物质资源的范围很广，是指一切人类赖以生存和发展的各种自然资源以及生产资料和生产工具的总和。没有基础性的物质性资源，就无法保证政策的顺利执行。国家需要安排专项资金支持相关行政经费的支出，包括办公费用、工作人员的工资等等。目前，大力提高经费的使用效率、避免浪费是摆在我们面前的一项主要任务。

（二）人力资源

"人力资源是指所有的人，既包括智力劳动者，也包括体力劳动者；既包括高级技术人才和管理人才，也包括一般的工作人员。"执行是靠人来完成的，我们应当重视人力资源的开发建设，大力提高工作效率，树立以人为本的人力资源观念，同时要注意分工合作，在行政执行中，有很多事情没有办好，这往往是负责人太多或者是没有将责任具体落实到每个人的缘故。

（三）信息资源

信息资源存在于经济、社会各个领域，因此它的概念的覆盖面非常广泛。我们这里可以将它理解为是各种事物形态、内在规律、与其他事物联系等各种条件、关系的反映。当代社会是信息社会，作为行政执行者，需要大量收集相关的、丰富的信息。同时，还必须学会处理大量复杂的信息，将它们分门别类管理好，加以分析处理，提炼出重要的内容。不做这些工作，即使是再多、再丰富的信息也起不到应该有的作用。

（四）目标群体

目标群体指的是政策直接作用和影响的社会相关群体或对象。过去，我们往往简单地认为，一项政策的落实只与行政决策者和行政执行者相关。但是实际上，随着我国国民素质的提高，公民社会的建立，我们发现，目标群体的态度对一项政策也有着直接的关系。

目标群体对于政策的态度主要是认可与抵制两种：

当一项政策对目标群体有利的时候，目标群体往往采取的是认可、支持的态度。这样就十分有利于政策的贯彻执行。例如，我国目前的资助体系从制度上保障了不让任何一位学生因为家庭困难而辍学。从2016年秋季学期起，免除公办普通高中建档立卡家庭经济困难学生包括非建档立卡家庭经济困难残疾学生的学杂费。从2017年春季学期开始，统一城乡义务教育学生两免一补政策，向城市学生免费提供教科书，对城市家庭经济困难寄宿生给予生活费补助。该项政策有利于提高我国的国民文化素质和减轻老百姓的经济压力，因此，这项政策受到了广大群众的欢迎。所以，无论是行政决策者还是行政执行者，都应当从维护广大群众利益、为老百姓办实事的原则出发，这样才能得到群众的支持和拥护。

而当一项政策损害目标群体利益的时候，他们就会采取抵制的态度。例如，我国大多数地方实行过暂住证制度，暂住证被赋予了许多不合理的东西，租房、购房、就业、求学等都和暂住证挂钩，并要缴纳数额不等的费用。这样就使流动人员和本地居民间人为地出现了"鸿沟"，尽管流动人口也为当地作出了贡献，缴纳了税金，但由于是"暂住"，他们很难享受"暂住"地居民的同等待遇，这也是多年来人们对暂住证制度深恶痛绝的原因。因此该项政策的对象产生抵触的态度、作出对立的行为也就不足为奇了。

（五）正确的执行方式

1.密切联系群众

在执行过程中应密切联系群众，要争取获得广大老百姓的理解与支持。一项政策是不可能十全十美的，它在给相关目标群体带去利益的同时，对于另一部分人可能会带来损害。这样就势必引起部分群众的不满和抵制。在这样的情况下，行政执行者如果采取简单粗暴的执法方式，就很容易与相关群众发生冲突而激化社会矛盾，这与中央提出的要建立和谐社会是格格不入的。因此，执法者应当注意执法方式，一定要在法律的框架内执法，同时要做好与相关群体的沟通，尽量争取群众的理解与支持，避免与群众发生正面冲突。

2.灵活运用各种执行手段

要取得良好的执行效果，就应当灵活地运用各种执行手段，一般而言，执行手段有以下几种：

（1）行政手段。行政手段是行政执行中最惯用的手段。它是指行政部门依靠行政组织的权威，依照相关的规章制度来实施政策的一种方法。行政手段虽然是最常见的一种执行方法，但是在新形势和新条件下，由于该手段实施起来比较强硬，因此应当结合法律与经济手段来实施政策，以便减少不必要的社会矛盾。

（2）经济手段。所谓经济手段，就是运用各种经济杠杆和政策，调节政策执行过程中不同利益团体的关系，使得政策能够得到顺利实施的方法，如因政府用地而给予拆迁户的经济补偿等等。

（3）法律手段。所谓法律手段，就是运用法律的各种形式，包括法律、法规等来调整执行中各种关系的方法。我国要建立法治国家和法治政府，就要做到一切有法可依。

（4）思想教育手段。思想教育手段是我国长期以来最常用的一种人文主义的管理办法。常见的形式有：舆论宣传、说服教育、协商对话等等。可以说，思想教育不但要动之以情晓之以理，而且作为思想教育者还应当以身作则，树立一个好的榜样，对方才能心服口服。

3.注重成本效益

新公共管理理论要求政府部门重视效益问题，也就是将企业管理理论运用到政府管理中来，用最少的成本获得最多的产出，提高执行效率。

三、行政执行中需要注意的几个问题

（一）原则性与灵活性的统一

原则性指严格按照政策的内容以及要求，贯彻国家政策，确保国家政策的权威性和严肃性。灵活性指在不违反法律、决策目标的大方向下，根据具体环境和新内容，灵活执行，因地因时制宜，以适应情况变化的需要。由于我国幅员广阔，各地发展十分不平衡，同时各地的民风、民情也各异，中央的政令往往只能给出一个大的方向，具体的情况一般由各个地方政府按照本地方的特点具体落实，不能搞一刀切。

（二）要将速度和效益相结合

当今世界变化速度极快，新的事物和新的情况不断出现，这就要求

我们的政策执行者要以最快的速度、在最短的时间内实现决策目标，同时要注重效益，要在保证工作质量的前提下实现预期效果。

（三）发扬民主与强调集中统一

充分发扬民主，让群众参与公共决策，调动群众的积极性，让老百姓能充分当家作主，同时在民主基础上，政府的政策执行应当迅速果断，这就体现了民主与集中的统一。例如，2011年2月10日，杭州市6位市人大代表、政协委员和10位市民代表走进市政府全体（扩大）会议会场，他们要全程参与决策过程，公开发表自己的意见建议。为了充分吸纳民意，会议通过"中国杭州"政府门户网站、中国电信杭州分公司网站、华数门户网站和手机专题页面进行视频直播，并开通直播论坛，网民通过网络和手机访问直播页面1 075人次，论坛点击量1 217人次。全程网络视频互动直播市政府全体会议和市政府常务会议，邀请市人大代表和政协委员及市民代表、专家列席会议已经成为一种常态。

▶▶▶▶▶▶▶▶▶▶▶▶ **思政课堂** ◀◀◀◀◀◀◀◀◀◀◀◀
正确执行政策的方法

1947年底，解放战争进入到了一个转折点——敌我军事力量对比发生显著变化；人心向背也完全改变，人心向我，全国范围内的反攻已经指日可待。可以说，当时的中国共产党和中国人民比以往任何时候都更加接近革命胜利的目标，也比以往任何时候都更加有能力实现这个目标。就是在这样的大好形势面前，以毛泽东为代表的中国共产党人却保持了一份难得的清醒。从1947年底开始，特别是进入1948年，毛泽东花费了很大精力来纠偏，抓政策的正确执行。毛泽东鲜明指出："只有党的政策和策略全部走上正轨，中国革命才有胜利的可能。政策和策略是党的生命，各级领导同志务必充分注意，万万不可粗心大意。"

那么，如何正确地执行政策呢？1948年3月6日，毛泽东在给刘少奇的一份电报中详细阐述了政策与经验的关系，其中分析了执行政策过程中出现各种偏差和错误的四点原因，以及应该采取什么样的对策。

第一，政策界限不明确。

毛泽东说："无论做什么事，凡关涉群众的，都应有界限分明的政策。我感觉各地所犯的许多错误，主要是由于领导机关所规定的政策缺乏明确性，未将许可做的事和不许可做的事公开明确地分清界限。"为什么政策界限不分明呢？就是因为政策不够细，只有一个大概的原则，没有具体细则，也没有区分各地不同的具体情况。

第二，没有作系统说明。

毛泽东说："根据经验，任何政策，如果只作简单的说明，而不作系统的说明，即不能动员党与群众、从事正确的实践。"在他看来，只有通过广泛发动和宣传，才能使党的政策与广大干部群众直接见面，广大干部群众才能有正确而自觉的思想，也才能有正确而自觉的行动；反之，党员群众必然陷入盲目行动。因此，正确地宣传党的方针政策，是加强党和群众联系的重要途径，是党的一项重要工作。

第三，上下联系不够。

这主要包括下级对上级请示汇报不够和上级对下级联系指导不够两个方面。

针对一些地方党组织对原则性问题粗枝大叶、对中央政策不愿精心研究、自以为是、擅自决定和执行政策的错误行为，毛泽东突出强调要建立健全请示报告制度。1948年1月，他专门起草党内指示，规定各中央局、中央分局要定期向党中央和中央主席作综合报告。在他看来，政策性的、经常性的、综合性的请示报告制度，是各地同中央发生密切联系的重要途径。

在加强上级对下级的联系指导方面，毛泽东认为，方针政策决定了、发出了，并不是就万事大吉了；领导机关还要通过电报、电话、谈话、实地调研等各种方式，加强与下级的联系，了解政策执行的进展及遇到的问题，及时给予指导。毛泽东的一条重要领导方法就是，注重搜集并及时总结推广各地执行政策的好经验、好做法、好典型。

第四，政策本身就错了或不完善。

如何避免政策的错误或失误？在毛泽东看来，主要把握两条。

第一条，就是毛泽东一贯强调的"没有调查就没有发言权"。1947年10月中下旬，毛泽东自己曾就土地改革中的一些具体政策问题，先后在陕北佳县的县城、谭家坪、南河塘村、白云山等地进行调查研究。正是根据调查的情况，并综合各地反映的情况，他敏锐地发现土地改革中存在"左"的倾向。

第二条，就是政策制定出来后，究竟对不对，还要在执行过程中由实践来检验。毛泽东在给刘少奇的电报中说："凡政策之正确与否及正确之程度，均待经验去考证。"1948年2月，他在一份党内指示中强调："政策必须在人民实践中，也就是经验中，才能证明其正确与否，才能确定其正确和错误的程度。"

综合以上分析，毛泽东实际上指明了关于正确规定和执行政策的五个环节、五条方法，即，调查研究、明确界限、系统说明、上下沟通、实践检验。没有调查研究，就不会有正确的政策；没有明确界限、系统说明和上下沟通，就不会有对政策的正确执行和及时纠偏；而政策的正确与否及执行效果，则最终要在实践中才能得到检验。

资料来源：戚义明. 正确执行政策的方法［N］. 中国纪检监察报，2018-06-13.有删减.

【思考】毛泽东的政策执行理论是什么？这些理论在中国革命中起到什么作用？

关键概念

决策　行政决策体制　行政执行

复习思考题

一、单项选择题

1.（　　　）是行政管理的首要环节和各项管理功能的基础。

A.民主讨论　　　　　　　　　B.行政决策

C.问题界定　　　　　　　　　D.法治

2.（　　）是检验决策正确与否的唯一标准。

A.执行　　　　　　　　　　　B.标准

C.法律　　　　　　　　　　　D.民意

3.西方政治家把（　　）媒体称为"第四种权力"。

A.网络　　　　　　　　　　　B.报刊

C.记者　　　　　　　　　　　D.媒体

4.行政决策体制的核心是（　　）。

A.民主议事程序　　　　　　　B.合法合规程序

C.领导决策系统　　　　　　　D.决策科学化系统

5.要建设一支（　　）的高素质法治队伍；全面依法治国，必须抓住领导干部这个（　　）。

A.德才兼备　关键少数　　　　B.德才兼备　核心群体

C.任人唯贤　核心群体　　　　D.政治过硬　关键少数

二、多项选择题

1.公共行政领域中的行政决策有以下特征：（　　）。

A.前瞻性　　　　　　　　　　B.主观性

C.过程性　　　　　　　　　　D.特定性

2.公共行政领域中的行政执行有以下特征：（　　）。

A.强制性　　　　　　　　　　B.程序性

C.行政性　　　　　　　　　　D.民主性

3.行政机关编制实施决策的行动计划的要求是（　　）。

A.切合实际　　　　　　　　　B.下有对策

C.适应环境　　　　　　　　　D.宜粗不宜细

E.顾及全局

4.决策部门与执行部门按照（　　）反馈的管理系统原则，建立起既相互独立，又互为联系、互为制约的规范的运行机制。

A.决策　　　　　　　　　　　B.宣传

C.执行　　　　　　　　　　　D.监督

5.行政决策公开可采取（　　）等方式实现。

A.旁听   B.报道

C.听证   D.公示

三、简答题

1.什么是行政决策？它有几种类型？

2.我国当前行政决策过程中有哪些问题？怎么解决这些问题？

3.什么是行政执行？它有什么特征？

4.行政决策与行政执行两者有何关系？

第七章

行政监督

行政监督是国家行政管理系统不可或缺的环节，它通过行政机关的内部监督体系和外部监督体系对行政管理活动发挥牵制和制约作用，从而实现行政管理的法治化、民主化、公正化，提高行政管理的效能。

第一节　行政监督概述

一、行政监督的含义及特征

（一）行政监督的含义

行政监督是指各类监督主体依法对国家行政机关以及国家公务员在执行公务和履行职责时的各种行政行为所实施的监察和督促活动。按照监督主体的不同，行政监督有广义和狭义之分。

狭义的行政监督是指以行政机关为主体的监督，即行政机关内部的自身相互监督，包括上级行政机关和行政领导者对下级行政机关及公务员行政行为的监察和督促，还包括行政监察部门对所有行政机关及公务员的监察、审计部门对行政机关财政、财务运行的审计等。

广义的行政监督是指以行政机关为客体的监督，即除了行政机关内部监督之外，还包括党政机关、国家权力机关、社会团体、人民群众和新闻舆论等方面通过各种渠道和途径，对国家行政机关及国家公务员的各种行政行为所进行的监察和督促活动，本章所讲的是指广义的行政监督。

（二）行政监督的特征

由狭义和广义的行政监督定义可知，行政监督的特征表现为：

1.监督主体的多样性

中国现阶段的行政监督主体，包括国家的行政监督和社会的行政监督两个方面。其中，国家的行政监督有立法机关、司法机关以及行政机关、行政监察和审计部门等。社会的行政监督包括各种社会力量，如政党组织、社会团体、公民和新闻媒体等。

2.监督对象的特定性

行政监督主要是针对行政行为和行政权力的监督，而行政行为和行政权力的载体是国家行政机关及其公务员，所以行政监督的指向和客体应当是国家行政机关及其公务员。依法拥有行政管理权力、行使行政管理职能的非行政组织及其工作人员，也属于行政监督的客体。

3.监督内容的广泛性

行政监督主体不是对国家行政机关及其公务员的任何行为进行监督，而只是对国家行政机关及其公务员在执行公务和履行职责时的失范行为和失效行为进行监督。所谓失范行为，是指行政权力的使用者违反了法律的有关规定；失效行为是指在行政权力的运行过程中，尽管投入了相当多的人力、物力和财力，但仍然没有达到既定目标，行政效率低下等。政府的违法行为和效率状态构成了行政监督的基本内容。

二、行政监督的意义

行政管理的过程，实际上就是行政权力的行使过程。在我国，国家行政机关在政治、经济、文化、科技、教育、卫生等诸多领域进行着广泛的行政管理，行使着广泛的行政权力。通过行政监督，对行政权力及其运行进行有效的制约，对于实现依法行政和廉洁行政的目标具有极其重要的意义。

（一）保障行政机关正确地行使权力

行政机关行使的是公共权力，它所代表的是统治阶级的利益和意志，执行国家行政职能，对整个社会诸领域进行管理。在民主与法制国家，通过加强和实施行政监督，能够防止或纠正违法及不当行政行为，使国家行政机关沿着法治的轨道正确地行使人民赋予的权力。

（二）保护公民、法人和其他组织的合法权益

行政权力要由具体的公务人员来行使，由于公务员自身在认知能力和道德品质方面的非完善性，在行使权力过程中，难免会出现侵害行政相对人合法权益的情况。通过行政监督，可以使公民、法人和其他组织的合法权益免受行政权的非法侵害，以及在侵害发生时，监督主体可以根据不同情况，通过适当的途径和手段，使受到侵害的权益得到相应的救济。

（三）克服官僚主义，增强国家公务员的公仆意识

在我国，为社会和人民服务是政府工作的出发点和归宿，国家公务员不论职位高低、权力大小，都是人民公仆。通过经常性的行政监督，可以促使国家公务员改善管理，端正工作作风，增强公仆意识，更好地为人民服务。

（四）防止和纠正腐败现象

国家行政机关是一个庞大的组织体系，处于这一体系中的各个层次和各个部门，均掌握着组织和管理一定行政事务的权力。由于权力都具有一种腐化的自然倾向，都有可能成为权力拥有者谋取私利的工具，因此，必须加强对行政权力及其行使者的监督。加强行政监督，一方面有利于防止以权谋私、权钱交易等腐败行为，另一方面，当腐败行为出现时，须及时对之加以惩处，以此来保障行政权力行使的公共性质，使其成为造福社会和增进人民利益的工具。

三、行政监督的作用

（一）预防作用

预防作用表现为对行政管理的事前监督。通过事前监督，可以提前发现在行政系统中存在的各种潜在的或显现的弊端，预先防止可能出现的失误及各种违法现象的发生，从而达到防患于未然的目的。因此，行政监督不仅要通过各种监督方式和途径及时发现各种已经发生的失范或

违法的行政行为，而且更为重要的是要通过各种行政监督制度的设立，来增强行政行为的可预见性，使人们对某种行政行为有可能带来的后果和问题有比较清醒的认识，并采取相应的防范措施。因此，行政监督主体，尤其是内部监督主体应当完善机制，将主要精力放在事前监督上。

（二）矫正作用

矫正作用表现在对行政管理的事中监督和事后监督方面。行政监督通过决策系统、社会系统和行政系统的交流和互动，可以及时发现失误和偏差，督促行政机关及公务员加以纠正，避免积重难返的局面。同时，通过事后对行政管理的实际结果实施监督，可以检讨得失，有利于总结经验，弥补不足，改正错误，从而发挥矫正作用。例如，各级人民代表大会对各级政府进行控制和监督，可以撤销政府制定的不符合《宪法》和法律的有关规定，可以对其机关及其负责人员进行质询和询问，要求他们停止或改正某些不合法、不合理的行政措施和行为等。行政监督不只是一种消极的防范措施或者纠错机制，而且也是一种改进和完善行政管理活动的积极措施。通过行政监督，能够敦促行政机关总结经验，吸取教训，采取有效措施，改进行政管理活动，提高行政效率和行政效能。

（三）评价作用

行政监督对行政管理过程来说，既发挥着制约作用，也具有评价作用。行政监督主体通过各种途径和方式，对监督对象的活动过程及其结果的真实性、准确性和可靠性作出评价，不仅为决策者，而且为执行者提供改进工作的科学依据。具体来说，行政监督的有效运行，即通过日益广泛的各种行政监督主体对行政机关及其工作人员实行有效的监督，并将行政权力在运行中所产生的有关信息，尤其是结果输入到决策系统、社会系统或行政系统本身，由他们进行评判，并依靠他们各自的力量来对行政流程产生影响，从而促使行政机关及其工作人员不断改进行政方法，简化行政程序，规范行政行为，实现行政管理的法治化、民主化和高效化。

第二节　西方国家的行政监督制度

一、西方国家行政监督制度的形成

（一）行政监督制度形成的经济基础

西方国家的发展主要经历了自由资本主义和垄断资本主义两个时期。在自由资本主义时期，自由竞争是经济活动的最高原则之一，政府仅仅充当着守夜人的角色。这种自由放任政策导致的经济秩序失衡、无序，乃至世界性经济危机的爆发，使资本主义在这一时期付出了沉重的代价。后来，以凯恩斯为代表的西方学者提出了国家干预经济的理论主张，此后西方国家逐步加强了政府的干预和调控。二战后，随着政府权力的逐渐膨胀，西方不仅认识到市场经济的发展需要政府的干预和调控，而且认识到权力的专制和腐败可能导致"统治经济"的产生并使其成为寡头政治的基础。伴随着人们对市场经济认识的不断提高，西方监督制度在这样的反思中逐渐产生与完善。

（二）行政监督制度形成的政治前提

西方监督制度是伴随着资产阶级民主政治制度的发展而建立起来的，议会对王权的监督曾经是西方反封建的主要武器。资产阶级夺取政权之后，监督制度成为他们发展民主政治的一种工具，同时也是资产阶级政治民主的表现形式。这种监督具有阶级、历史、政治的局限性，资本主义国家的权力制约、监督机制，都代表其统治阶级——资产阶级的利益。

（三）行政监督制度形成的理论依据

西方资本主义国家的监督制度以法国政治思想家孟德斯鸠的三权分立制衡学说为理论基础，他提出把国家分为立法权、行政权、司法权，分权管理的目的是防止权力滥用，以权力约束权力。卢梭认为民主国家是在社会契约的基础上建立起来的，每一个缔约者都毫无例外地交出自己的全部权力，公民是国家主人。公民订立契约结成国家的目的就是要保证自己的自由平等权力。国家为了实现这一目的，就需要有一种基于"公意"的强制性的统治权力，即主权。主权属于人民，是不可转让、不可分割的，是绝对的、至高无上的、神圣不可侵犯的。因此，西方国家建立监督制度的理论依据是主权在民，分权制衡。

（四）行政监督制度形成的法律保障

西方国家把天赋人权、主权在民、分权制衡写进了宪法，并依此建立了相应的法律制度，建立起资本主义的宏观权力监督体系，并用具体的法律提供了一套完善的法律保障，从严执法，从而确保了权力的监督。

二、西方国家行政监督理论

行政监督作为政府公共行政的重要环节，它要发挥作用自然离不开一定的理论作支撑。与行政监督相关的理论主要有主权在民思想、分权制衡思想，经济学中的"经济人"假设理论被引进到政治领域之后，也构成行政监督的理论基础之一。

（一）"主权在民"思想

法国启蒙思想家卢梭从抽象的人性论出发，提出人类为了保全自己，摆脱在自然状态下的种种不便而进入社会状态。为此，人们就签订了"社会契约"，自愿地把自身的一部分权力转让给整个集体，"每个人都以其自身及其全部的力量共同置于公意的最高指导之下"，卢梭的"公意"理论比较完整地体现了"主权在民"的思想。现代西方许多国家都认可了这一思想，已成为大多数国家的政治实践。

"主权在民"的思想不仅启发了民智，而且成为一种政治实践和制度安排的理论基础。正是在"主权在民"的理性之光的照耀下，欧洲许多国家资产阶级和人民群众同封建专制主义进行了不懈的斗争，并在斗争胜利后，建立了具有民主含量的议会，确立了议会对行政的主导地位，从而为立法机构监督政府提供了合法性来源，同时也为民众等行政监督主体监督政府奠定了理论基础。

（二）分权制衡思想

分权制衡思想起源于洛克和孟德斯鸠。英国资产阶级思想家洛克，把国家权力划分为3部分：立法权、执行权和联盟权。立法权、执行权必须分开，否则，就会给掌权人提供滥用权力的机会和方便，于是他们在"制定和执行法律时，使法律适合于他们自己的私人利益"。因而，需要在立法权和执行权之间建立相互的制约关系。法国资产阶级启蒙思想家孟德斯鸠指出："一切有权力的人都容易滥用权力，这是万古不易的一条经验。有权力的人们使用权力一直到遇到界限的地方才休止。"在孟德斯鸠看来，要防止滥用权力，就必须以权力制约权力，实行行政、立法和司法三权分立，相互制约，彼此平衡。

分权制衡思想是许多西方国家建立政治体制的指导思想，它大大增强了立法机关、司法机关对行政的外部监督力度。在实行三权分立体制的国家中，没有一个国家机关具有可以凌驾于其他国家机关之上的权力，每个国家机关都有制约其他国家机关的特殊权力。对行政机关的立法监督、司法监督也由此产生并体现出来。

值得注意的是，"主权在民"思想和分权制衡思想是相互联系，互为因果的。一方面，没有"主权在民"思想，分权利衡思想就没有终极指向；另一方面，没有分权制衡思想，"主权在民"思想就不能得到很好的体现。如果说，"主权在民"的思想主要解决了人民应该监督政府的问题，那么，分权制衡的思想则解决了人民如何监督政府的问题。

（三）行政"经济人"假设理论

对人性的假设，特别是由对人的缺陷性的考虑而设立的政治监督或行政监督制度，古今中外都不乏理论与实践。到了近代，残酷的历史和现实使那些建构三权分立体制的国家的政治家和思想家在内心里有一种对人性的悲观的看法和对权力的恐惧。由于政府的公务人员是由"经济人"组成的，而且人是关心个人利益的，是理性的，并且是效用最大化的追逐者。因而，对个人行为，特别是政府人员"天生要使效用最大化"的行为，必须进行控制和抑制。

由于对人性悲观的看法和行政"经济人"的假设，在资源稀缺性与对资源需求无限性的矛盾中，公共权力的行使者追求自身福利的最大化远大于增进集体福利。在公共权力的运作过程中，公共权力的公共性也为它在行使过程中带来了道义上的支持和合法性。如果任意让行政"经济人"的性质得到毫无节制的发挥，那么政府的公共性就会无从谈起。行政"经济人"的假设，是西方行政监督理论的前提假设。行政"经济人"的假设，其具体理论形态多种多样，比较突出的有公共选择学派的政府垄断理论、克鲁格曼的政府"寻租"理论等。这些理论为行政监督提供了理论基础和依据。

总之，无论是主权在民的思想，还是分权制衡的思想，抑或是行政"经济人"假设理论，它们不仅为行政监督提供了理论支持，蕴含了行政监督的必要性，而且还为行政监督的具体展开和运行提供了理论上的引导，使行政监督效率大大提高。

三、西方国家行政监督机制构成要素及特点

人类历史进入20世纪以后，尤其是二战以来，在西方国家立法、司法、行政三权分立的权力关系体系中，行政权力不断膨胀，行政人员急剧增加，行政职能不断扩展，有学者将其概括为"现代行政现象"和"行政国家"的兴起。随着现代国家行政权的膨胀及行政腐败现象的有增无减，各国相应采取了各种措施加强对行政权的制约和监督。在西方国家中，其监督机制构成及特点对我国行政监督体制创新具有一定的启示作用。

（一）西方国家行政监督机制构成要素

1.立法行政监督

监督政府是西方议会一项重要的传统职能。它主要分为被动的和主动的立法监督，前者主要是指议会的审批权，它主要是对政府提出的预算方案、人事任免方案等按照一定的方式、程序和标准进行审查核实；后者主要是指议会用质询、嗣查弹劾、投不信任票等方式来监督政府。

2.司法行政监督

司法行政监督主要是指有司法功能的权力主体运用一定的司法手段和遵循一定的司法程序来对行政主体进行的监督。西方司法机关主要的监督方式有两种：违宪审查监督和行政诉讼监督。违宪审查监督是指特定的机关对行政机关所制定的行政规章进行合宪性审查。行政诉讼监督是指由于国家行政机关公职人员在执行公务时的违法行为损害了公民的合法权益，该公民依法请求有关国家机关予以撤销或制止这种违法行为，以及有关国家机关依法按人民的请求审理并作裁决，从而对行政机关形成监督的制度，它是司法监督和社会监督的结合点。

3.利益团体及舆论监督

西方各国社会中都存在着各种各样的利益集团，他们有着特定的利益要求和价值取向，为了实现自己的利益最大化而向政府施加影响，以便使政府的决策有利于自身的特殊利益。西方社会中存在的反对党或在

野党，他们不仅在大选中抨击执政党的内外政策，而且在平常尽量收集执政党的"黑材料"，寻觅执政党的政策失误和各种丑闻，为自己的党派执政奠定群众基础。各种各样的利益集团和反对党、在野党的存在，必然对执政党政府产生强有力的约束力。这些利益集团和反对党往往与新闻媒体有着千丝万缕的联系，新闻媒体的独立性、广泛性、时效性以及追求新闻效应的爆炸性往往使之成为政治斗争或党派斗争的工具。新闻媒体往往能与掌握着政治权力的三个部门相抗衡，它通过对行政事务全方位的报道、新闻调查，轻则使违法的官员陷入困境，重则使其身败名裂、不得不退出政治舞台。新闻媒体具有动员民众的实际能力，它对行政官员具有一种无形的约束力。

4.行政监察

行政监察是在行政机关内部专门设立机构对行政机关及其人员进行监督的一种制度。这种内部监督制度的建立，有效地解决了行政监督信息不对称的"行政黑箱"和监督"盲区"问题，而专业行政监察人员可以驾轻就熟地找出问题。所以，西方各国纷纷建立起行政监察机构并且赋予他们很大的独立性，如德国在各部中设立"惩戒委员会"，法国在中央政府各部中设立"监察团"，美国在政府各部中设立"监察长办公室"，等等。

（二）西方国家行政监督体制的特点

1.立法严格，法制完备

西方的行政监督制度是市场经济与民主政治发展的必然产物。市场经济的法制内涵和民主政治的宪政保障就使行政监督成了必然，同时也把行政监督纳入到了法制化的轨道。所以，西方各国都注重在行政监督方面的建章立制，如美国的《涉外贿赂法》，德国的《联邦官员法》和《纪律惩戒法》、英国的《防止贪污法》和《文官守则》等。行政监督的法制化，把各种监督主体的地位、职责、权限和权力行使的方式、程序等用明确的法律规定下来，增强了行政监督的权威性、明确性，这样大大增强了行政监督的可预见性，从而达到威慑犯罪分子、规范监督行为、约束政府行为的目的。

2.监察结构独立性强

行政监督是一种权力对另一种权力的监督和制约，如果监督主体的经费来源、人事任免权等掌握在监督客体的手中，对监督客体就有很强的依附性，如果监督的主客体错位，或监督主体、客体两位一体，那么行政监督就会流于"空泛"。西方的三权分立的政治架构为立法行政监督、司法行政监督等监督机构的独立性提供了宪政保证，即便是行政监察机构也给予了很大主动权和独立性。例如，美国各部的监察长由总统任命，参议院批准，直接对总统负责。因此，只有监督主体机构具有独立性，才能产生权威性，才能使监督主体对监督客体处于一种超然的位置，才能产生监督的威慑性。

3.西方国家行政监督体制由被动监督转向主动监督，即预防为主

要实现有效的行政监督，一个重要的前提条件就是监督主体有足够的被监督方面的信息。监督主体不知道政府在做什么，就不可能及时发现错误并予以纠正，这就要求让"阳光普照政治体制"。美国国会在1977年制定了"置政府于阳光之下法"，要求联邦政府属下的50多个委员会和机构的会议公开举行，因某种理由可以举行秘密会议，但这些理由须得到首席法律官员或法律顾问的认可。英国的行政申诉专员提交给议会的报告要经过议员的"过滤"，即由议员决定是否经新闻界向社会公开。在瑞典，由申诉专员提交的案子或报告，新闻界能够及时获悉，并将此详细刊载。

4.西方国家行政监督形式是多元化的

西方国家行政监督形式是多元化的，其主要表现形式为：首先，西方国家行政监督审批权与使用权是分离的。其次，新闻媒体被称为第四部门权力，是因为有"新闻法"。法律赋予他们的权力表现为：一是对政府行为进行监督；二是对新闻记者行为进行规范，追究法律责任。例如，在芬兰，建立和完善了自下而上的公民监督，设立了法律指导委员会，免费为公民行使权利提供法律咨询，任何公民、媒体都有权向行政及司法部门调阅政府官员的工资收入、纳税情况等。最后，民众监督渠道的通畅，行政机关及其人员处在无时不有、无处不在的监督之中。在瑞士，国家通过制定各种规章制度、法律，促进公民直接参政，让公民享有更多的知情权和监督权。

严密的权力监督体系限制官员的肆意妄为

不少西方国家对公务员的公务行为有严格的规定和要求，并有严格的内部监督机制。在美国，行政部门的内部监督主要包括行政监察、行政复议和行政审计等制度。法国对公务员行为的监督主要由人力资源部驻各部的纪律检查委员和行政行为实施人的直接上级共同承担，如果行政行为违法，上级要负连带责任；公务员的行为超出了行政监督的范围或者触犯了法律，由司法部反贪总局驻各部的监督员负责调查，由驻部检察官向民事或刑事法院起诉。

这些国家不仅对公务员的公务行为有严格的要求，而且还要求他们加强修养，注重形象。英国规定，公务员在办公期间态度要庄重大方，服饰要朴素整洁。瑞士规定，公务员无论对上级、对同事或对下属都应讲究礼貌。日本规定，公务员不得损害其职务信用，或者出现有损全体公职人员名誉的行为。有些国家还要求公务员不得大声吵闹，对于不同意见要克制委婉，不得公开发表与政府不同的意见。

为了防止大小官员营私舞弊、行贿受贿，许多国家都颁布严格的法律法规约束公职人员的行为。这些法律法规覆盖公务员社会活动的各个领域，一般都包括：禁止经商；限制兼职；禁止受贿；申报财产。新加坡对公务员的政治行为、工作纪律、言行举止做了具体规定，并严格执行。新加坡以严刑峻法著称，被查出有问题的官员，除了会受到严厉的惩罚，以后也很难在社会上找到相应的工作。由于新加坡法律具体严密而且执法极为严格，新加坡人都非常守规矩，在外国人看来，他们完全就是"循规蹈矩"。

社会舆论是监控权力的有效力量。在西方，当官有一个形象的说法，叫作"从事公共事务"。既然从事公共事务，就顺理成章地成为公众人物。这意味着，官员和演艺明星一样，必须时刻接受公众和媒体的审视与监督。在国外，官员当众动怒甚至动粗，正是媒体求之不得的"好料"，而且很容易被政治对手所利用。所以，少有人不约束自己的言行而肆意妄为。

资料来源：熊光清. 西方国家防范官员"任性"有招 [J]. 人民论坛，2015（5）.

第三节　中国的行政监督制度及其完善

一、中国的行政监督制度

（一）当代中国行政监督体制的形成与发展

1949年中华人民共和国的成立，是当代中国行政监督体制产生、形成与发展的现实起点。至此，中国的行政监督制度进入了一个新的发展阶段。

1.中华人民共和国行政监督体制的建立

中华人民共和国成立初期至20世纪50年代末，中国行政监督体制的建立，大体上可分为形成和调整两个阶段。1949年至1954年是行政监督体制基本格局的形成期。在此期间，逐步建立了中央和地方各级人民监察委员会，人民检察机关等监督机构。颁布了《中华人民共和国中央人民政府组织法》《政务院人民监察委员会试行组织条例》等法律、法规，对国家行政监督机构的法律地位、组织机构、职权职责、监督方式等作了较为明确的规定，这标志着行政监督体制的基本形成。1954年至1959年是行政监督体制的调整时期。在此期间通过了《中华人民共和国宪法》《中华人民共和国国务院组织法》《中华人民共和国检察院组织法》等法律、法规。宪法明确赋予了人民代表大会及其常务委员会对国家行政机关及其工作人员的监督权，各级政府内部的监督机构、各级人民检察院也根据当时国家政权建设和经济建设的需要，对自身的机构设置、领导体制、任务职权、监督方式等方面作了适当的调整和完善，确立了国家权力机关、行政监察机关、检察机关对行政机关及其工作人员的监督以及党的纪律检查机关的党纪监督和人民群众的民主监督，初步建立了国家的行政监督体制。

2.中国行政监督体制的恢复与发展

从20世纪60年代开始，由于种种原因，撤销了监察机构，从中央到地方的行政监督工作都受到了削弱。党的十一届三中全会以来，我国开始进入以经济建设为中心的新的发展时期。国家的政治经济生活逐步走向正常，率先建立了各级党委领导下的纪律检查委员会。纪检部门的产生方式进一步改进，其地位得到了进一步提高。国家权力机关的行政监督主体地位在 1978 年宪法中重新得到确立，1982 年宪法重新明确了全国及地方各级权力机关的监督权限。同时，国家检察机关也得以恢复，但不再行使对行政机关的一般监督权。另外，根据 1982 年宪法，国家设立了审计机关，实施审计监督。1983 年 9 月，国务院审计署正式挂牌。此后，地方县级以上各级人民政府也相继成立了审计部门。在这期间，国家监察机构的建制也得到了恢复和确立。1986 年 11 月 27 日，第六届全国人大常委会第十八次会议通过了《关于设立中华人民共和国监察部的决定》，这是完善我国行政监督体制的一项重大决定。行政监察机关的重新组建、审计机关的设立、国家监察机关地位的重新肯定以及党的各级纪律检查委员会的恢复，使中国行政监督体制得以重新建立并逐步得到加强。特别是党的十四大以后，为了适应新的形势发展的需要，中共中央决定党的纪律检查机关和国家行政监察机关开始合署办公，这样更有利于行政监督的顺利开展，提高监督的实效性。通过上述改革，我国行政监督体制得到了进一步的发展，目前已经形成了比较系统的具有中国特色的行政监督体制。中央政府部门要求地方各级行政机构和人员要加强自身监督和自觉接受外部监督。例如，2016 年政府工作报告指出："深入推进政务公开，充分发挥传统媒体、新兴媒体作用，利用好网络平台，及时回应社会关切，使群众了解政府做什么、怎么做。各级政府要依法接受同级人大及其常委会的监督，自觉接受人民政协的民主监督，接受社会和舆论监督，让权力在阳光下运行。"2019 年政府工作报告指出："各级政府要依法接受同级人大及其常委会的监督，自觉接受人民政协的民主监督，主动接受社会和舆论监督，让权力在阳光下运行。政府干的，都应是人民盼的。""加强廉洁政府建设，一体推进不敢腐、不能腐、不想腐。强化审计监督。政府工作人员要自觉接受法律监督、监察监督和人民监督。"

（二）中国行政机关外部监督体系

现阶段我国行政监督由行政外部监督体系和行政内部监督体系两部分组成。行政外部监督是指行政机关以外主体的监督，为保证行政工作的合法性、合理性以及以社会效益为中心，而对行政机关及其工作人员所实施的监督。在我国，行政外部监督主要包括：权力机关的监督、政党组织的监督、司法机关的监督以及社会监督。

1.权力机关的监督

权力机关的监督又称立法监督，是指各级人民代表大会及其常务委员会对国家行政机关及其工作人员所实施的监督。人民代表大会的监督具有最高的法律效力，具体包括法律监督和工作监督两种形式。法律监督指针对行政机关执行《宪法》、法律、行政法规和地方性法规情况的监督；工作监督是指针对行政机关执行人大决议、决定情况的监督。根据我国《宪法》、有关组织法和人大及其常务委员会议事规则以及多年来全国和地方各级人大行使监督权的实践，我国权力机关对政府进行监督的内容和方式主要有：

（1）检查行政机关及其工作人员执行贯彻《宪法》、法律、法规和各项大政方针的情况。具体内容包括三个方面：

①通过立法，规定政府职能机构设置、权力界限和行政活动的原则、程序等，将行政管理活动控制在法律、法规允许的范围之内；

②监督各级行政机关贯彻执行《宪法》、法律、法规情况；

③依法改变或者撤销行政机关制定的同《宪法》、法律相抵触的行政法规、行政规章和地方政策以及不适当的法律性文件、决定、指定和命令等。

（2）听取和审议政府工作报告。这一般包括三个层次：人民代表大会听取和审议政府的全面工作报告；人大常委会听取和审议政府某一方面的专题报告；人大专门委员会听取和审议政府某一方面的专题报告。权力机关通过听取并审议政府工作报告，全面、客观地审查、评价政府的决策及其实施结果，肯定成绩，提出批评和建议，督促政府各部门改进工作，提高行政效率。

（3）行使对行政机关的人事监督权。我国《宪法》规定，全国人民代表大会有权罢免国务院总理、副总理、国务委员、各部部长、各委员会主任、审计长、秘书长。《中华人民共和国地方各级人民代表大会和地方各级人民委员会组织法》规定，地方各级人民代表大会有权罢免本级人民政府的组成人员。

（4）审查和批准政府的国民经济和社会发展规划、预算以及执行情况的报告。监督财政权在各国立法机关的诸多权力中历来占有重要位置。在我国，作为国家权力机关的各级人民代表大会，也将审查批准国家或者地方预算执行情况的报告，作为自己的重要职权和监督行政机关的有效方式。权力机关通过对预算及其执行等情况合法性、合理性和科学性的审议、评价，决定批准与否，以实现对政府的控制，并通过审议执行情况报告，检查行政行为是否合法、适当，并对政府工作作出评价。

（5）对行政机关及其主要负责人提出质询和询问。质询是指人民代表在人大会议或者常委会会议期间，依据宪法和法律规定，以书面形式对行政机关的工作提出质问，并要求被质询机关在法定时间内以法定的形式进行答复的活动。质询一般针对行政管理中重大问题的决策失误或者其他重大过失。通过质询，人民代表可以了解、检查政府的工作情况，对其工作中出现的问题、过失提出质疑，追究责任，并予以处罚，或者纠正已经作出的违法失职的行政行为，从而达到对政府机关进行监督的目的。询问是指人民代表大会审议议案的时候，代表可以向有关政府部门就工作的某些情况提出问题，并要求有关部门派人进行说明。通过询问，人大代表可以更好地了解情况，最后实事求是地通过或者否决议案。

（6）视察和检查政府工作，组织对特定问题的调查。人大代表通过视察和检查了解政府的工作情况，对《宪法》、法律、法规的贯彻情况进行了解，并对政府的工作提出建议、批评和意见，督促政府改进工作。同时也可以为在会议上审议议案，制定和修改法律等重大问题做准备。组织人大代表对政府工作进行视察和检查，是国家权力机关发挥监督作用的一种重要形式。另外，按照《宪法》的规定，全国人大及其常务委员会认为必要的时候，可以组织针对特定问题的调查委员会，并根据调查委员会的报告，作出相应的决议。《中华人民共和国地方各级人民代表大会和地方各级人民委员会组织法》也作了类似规定。

（7）受理人民来信、来访、申诉和控告。权力机关通过接受人民来信、来访，受理公民对行政机关及其工作人员违法、失职、侵权行为的申诉、控告和检举，可以及时地发现行政机关工作中存在的问题，并督促行政机关予以纠正，以维护人民群众的合法权益。

2.政党组织的监督

我国实行的是共产党领导下的多党合作和政治协商制度。我国的政党除了执政的中国共产党之外，还有八个参政的民主党派。目前我国政党组织对行政机关及其工作人员的监督分为执政党的监督和参政党的监督。

（1）执政党的监督。

从监督主体而言，党对行政管理活动的具体监督形式有以下三种：

①中央和地方各级党委的监督。中央和地方各级党委的监督主要是指党的中央和地方各级党委应该经常地、认真地、系统地对国家和地方行政机关执行党的路线、方针、政策和国家的《宪法》、法律、法规的情况进行检查和督促，及时发现问题并加以指导。

②党的基层组织的监督。党的基层组织应该对包括行政负责人在内的每一个党员在行政管理各个方面的情况进行监督，协助行政领导改进工作，提高效率，克服官僚主义，并把了解到的情况及时通知行政负责人或者报告给党的上级组织。

③党的各级纪律检查委员会的监督。党的纪律检查委员会对行政的监督主要是对行政机关中的党组织和行政工作人员中的党员进行经常性的监督，检查其执行党的路线、方针、政策和国家法律、法规的情况，接受人民群众对其违法乱纪行为的控告和申诉，并作出相应处理。

（2）参政党的监督。

在我国，参政党对行政的监督，指的是八个民主党派对国家行政机关及其工作人员的监督。各民主党派对行政实行监督的主渠道是中国人民政治协商会议全国委员会（简称全国政协）和地方各级委员会（简称地方政协）。具体说来，我国各民主党派监督行政的主要方式有：

①参与重要事务的讨论。民主党派中的政协委员可以根据自己的专长和经验，对国家事务和地方事务提出意见和建议，并反映本党成员意见，从而对国家行政机关和地方国家行政机关及其工作人员的活动进行监督。

②视察、参观和调查。全国政协和地方政协通过组织政协委员到各地组织视察、参观和调查了解情况，就各项事业和群众生活的重要问题进行研究，向国家行政机关提出建议和批评。

③参与社会协商对话。执政的中国共产党通过邀请民主党派的人士开会，通报情况，征求意见，对国务院草拟的将提交全国人大审议的重要文件和国务院组成人员的调整意见进行讨论。这种做法实际上是社会协商对话的一种形式，是参政党对国家行政机关进行监督的有效办法。

④监督在行政机关中工作的本党成员。行政机关工作人员有一部分是民主党派成员，各民主党派要对他们实行监督。民主党派发现在国家机关工作的本党成员有违法、失职行为的，应通过本党党纪对其进行约束，并通过一定方式建议有关国家机关对其作出相应处理。

▸▸

专栏7-2

八项规定既是"紧箍咒"，更是"安全网"

2016年是落实中央八项规定的第4个年头，我们欣喜地看到，认真落实中央八项规定精神，已经使作风建设常态化、制度化。八项规定对于端正党风、整饬政风、改进作风有重大意义。习近平同志在十八届中央纪委六次全会上的讲话中强调："完成历史使命，战胜风险挑战，必须管好党、治好党，确保党始终成为中国特色社会主义事业的坚强领导核心。"领导干部牢固树立纪律和规矩意识，是带头严守纪律、严明规矩的前提，是保证全党令行禁止、集中统一的关键。事实上，八项规定既是"紧箍咒"，更是"安全网"。

八项规定是"紧箍咒"，纪律严明才能肃清风。心中无纪，就会滑向万丈深渊；心中有纪，才能走得平稳踏实。违法往往始于违纪，纵观周永康、徐才厚等落马官员的贪腐之路，无不是从钻制度空子、不守规矩开始。反之，人人称颂的模范干部往往也是纪律和规矩的捍卫者。焦裕禄、牛玉儒等优秀干部之所以成为共产党人争相学习的楷模，就是因为一辈子坚守规矩，忠于党、忠于国家、忠于人民，始终保持坚定的共产主义信念和旺盛的革命斗志，表现出一个党员干部对党的事业的无限忠诚和热爱。

八项规定是"安全网"，严管才是厚爱。平时加强管理，才能使党员干部少犯错误，才是对党员干部最大的爱护。八项规定看似给领导干部设定了许多条条框框，让他们"不自在"了，换个视角看，实则是给他们增设了"安全网"，因为这条条规定，禁的是铺张浪费，止的是公权滥用，防的是腐化堕落。规定之下，送礼的人少了，拒礼更加理直气壮了；潜规则消失了，明规则清晰了。正是这一张张看似"清规戒律"的"安全网"，让领导干部从迎来送往、觥筹交错中解脱，腾出时间精力去问民情、访民需、暖民心，为群众办实事；也正是这一张张道宛如"紧箍咒"的"安全网"，让领导干部从"会里会外""文来文往"中抽身，搞调研、接地气，作出的决策更契合实际。

对全党来说，良好的政治规矩是一笔无形资产；对党员干部个体而言，讲规矩是事业安全线和人生幸福线的"政治保单"。党员干部应理清身份和观念，守得住清贫、耐得住寂寞、抵得住诱惑，将各项规定内化于心，一事当前，多想想是不是符合规定，有没有超越边界，这既是对自身的约束，更是对自我的保护。

资料来源：吴霞. 八项规定既是"紧箍咒"，更是"安全网"[EB/OL].[2016-11-29]. http://mt.sohu.com/20161129/n474422970.shtml.

◆◆

3.司法机关的监督

根据我国有关法律的规定，司法监督是指检察机关、审判机关依据国家法律的授权，对行政机关及其工作人员的违法行为和行政机关工作人员的职务犯罪行为，依照法律规定的程序进行的检查、审判，以纠正行政机关的违法行为，惩罚职务犯罪，保障依法行政，保护公民、法人以及其他组织合法权益的活动。其最大特点是解决行政机关具体行政行为的违法问题，直接产生法律效果。它主要包括以下几个方面。

（1）检察机关的监督。

检察机关对行政的监督，是指我国各级人民检察院按照法律规定的内容和范围，对国家行政机关及其工作人员是否遵守国家法律所实施的监督。目前我国检察机关监督行政的主要形式有：

①侦察监督。人民检察院的侦察监督是指对侦察机关的侦察活动是否合法所进行的监督。具体地说，侦察监督是对公安机关、国家安全机关以及人民检察机关等侦察部门，从立案侦察到侦察结束的整个侦察活动是否合法进行的监督。我国检察机关主要从事实、法律、程序等三个方面对公安机关和国家安全机关的侦察活动是否合法进行监督。

②监管工作监督。监管工作监督是人民检察院依照国家法律和法规

的规定，对刑事案件判决、裁定的执行和监狱、看守所、劳动改造等机关的活动是否合法进行的监督。

③对国家行政机关工作人员利用职务犯罪的监督。我国各级人民检察院都分别设有刑事检察、法纪检察、监所检察、经济检察等部门，这些机构在各自的范围内，可以依法对包括国家行政机关工作人员在内的国家工作人员利用职务进行的犯罪进行检察，并向审判机关提起诉讼，使犯罪行为受到法律制裁。

（2）审判机关的监督。

审判机关对行政的监督是人民法院通过行使审判权对国家行政机关及其公务员实施的法律监督。具体来说，审判机关监督行政有如下几种主要方式：

①监督行政机关行使行政处分权的活动。按照我国法律的规定，行政机关在行政管理活动中有权对各种行政事务作出处理决定，对违反行政法规的行为人有权予以行政处罚；公民或法人不服行政机关的行政处罚或处理规定，有权向法院提起诉讼，人民法院应当依据法律的规定受理这类案件，监督行政机关正确行使行政处分权。

②监督行政机关参与的各种民事活动。根据法律规定，行政机关可以作为法人参加民事活动。人民法院在民事审判中通过审理一方是或双方都是行政机关或行政机关工作人员的案件，对行政机关及其工作人员进行监督。

③监督行政机关作为经济法律关系的主体所进行的各种活动。根据法律规定，行政机关可以行使自己的职权，履行自己的职责，人民法院通过审理各种经济案件，对行政机关作为经济法律关系主体所从事的活动进行监督。

④司法建议。人民法院在审判活动中如果发现行政机关在管理制度、管理方法等方面存在问题，可以向有关的行政机关及其上级主管部门提出完善制度、加强管理以及惩处违法行政机关工作人员的建议。

⑤查处行政机关及其工作人员的违法犯罪活动。

4.社会监督

社会监督是指各种社会力量和社会公众对国家行政机关及其工作人员实施的监督，一般包括社会团体和社会公民对行政的监督，各种社会团体和社会组织对行政的监督以及新闻媒体对行政的监督。

（1）公民的监督。

公民对国家行政的监督，直接体现了我国国家政权的性质。在我国，公民监督行政的方式可分为直接监督和间接监督两种类型。直接监督，即公民直接向有关的国家机关提出批评、建议、申诉、控告、检举等。间接监督，即公民通过人民代表、社会组织、企事业单位、新闻媒体等对国家行政进行监督。具体来讲，我国公民监督行政的方法主要有以下几种：

①通过信访对国家行政进行监督；

②通过人民代表、政协委员向行政机关提出批评、建议；

③就行政机关发生的侵权行为向人民法院提起诉讼；

④就行政机关侵权行为提出申诉。

（2）社会团体的监督。

社会团体是政府联系人民群众的桥梁，他们最了解群众的要求和愿望，能更好地表达和维护各自代表的群众的具体利益。社会团体的监督是指通过工会、共青团、妇联等人民团体和居民委员会、村民委员会及其所属的人民调解委员会、治安委员会、公共卫生委员会等基层群众性组织对行政机关及其工作人员进行监督。具体来说，这种监督主要包括以下几个方面：

①监督行政机关制定行政法规和行政措施的活动；

②监督行政机关的行政管理活动；

③对行政机关及其工作人员提出批评建议。

（3）新闻媒体的监督。

新闻媒体的监督又称社会舆论的监督，即通过报刊、电视、广播、互联网等大众宣传媒介对行政机关及其工作人员所进行的监督。这种监督起着其他监督形式无法替代的作用，它具有信息公开迅速、信息量大、覆盖面广泛等特点，一旦与其他监督机构相配合，就能形成广泛的影响和巨大的社会冲击力。在我国，宣传媒介既是政府与广大人民群众相互沟通的主要渠道，同时又是对政府机关及其工作人员的有效监督形式。这种监督通常采取的方式有：采访、报道、刊登群众来信、发表评论等。

（三）中国行政机关内部监督体系

行政机关内部监督是指以提高行政效率为中心的国家行政机关内部上下级之间的监督以及行政系统内部专设的行政监察机关和审计机关对行政机关及其公务人员的监督，它属于行政机关的自我监督。在我国，行政内部监督可以分为国家行政机关内部一般的行政监督、专门的行政监督和审计监督。

1.一般的行政监督

一般的行政监督指的是行政内部的上下级之间的相互监督，主要是指根据民主集中制原则组织起来的具有国家行政隶属关系的行政机关之间发生的一种监督形式。按照监督主体与客体的关系可分为：上级行政机关对下级行政机关的监督、下级行政机关对上级行政机关的监督以及平行行政机关之间的监督。

（1）上级行政机关对下级行政机关的监督。

这是一种自上而下的监督，包括上级行政机关对下级行政机关权力的行使所实行的监督，以及行政机关内部，行政领导人对其下属工作人员的行政管理活动遵守法律和制度情况所实行的监督。根据我国《宪法》和有关地方组织法的规定，国务院统一领导各部、委，有权改变下属各部、委发布的不适当的命令、指示和规章，改变或撤销地方各级行政机关的不适当的决定和命令。县以上的地方各级人民政府领导和监督所属各部门和下级政府的工作，并对设在本辖区内不属于自己管理的国家机关进行监督，向上级人民政府负责和报告工作。上级人民政府有权改变或撤销所属各工作部门和下级人民政府不适当的命令、指示。

（2）下级行政机关对上级行政机关的监督。

这是一种按照民主集中制原则实施的自下而上的监督。各级国家行政机关的重大决策和措施，都是在实行广泛民主的基础上作出的，在决策过程中，下级行政机关有权提出意见和建议，在具体实施过程中，下级行政机关仍有权反映有关情况，提出意见、建议和批评。这种自下而上的监督是与我国行政管理民主化的要求相适应的。

（3）平行行政机关之间的监督。

这是一种在互不隶属的国家行政机关之间，因为业务关系而实施的监督，即政府职能部门就其主管部门的工作，在自己职权范围内对其他同级部门实行的监督。例如，国家财政部门就其所主管的国家财政收支，对各部委、各地区实施的监督；市场监管、税收、物价、卫生等政府职能部门就其管辖的行政事务或开展正常行政活动时所涉及的对其他的同级部门的监督。

2.专门的行政监督

专门的行政监督指政府设立专门机关对所有部门的行政工作实行专业性的监督，主要是指独立行使职权的监察机关和审计机关对国家行政机关及其公务员的监督。我国目前专门的行政监督主要有行政监察和审计监督两种监督形式。

（1）行政监察。

行政监察是行政机关内部监督的主要形式，是指国家行政组织内部设立的监察部门对其他行政机关和行政人员实行的监督、纠察和惩戒。其目的在于保证政令畅通，维护行政法律，促进廉政建设，改善行政管理，提高行政效能。各级监察机关为了行使监察职能，需要履行以下职责：

①检查国家行政机关在遵守和执行法律、法规和人民政府的决定、命令中的问题；

②受理对国家行政机关、国家公务员和国家行政机关任命的其他人员违反行政纪律行为的控告、检举；

③调查处理国家行政机关、国家公务员和国家行政机关任命的其他人员违反行政纪律的行为；

④受理国家公务员和国家行政机关任命的其他人员不服主管行政机关给予行政处分决定的申诉，法律和行政法规规定的其他由监察机关受理的申诉，以及法律、行政法规规定的其他由监察机关受理的申诉；

⑤法律、法规规定由监察机关履行的其他职责。

（2）审计监督。

审计监督主要是指国家专门审计机关依法对国务院各部门和地方各级政府的财政收支、财政金融机构和企事业单位的财政收支和经济活动依法进行详细周密的审核和检查。就这些单位财政收支的真实性、准确性、合法性、合理性和经济状况作出实事求是的分析、评价和总结，并在此基础上作出支持合法行为、抑制和处理非法行为的决定。目前政府审计监督主要包括3个方面：

①财政合规性审计，主要任务是审计财务管理和会计账目，查明财务管理工作是否符合法律和规章制度。

②绩效审计，主要任务是对政府管理活动的经济性、效率性和效果进行审计和评价，其范围包括政府经济活动的组织和管理系统的全部活动。

③党政机关领导干部经济责任审计，主要以领导干部所在单位的财政财务收支为基础，对领导干部任期经济责任的履行情况进行审查和评价，为组织人事部门选拔任用干部提供参考依据。

二、中国行政监督体系的完善

（一）中国行政监督存在的问题

我国的行政监督自中华人民共和国成立以来，特别是改革开放以来，已经形成有中国特色的行政监督体系。行政监督主要通过对行政决策、执行过程和执行结果进行监督检查，以提高政府行政效率，完善法治建设，建立廉洁高效的政府，为改革开放和社会主义现代化建设服务，并在推进行政管理规范化、法治化和科学化进程中发挥着越来越重要的作用。同时我们还要清楚地认识到，中国行政监督机制在很多方面还不够完善，与建设廉洁高效政府的目标，与社会主义现代化建设的要求，仍有很大差距，具体表现如下面所述。

1.行政监督体制多元无序造成监督上的空白或重叠

我国的行政监督体系繁多，各类行政监督体系在运行机制上缺乏应有的沟通和有机协调，整个行政监督系统群龙无首，不能形成一定的关联结构，各自为政，甚至互相掣肘、彼此内耗，致使监督主体之间相互推诿或重复监督现象严重，对本部门有利的工作都争着做，对需要承担责任的工作都不愿做。这使行政监督工作难于真正落实，影响了行政监督的权威性和有效性，严重削弱了监督体系的整体机能。

2.行政权力过分集中给政府官员腐败埋下了祸根

我国行政权的运行采取集体领导和个人分工负责相结合的机制，在权力运行中，"家长制"的现象十分严重，一般来说是"一把手负责全面工作"，也就是说，一把手握有生杀大权。在权力的授予环节上，名义上为领导层集体讨论，从德能勤绩廉方面进行全面考核，但由于体制和组织人事制度等原因，实际上由某些个人左右的现象相当普遍。我国的国家权力虽有立法、行政、司法的分工，但缺乏权力的制约，使少数领导者权力过于集中，集体领导流于形式，这种失去制约的权力势必会导致腐败。

3.监督主体受制于监督客体使监督显得苍白无力

我国行政监察机构和审计机构等专门监督机构的设置，不是独立的与监督客体并列的关系，而是受同级行政机关和上级业务部门的双重领导；其负责人不是由党政领导人兼任，就是由党政机关实质性任命。监督机构附属型的隶属关系体制使监督主体在人事、财政等方面受制于监督客体，监督人员往往受制于长官意志，严重削弱了行政监督的权威性。现阶段行政监察部门与同级纪委合署办公，进一步限制了行政监察权的行使。监察机构缺乏实施监督职能所必需的权力与权威，在实践中较少发挥监督作用。

4.人大监督的力度需要进一步提高

在我国，各级人民代表大会及其常务委员会是最高权力机关，也是最高监督机关，对一切国家机关及行政人员均有监督权。如果人民代表大会制度的有关职能不能充分发挥、发生流于形式问题，加之有的人大代表本身是官僚，就可能使监督缺乏权威和力度。

5.行政人员自律意识不强

行政人员的个人素质和行政能力参差不齐，有些行政人员甚至行政领导思想认识不到位，监督意识淡薄，疏于监督或被监督，把升官看作揽权与发财的捷径，将为人民服务的宗旨束之高阁。

6.行政权缺乏责任追究的法律规定

现实中，权力和责任相分离，对权力行使主体如何对自己的权力行为承担责任、义务缺乏明确的规定。现实监督中遇到的一些问题不得不先向上级请示，最终以领导人的讲话、批示、答复为依据，夹杂着浓厚的人治色彩。

（二）中国行政监督体制的发展趋势与完善

党的十八大六中全会审议通过了《中国共产党党内监督条例》，并提出："监督是权力正确运行的根本保证，是加强和规范党内政治生活的重要举措。必须加强对领导干部的监督，党内不允许有不受制约的权力，也不允许有不受监督的特殊党员。要完善权力运行制约和监督机制，形成有权必有责、用权必担责、滥权必追责的制度安排。党的各级组织和领导干部必须在《宪法》和法律范围内活动，决不能以言代法、以权压法、徇私枉法。对涉及违纪违法行为的举报，对党员反映的问题，任何党组织和领导干部都不准隐瞒不报、拖延不办。涉及所反映问题的领导干部应该回避，不准干预或插手组织调查。"另外，"各级党委应当支持和保证同级人大、政府、监察机关、司法机关等对国家机关及公职人员依法进行监督，人民政协依章程进行民主监督，审计机关依法进行审计监督。要支持民主党派履行监督职能，重视民主党派和无党派人士提出的意见、批评、建议。要认真对待、自觉接受社会监督"。权力监督在依法治国和建立法治社会过程中日益重要，且对公共权力的监督出现了新局面：从依靠伦理和道义到越来越倚重法律规范；全面监督和重点监督相结合，政党的监督作用逐步突出；新闻舆论监督日益显露出强大的威力。同时，近年来政府工作报告还提到政府自觉接受人大的监督，主动接受人民政协的民主监督，多种形式征求社会群众意见，还提出了强化政府层级监督，推行行政问责制度和政府绩效制度，提高政府工作透明度的新的监督思路。要坚持用制度管权、管事、管人，建立健全决策权、执行权、监督权既相互制约又相互协调的权力结构和运行机制。

对于上述行政监督中的许多现存问题，应该从理论和实践两个层面积极加以改革和完善，其中最主要的是以下几个方面：

1.加强总体协调，充分发挥整体监督效能

要使国家行政机关及其工作人员的行政行为和职务行为切实受到上下左右各方面的有效监督，使不同主体的监督体系各司其职、各负其责，使整个行政监督体制坚强有力，就必须明确规定各种监督体系之间的职能界限和层次关系，加强监督的总体规划和避免不同监督机制间的重叠、冲突和掣肘，增强和突出行政监督的整体合力和效能。

2.进行权力分解，避免权力过于集中

通过制定相应的法律制度和干部任免管理制度的配套机制，确保上下级能彼此限制对方越轨用权。建立权力的内部制约机制，使权力合理配置，分工科学，互相配合又互相制约，对人财物等容易发生腐败行为的权力进行合理分割，防止权力异化，防止"一把手"的专制。避免出现"不敢监督，不能监督"的情况。

3.加快行政监督的法治化

目前，完善社会主义监督机制，更需要使监督权从确立到行使的整个过程都应有一系列明确的法律规定，对各种监督的权限、范围、方式、程序等都应在法律上加以明确规定，使监督工作更加有理、有力。因此，要真正建立起司法权力独立的运行体制就必须确保行为前的法律控制，制定相应的行政监督法规，使各类行政监督具有明确具体的主体权限、法律依据、程序和手段，使行政监督由人治监督走向真正的法治监督，建立和完善法律制度。如我国急需出台监督法、公职人员个人财产申报法等配套法律。通过修改《宪法》，进一步完善行政法，防止国家工作人员把职权当个人特权，以权谋私。另外，加强对行为过程中的法律控制和行为后的法律控制也是完善法治监督的重要内容。

4.充分发挥人大的作用，强化群众监督意识

人大的监督权从根本上说是人民当家作主的权力，是人民行使管理国家权力的重要体现。完善人大各种形式的监督机制，发挥质询、弹劾、审查、撤销等监督形式的作用。加强行政人员和人民群众的监督意识，提高政府行政行为的公开性和透明度，创造条件使社会各界能切实参与行政监督活动。建立健全各种监督制度，为民主党派、普通百姓和社会各界参与监督提供正常渠道和权益保障，以调动方方面面参与监督的积极性、自觉性和主动性。形成一个从中央到地方的国家监督体系，上可监督党和国家领导人，下可监督一般党员干部，形成一个独立并具有强大威慑力的监督体系。

5.强化新闻媒体的监督作用

新闻媒体的舆论监督对腐败分子有着相当的威慑力，是揭露、鞭挞腐败的有力武器。应制定新闻媒体监督法规，确保报刊、广播、电视、网络等媒介对腐败现象的公正曝光权不受行政干预，不受经济利益的影响。

加强行政监督是权力在阳光下运行的重要保证，探索建立和健全行政监督体制，将使公民的权利得到更有力的保障，使行政权力得到更为有效的控制，使行政权力的滥用和腐败受到有效的遏制，这对维护社会

稳定、建立和谐社会、建设阳光政府、建设廉洁政府具有重要作用。在社会主义初级阶段，在计划经济向市场经济转变的社会转型期，行政监督效率高、成本低，具有其他监督所没有的优势，其地位和作用是无可替代的。

思政课堂

如何破解一把手监督和同级监督难题

各级领导班子一把手是"关键少数"中的"关键少数"。党的十九届四中全会指出，重点加强对高级干部、各级主要领导干部的监督，完善领导班子内部监督制度，破解对一把手监督和同级监督难题。

※上级一把手对下级一把手的监督最管用最有效

中办印发的《党委（党组）落实全面从严治党主体责任规定》明确要求，党委（党组）书记对下一级党委（党组）书记，发现存在苗头性、倾向性问题的，应当及时进行提醒谈话；发现落实全面从严治党责任不到位、管党治党问题较多、党员群众来信来访反映问题较多的，应当及时进行约谈，严肃批评教育，督促落实责任。"从实践来看，对各级一把手来说，党组织自上而下的监督最直接权威，尤其是上级一把手对下级一把手的监督最管用、最有效。"上海市纪委监委有关负责人告诉记者，上级一把手的评价、看法、意见，对下级一把手有着重要影响。上级党组织多设置一些监督"探头"，注意从巡视巡察、审查调查、审计司法、信访举报等渠道发现问题线索，及时核查处置，就能有效加强对下级一把手的监督。上级一把手多了解下级一把手日常的思想、工作、生活状况，多注意干部群众对下级一把手问题的反映，多听取下级领导班子成员对一把手的意见，对下级一把手来说就是有力的监督。

※纪委以专责监督协同配合党委全面监督

各级纪委是党内监督的专责机关，承担着"加强对同级党委特别是常委会委员、党的工作部门和直接领导的党组织、党的领导干部履行职责、行使权力情况的监督"等具体任务。强化同级监督，各级纪委要联系责任担当、把自己摆进去，以专责监督协同配合党委（党组）全面监督，形成发现问题、纠正偏差的有效机制和监督合力。

强化对同级党委特别是常委会委员履行职责、行使权力情况的监督，首先要管住"关键少数"的权力。加强纪委对同级党委特别是常委会委员履行职责、行使权力情况的监督，必须精准发现问题，奔着问题去。

资料来源：杨文佳. 如何破解一把手监督和同级监督难题［EB/OL］.［2020-07-26］. https：//www.ccdi.gov.cn/toutiao/202007/t20200726_222656.html. 节选.

【思考】与西方国家相比较，我国行政监督体系的独特之处在于什么地方？

关键概念

行政监督　行政监察　审计监督

复习思考题

一、单项选择题

1.在自由资本主义时期，自由竞争成为经济活动的最高原则之一，政府充当着（　　）的角色。

A.管制者　　　　　　　　　B.合作者

C.守夜人　　　　　　　　　D.参与者

2.提出国家干预经济理论的代表性学者是（　　）。

A.凯恩斯　　　　　　　　　B.布坎南

C.法约尔　　　　　　　　　D.哈耶克

3."主权在民"思想的代表性学者是（　　）。

A.甘地　　　　　　　　　　B.孟德斯鸠

C.哈耶克　　　　　　　　　D.卢梭

4.为（　　）是政府工作的出发点和归宿。

A.人民服务　　　　　　　　B.建成小康社会

C.民主和平   D.人民福祉

5.我国实行的是共产党领导下的多党合作和（   ）制度。

A.民主议事   B.政治协商

C.相互尊重   D.议行合一

二、多项选择题

1.我国现阶段的行政监督主体包括（   ）。

A.立法机关   B.审计机关

C.公民个人   D.新闻媒体

2.行政监督的作用是（   ）。

A.预防   B.矫正

C.评价   D.惩戒

3.行政外部监督主要包括：（   ）的监督、（   ）的监督、（   ）
的监督以及社会监督。

A.权力机关   B.政党组织

C.司法机关   D.民间团体

4.行政内部监督可以分为国家行政机关内部（   ）一般的行政监
督、（   ）专门的行政监督和（   ）审计监督。

A.一般性监督   B.专门性监督

C.审计监督   D.检察监督

5.人民代表大会包含各种形式的监督机制，发挥（   ）、（   ）、
（   ）、撤销等监督形式的作用。

A.质询   B.弹劾

C.审查   D.撤销

三、简答题

1.简述行政监督的含义及特征。

2.简述行政监督的作用。

3.简述西方行政监督理论。

4.简析当代中国行政监督体制。

5.简论中国行政监督的改革与完善。

第八章

财务行政

财务行政是政府有意识地利用各种财政政策和财政手段维持自身发展和保证社会经济稳定增长的过程。它既直接关系行政组织的存在、建设和发展，又是政府履行经济职能、对国民经济进行宏观调控的重要手段。

第一节　财务行政概述

一、财务行政的概念、特点

（一）财务行政的概念

与其他行政管理学的概念一样，对财务行政的解释也是多种多样的。**广义而言，所谓财务行政，即指政府对国家财政收支的有效管理、调整和监督，即国家理财的策略、程序和方法，它包括与财政活动有关的管理体制、管理制度以及预算、会计和审计等各项具体的管理方法和程序。** 狭义而言，财务行政是国家行政机关、党派和群众团体、企业事业单位，为完成本身工作所需要的行政经费进行的领拨、使用、管理和监督活动。本章所阐述的内容着重于广义的财务行政。

财政学同财务行政的研究对象、范围和重点是有区别的：首先，财政学偏重于从经济学的角度研究现存的财政收入的获得和财政支出的使用，探讨如何为建立合理的国民经济结构和社会结构，取得最大经济效益，不断满足人民的需要，从而对社会产品和国民收入进行有计划的分配和再分配。财务行政则研究如何建立一套科学的财政体制和制度，以便有效地利用财务手段管理社会公共事务。因此，财政学研究的是财政方面的实质内容，而财务行政则是研究财政方面的制度、体制、立法等形式，故国外学者将财政学称为实质的财政学，将财务行政称为形式的财政学。其次，研究的重点也不同，财政学是研究整个国家理财问题的学问，内容很广泛，如怎样开辟财源，如何征收赋税等；财务行政仅仅研究国家行政机构得以顺利工作的那部分财务的管理，如预算的编制、议定、审批、执行及监督管理等问题。

财务行政作为政府的一种主要职能，是随着国家的产生而产生的。在当今社会，财务行政的基本任务是筹集资金、分配资金、协调平衡和审计监督。财务行政不仅为国家管理提供物质保证，而且是促进精兵简政、提高行政效率的重要环节，同时也是监督国家财力的合理投放和使用、发挥其应有效益的有效手段，一切政务离不开财务就是这个道理。

（二）财务行政的特点

1.合规性

财务行政的每一个环节，在每一个历史时期的运行和操作都必须严格遵守国家的法律规范和财政政策的约束，任何单位和部门不得随意改变。

2.公益性

财务行政的公益性，指的是社会效益优先，并在此基础上，努力提高经济效益。这是行政管理学所研究的财务行政同企业管理学所研究的财务管理的根本区别。在市场经济条件下，企业财务管理以经济效益优先，在此基础上，兼顾社会效益。财务行政的核心是以社会各方面的平衡发展为目标，不以营利为首要目标。但这也并不意味着财务行政不注重经济效益，而是在优先考虑保持社会平衡发展目标的基础上，努力提高经济效益。

3.计划性

财务行政最主要的内容即预算，其最大功能即计划与指导。它将国家的行政费用按照需要与可能，统筹安排，综合平衡，合理使用，既保证增加积累，又保证公务人员与群众利益的增进。这种计划性实际上是行政控制功能的具体体现。

4.复杂性

财务行政涉及的范围十分广泛，层次多，类型复杂：有中央，又有地方；有权力机关，又有行政、司法机关；有事业单位，又有企业和社会团体；有全额预算单位，又有差额预算单位，需要结合不同单位的实际情况，制定各具特色的管理程序和方法。

5.绩效性

行政、事业单位不同于企业，其财务管理的终极目标是如何通过最小的服务成本的投入实现最优质的公共服务。从这个意义上来说，行政、事业单位财务管理具有着更强的社会使命。除了银行以及税务部门、政府之外，作为纳税人也与上述的组织机构具有同样对行政、事业单位公共绩效的监督权力。通过对现阶段行政、事业单位财务核算制度以及执行情况进行调查发现，其在实际工作中将重点偏向于资金收入、支出的核算，而较少对固定资产的使用以及行政、事业单位债务举借等方面的情况进行披露。所以，建立多样化的考核指标，将行政、事业单位的考核结果与职工的激励机制挂钩，与经济责任人的经济责任挂钩，甚至和社会责任挂钩，就可以合理有效地利用资源，并且使其发挥最大优势。

二、财务行政的职能及运行原则

（一）财务行政的职能

在市场经济下，市场时常出现一些不能自发、很好地调节经济，即"市场失灵"的情况，为了弥补或纠正这种状况，要求政府从多方面介入社会经济运行，通过法律手段、货币手段、财政手段等来调节市场，以达到社会资源配置合理、收入分配公平及经济稳定发展的目的。其中通过财务行政来纠正市场失灵，是其重要的手段之一。由此，筹集资金、配置资源、调节收入分配和宏观调控也就成为财务行政的四大职能。

1.筹集资金

由于国家政权机构、公益事业单位及其他行政组织本身并不创造物质财富，所以只能从社会分配中强制性地集中一部分社会产品维持其自身的存在。为维持和巩固国家机器的存在并发挥其在社会政治和经济生活中的控制、支配和调节作用，政府凭借政治权力在社会产品集中分配过程中无偿占有一定的社会资金。财务行政强化了国家政权机构的特殊地位和权力，这一职能本身在此过程中亦不断得到强化。

2.配置资源

财务行政对现有的人力、物力、财力等社会经济资源通过合理分配，形成一定的资产组合、产业结构、技术结构以及地区结构等，实现资源结构的合理化，使其得到最有效的使用，获得最大的经济和社会效益。财政作为资源配置的重要手段，主要通过调节积累和消费的比例关系，调节资源在产业部门之间的配置（即产业结构），调节社会资源在政府部门和非政府部门（企业和个人）之间的配置方式实现资源的合理配置。例如，政府可通过直接购买、财政补贴等方式向公众提供那些市场供给不足的公共产品，另外，政府还可以通过调整某些产品的税率来鼓励或限制这些产品的生产，以调节社会资源的流向。

3.调节收入分配

财务行政的调节收入分配职能，是指通过调节国家、企业和个人之间的分配关系，在一定程度上纠正由市场机制建立的分配格局，达到收入的公平合理分配目标。公平分配包括经济公平和社会公平两个层次。经济公平是市场经济的内在要求，强调投入和产出相对称，它可以由平等竞争条件下的等价交换来实现。但由于市场经济中的各经济主体或个人所能提供的生产要素质量不同、资源的稀缺程度不同以及各种非竞争因素的干扰，各经济主体或个人获得的收入会出现很大的差异，甚至出现贫富差距悬殊问题，这就涉及社会公平问题，社会公平仅通过市场机制是无法实现的。为了解决这个问题，政府需通过财务行政来执行调节收入分配的职能。一般来说，政府可采取的财政措施主要包括按照支付能力原则设计的税收制度和按照受益原则设计的转移支付制度，即政府可以通过征税强制性地把财富从那些应该减少收入的人手中收集起来，再通过各种补贴或失业救济金等制度，以货币或实物形式把这些财富转移给那些应该增加收入的人们。例如，政府通过对奢侈品（行为）以高税率征税，加重高收入阶层的负担，对日用品等进行补贴，减轻低收入阶层的负担，从而缩小他们之间的收入差距。

4.宏观调控

宏观调控是指国家运用财政政策等宏观调控手段，以实现社会经济稳定、持续发展的目的。马克思的经济周期理论和凯恩斯的有效需求理论都证明：自由竞争的市场经济必然会出现经济的不稳定，经济不是大幅度波动，就是被长期的持续的失业和通货膨胀所困扰。而市场机制本身不能自发地实现经济的稳定发展，因此就需要政府的干预和调节，以消除经济中的过大波动，使之能够相对稳定地发展。经济稳定一般包括充分就业、物价稳定和国际收支平衡三个方面。经济稳定和经济发展的目标集中体现为社会总需求和社会总供给的平衡，这是财务行政对社会经济进行宏观调控的根本任务。政府需要在一定的财政管理体制下，在力求财政收支、信贷收支、外汇收支和物资供求之间进行综合平衡的基础上，利用各种财政政策和财政手段来保持社会总供求的大体平衡，以实现社会经济稳定、持续发展。

（二）财务行政运行的原则

为了管好、用好行政经费，提高资金使用效率和财务管理水平，保证财务行政任务的完成，财务行政必须遵循以下基本原则：

1.为国民经济服务原则

对于任何国家来说，作为上层建筑的国家机关的工作是直接或间接为经济发展服务的。发展社会主义市场经济、实现国家的现代化是我国今后一个相当长的时期内全国人民的中心任务，一切工作都要围绕这个中心，为这个中心服务，这就是国家的大方针、大政策。在市场经济条件下，国民经济各部门的比例关系一般是依靠市场机制自发调节的。但这种市场的自发调节往往造成社会财富的巨大浪费。社会主义国家的财务行政，根据一定的财政计划和政策，对国民经济的比例关系起着重要的调节作用。一方面国家通过财政支出形成的购买力，对社会购买力的层次结构、时序结构产生直接的影响，进而影响生产单位的经营发展方向；另一方面，国家采取财政贴息、直接补贴等手段对生产单位的经营发展施加影响。通过这两方面的影响调节社会再生产过程中的各种比例关系。此外，行政单位的财务活动反映了行政工作的开展情况，行政工作依法展开，财务活动也必须依法进行，各项收入必须依法取得，特别是未纳入预算管理的行政性收费，必须依照法律法规并结合自身的具体情况，制订具体的工作计划，并不断改革那些不适应现代化建设的旧观念和旧管理方式，保证和促进行政任务的完成。财务行政，归根到底是要用最少的钱办最多的事，促进国民经济的发展。

2.绩效原则

绩效原则是指财务行政资金所达到的产出和结果。财务行政绩效管理是政府绩效管理的重要组成部分，是一种以支出结果为导向的财务行政管理模式。它强化财务行政为民服务的理念，强调财务行政支出的责任和效率，要求在编制、执行、监督的全过程中更加关注财务行政资金的产出和结果，要求政府部门不断改进服务水平和质量，花尽量少的资金、办尽量多的实事，向社会公众提供更多、更好的公共产品和公共服务，使政府行为更加务实、高效。推进财务行政绩效管理，有利于提升财务行政管理水平、增强单位支出责任、提高公共服务质量、优化公共资源配置、节约公共支出成本。这是深入贯彻落实科学发展观的必然要求，是深化行政体制改革的重要举措，也是财务行政科学化、精细化管理的重要内容，对于加快经济发展方式的转变和和谐社会的构建及促进高效、责任、透明政府的建设具有重大的政治、经济和社会意义。

3.统筹兼顾原则

在财务行政管理中，国家、单位和个人三者之间的关系实际上是一种物质利益关系。在社会主义公有制基础上，国家、单位和个人三者之间的根本利益是一致的。但在一些具体利益上，国家、单位和个人三者之间会产生一系列矛盾，因此必须正确处理国家、单位和个人三者之间的利益关系。首先要通过在财务行政管理中实行"统一领导、分级管理"和权责结合的原则，处理好国家与单位之间的利益关系。一方面，各级政府、各部门必须执行统一的财政政策、统一的财政计划、统一的财务规章制度；另一方面，各级政府、各部门在统一的财政政策指导下，有权制订具体的计划和组织实施各项财务管理，有权安排、调剂和使用本单位预算收支、机动财力和专项基金。其次，要通过贯彻按劳分配原则和实行民主理财制度，正确处理好单位与个人的利益关系。在财务行政管理中贯彻按劳分配原则，就是要正确运用物质利益原则，把工作人员的物质利益同其工作实绩、贡献大小结合起来，同单位和国家利益联系起来；实行民主理财，就是要使广大工作人员了解本单位的收支状况，促使广大工作人员把对个人利益的关心建立在对单位和国家利益关心的基础上。最后，国家行政机关在组织收入和安排支出时，既要充分考虑到生产，保证生产的扩大和经济的稳定发展；又要兼顾到人民的生活，在条件允许的前提下，逐步提高人民的物质文化生活水平。

第二节　政府预决算管理

一、预算的含义、种类及功能

（一）预算的含义

预算又称财政预算，是政府根据其施政方针和社会的需要所编制、经立法机关批准的某一年度内的政府财政收支计划。预算是政府财务管理工作的指南，是合法处理财政问题的依据。国家预算作为调整财政收入和财政支出的重要控制手段，具体规定计划年度内国家财政收支指标及其平衡状况，反映政府活动的范围、方向和政策，是政府有计划地集中和分配资金、调节社会经济生活的主要财政手段和财政机制，在财务行政中占据着重要的地位。另一方面，国家预算是国家的重要立法文件，它必须由政府提交国家立法机关审批后方能生效和执行，体现国家立法机关和全体公民对公共行政活动的制约和监督。

（二）预算的种类

根据不同的标准，可以对预算作不同的分类：

1.从形式方面分类

从形式方面看，预算可分为单式预算和复式预算。单式预算指政府的财政收支计划通过统一的一个表格来反映。复式预算指政府的财政收支计划通过两个或以上的表格来反映，一般分为经费预算（经常性预算）和资本预算（建设性预算）两个独立的预算，并分别编为两个表格。我国从1992年以后开始编制复式预算。

2.从内容方面分类

从内容方面看，预算可分为增量预算和零基预算。增量预算指新的财政年度的财政收支计划指标，是在旧的财政年度实际收支数额的基础上，结合新的财政年度经济发展状况和收支供求的变化，加以调整后确定的。零基预算指新的财政年度收支计划的确定，只以新的财政年度经济发展的状况为依据，而不考虑旧的财政年度收支的数额。我国和世界大多数国家一般以增量预算为主，零基预算通常只用于具体的收支项目上。

3.从主体方面分类

从主体方面看，预算分为总预算、地方政府预算、部门预算和单位预算。总预算指一级政府自身的预算和所管辖的下一级地方政府预算的总和。地方政府预算指该地方政府各部门预算的总和，当前，我国地方政府预算由省、市、县和乡镇四级政府预算所构成。部门预算指政府的一个部门所辖的各单位预算的总和。单位预算指实行预算管理的国家机构、社会团体、事业单位的经费预算和国有独资企业的财务收支计划中与预算有关的部分。目前，由于我国中央政府主要担负保证国家内政、外交、国防、援外、关系国计民生的重点建设和宏观经济调控，与此相适应，中央预算主要负责国家重点建设和文教建设，满足中央行政及国防等方面的资金需要，同时还要调剂地方政府预算的余缺，负责支援经济不发达地区特别是少数民族地区经济发展等方面的开支。因此，中央预算成为国家履行其职责的基本财力保证，在国家预算中占主导地位。同时地方政府预算有计划地为地方经济建设、文教建设、地方行政等提供资金。因此，地方预算在国家预算中也占有重要地位。

此外，从时间方面看，预算分为经常预算、临时预算、增加预算和非常预算；从程序方面看，预算可分为概算、预算草案、法定预算和分配预算。

（三）预算的功能

预算的功能体现为以下3个方面：

1.财政保证功能

国家预算是国家实现其职能、有计划地筹集和分配由国家集中掌握的一部分财政资金的重要工具。政府要实现其基本职能，必须有一定的财力作为保证。通过国家预算的编制和执行，政府有效地行使其职能就有了基本的财力保证。

2.调节控制功能

国家预算是国家对经济实行宏观调节的主要调节手段，这主要表现在国家可以通过预算收支总规模的安排，保持社会总供给和总需求的平衡；可以通过国家预算收支的安排，调节积累和消费的比例关系；同时国家预算可以根据社会供求情况，采取相应的政策措施，如当社会经济不景气，总需求严重不足时，政府可通过增加预算支出来拉动有效需求；相反，当经济发展过热时，总需求高于总供给，政府就可以通过减少预算支出来抑制社会总需求。这也就是扩张型和紧缩型的预算管理政策。此外还可通过预算支出结构的安排，调节投资分配结构，如政府通过增加对重点扶持部门或单位的预算支出来促进其发展，从而优化国民经济结构。

3.反映监督功能

国家预算是国民经济的综合反映，通过国家预算的编制和执行，国家可以及时掌握国民经济的运行状况、发展趋势和存在的问题，以便采取相应对策，促进国民经济持续、健康、稳定发展。

二、预算管理的含义、体制及内容

（一）预算管理的含义

预算管理是指政府的预算职能部门根据特定时期的方针、政策及有关法律、法规，为使预算资金有序、高效运行而进行的计划、协调、监督预算资金的活动。政府预算管理主要包括了编制前的准备工作、编制预算、预算执行和编制决算4个步骤。

（二）预算管理体制的含义

预算管理体制，是在中央和地方政府之间、地方各级政府之间，划分预算收支范围、财政资金支配权和财政管理权限的一项重要制度。国家预算管理体制是财政管理体制的重要组成部分。预算管理体制的实质，是处理中央和地方政府之间在财政资金上的集中和分散、在财政管理权限上的集权和分权的相互关系。国家预算管理体制建立主要应遵循以下原则：

1.统一领导、分级管理、权责结合原则

我国是单一制的社会主义国家，为使政令统一，便于控制，必须实行统一领导。从另一方面看，我国又是一个幅员辽阔、人口众多、民族成分复杂，经济、文化、自然环境差异大的国家，客观上需要尊重地方特点，实行分级管理。此外，中央和地方政府在行使财政资金支配权和管理权的同时，必须承担相应的责任，权责结合一致，不能分离。2015年正式实施的《中华人民共和国预算法》明确规定了各级人民代表大会及其常务委员会、各级人民政府、各级财政部门、各部门各单位的预算管理权限，同时也明确规定了各级政府及其部门违反预算法所应承担的法律责任。这是权责结合的重要体现。

2.物质利益原则

"每一个社会经济关系首先是作为利益关系表现出来的。"各级政府之间的财政分配关系是一种整体利益和局部利益、长远利益和眼前利益的关系。物质利益原则，就是要把各地方经济发展和经济效益水平、组织财政收入的多少，同当地的财政权力结合起来，使地方能够从物质利益上关心当地经济发展。通过多收多支、少收少支，使地方政府的付出与获益对应起来，调动地方政府发展经济的积极性、主动性，并起到鼓励先进、鞭策后进的作用。

3.民族政策原则

我国《宪法》规定："国家根据少数民族的特点和需要，帮助各少数民族和地区加速经济和文化的发展。"因此在财政管理上我们也体现出了这一要求。一般来说，民族自治地区的预算要高于一般地区；机动资金要逐年增长；国家预算要专设经济不发达地区专项发展资金。此外，在税收减免、民族贸易、人员编制和开支标准等方面也都要有必要的照顾。

国家预算管理体制的类型从财政资金支配权和财政管理权的集权和分权的程度来划分，大致有以下3种：集权型的预算管理体制；基本集权型的预算管理体制；基本分权型的预算管理体制。

（三）国家预算管理体制的内容

1.国家预算的分级

国家预算的级次与国家政权结构和行政区域的划分有着密切的联

系。一般说来，一级政权、一级政府对应一级财政、一级预算。我国国家预算由5级组成，除中央预算外，省、市、县和乡镇4级预算均为地方预算。地方总预算由各省（自治区、直辖市）总预算汇总组成，国家预算包括中央预算和地方总预算。中央预算是由中央各部门的单位预算和企业财务收支计划组成；省总预算由本级各部门的单位预算和企业财务收支计划以及县总预算组成；县总预算由本级各部门的单位预算和企业财务收支计划以及乡镇总预算组成。这也是我国国家预算体系的构成。

2.国家预算收支的划分

预算收支划分是指国家预算的全部收入和支出在中央和地方政府之间划分的依据、办法、收支项目的归属和有效期限的总称，这是预算管理体制的核心内容。地方机动财力，是指在国家规定的范围内，由地方自行支配的一部分预算内资金。这部分资金中央没有规定具体用途，地方可以根据本地区的需要，因地制宜地解决某些特殊或事先预料不到的开支。地方机动财力具体组成主要是：地方总预备费；体制分成；超收分成；支出节余。

3.财政管理权限的划分

财政管理权限是指财政方针、政策、法规的制定权、解释权和修订权，国家预算的编制、审定、执行和调整权等。在规定中央政府和地方财政管理权限范围的同时，也规定了相应的责任，做到权责结合。在预算管理权限的划分上，分别规定了各级人民政府、各级财政部门、各部门、各单位的预算管理权限范围。

三、预算的编制、执行

（一）预算的编制

国家预算编制是预测、审查、汇总和批准国家预算收入和支出指标体系并进行收支综合平衡的过程，这是预算管理的起点。因此编制国家预算必须以国家法律、法规和方针、政策为依据，坚持量力而行、收支平衡的原则，正确处理国家预算与国民经济和社会发展计划的相互关系。我国的预算编制大体经过以下几个阶段：

第一个阶段：做好编制预算的准备工作。其主要工作内容有：预计和分析报告年度（本年度）预算已实际执行和即将完成的收支数额情况；拟订计划年度（下年度）预算控制指标；颁发编制国家预算草案的指示和具体规定；修订国家预算科目和制定总预算表格等。

第二个阶段：编制预算草案。由各部门编制预算建议数目报同级财政部门，财政部门与有预算分配权的部门共同审核各部门预算建议数后下达预算控制数或预算指标，各部门再根据预算控制数编制本部门预算报送财政部门。财政部汇总中央各部门预算，编制中央预算草案。地方各级财政部门汇总本级政府各部门预算，编制本级地方政府预算，汇总本级政府预算和下级地方政府总预算，编制本级总预算，并报同级人民代表大会审批。财政部将中央预算和地方总预算汇编成国家预算草案。

第三个阶段：人大审议、通过预算。在全国人大审查批准国家预算之前，地方各级人代会审查、批准本级政府提交的预算。全国人民代表大会审查、批准国务院提交的国家预算。

第四个阶段：财政部门批复预算。财政部自全国人民代表大会批准中央预算之日起30天内，批复中央各部门预算。县级以上地方各级政府财政部门自本级人民代表大会批准本级政府预算之日起30天内，批复本级各部门预算。

实际上，国家预算编制也可分为两个步骤：一是测算预算收支指标；二是编制预算草案。这是一种自下而上和自上而下、两次上下结合的办法，通称"两上两下"。

（二）预算的执行

预算的执行是组织预算收支的实现工作。这是把预算收支指标从可能性变为现实性的必经步骤，也是预算管理的中心环节。国家预算执行机关包括国务院和地方各级人民政府，各级财政部门是预算的具体执行机构。另外，参与国家预算执行的还有许多专职机关，如税务机关、海关、中国人民银行等。国家预算执行的任务主要有以下4个方面：

1.组织预算收入的执行

预算收入的执行是组织预算收入的实现工作，它包括三项具体的工作。第一，预算收入的缴库。其方式有三种：一是就地缴库；二是集中缴库；三是自收汇缴。预算收入的缴库方法有两种：一是按计划数缴库；二是按实际数缴库。第二，预算收入库款的划分和报解。这是国库按规定将收到的预算收入按所属预算级次，逐级划分、上报和解缴。第三，预算收入的退库。这是指国家规定将已缴入国库的预算收入退给指定的收款单位和个人的活动。预算收入缴库后即为财政资金，一般不允许退库。对于国家明文允许退库的，也要严格审查退库的项目、范围、审批权限和退库手续等。在我国，县级以上各级政府必须设立国库，具备条件的乡镇、民族乡镇也应设立国库。中央金库业务由中国人民银行办理，地方国库业务按国务院有关规定办理。

2.组织预算支出的执行

国家预算支出的执行是组织预算支出计划的实现工作。预算拨款是财政部门根据核定的预算分期拨付财政资金的分配活动。在做此项工作时，必须明确国家预算拨款的原则，即：按预算拨款的原则；按事业进度拨款的原则；按支出用途拨款的原则；按预算级次拨款的原则。国家预算拨款有两种办法：一是划拨资金，这是上级财政部门和上级主管部门用拨款凭证向用款单位拨付资金的一种办法；二是限额拨款，这是用款单位从银行在核定的限额内支用款项的一种拨款办法。目前，地方各级财政部门的预算拨款，除基本建设拨款外，一般都采用划拨资金的拨款方法。

3.不断组织预算新的平衡

在预算执行中，由于预算编制与实际情况的差异、季节性和突发因素的影响、国民经济的发展变化等会引起预算收支的变化，因此会导致政府预算出现新的不平衡。各级财政部门主要通过编制预算收支季度计划，以及调整预算来组织预算的平衡。

4.预算执行的监督

在预算执行中要加强监督，以保证政府预算得到正确和顺利执行。

四、决算

（一）决算的含义

决算是国家预算执行的总结，它是预算管理的最后环节。一般来说，凡编制预算的地区、部门、单位，都要编制决算。决算以预算为蓝本，以会计为根据，以审计为归宿，反映了年度预算收支的最终执行结果。决算采用层层汇编的编制程序，其审查和批准的程序同预算相同。编制决算具有重要意义，决算是国家活动范围和方向在财政上的集中反映，为研究和修订国家财政经济政策提供基础资料，还是系统地整理和积累财政业务资料的依据。

（二）决算的编制

国家决算由中央级决算和地方总决算组成。各省、自治区、直辖市的总决算汇总组成地方总决算。省（自治区、直辖市）级决算及其所属州、县（市）总决算汇总组成省（自治区、直辖市）级总决算。中央级决算、省（自治区、直辖市）级决算和县（市）总决算，由同级主管部门汇总的行政事业单位决算、企业财务决算、基本建设财务决算和金库年报、税收年报等组成。企业财务决算和基本建设财务决算由国有企业和基本建设单位编制。

政府财政部门及各部门、各单位在每一预算年度终了时，应当清理核实全年预算收入、支出数字和往来款项，做好决算数字的对账工作。各部门在审核汇总所属各单位决算草案基础上，连同本部门自身的决算收入和支出数字，汇编成本部门决算草案并附草案的详细说明，经部门行政领导签章后，在规定期限内报本级政府财政部门审核。对不符合规定的，财政部门有权作出调整。乡（镇）、民族乡（镇）政府根据财政部门提供的年度预算收入和支出的执行结果，编制本级决算草案，提请本级人大审查和批准。县级以上地方各级政府财政部门根据本级各部门决算草案汇总编制本级决算草案，报本级政府审定后，由本级政府提请本级人大常委会审查和批准。财政部根据中央各部门决算草案汇总编制中央决算草案，报国务院审定后，由国务院提请全国人大常委会审查和批准。县级以上各级政府决算草案经本级人大常委会批准后，本级政府财政部门应当向本级各部门批复决算；地方各级政府应当自本级人大常委会批准本级政府决算后，报上一级政府备案。各级政府对下一级政府上报备案的决算，认为有同国家法律、法规和方针、政策相抵触的，应当提请本级人大常委会审议。各级审计部门有权对本级各部门和下一级政府的决算实行审计监督。

（三）决算与预算的关系

国家决算是国家预算执行的终结，它与国家预算处于执行过程的两端，一个反映了预算执行过程的起点和根据，一个反映了预算执行过程的终点和结果。国家决算的编制与国家预算的编制和执行是一个统一的、完整的过程，因此，国家决算和预算在形式和内容上基本上是相互对应、相互衔接的。国家预算是国家各种政策的集中体现，是对预算年度收支规模、结构和各种比例关系的总的估算，即事前估计，是会计的开始；国家决算则是国家各种政策和国家预算执行后真实效果和真实规模的集中反映，即事后监督，是会计的结束。本年度的国家决算是更新制定国家财经政策和下一个年度国家预算的重要依据。国家预决算在许多方面存在一致性：都由中央级预决算和地方总预决算组成；有一级财政，就要编制一级独立的预决算；下级预决算都必须包括在上级总预决算之中，地方总预决算包括在国家预决算中；国家预决算的编制原则、结构（科目）、程序和审批程序都相一致。

专栏8-1

哪些是每年必选审计项目？

下列审计项目应当作为每年的必选审计项目：

（1）法律法规规定每年应当审计的项目。根据《中华人民共和国审计法》相关规定，审计机关每年对本级政府预算执行情况和决算草案、重点部门单位预算执行情况和决算进行审计。

（2）本级审计委员会和政府行政首长要求审计的项目。根据工作需要，本级审计委员会和政府行政首长每年会交办审计机关一些重要事项，审计机关应当列入年度项目计划，按时完成。

（3）上级审计机关安排的审计项目。对上级审计机关安排的审计项目，下级审计机关应当列入年度审计项目计划，按时完成。

第三节　政府会计与政府审计

从政府公共管理这个层面看，会计应当反映各级政府从事社会公共管理的一切财务、财政活动情况及结果。政府的财务、财政活动除了组织预算收入和安排预算支出外，还有由相当数量的资本性投资支出形成的国有资产，以及因政府的财务、财政活动形成的对内对外的债权债务，因而不应只局限于政府及政府单位的预算资金活动。

一、政府会计概况

我国的政府会计是指以价值为手段、以货币为计量单位，连续、全面、系统、完整地记录、核算、反映、监督各级政府及预算单位资金活动过程和结果以及财务状况的专业会计的总称。其目的是向会计信息使用者提供政府预算执行情况、财务状况等会计信息，反映政府公共受托责任的履行情况。2019年1月1日，全国开始全面实施《政府会计制度——行政事业单位会计科目和报表》。

我国现行政府会计是把所有政府单位及政府构成实体纳入核算范围，全面反映政府各种受托责任的会计系统，其需要整体反映政府财政资金的运动过程和结果。因此，在会计体系设置上，遵循财政资金的流动程序和特点设置相应的会计，核算反映各自所处环节的资金活动过程和结果。

根据我国政府财政资金流动各阶段，从财政收入的征解开始，我国目前依次设置的会计有：收入征解会计（征解阶段）、国库会计（存库阶段）、财政总预算会计（分配阶段）、行政事业单位会计（使用阶段）。

在上述会计组成部分中，我们往往将财政总预算会计、行政事业单位会计称为政府会计的主系统，国库会计和收入征解会计分别为预算资金收入、出纳和支出等环节参与总预算执行的会计，形成政府会计的辅助系统。简言之，我国政府会计是以财政总预算会计为核心、预算单位会计为基础，参与预算执行会计为辅助而形成的会计体系。

（一）财政总预算会计

财政总预算会计也称财政总会计，是各级政府财政核算、反映、监督政府一般公共预算资金、政府性基金预算资金、国有资本经营预算资金、社会保险基金预算资金以及财政专户管理资金、专用基金和代管资金等资金活动的专业会计。它是以各级政府为会计主体，以整个政府财政资金为核算对象，反映政府财政资金活动过程和结果的会计。财政总会计的基本任务是记录和反映政府财政资金的收支运动和分配情况。在我国，财政总会计的任务由各级财政部门施行。

财政总会计只核算反映政府财政资金的收支结存，而不直接反映财政资金的使用活动，因此财政总会计不存在现金和实物等项目的核算。

目前，我国财政总预算会计实行的是2015年10月颁布的《财政总预算会计制度》，社会保险基金预算资金会计不适用《财政总预算会计制度》，其会计制度由财政部另行规定。

（二）预算单位会计

预算单位是执行或辅助执行政府职能的单位，其资金来自于财政拨款或部分来自于财政拨款。具体而言，其主要有行政单位和事业单位。

行政单位是指执行政府职能，为社会提供公共服务，管理公共事务的组织。在我国，行政单位是指政府各行政执行机关和实行行政业务管理的其他机关，包括人大、政协、法院、检察院以及中国共产党和各民主党派的机关。行政单位具体执行政府某项或某几项政府职能，一般提供纯公共产品，其资金基本来源于财政拨款。

事业单位是指辅助执行政府某些具体职能的非权力机关，通常包括文化、教育、科学、体育、卫生等事业单位。事业单位为社会提供准公共产品，其资金来源主要有两个：一是财政拨款；二是事业性收费。此外，有些事业单位还有来源于市场经营活动取得的经营性资金。

2019年1月1日起，我国各预算单位统一实行政府会计准则制度体系，包括基本准则、各具体准则和指南、《政府会计制度——行政事业单位会计科目和报表》及相关补充规定等。

（三）辅助会计

辅助会计是参与政府预算执行的各特种业务会计，包括收入征解会计和国库会计。

（1）收入征解会计。收入征解会计是指征收机构设置的用以记录和核算财政收入缴纳、报解的专业会计。收入征解会计核算的结果必须定期与国库、财政部门的预算会计进行对账，其会计任务由各征收机关施行。

（2）国库会计。国家金库简称"国库"，是负责集中办理国家预算资金收纳和拨付的专职机构。国家的一切预算收入全部缴入国库，国家的一切预算支出全部通过国库拨付。国库工作是国家预算执行中的一个重要组成部分。国库会计是国库部门设置的，用于核算财政资金入库、出库、退库和解缴情况的专门会计，它属于政府会计的专门会计。其会计任务由各级国库开户银行施行，在我国为中国人民银行。

二、政府审计

(一) 政府审计的含义及作用

1.政府审计的含义

审计就是对财务收支情况的监督、考核与审查。审计可分为一般审计和政府审计。一般审计就是审计机关对一切部门和单位财务情况的审查。**政府审计是国家审计机关根据有关法律和法规，以科学方法对各级政府的财政预决算活动和会计资料实施检查、监督的一种专业性活动。** 审计的范围包括与预决算相关的各级国家机关以及企事业单位和社会团体的经济业务和财务行为。本部分主要介绍的是政府审计。政府审计按范围划分，可以分为中央预决算审计、地方预决算审计和行政事业预决算审计三种，按内容可分为财政预算审计和财政决算审计两种。

2.政府审计的作用

(1) 政府审计是维护财经纪律和健全国家财经制度、保护国家资产安全的重要手段。国家的财经制度和财经纪律是国家协调各方面利益，处理各种经济活动的准则，各地区、各单位必须严格遵守。但在实际工作中，时常会出现有些地区或单位为了自身利益，违反财经制度和财经纪律的现象。政府审计通过鉴别有关会计资料的真实性、完整性和准确性，可以发现有关部门的财务经济活动是否符合法律法规和国家政策，国家资金和财产是否完整，各单位是否有不正当的支出费用，是否有违反财经纪律和国家财经制度的现象发生等，这样就可以及时揭发和制止各种弄虚作假、贪污盗窃、侵吞国家资产和严重损失浪费等行为，保证国家资产不受侵犯，同时，在审计过程中，还可以发现国家财经制度和纪律中存在的漏洞和问题，为今后完善这些制度和纪律提供建设性的意见，从而最终保护国家资产的安全。

(2) 政府审计是保障国家正确决策，实现国民经济计划管理的基础。国家决策的科学性、正确性是建立在完整、真实、可靠的信息基础上的。政府审计通过对有关会计资料的分析，可以有效地去伪存真，确保其真实全面，从而为制定各种社会经济发展计划奠定良好基础。

(3) 政府审计是加强财经管理，提高财政资金使用效益的有效手段。通过政府审计，可以及时发现预算编制、缴税、拨款、决算等财政财务活动中的漏洞和问题，促使各有关单位采取积极有效的措施，找出影响提高管理水平和经济效益的因素，解决问题，提高财政资金的使用效益和有关活动的经济效益，促进各级政府高效率地履行行政管理职能。

（二）政府审计的主要内容、方法及原则

1.政府审计的主要内容

政府审计的主要任务是审查预算的编制、核定预算收支、监督预算执行、查验决算报告，主要内容有预算审计、决算审计。

（1）预算审计。预算审计包括预算编制审计和预算执行审计，主要审查预算的编制和执行是否符合法律法规和国家的方针政策。同时，还要对预算的编制和执行进行具体审查，如审核预算收支是否平衡，各项收支指标数字有无计算错误，预算会计处理的正确性等等。

（2）决算审计。决算审计包括财政总决算审计和单位决算审计。前者对财政总决算编制情况和财政总决算各项目进行审计。后者是对单位决算进行审计，主要审查各种费用开支标准及规定的执行情况，各项资金是否按计划和指定用途专款专用，经费开支是否超年度指标等等。

2.政府审计的基本方法

政府审计的基本方法主要是审计分析、审计检查、审计调整和审计报告四种方式。

（1）审计分析。审计分析是指审计机构或人员运用系统方法对审计对象的具体资料和内容进行分类辨析。审计分析有探测分析和判断分析两种类型。探测分析是在审计前和审计过程中探查错弊项目的方法，主要用于审查被审单位经济活动和财政收支活动，以及核算资料等的分析。判断分析是在审计结束时对查证事实作出判断的方法，主要用于验证审计数据的正确性，对审计结果作出评价和结论。

审计分析具体运用的方法有：比较分析法、比率分析法、结构分析法、指数分析法、趋势分析法、平衡分析法、因素分析法等。

（2）审计检查。审计检查是审计机构和人员对被审单位进行凭证审查、数据核对及账目审核的一种方法。审计检查是审计过程中的主要环节，主要方法有：顺查法、倒查法、抽查法和详查法等。

（3）审计调整。审计调整是审计机构和人员根据审计结果进行错误纠正的方法，目的是通过调整、纠正错误，以正确反映被审单位的财政状况。审计调整必须在审计结束时，根据审计结果进行调整。

（4）审计报告。审计报告是审计人员向审计部门、被审单位主管领导部门和被审单位以书面文件形式报告审计结果并提出意见建议。审计报告的内容必须与审计目标一致，数字要正确、真实、可靠，结论要慎重、符合实际，内容必须完整。

3.政府审计的原则

政府审计要坚持以下3方面原则。

（1）依法审计的原则。审计工作中必须坚持依法审计，以国家有关的法律、政策作为判断和评估审计对象的标准，保证法律、政策的贯彻、实施。

（2）客观性原则。审计工作必须要从实际情况出发，以审计证据为依据，实事求是，客观公正地对审计对象进行审查、分析、判断、评价和提出审计报告。切忌主观武断与片面，更不允许故意隐瞒、歪曲和夸大，要严格维护审计工作的严肃性和真实性。

（3）独立性原则。我国《宪法》规定：审计机关在国务院领导下，依照法律规定独立行使审计监督权，不受其他行政机关、社会团体和个人的干涉。因此，审计人员应抱着对党、对国家、对人民认真负责的态度，依据《中华人民共和国审计法》等有关法律规定的职权独立地行使其监督权，抵制各种干扰，排除各种障碍。

思政课堂
现代财税体制建设步入快车道

从15万亿元到19万亿元，国家财政实力不断迈上新台阶；从14万亿元到23.9万亿元，支持打好三大攻坚战、助力供给侧结构性改革、保障基层民生，财政支出重点保障有力。

回眸"十三五"，我国实施了大规模的减税降费，用政府收入的"减法"，换取企业效益的"加法"和市场活力的"乘法"。5年间，预算管理体制改革、财税体制改革提速，现代财政体制建设不断迈步向前。

※财政实力迈上新台阶减税红利深度释放

"十三五"期间（2016年至2019年），在陆续出台实施营业税改征增值税等一系列减税降费措施的情况下，2016年、2017年、2018年、2019年全国财政收入分别达15万亿元、17万亿元、18万亿元、19万亿元，年均增长率达到5.7%，国家财政实力不断迈上新台阶。

5年来，伴随经济总量稳步增长，财政收入总体保持平稳增长，与此同时，结合税制改革，重点围绕降低制造业和小微企业税收负担，我国实施大规模减税降费，减税红利不断向深度释放。

"十三五"期间，我国全面推广"营改增"，降低制造业、交通运输、建筑等行业及农产品等货物增值税税率，实施个人所得税改革，以及一系列降费等措施，有效降低企业税费成本和居民个人负担。

"营改增"全部推开，深化增值税改革，简并税率档次，降低增值税税率，实施留抵退税政策。扶持小微企业的增值税、企业所得税等政策不断扩围，支持研发创新的税收优惠政策不断完善。

提高个人所得税基本减除费用标准，实施专项附加扣除，减轻工薪阶层税负。降低关税总水平，支持扩大对外开放。加大普遍性降费力度，持续清理规范涉企收费。通过较大幅度降低职工基本养老保险单位缴费比例，阶段性降低失业保险、工伤保险费率，减轻企业社保缴费负担。

上述一揽子举措持续发力，2016年至2019年新增减税降费分别约5 700亿元、1万亿元、1.3万亿元和2.36万亿元，2020年预计全年再新增2.5万亿元，其中前8个月新增减税降费已超过1.8万亿元。

用政府收入的"减法"，换取企业效益的"加法"和市场活力的"乘法"。数据显示，5年间，财政收入增速从2017年的7.4%，逐渐下降至2019年的3.8%。同时，企业负担持续减轻，涉企收费继续下降，行政事业性收费收入连续四年负增长，地方教育费附加等专项收入增幅从2016年的16.1%回落至2019年的-4.8%。

※超20万亿元支出重点保障有力

强大的财力为促进经济发展、改善人民生活提供了有力的资金保障。三大攻坚战、三农、教育、医疗、社保、住房等各项事业的发展，都能看到财政资金的身影。

受经济增速换挡回落、大力减税降费等因素影响，"十三五"以来财政收入增长总体有所放缓，在此背景下，我国通过增加一定的财政赤字，保持必要的支出强度，以更好发挥逆周期调节作用。

财政政策更加"积极"的一个重要方面就是加大财政支出力度：2016年至2019年，全国财政赤字规模从2.18万亿元增加到2.76万亿元，2020年因应对疫情冲击的需要，进一步提高到3.76万亿元。通过统筹财政收入、赤字、调用预算稳定调节基金等，财政支出从2013年的14万亿元增加到2019年的23.9万亿元，年均增长9.6%，高于同期财政收入年均增速2.4个百分点。2020年预算安排财政支出24.8万亿元，继续保持较高的支出强度。

与此同时，为支持地方稳投资、补短板，发行地方政府专项债券，2016年至2020年新增债务限额从1 000亿元增加到3.75万亿元，发挥对拉动投资的杠杆作用。

——助力供给侧结构性改革，支持科技创新。2016年至2020年，财政科技投入累计4.13万亿元，比"十二五"时期增长超过69%。持续加大"三农"投入，全国一般公共预算农林水支出从2016年的18 587亿元，增加到2020年的23 482亿元，支持补齐"三农"短板。

——支持打好三大攻坚战。2016年至2020年中央财政累计安排专项扶贫资金5 305亿元，连续5年每年新增200亿元，全力保障好脱贫攻坚资金投入；支持打好污染防治攻坚战，中央财政生态环保相关支出累计安排18 743亿元，推动生态环境质量持续改善。

——用财政资金织牢民生保障网。2016年至2019年，与民生相关的教育、社会保障和就业、城乡社区、医疗卫生和计划生育、住房保障、节能环保、文化体育与传媒等重点支出合计从9.6万亿元增加到12.4万亿元，占总支出比重从51.1%提高到52.1%。

※现代财税体制建设步入快车道

为把有限的资金用在"刀刃"上，财税部门牢固树立底线思维，坚持有保有压，不断优化支出结构，深化财税体制改革，完善预算管理制度，推动现代财税体制建设步入"快车道"。

自2013年11月党的十八届三中全会正式拉开全面深化改革的序幕，至今我国已基本搭建起适应国家治理体系和治理能力现代化需要，以现代预算制度为基础，以税收制度和财政体制为支柱的现代财政制度主体框架。

近年来，政府预算报告越来越公开透明，绩效评价也越来越凸显。"没有预算，就不能有支出，这样的观念深入人心。"中国社科院财经战略研究院副院长杨志勇对《经济参考报》记者表示，预算改革沿着建立现代预算制度的目标前进，全面规范、公开透明且有约束力，注重绩效管理，预算管理更具科学性。

5年来，作为国家治理的重要制度安排，税收制度在保持总体框架稳定的基础上，在关键领域取得重要突破：深化增值税改革、实施个人所得税改革、完善消费税制度、推进资源环境税收制度改革、健全地方税体系、税收法定全面提速。

5年来，中央与地方财政事权和支出责任划分改革稳步推进，顶层设计指导意见、承上启下改革方案、医疗卫生、科技、教育、交通运输、生态环境、自然资源、公共文化、应急救援等领域的分领域文件陆续出炉，相关改革取得重大进展。

2020年5月印发的《中共中央、国务院关于新时代加快完善社会主义市场经济体制的意见》作出了加快建立现代财税制度新的战略部署，从更高起点、更高层次、更高目标上为新时代加快建立现代财税制度勾勒更加清晰的顶层设计。展望未来，我国现代财税体制建设还将迈出新的步伐。

资料来源：孙韶华. 提质增效 "十三五"积极财政更有为 [N]. 经济参考报，2020-10-13.

【思考】一个国家的规范成熟的财税体制应当表现出哪些基本特征？

关键概念

财务行政　预算　预算管理　决算　政府会计　政府审计

复习思考题

一、单项选择题

1.财务行政最主要的内容是（　　），其最大功能即计划与指导。

A.会计　　　　　　　　　　B.审计

C.预算　　　　　　　　　　D.评估

2.行政管理学讨论的财务行政同企业管理学讨论的财务管理的根本区别在于（　　）。

A.合规性　　　　　　　　　B.公益性

C.计划性　　　　　　　　　D.绩效性

3.审计就是对财务收支情况的监督、（　　）与审查。

A.再预算　　　　　　　　　B.再考核

C.考核　　　　　　　　　　D.预算

4.世界大多数国家一般以（　　）为主。

A.单式预算　　　　　　　　B.复式预算

C.增量预算　　　　　　　　D.零基预算

5.乡（镇）、民族乡（镇）政府根据财政部门提供的年度预算收入和支出的执行结果，编制本级决算草案，提请（　　）审查和批准。

A.本级人大　　　　　　　　B.上级人大

C.本级财政部门　　　　　　D.上级财政部门

二、多项选择题

1.财务行政的主要特征有（　　）。

A.合规性　　　　　　　　　B.公益性

C.计划性　　　　　　　　　D.绩效性

2.财务行政的基本职能包括（　　）。

A.筹集资金　　　　　　　　B.配置资源

C.调节收入分配　　　　　　D.宏观调控

3.经济稳定一般包括（　　）、（　　）和国际收支平衡三个方面。

A.收入稳增 B.物价稳定

C.充分就业 D.利率平衡

4.财政预算的功能主要有（　　　）。

A.财政保证 B.调节控制

C.统筹规划 D.监督规范

5.政府审计的基本方法主要是审计分析、审计检查、（　　　）和（　　　）四种方式。

A.审计调整 B.审计补充

C审计报告 D.审计核查

<u>三、简答题</u>

1.财政管理包括什么内容？

2.什么是财政预算？什么是财政决算？

3.预算编制的"两上两下"指的是什么？

4.什么是政府会计？政府会计与企业会计的区别是什么？

5.简述政府审计的原则、内容和方法。

第九章

行政环境

　　行政环境是行政活动的生存、发展空间，同时也是行政活动施加影响的对象。了解影响行政活动开展的环境因素，是科学、有效行政的前提，同时也为评估行政行为提供重要的启示。行政环境与行政活动之间客观上存在互动关系：只有首先适应行政环境，行政活动才能正常开展。同时，行政活动的开展必然影响行政环境，使环境沿某种方向、发生某种程度的变化。

第一节　行政环境概述

一、行政环境的含义

　　环境总是相对于某一中心事物而言的。环境因中心事物的不同而不同，随中心事物的变化而变化。我们通常所称的环境就是指人类的环境，人类环境分为自然环境和社会环境。事物与环境之间是相互渗透的，同时，环境对事物的影响也是显而易见的。例如，水在零度以下的环境会结冰、种子在干旱的土壤里很难发芽。

行政环境是指作用和影响到行政活动与公共行政行为的外部条件总和。一般我们可以把这些外部条件分为两大部分：一是行政系统之外的环境（包括文化、历史、人口、资源、法律、国际关系、科学技术等）；二是行政系统之内的环境（包括领导的性格、团体价值观、组织的目标、团队的凝聚力、组织的结构等）。同时，我们还应当了解到，以上因素虽然对于行政环境都有着不同的影响，但是，并不是任何要素都会产生显著的影响。因此，我们应当在实际工作中学会区分哪些是直接因素，哪些是间接因素，必须抓住重点、专注于关键，这样才能更有效率地推进公共行政。

二、行政环境的特点以及相关研究

（一）行政环境的特点

1.复杂性

行政环境是生态环境的重要组成部分，而构成生态环境的因素也是多种多样的。这些因素随时影响着行政环境。同时，由于行政环境的构成因素也是多种多样的，比如一个国家或地区的民族关系、社会制度、资源状况、经济发展水平、历史传统等都对行政环境有着制约、影响的作用。从这方面来看，就决定了行政环境复杂性的特点。这就要求处理问题和进行研究的时候要用系统的观点去看问题并找出解决的办法，不能顾此失彼。

2.差异性

世界上不存在完全一致的事物，因而行政环境也不可能是整齐划一的。不同国家、不同地区的行政环境是不同的，它们表现出很大的差异性，这主要是地理位置、自然资源等自然环境与历史传承、经济发展水平、民族文化等社会条件的不同造成的。因此，公共行政系统应当适应其所处的环境，如果与所处的环境格格不入，那么公共行政系统是注定要走向失败的。例如，非洲一些国家不考虑自身的发展情况、不考虑自身的多民族和多宗教的特点，盲目照搬西方国家的政治制度，结果事与愿违，深陷泥潭而无法自拔。

3.变异性

世界上的事物是不断变化发展的，环境和事物之间也是相互渗透和相互影响的。从历史的角度来看，当今世界的灿烂文明都是与人类不断地改造环境、征服环境分不开的。人类社会的经济发展、物质生活水平的不断提高都与公共行政管理的强大推动力密不可分，同时，经济的增长、物质的丰富也必然促使公共行政环境的改善，而公共行政环境的改善也影响着公共行政管理的观念和行为，使得民主、法治的观念也深入人心。因此，公共行政的环境与公共行政管理的相互作用和影响，是行政环境变异性的体现。

4.约束性

任何事物都要受到它所处环境的约束。公共行政也只能在行政环境所提供的空间和各种条件下进行，不能超越其所提供的各种限制条件，它受到行政环境的约束。行政环境有很多种，如有政治性环境、经济性环境、文化环境等，它们共同对公共行政产生影响。行政管理不能超越历史和现实的环境。

（二）行政环境的相关研究

行政环境是伴随着行政生态学的发展而逐渐产生的。生态学就是研究各种生物相互间及生物与环境间各种关系的一门科学。生态学的主要观点是，任何一种生物都不是孤立存在的，它必须依赖其他的生物或环境才能生存。

二战后，经济发展、人口剧增所造成的能源紧张和食物短缺等危机不断加剧，使得人们对生态问题的忧虑也与日俱增，生态学又引起了人们的高度专注。行政生态学正是在这一背景下产生并不断发展的。行政生态学是一门运用生态学的观点和方法研究行政问题的交叉性学科。它借用生态学的生态平衡理论，从行政与环境的相互关系中来探讨行政产生和发展的规律。行政生态学认为，一个国家的行政与这个国家所处的生态环境密切相关，因此，研究一个国家的行政，必须从生态环境的角度考察，才能全面而深刻地认识该国行政发展与运行规律。行政生态学对推动现代行政管理活动的发展，有重要而深远的意义。

雷格斯是行政生态学的主要代表学者之一，在他的专著《行政生态学》里，雷格斯认为当今各国社会有三种形态，即农业社会、工业社会以及处于二者之间的一个"中间的"或可称之为"过渡型的"社会形态。与三种不同社会环境相适应的是三种不同的行政模式，即著名的"融合型、棱柱型和衍射型三种行政模型"。

1.农业社会的融合型行政模式

其特点为：（1）传统农业社会的社会结构占主体地位；（2）政治与行政混杂在一起，没有专业化的行政机构；（3）权力来源于君主，高度中央集权；（4）行政官僚在政治上、经济上成为特殊的阶层，与普通民众阶层是对立的。

2.工业社会的衍射型行政模式

其特点为：（1）工业社会各种环境因素的结构与功能实现了高度的分工与专业化；（2）其行政系统也在结构与功能上形成了专业化分工体系；（3）行政系统依法行政，民众有影响政府决策的渠道；（4）理性政治，政府与民众关系密切。

3.过渡型社会的棱柱型行政模式

其特点为：（1）该社会的行政行为已出现专业化分工趋势，但并未完全达到真正的专业化分工；（2）专业化的行政机构已设立，但在实践过程中尚不能正常运作，功能有限；（3）宗族、同乡会等传统机构在社会行政管理中仍占据着重要位置；（4）正式建立起来的行政制度由于各种传统势力的影响而起不到应有的规范及约束作用，往往成为摆设，形同虚设。

我们应当看到，在现实生活中，纯粹的融合或衍射型行政模式是不太可能存在的。上述的行政模式都具有理念属性，也就是说，在当今世界，纯粹的农业型或工业型行政模式都是不存在的。无论哪个国家，其行政系统都或多或少存在一些过渡性因素。但是雷格斯的行政环境研究与行政生态模式为我们研究当今行政环境提供了一个系统的理论与一个完整的模型，对我们的研究提供了极大的帮助。

三、研究行政环境的意义

（一）丰富行政管理的理论体系

20世纪70年代以来，政策科学与经济学、工商管理学、政治学以及行政学等学科日益相融合，最终导致公共部门管理领域新范式或新途径的出现，即"新公共管理学"的兴起。我们可以观察到，行政管理学与其他学科的关系越来越密切，这是因为行政环境问题涉及社会生活的广泛领域，与众多的社会科学和自然科学发生渗透交叉，这也促进了"新公共管理学"的发展。

（二）促进行政管理效率的提高

行政管理是上层建筑，它与经济基础密不可分。有什么样的经济基础，就会有什么样的上层建筑。因此，行政管理的"根"在于行政环境。行政环境的变化，必然影响到行政管理，促使其不断改革，然后再服务于整个行政环境领域，能动地改造社会，从而促进整个社会物质文明和精神文明的提高。实践经验也证明，认清行政环境是正确认识和实施行政职能、坚持行政改革、提高行政效率的重要前提。

第二节 行政环境与行政管理的互动

一、一般行政环境对行政管理的影响

（一）社会环境

实际上，如果按照生态学的观点，任何组织都是较大社会环境下的一个子系统，都处在社会环境这个大框架之内，而行政组织也同样处于这样一个框架之内，它也是整个社会里面的一个子系统。我们这里所谈的**社会环境是指人类生存及活动范围内的社会物质、精神条件的总和。**

一般而言，影响公共行政的社会环境要素主要有以下几个：

1. 政治环境

可以说，政治环境对于公共行政的影响最为直接，其影响的方式主要是政治文化的影响。实际上，文化是一个十分宽泛的概念，其定义不计其数，但是无论是知识的传承、法律的制定都包含着人们的价值取向，因此从这个意义上来说，文化归根到底是一套价值体系。而政治文化则是整个社会文化的一个重要组成部分。**政治文化，就是一个国家或地区在一个特定历史时期人们所普遍持有的一种政治态度、政治信仰和政治价值观念。**它通过世代相传，不断地影响着未来的社会。因此，每个国家、民族都有自己的政治文化，所以它呈现出多元化的趋势。同时我们也应当了解到，在历史上公共行政是来源于政治的，是为统治阶级服务的，所以政治环境对公共行政的影响是最直接的。

2. 经济环境

经济环境是指对公共行政有着重要影响的物质技术水平和经济制

度。它包括生产力的高低、生产资料的所有制等，具体而言就是一个国家和地区的国民收入、科技实力、资源的分配等。我们知道，经济基础决定上层建筑，因此有什么样的经济环境，就有什么样的公共行政。

3.文化环境

文化环境包括了一个国家或地区的科学文化情况或人们的思想价值观念。文化环境对于行政管理有着深刻的影响。在传统的精神文化环境中，如感情性（重情谊、重伦理、讲情面）、保守性（排外、门第观念、自给自足经济）、权威性（家长制、独裁制），就容易产生封闭、强权的政府。同时，一个拥有现代价值观念（民主、法治、追求科学）的社会产生的政府必然是一个高效的、有创新活力的政府。

（二）自然环境

自然环境是环绕在人们周围的各种自然因素的总和，是人类赖以生存的物质基础，如大气、水、植物、动物、土壤、岩石矿物、太阳辐射等。自然环境的多样化也影响着公共行政的多元化。一个国家和地区的经济发展和社会的进步不仅仅依靠科技的进步，同时也与该地区的自然环境是分不开的。人类是自然环境的产物，人类的行为都必须在自然环境的约束下进行。同时，自然环境对于公共行政也有着相当大的影响，主要表现在以下几个方面：

1.地理环境

地理环境是地球表层，即岩石圈、水圈、土壤圈、大气圈和生物圈相互作用的交错带。古希腊地理学家斯特拉波（Strabo）在其著作《地理学》中提出了以大陆为着眼点来划分全球的政治区域的观点，并认为地理环境是人们的品性和政治行为的决定因素。地理环境影响政治系统的安全和国家国防战略的选择。例如，有的岛国，由于缺乏资源，因此曾实行对外扩张的政策。

2.气候环境

气候方面，以我国为例，我国南方气候温暖，适宜种植水稻，所以南方人喜欢吃稻米；而我国北方气候干燥，适宜于小麦生产，所以北方人更爱吃面食。因此，我国南方一带的地方政府比较重视水稻的种植；而北方的地方政府则十分重视小麦的种植。从中我们可以解释为什么世界各国和地区政策会呈现出多元化。

3.人口分布

最后从人口分布来看，在人口密度较高的地区，不仅要注意控制人口的增长速度，而且还要注意诸如年龄结构、老龄化、犯罪、住宅、生活等一系列社会问题。可见，人口分布状况与行政活动有密切联系。

二、行政管理对行政环境的反作用

（一）行政管理影响着社会环境

（1）在经济上，政府的政策对于经济的发展至关重要。1978年以来，我国实行了对外开放的政策，取得了很大的成绩，初步形成了"经济特区——沿海开放城市——沿海经济开放区——内地"这样一个有层次、有重点、由沿海向内地、自东向西、由南向北逐步推进的全方位开放格局，有力地推进了我国社会主义经济建设的发展。对外开放的政策和实践的深度和广度不断拓展，外向型经济的质量和水平不断提高，在国民经济和社会发展中的地位和作用不断增强，促进了我国经济日益融入世界经济体系、加入到经济全球化的时代潮流之中。

（2）在政治上，政府的行政体制改革也影响着政治体制的变革。行政来源于政治，是政治的一部分。随着我国对外开放力度、广度的加大以及经济的持续发展，行政体制一直在不断变化，政府通过自身的不断改革以适应社会主义市场经济发展的需要。行政体制改革必然会影响到政治体制的改革。这就如同脚和鞋的关系，脚长大了，鞋必须更换适应脚。

（3）在文化上，政府的政策导向也影响着文化事业的发展。近年来，我国政府大力推动文化事业的发展。文化产品市场不断繁荣，文化产业已成为我国经济新的增长点。2017年，当时的文化部印发《关于推动数字文化产业创新发展的指导意见》，在全社会形成了推动数字文化产业创新发展的良好氛围，引导和促进了数字文化产业发展。2020年，党的十九届五中全会就社会主义文化强国建设作出系统谋划和战略部署，"十四五"规划明确提出实施文化产业数字化战略，加快发展新型文化企业、文化业态、文化消费模式。

（二）行政管理也改变着自然环境

人类的行为受到自然环境的约束，但同时，人类也对自然环境能动地进行改造。例如，沙漠的形成有人为的因素。由于人类滥伐森林、过度放牧和盲目开垦土地，加上局部性的战争又毁坏了干旱地区的水利设施，这些都加快了沙漠化的进程。世界上每年因沙漠化而丧失的耕地达5万～7万平方千米，面积比荷兰还大！随着经济的发展，人们逐渐意识到了保护环境的重要性，从1978年起，我国政府陆续在"三北"地区建设600多万公顷防护林体系，这一"绿色万里长城"，使原来"黄沙滚滚不见天，东奔西跑没家园"的穷地方，变成了"林海茫茫不见边，绿荫深处安家园"的好地方。

每个国家都必须有效地实施生态环境保护。政府必须制定出一套支持经济可持续性发展的方案，坚决制裁那些违背自然规律或以牺牲环境为代价来追求经济发展的短期行为。

从行政管理对社会环境的作用以及行政管理对自然环境的影响中我们可以看到，公共行政组织与环境两者互相影响和作用，可以促进社会的发展。行政环境与行政活动之间客观上存在的互动关系表明：只有首先适应环境，行政活动才能得以正常开展。同时，行政活动的开展必然影响和塑造行政环境，使环境沿某种方向、发生某种程度的变化。了解影响行政活动开展的环境因素，是科学、有效行政的前提，同时也为评估行政行为提供重要的启示。

第三节　中国现阶段的行政环境

一、社会主义初级阶段的行政环境

（一）国际环境

国际关系结构性矛盾加剧并引发新危机新挑战，中国所处的周边和国际环境中，不确定因素明显增加，给中国维护发展所需的战略机遇期带来新的挑战。世界经济双增长格局更趋明朗：主要增长动力来自发达经济体，新兴市场经济体对全球增长的贡献仍超过2/3。世界经济下行风险缓解，但新兴市场风险增大；发达经济体低于预期的通胀水平给经济活动带来风险；地缘政治风险重现。需要指出的是，尽管西方"唱衰"发展中经济体，但发展中经济体增速仍高于发达经济体，是拉动世界经济增长的重要引擎，"东升西降"的大趋势未变。

当前，中国正处在中华民族伟大复兴的关键时期，综合国力、国际地位和影响显著提升，发展前景光明。但同时，中国也面临着许多从未遇到过的"成长的烦恼"。从外部环境看，国际格局正在发生深刻演变，中国面临的国际与周边环境更趋复杂，机遇前所未有，挑战也前所未有。要审时度势，紧紧把握机遇，妥善应对挑战，趋利避害，更加积极有为，为实现民族复兴的中国梦保驾护航。

（二）自然环境

我国幅员辽阔，陆地总面积约960万平方千米，与整个欧洲的面积差不多，在世界各国中居第3位。我国是世界上重要的海洋大国，大陆海岸线长达18 000多千米，海域中面积在500平方米以上的岛屿有6 500多个，管辖海域面积约300万平方千米。我国各类土地资源齐全，形成了耕地、林地、草地等多种土地类型，这有利于因地制宜发展各种生产。我国草地面积宽广，居世界前列，这为发展畜牧业提供了较好的资源条件。我国沿海的大陆架上，蕴藏着相当丰富的石油和天然气。我国的滨海砂矿储量十分丰富。但我国是一个少林的国家，并且耕地面积不到1亿公顷。我国的土地类型包括耕地、沙漠、林地、草地、戈壁、高寒荒漠、石山。同时，土地资源区域差异明显：土地资源的空间分布不平衡，土地生产力的区域差异明显，各地区土地资源的质量差别很大。西北内陆光照充足，热量较为丰富，但干旱少雨，水源不足，以草地和荒漠为主。我国水资源的总量不少，但人均占有量很低，约为世界人均水量的1/4。时间分配不均：我国水资源在时间分布上具有夏秋多、冬春少和四季变化大的特点。

伴随着我国当前的城镇化和工业化，自然资源的枯竭与生态的破坏构成了我们当前最大的挑战之一。由于房地产的发展、城镇化水平的不断提高，大量的农田被占用；工业的"三废"也使得我们生存的环境日益恶化。实际上，我国的基本国情是底子薄、人口多、资源相对不足，人均国民生产总值仍属于发展中国家水平。人们疯狂掠夺着为数不多的自然资源，在追求经济增长和物质享受中，逐渐毁掉了我们仅剩的自然资源。因此，如何发展"绿色经济"，实现可持续性发展，成为我国当前发展的一大任务。

（三）经济环境

总体来看，我国国民经济平稳发展。以 2019 年中国经济为例，我国面对国内外风险挑战明显上升的复杂局面，在党中央坚强领导下，各地区各部门认真贯彻党中央、国务院决策部署，坚持稳中求进工作总基调，坚持新发展理念，坚持以供给侧结构性改革为主线，积极推动高质量发展，扎实做好稳就业、稳金融、稳外贸、稳外资、稳投资、稳预期工作，三大攻坚战取得关键进展，国民经济运行总体平稳，发展质量稳步提升，主要预期目标较好实现，为全面建成小康社会奠定了坚实基础。全年国内生产总值 990 865 亿元，按可比价格计算，比上年增长 6.1%，符合 6%~6.5% 的预期目标。

面对错综复杂的国内外经济形势和严峻挑战，中国政府坚持稳中求进工作总基调，坚持稳增长、调结构、惠民生、防风险，主动适应和引领新常态，不断创新宏观调控方式，深入推进结构性改革，扎实推动"大众创业、万众创新"，经济保持了总体平稳、稳中有进、稳中有好的发展态势。经济运行保持在合理区间，结构调整成效显著，转型升级步伐加快，民生事业持续进步，实现了"十三五"圆满收官。

但同时也应当看到，中国从经济到社会的方方面面都在发生着巨变，宏观经济也已走入最为艰苦的时刻，中国 GDP 增速从长达二三十年连续两位数左右增长近年悄然回落到个位数，从保"8"到保"7"再到探"6"时代，经济增速的战略"红线"不断下移，这样的增速回落趋势在可预见的未来很可能仍将持续。

（四）文化环境

这里所指的文化环境，是来源于我国的历史背景、与中国人的价值观念密切相关的、受到人们的行为规范及社会心理等多种要素影响的总和，我们可以把它分为中国社会主义文化、中国传统文化和大众文化。

中国社会主义文化是我国的主流文化，是同社会主义基本经济制度、政治制度结合在一起的，它围绕着我国的基本国策即建设富强、民主、文明的社会主义现代化国家这一宏伟目标而展开，是符合当前我国时代特点、建设中国特色社会主义的主旋律。

中国传统文化指的是中国历史演变延续过程中所形成的社会文化体系。由于中国历史悠久，因而这个体系也就很庞大，很复杂。一方面，传统文化中有许多精粹，如尊老爱幼、重视教育、提倡爱国等对当前的社会生活起着巨大的积极作用；另一方面，传统文化中也确实存在许多糟粕，如家长制作风、专制主义、裙带关系等都与当代文化变革相抵触，这需要我们进行自觉的克服与批判。

大众文化的兴起实际上是与我国社会的经济发展水平密切联系在一起的。改革开放以来，在我国经济发达地区尤其是在大中型城市里，大众文化相当程度上已成为人们文化生活的主要消费内容。实际上，大众文化与大工业的发展与普遍应用是分不开的，是现代工业社会的产物，从某种意义而言，它是一种典型的商业文化，是一种包装好的文化，具有明显的商品性质，我们可以称之为市民文化。改革开放以来，我国的大众文化吸收、借鉴了西方国家的大众文化实践经验，因此大大加速了当代中国文化的发展进程，可以说随着我国经济的不断发展、人们生活水平的不断提高以及闲暇时间的大量增加，大众文化在未来将会有更大的发展。

专栏9-1

积极主动应对外部环境的变化

面对错综复杂的国际环境以及各种新矛盾、新挑战，必须坚持趋利避害，迎难而上，按照党的十九大历次全会确定的精神和部署，在对外工作中高举多边主义的旗帜，继续坚定不移地推动构建新型国际关系、全球伙伴关系网络和人类命运共同体。

第一，践行共商共建共享原则。国家不分大小，都是国际社会平等成员，在生存和发展问题上的前途命运息息相关。无论推动发展建设，还是治理体系改革，抑或应对风险挑战，都需要汇聚全球资源，汲取各方智慧，形成强大合力。要让各国都成为世界和平与发展的参与者、贡献者、受益者。

第二，加强大国协调合作。倡导大国发挥表率作用，带头践行《联合国宪章》，带头提供全球公共产品，带头为世界和平与发展作出贡献。在世界面临重大风险挑战的时刻，大国更要以人类前途命运为要，摒弃冷战思维和意识形态偏见，同舟共济，携手应对。

第三，维护国际法则秩序。完善全球治理格局，必须树立法则意识。强调恪守主权平等、不干涉内政、和平解决争端等国际关系基本准则，有约必守、有诺必践。反对单边制裁和长臂管辖，维护国际法的权威性和严肃性。呼吁国际社会共同推进深海、极地、网络、外空等新兴领域法则制定，确保新疆域开发有法可依，公平惠及每个国家。

第四，发挥好联合国的核心作用。联合国作为最具普遍性、代表性、权威性的国际机构，比其他国家和国际组织更有资格和优势发挥领导作用。联合国自身也要与时俱进，增加发展中国家的代表性和发言权，提高运行效率和应急能力，实现治理体系和治理能力现代化。安理会作为联合国集体安全机制的核心，是全球治理体系的重要组成部分，承担着维护国际和平与安全的首要责任。新形势下，安理会要履行好《联合国宪章》赋予的职责，给世界和平以保障，给国际秩序以稳定，给各国人民以安全，给全球治理以希望。

第五，共同促进世界经济复苏。我们要为维护多边贸易体制、促进贸易投资自由化和便利化作出更多努力，加快落实联合国2030年可持续发展议程，为疫后世界经济注入更多动力。科技创新是应对疫情、实现经济复苏和可持续发展的重要推动力。呼吁各方共享新一轮科技革命和产业变革机遇，利用疫情催生的新业态、新模式，实现高质量发展和绿色复苏。

第六，统筹应对传统安全威胁和非传统安全威胁，当前尤其要把公共卫生、气候变化等置于国际议程中更加重要的位置。非传统安全威胁牵涉方方面面，需要综合施策、标本兼治。应一如既往地坚定支持世界卫生组织在全球抗疫合作中发挥领导作用。

资料来源：周力. 准确把握国际环境新矛盾新挑战［J］. 瞭望，2020（47）. 节选.

二、社会主义初级阶段的行政环境对行政管理的要求

行政环境对政府行政活动的方向和具体内容有很大的影响。目前，我国当前行政环境对于行政管理的要求如下：

（一）建设社会主义法治国家，法治政府是关键

党的十八届四中全会审议通过的决定文件提出了"建设中国特色社会主义法治体系，建设社会主义法治国家"的总目标，不仅要求做到"坚持依法治国、依法执政、依法行政共同推进，坚持法治国家、法治

政府、法治社会一体建设"，而且将"深入推进依法行政，加快建设法治政府"确定为全面推进依法治国的六项重大任务之一。这充分说明，深入推进依法行政、加快建设法治政府，既是全面推进依法治国的题中之义，也是建设社会主义法治国家的关键环节。

之所以说建设法治政府是建设社会主义法治国家的关键，是因为各级人民政府作为国家权力的执行机关，不仅掌握着强大的公共权力、公共资源，而且肩负着提供公共产品、公共服务的重任，尤其是肩负着严格贯彻实施《宪法》和法律的重要职责。政府能否做到依法行政，政府权力能否得到约束，政府行为是否公正规范，不仅关系到法治国家的建设，而且关系到依法治国基本方略的贯彻。如果作为实施国家法律法规重要主体的各级政府能够忠实于法律，带头严格执法，维护公共利益、人民权益和社会秩序，那么，必将有助于法治国家的建设，并进而促进法治社会的建设。

（二）继续坚持深化改革①

首先，要进一步创造公平竞争的市场环境，充分激发各类市场主体的活力。其中最关键的，一是通过进一步深化改革，切实打破对非公有制经济企业的各种隐形壁垒，切实加强产权保护，稳定民营企业家的预期和信心。二是通过进一步深化国企改革，优化国有经济布局，使其更好发挥对整个国民经济的支撑、引领和带动作用。三是进一步深化土地管理制度改革，促进要素在城乡之间的双向流动，促进乡村建设，释放乡村投资潜力。四是进一步完善公平竞争相关制度，包括加快全面实施市场准入负面清单制度、建立市场准入评估制度、全面落实公平竞争审查制度等。

其次，要加快建设更高水平的开放型经济新体制，为下一步的发展争取更加有利的外部环境。在扩大开放问题上，《中共中央国务院关于新时代加快完善社会主义市场经济体制的意见》已经提出了诸多明确要求，比如，要"吸收借鉴国际成熟市场经济制度经验和人类文明有益成果"，要"加快国内制度规则与国际接轨"，要"以高水平开放促进深层次市场化改革"，等等，都具有很强的针对性和指导性，关键是要把这

---

① 张军扩. 构建新发展格局关键要靠深化改革［N］. 经济日报，2020-11-21.

些要求落到实处。

再次，要进一步优化创新的生态和环境。创新不仅是科技创新，而是一个包含文化、理念、制度等在内的社会系统工程。可以预见，下一步创新的国际竞争将会更加激烈。为此，必须下大力气着力改革我国的教育、科研和人才管理体制，着力解决制约创新的诸多"卡脖子"问题，着力营造与新时期创新发展需求相适应的创新生态和环境。科技的竞争说到底是人才的竞争，在中美经贸摩擦不断发生的大背景下，如何加快营造良好的在全球范围内具有竞争力的吸引人才的社会和文化环境，显得尤为紧迫和重要。

最后，要积极探索和创新推进改革的方式方法。结合改革开放以来我国推进改革的成功经验，当前需要从两个方面着力推进改革举措的落地见效。一是更好地处理顶层设计与基层探索的关系。改革进展到现阶段，顶层设计无疑是十分重要和必要的，同时也要充分发挥基层和群众的主观能动性和首创精神。顶层设计主要应当明确方向性、原则性，要给基层探索留下充足的空间。二是加快完善干部政绩考核评价制度，强化对干部的正向激励，建立健全改革容错纠错机制，更加充分地调动广大干部尤其是地方干部改革创新的积极性。

（三）要继续深化行政管理体制改革

党的十九届三中全会审议通过的《中共中央关于深化党和国家机构改革的决定》和《深化党和国家机构改革方案》指出，深化党和国家机构改革，是以习近平同志为核心的党中央着眼党和国家事业发展全局作出的重大改革部署，是提高党的执政能力和领导水平的重大措施，是实现"两个一百年"奋斗目标、全面建成社会主义现代化强国、实现中华民族伟大复兴的必然要求。全面深化改革，统筹推进"五位一体"总体布局和协调推进"四个全面"战略布局必须深化党和国家机构改革，努力形成更加成熟、更加科学的中国特色社会主义制度。

（四）应当继续坚持独立自主的和平外交政策

当今世界局势复杂多变。可以说，我们政府长期以来实行的独立自主的外交政策得到了世界各国人民的称赞。坚持独立自主的和平外交政策，是由我国社会主义制度的性质决定的。独立自主的和平外交政策，代表了中国人民的根本利益，反映了世界人民的真诚意愿，具有强大的生命力。作为一个发展中的全球性大国，中国的外交不仅具有地区影响力，也具有全球影响力；不仅影响到中国的国际环境，也影响到中国国内的改革和进步。近年来，中国领导人开展了全方位、多层次、宽领域的外交工作，重点、特点和亮点也十分突出。所谓全方位，指的是中国的外交面向全世界，不局限于一个大洲、一个地区。从北美到南美，从欧洲到非洲，都可以见到中国领导人的身影；所谓多层次，指的是中国外交既包含了普通外交官员的努力，也有着国家元首和政府首脑的付出；所谓宽领域，指的是中国外交不仅谈政治、谈安全甚至直面领土争议，更多的还谈经济、社会、教育、科技的合作。

2019年，《中共中央关于坚持和完善中国特色社会主义制度、推进国家治理体系和治理能力现代化若干重大问题的决定》强调："坚持和完善独立自主的和平外交政策，推动构建人类命运共同体。"独立自主的和平外交政策是中华人民共和国成立70年来外交理论和实践的基本结晶，符合时代潮流及我国人民和世界人民根本利益。新形势下，必须坚持党对外事工作的集中统一领导，统筹国内国际两个大局，坚持和完善独立自主的和平外交政策，高举和平、发展、合作、共赢旗帜，积极推进中国特色大国外交，坚定不移维护国家主权、安全、发展利益，坚定不移维护世界和平、促进共同发展，为实现"两个一百年"奋斗目标、实现中华民族伟大复兴的中国梦营造有利外部环境，为建设新型国际关系、构建人类命运共同体作出中国贡献。[1]

思政课堂

以持续深化改革，赢未来发展机遇

第31位！北京时间24日上午，世界银行发布《全球营商环境报告2020》。中国以15个名次的跃升，首次跻身全球营商环境排名前40。

营商环境就是"软实力"，中国连续第二年跻身全球营商环境改善幅度最大的经济体排名前十背后，是中国迈向高质量发展路上持之不懈的改革开放，更是面向未来再出发的机遇和信心所在。

---

① 肖文. 坚持和完善独立自主的和平外交政策［N］. 人民日报，2019-12-13.

※世行点赞 在中国做生意"越来越简易"

办理建筑许可指标全球排名提升88个名次至第33位，保护中小投资者指标排名提升36个名次至第28位，办理破产排名提升10个名次至第51位，跨境贸易排名提升9个名次至第56位……

翻开2019年的世界银行营商环境报告，中国总排名从上一年年的第46位升至第31位背后，是一个个印证中国营商环境改善硬指标的跃升。

"中国在多项营商环境指标上取得了令人赞许的进步。"报告发布之际，世界银行中国局局长芮泽由衷点赞，过去一年中国为改善中小企业的国内营商环境作出了巨大努力，保持了积极的改革步伐。

这份世行自2003年开始每年发布的全球报告，主要通过开办企业、办理建筑许可、获得电力、保护中小投资者、纳税、跨境贸易等10项指标，对全球190个经济体的营商环境评分排名。

国务院发展研究中心副研究员马晓白告诉记者，世行营商环境排名，按英文直接翻译过来就是"做生意简易程度"的排名，报告真实反映了企业的获得感。

※优化营商环境　中国一直在奔跑

好的营商环境，就像阳光、水、空气，须史不能缺少。

中国营商环境跃居全球第31位背后，是近年来中国不断深化"放管服"改革、提升营商环境"软实力"的成绩体现。

在北京，朝阳区不动产登记大厅如今不到一小时就能一次性办理完二手房转移登记业务所有手续，延庆区桑普新源新厂区两个工作日就拿到了配建门卫室的建设工程规划许可证；

在上海，特斯拉建"超级工厂"仅10个月就完成从破土动工到具备投产条件的转变，令特斯拉CEO马斯克用"震惊"来形容中国效率之高……

北京和上海是世行评价的中国样本城市。记者了解到，2019年以来，国家有关部门和京沪两市政府，对标国际先进、对接国际通行规则，于年初制定了专项改革任务台账。截至2019年10月底已完成130余项改革举措，在保护中小投资者、办理建筑许可等体制机制改革方面实现重大突破。

不仅在京沪，从拼投资、拼优惠政策到拼服务、拼营商环境，中国各地方政府的发展理念发生深刻转变。

9月19日，仅仅几十秒，深圳市瀚威生物科技有限公司就完成了原本需要1天时间的登记手续，取得深圳首家"秒批"企业营业执照；

10月18日，大连金普新区市场监管局海青岛市场监管所为大连佳友利网络科技有限公司和云之初（大连）安全信息科技有限公司颁发了营业执照，标志着金普新区实现企业注册登记权限一放到底，企业登记将实现全域通办；

10月20日，广州不动产登记12项材料可免提交纸质材料，最快2个工作日内办结……

党的十八大以来，聚焦市场主体和人民群众痛点难点，中国持续深化简政放权、放管结合、优化服务等改革，依法保护产权等企业各项合法权益。

营商环境的持续优化，带来中国市场吸引力的不断增强。在全球跨国直接投资连续三年下滑的背景下，2019年前三季度，中国新设立外商投资企业30 871家，实际使用外资同比增长6.5%。

中国成为世界投资沃土的背后，是自身改革开放的不断加压——

2018年底，全国统一的市场准入负面清单制度全面实施，负面清单以外的行业、领域、业务等，各类市场主体皆可依法平等进入；

2019年3月15日，十三届全国人大二次会议表决通过《中华人民共和国外商投资法》，中国向制度型开放迈出重要一步；

6月底，中国发布2019年版外商投资准入负面清单，清单条目在上年大幅缩减的基础上由48条减至40条；

7月1日，《政府投资条例》正式施行，将政府投资纳入法治轨道……

中国用实际行动告诉世界：不论对内资还是外资，对国企还是民企，中国一视同仁，在优化营商环境、深化"放管服"改革的道路上，中国没有"休止符"。

※打造更完善的营商环境 只有更好没有最好

就在世行报告发布前一天，中国正式对外公布《优化营商环境条例》，以政府立法为各类市场主体投资兴业提供制度保障。

"新的政策将确保公平市场准入并保护公平的市场竞争。"路透社评价说。

从各领域全面推进"放管服"改革，到把优化营商环境建设全面纳入法治化轨道，中国再一次向全世界展示了持续优化营商环境的坚定意志和决心。

"中国推动营商环境改善的动力是内生的。"袁东明表示，中国一系列改革举措并不是为了赢得一个更好的排名，而是源自内部需求和自身驱动，是对社会主义市场经济体制的完善。

当前，面对纷繁复杂、充满变数的国内外经济形势，最大的确定性就是坚持做好自己的事。持续优化营商环境，正是中国应对经济下行压力、推动经济迈向高质量发展的关键之举。

更加优化的营商环境，让世界读到了中国持续深化改革开放的决心和行动，必将吸引更多企业来这里扎根、成长。

"营商环境只有更好，没有最好。"这是面向未来中国对世界的承诺。一个拥有更加优化营商环境的中国，欢迎各国企业前来投资兴业，共享中国大市场机遇，造福世界各国人民。

资料来源：韩洁，于佳欣，安蓓，等. 以持续深化改革 赢未来发展机遇——中国营商环境跃居全球第31位背后［EB/OL］.［2019-10-24］. http://www.gov.cn/xinwen/2019-10/24/content_5444608.htm. 节选.

【思考】行政环境的改变源于理念的革新，请问，营商环境改善的背后体现了什么精神？

关键概念

行政环境 社会环境 政治文化

复习思考题

一、单项选择题

1.行政环境是伴随着（ ）的发展而逐渐产生的。

A.行政系统学 B.行政生态学

C.行政伦理学 D.行政法学

2.与不同社会环境相适应的是不同的行政模式，即著名的"融合型、棱柱型和衍射型三种行政模型"。其中，（ ）行政模式主要针对工业社会。

A.融合型 B.棱柱形

C.衍射型 D.都可以

3.与不同社会环境相适应的是不同的行政模式，即著名的"融合型、棱柱型和衍射型三种行政模型"。其中，（ ）行政模式主要针对过渡型社会。

A.融合型 B.棱柱形

C.衍射型 D.都可以

4.政治环境对于公共行政的影响最为直接，其影响的方式主要是（ ）的影响。

A.政治文化 B.政治制度

C.传统文化 D.官僚主义

5.坚持独立自主的和平外交政策，是由（ ）的性质决定的。

A.经济制度 B.政治制度

C.行政体制 D.文化传统

二、多项选择题

1.行政环境的特点包括（ ）。

A.复杂性 B.差异性

C.变异性 D.约束性

2.加快体制机制创新步伐，是创新的题中应有之义，创新不单是技术创新，更包括（　　）创新、（　　）创新、（　　）创新。

A.技术　　　　　　　　　　　B.体制机制

C.管理　　　　　　　　　　　D.模式

3.以下属于行政系统之外的环境的是（　　）。

A.资源　　　　　　　　　　　B.法律

C.组织结构　　　　　　　　　D.科学技术

4.在现实生活中，纯粹的融合或衍射型行政模式是不太可能存在的。也就是说，在当今世界，纯粹的（　　）或（　　）行政模式都是不存在的。

A.农业型　　　　　　　　　　B.工业型

C.过渡型　　　　　　　　　　D.混合型

5.传统精神文化环境中，权威性行政文化主要表现为：（　　）。

A.重门第　　　　　　　　　　B.家长制

C.重伦理　　　　　　　　　　D.独裁制

三、简单题

1.什么是行政环境？

2.行政管理与行政环境的关系是什么？

3.我国现阶段的行政环境特点有哪些？

4.怎样创造稳定的社会经济环境？

5.请谈谈习近平总书记提出的"命运共同体"理念有何意义？

第十章

行政效能

　　行政效能是行政管理的出发点和归宿。行政效能的高低是对国家行政机关和行政人员行政管理活动结果的度量和评价，是衡量行政管理活动是否科学的重要标准。研究行政管理和进行行政改革的根本目的，就是提高行政效能。而行政机构的效能建设的根本目的是运用各种科学管理的手段、制度和载体，调动工作人员的积极性、主动性和创造性，不断提高办事效率和工作能力，提高为人民服务的质量。

第一节　行政效能概述

一、行政效能的含义及特点

（一）行政效能的含义

　　效能（effectiveness）是指在规定的条件下，达到系统目标的程度，或达到期望目标的能力，可以用不同的标准作为这种能力的度量。在具体工作中，通常认为，效能主要指办事的效率和工作的能力。效率、效果、效益是衡量效能的依据。

早在 1992 年《人民代表大会制度词典》中就有明确的界定：**行政效能是正确的行政目标和行政效率的外在表现，是行政管理的核心。**考核行政效能的公式是：

行政效能＝行政目标×行政效率

行政效能的内容是：正确的行政方向，选择正确的行政目标。行政效能要求各级政府实行目标管理。较高的行政效率是实现行政效能的保证。行政效能的发挥除受国家阶级本质、政体形式的制约外，还要受到国家行政组织的设置、行政权限的划分、行政分工的实行、行政机关的活动原则、行政人员的素质、行政费用的收支等方面是否符合国家政治、经济及社会发展需要的影响。行政效能的发挥还取决于行政目标决策的正确性。

行政管理学所研究的行政效能，是指行政主体在实施行政行为时，以较小的行政资源投入来实现最佳的行政工作目标，达到资源配置的最优状态。行政投入包括人力、物力、财力和时间等方面的综合消耗，行政产出则包括完成行政任务的数量和质量，有形的或无形的、直接的或间接的综合效果。具体而言，是指政府部门行政管理活动的能力、效率、效果、效益四方面的综合体现，是实现行政管理高效能的具体条件。要准确把握行政效能的内涵，必须把握其特点。

（二）行政效能的特点

1.政治性和社会性

评价行政效能，必须注意普遍的社会效果，要看社会性因素和精神性因素，不能简单地以资源投入数量分析来予以评价，这是行政管理活动具有的政治性和社会性特征的必然反映。如果消耗的资源很少，但给社会公众提供的是一种劣质服务，就不能算是行政效能高。而且如若行政活动偏离了国家意志和人民要求，违背了国家政策和法律，并给社会带来了不利影响，那么其速度越快，结果就越糟。因此，行政效能应是数量和质量、效率、效果和效益等要素的统一。

2.关联性

行政效能一词有很多相关概念，如行政效率、行政效益等。但近年来，很多学者都论证了这些概念之间的差异。行政效能主要强调了行政组织实现预期目的的适应性和能力，是对行政组织功能的评价。行政效能的高低取决于组织结构、领导才能、决策质量、人员素质等因素。行政效益主要是行政对社会有益影响的大小，给社会带来福利的多少。而行政效率则是关于效果与消耗即行政产出与行政投入的静态数量关系。效能的实现以一定的效率为基础，评价效能又要以对效益的肯定为前提。因此，行政效能与行政效率、行政效益是密切相连的。

行政效能体现了政府职能的内涵，即政府能否很好履行职责、发挥作用，体现了社会效益的内涵，这也是行政效能最根本体现其价值的地方。行政管理必须重视活动中的社会因素和普遍社会效果，以社会需求的满意度和人民群众的认可度作为衡量的标准。行政效能具有司法的含义，即在行政管理过程中正确履行法律所赋予的职责，做到依法行政。

3.行政效能的多样性

行政效能多样性，主要体现在以下3个方面：首先是行政效能目标的多样性。政府行政管理职能结构所实施的目标是多方面的，既有近期目标，也有远期目标；既有定量目标，也有定性目标。其次是行政效能因素的多样性。体现行政效能的因素、有主观与客观、定量与定性之分。主观因素包括机构、决策、执行等；客观因素包括环境、条件、空间等，定量因素有经费、物质、人物、时间等；定性因素有社会效益、文明程度、心理情绪等。最后是行政效能层次的多样性，从范围看，有宏观和微观层次之分。从形式看，有原则和具体之分。从组织结构看，有决策、管理、执行之分。因此，我们在衡量行政效能时，一定要坚持综合效益的原则。

二、行政效能在行政管理中的地位

（一）提高行政效能是行政改革的核心问题和最终目的

任何管理活动都必须高度重视效率问题，因为管理就是要以有限的资源创造出更多更好的福利，行政管理活动也不例外。而行政管理活动涉及政治、社会、国家和社会公共事务等多层面的利益，因此，强调效能建设已经成为行政管理活动的核心问题。世界上大部分国家行政改革的主要目的都是提高行政效能。能否提高行政效能，也是检验行政改革成败的重要标准。行政管理活动的开展，必须首先确定行政目标。尽管行政目标的性质、大小各有差别，但都内含行政效能因素，都有质和量以及符合国家价值体系的价值观反馈，达到这些要求，也就是实现了行政目标。因此，行政效能是行政管理活动一开始就提出的要求，也是行政管理活动的最终目的。行政效能既是行政管理的起点，也是终点。

（二）行政效能是衡量整个行政管理活动的重要标准

行政效能本身不是行政管理活动的环节和手段，但它是衡量行政管理活动客观效果的重要标准。行政管理的高效能，是行政管理科学化的重要体现。通过对行政效能的判定和评价，可以检验行政管理运行程序中的各个因素、各个环节、各种手段是否科学合理；也可以检验国家行政机关和行政人员队伍是否素质良好、分工合理、关系协调；还可以检验行政体制是否科学，行政组织的设置、结构、责权划分是否完善、合理，分工是否明确，层次是否恰当等。最后，通过对行政效能的评价，可以检验行政管理方法是否科学有效。通过对行政效能的测定和评价，最终可以全面、合理、公正、准确地衡量整个行政管理活动的绩效。

（三）行政效能是行政管理学研究的核心内容

美国早期行政管理的探索者、美国前总统威尔逊说过，行政管理学研究的目的，首先就是要帮助揭示什么事情是政府可以做并且做得好的，再就是寻找能够将这些政府该做的事以最高的效率和最少的经费和精力来做好的方法……学习管理的目的就是将管理从混乱和狭隘经验主义的现状中解救出来，建立在坚实的科学理论基础知识之上。行政管理学的产生，最初是为了追求政府行政管理效率的提高。而随着民主国家纷纷建立，更多强调了公平、公正等民主价值理念，现今的国家行政管理则以追求行政效能为最终目标。行政效能是研究行政管理的因素、过程、行为、系统、方法等所有方面的核心。现代行政管理学研究者普遍认为，离开了行政效能的研究，不为提高行政效能提供可以借鉴的原理和规律，行政管理学便失去了它应有的生命力。行政管理学研究只有明确提高行政效能的目的和为之提供服务的指导思想，深入行政管理活动实践，开展调查研究，分析案例，总结经验，找出行政管理活动的客观规律，指导行政管理改革，才能使行政管理学理论保持旺盛的生命力。

（四）行政效能高低关系到我国的现代化进程

任何一种社会制度的优越性均要表现在它比其他社会制度具有更高的劳动生产率上。马克思曾称赞巴黎公社"实现了所有资产阶级革命都提出的廉价政府的口号"。而且，社会主义国家机关的高效能也是社会主义民主政治进步性的体现。由于行政管理是运用政权的强大力量，对整个社会的公共事务进行有力的管理，在整个社会管理中居于支配地位。提升政府公共管理能力，不仅需要在管理理念、管理体制、管理方法上进行变革，还要提升自身推进政府绩效管理，提升政府效能。因此行政效能能否提高直接影响整个社会的运行，将制约全社会的整体效率，也会直接影响着社会主义现代化建设的进程。

第二节　行政效能的测定

众所周知，企业管理的效率由于有产品和利润那样的硬指标，可以根据实际取得的成果与定额标准直接进行比较，相对来说，比较简单、直观，无须更多价值观的判定。然而，如何测定行政效能，却是行政管理学中长期悬而未决的难题之一。

一、行政效能测量的困难及测量途径

（一）行政效能测量的困难

由于衡量行政机关行政效能的指标范围广、因素多，行政管理的许多环节和内容难以用定量指标来表示，它比测定机械效率和企业经济效率要困难得多，这种困难具体表现在：

1.对政府行为的量度及评价受价值观的影响大

行政效能评价不仅是技术问题，也是政治问题。对政府行为的量度及评价受价值观的影响很大，利益的差异必然会导致立场的差异，不同的阶层对政府行为会有不同的评价。在行政效能评估中把这些不同的价值观统一在一定的秩序之内，确实是件很困难的事。

2.不同种类行政任务的质与量难以进行比较

承担不同职责的行政人员或行政机关，由于他们的工作性质和内容往往有很大的区别，工作的侧重点有很大不同。因此，他们完成行政任务的数量以及对社会产生的效益都难以直接比较。

3.行政效果的质与量难以比较

行政管理所追求的是质与量相统一的行政效能。当遇到两个人或两个部门的行政工作在质与量上各有所长时，就很难进行比较和测量，因为很难找到质与量的精确转换关系。此外，不同种类行政任务的质与量也难以进行比较。承担不同职责的行政人员或行政机关，由于他们的工作性质和内容往往有很大的区别，因此，他们完成行政任务的数量以及对社会产生的效益都难以直接比较。

4.行政的短期效果与长期效果难以比较

衡量政府行政工作的效率不能只看短期的、眼前的效果，还要看它的长期效果。然而许多时候，一项行政工作的短期效果和长期效果难以统一。短期效果好的，长期效果未必理想，而长期效果好的行政工作也可能在短期内看不到明显的社会效益。

5.行政有形效果与无形效果难以比较

行政管理表现为政府对国家和社会事务的管理。它所提供的服务大多是无形的，有些效果可能是有形的，但也可能是无形的。例如，政府对卫生、教育的投资，其效果都是无形的、间接的，很难用数字来直接衡量。

6.行政单位由于规模大小和任务多寡不同，难以进行比较

大城市与小城市的工作难以比较，工商业城市与文化、政治城市，其管理效率也很难比较。

由此可见，由于行政管理是一种产生社会效果的行为，是一种复杂的综合性活动，在通常情况下是难以用数量来衡量的。因此，不能把行政效能看作一个简单的数字比例，希望通过一个简单的计算公式就能求得。我们衡量行政效能的目的，是通过对各种具有可比性的内容进行对比分析来看行政效能是提高了还是降低了，而不是只得出行政效能究竟是多少。

（二）行政效能测量的途径

行政效能的测量尽管存在上述困难，但仍需对国家行政机关和行政人员的行政管理活动结果作出度量和评价，促进行政管理活动科学化。因此，在测定行政效能时，行政管理的研究者试图从影响行政管理的诸多方面找出一些共性的、有可比性的方面来分析比较行政管理活动的结果。归纳来说，主要有以下几种途径：

1.投入的劳动与产出的效果之间的比较

对于同样多的投入，完成更多数量或更高质量或更受好评的行政任

务；或者，完成同样数量和质量的行政任务，消耗的人力、物力、财力和时间更少，那就意味着与其他同性质的部门相比，本部门的效率较高，或者是本部门较过去行政效能提高了。

2.已经完成的行政任务与预定行政目标之间的比较

许多行政事务无法用数字计算其效率，故须从另一角度分析行政效能，凡是能成功地完成组织预定的行政目标和决策任务的，就是体现了效能。

3.在相同条件下，不同行政部门实现行政决策程度的比较

不同的行政部门在条件相同的情况下，执行同一个行政指令，有的部门在数量和质量上都实现了目标，并创造出更高的成就，而有的部门则没有达到目标。前者就是行政管理的高效能，后者则为低效能。

二、行政效能测定的主要原则和标准

（一）行政效能测定的原则

1.兼顾标准统一与差异的原则

标准统一是指至少在一定范围内、一定时效内，同样职能的行政工作在测定行政效能时，必须使用统一的标准、尺度。必须在测定之前对各类行政活动制定形式多样、尺度统一的标准，并尽可能使标准明确、合理、全面，作为衡量行政效能的统一依据。与此同时，不同地区、不同层次及不同职能部门的管理业务、对象、要求、任务不同，行政的环境不同，存在着各种差异。所以，在制定测定标准时，必须考虑其差异性。

2.兼顾效率与效益的原则

评判行政管理工作要数量与质量相结合。一方面要通过定量的方法，制定投入与效果的可比较量化标准；另一方面要通过定性的方法，制定依法行政、完成目标、社会满意度等效益指标。

3.全面性原则

行政管理活动的效果有些是直接的、有形的，可以立见成效的；有些则是间接的、无形的，是在潜移默化中逐步显露出来的。有些行政工作在短时期内、本地区、本行业、本部门会带来一定的效益，但在今后长远的发展中，可能会逐渐暴露出其对整个国家或社会消极的影响；有些行政工作在短时期内看不到明显的社会效益，但对国家和地区的长远

发展则会带来有益的影响。因此，要较准确地评价和测定行政效果，必须坚持有形效果与无形效果相统一、局部效益与整体效益相统一、短期效果与长期效果相统一的原则。具体来说，在评价行政效能的高低时，既要看到有形效果，又要注重无形效果；在局部效益与整体效益不一致甚至冲突时，既要以整体效益为主来进行评价，又不能忽视对局部利益的保护。在强调长期效果的重要性的同时，既要强调行政管理的长期效果，必须将长期效果放在首位，短期效果必须服从长期效果，又不可轻视短期效果，因为只有不断地提高眼前的行政效益，才有可能使整个发展阶段的行政效益达到最大。总之，要准确把握三者的辩证统一，才能全面科学地评价行政管理活动。

（二）行政效能测定的标准

要科学地测定行政效能，必须要有明确合理的标准。但由于行政管理是一种极为复杂的社会活动，行政效能的各种要素在不同环境条件下、不同的行政层次上表现形式不同，测量标准也是多种多样的。但一般来说，主要包括行政效能的量的标准、行政效能的质的标准：

1.测定行政效能的量的标准

测定行政效能的量的最基本的评价标准是以实际耗费的人力、物力、财力、时间同这项行政活动实际达到的成果作比较。也可以把实际达到的劳动成果和实际劳动耗费量同本行政组织的计划指标相比较，同本行政组织历史最高水平作比较，与全社会同行业的平均水平或同行业最先进的水平作比较，甚至有的可与国际先进水平作比较。行政效能的量的标准因行政工作的性质和内容不同而有所不同。

具体地说，决策层在决策工作中可以进行量化的要素有：一定时期内作出的决策数量；各项行政决策涉及范围的大小；备选方案的数量；日常处理的信息量等。当然，在评估行政决策工作时，单纯用以上数字指标来考察，不能全面、准确地反映实际工作量。因为行政决策本身就是一种有风险、有困难、富有挑战性和创造性的活动，所以，决策层的工作量仅仅起着参考作用。

中间管理层指中层行政机关或组织内的中间管理层，管理层次的行政工作种类繁多，执行计划、组织、控制、沟通、协调等不同职能的中层管理部门，其工作的性质、任务、方式各不相同。测定这些部门工作量的指标一般有：对决策层所发出指令执行的力度；反馈下层信息的准确和及时程度；所管理的下属单位数量、地理范围、人口数量、所处理的信息量、处理突发事件的数量等。

具体执行层的工作可量化的指标较多。各职能部门工作性质不同，可根据不同情况设立各种反映工作量的指标。例如，反映交通管理部门工作量的指标是：所管地段总公里数，设置各类交通标志和安全设施数量，交叉路口数量，道路维修保养工程量，平均车流量，处罚违章次数等。

行政工作的数量标准反映行政工作完成情况。其中，有些主动性指标可纳入工作计划，作为检查成果的标准。比如，各类交通标志和安全设施的数量等。但有些工作属于被动性的，工作量增加并不意味着效益提高，如罚款、交通案件的增多等，罚款数额和交通案件的增多一方面说明加强了管理措施，另一方面也说明了管理不善。

2.测定行政效能的质的标准

测定行政效能的质的标准就是把行政活动放在整个社会政治系统中去考察，着重分析和评价行政目标和行政决策本身的正确性，看其是否能代表国家的意志和社会公众的利益；分析行政实施的过程，看其是否偏离了预定的决策目标；考察行政活动中长远利益与眼前利益、整体利益与局部利益的关系，看其是否统筹兼顾、有机结合。行政效能的质的标准因行政工作的性质和内容不同而有所不同。

具体地说，行政决策的质量标准主要包括以下两点：一是方向标准，即行政决策是否符合国家意志和人民要求。二是优化标准，即是否选择了最优的行动方案。中层行政机关或组织内中间管理层工作质量的主要标准有：对上级命令执行的程度，反馈下层信息的准确和及时程度，管理系统内部协调一致的程度，对所属部门工作的指挥是否正确、有效、灵活，能否及时有效地处理突发事件等。具体执行层次工作大部分是操作性的，很难用数量标准来衡量，因此可以按不同岗位具体制定工作规范标准来衡量。一般的标准有：服务态度好坏，有无严格的工作程序标准，执行程度如何，工作成果是否符合计划要求，服务对象满意程度等。

三、行政效能测定的方法

政府是一个有层次功能结构的系统组织。评估和测定不同层次、不同功能单位的行政效能，应采用不同的标准和方法。这部分根据行政层级，依次从基层、中层、高层来分析行政效能测定上的侧重点。

（一）测定执行效能的方法

这是测定行政管理活动执行层次的行政效能，主要是衡量行政管理目标实现的时间及所支出的行政费用的高低，主要包括下列方法：

1. 行政费用法

行政费用法即对在行政管理过程中消耗的所有资源等进行核算，看其是否节省，并能否以最少的行政投入获得较大的行政产出。测定行政费用标准，不能简单地用投入与成果比来反映，一定要注意分析目标任务所需消耗与实际消耗的关系量，以求找到尽可能符合实际的消耗关系，促进效率和效能的提高。行政费用法主要包括单位费用法、人均负担法、事均费用法等。

单位费用法是以完成每项任务为一个单位，计算出完成该项任务的全部费用，和同类任务的费用与效果相比来测定效率高低。例如，各乡都接受了县有关部门下拨数量相同的扶贫款，其中有两个乡的扶贫户和其他扶贫条件大致相同，结果一个乡甩掉了贫困乡的帽子，另一个乡却没有脱贫，则应该说前者效率高，后者效率低。

人均负担法即先计算本地区整体行政工作的人均费用，并以本地区的人均行政费用为基准，进一步测算各部门、各单位的人均行政费用，比较其效率的高低。在其他条件相同的情况下，人均费用多，说明效率低，反之则高。采用人均费用测量法可以有效地控制行政费用总量，摆正行政支出与财政增长的关系，使行政费用尽量处于较低水平。

事均费用法用于工作量可用数量表示的工作，即通过同类行政工作中每个人员的工作量及工资额的对比，测算每件工作的平均行政费用，并以此为基准测定行政人员的工作效率。例如，打字员在单位时间内打印的文件字数和件数；同科室人员在工作性质、难易程度相同的前提下，单位时间内办理工作的件数（效果基本相同）。此法有助于克服干与不干、干多干少、干好干坏一个样的弊病。

2. 时效测定法

时效是行政效能的一个重要指标，因为任何行政管理活动都是在时间序列中进行的。减少或缩短时间，实际上就是提高了行政效能。如果完成某项行政工作实际消耗的时间之和等于完成该项行政工作所规定的时间之和，表示按时完成了任务；如果实际消耗的时间之和大于规定的时间之和，表示行政效能降低，反之则表示行政效能提高了。

（二）测定管理效能的方法

测定中层行政组织或行政组织内设部门的行政效能，除采用测定执行效率的基本方法外，主要采用下列方法：

1.行政协调评估法

行政协调评估法主要是分析行政管理活动的过程中，有无行政矛盾和冲突的产生；分析行政矛盾的次数及解决的方式和途径；分析行政管理活动的人力、物力、财力是否合理分配，以此评估行政协调能力的高低，作为测定中层行政组织和行政组织内设部门行政效能的依据。

2.行政工作程序检查法

行政工作程序检查法检查中层行政组织和行政组织内设部门在安排行政管理活动时，是否设计了科学的工作程序；工作安排有无计划性；时间控制是否有效等，据此测定其行政效能的高低。

3.行政要素评分法

行政管理过程中，有各种要素参与并发挥作用。不同要素对工作成败和效率高低有不同影响。通过分析管理活动中各主要要素的情况，可间接评定行政效能。同时还可以通过分析找出影响行政效能的原因，为改进工作提供依据。运用此法先要通过分析找出影响工作成败和效能高低的主要因素，按其作用的方向和强弱，确定等级分数标准和最高标准分，编制行政管理效率考核表。评定时，根据行政组织和行政人员工作实绩按标准评分，以各项因素得分总和表现行政机关效能；通过实际得分与最高标准分的比较，测定行政效能的高低。

具体到行政中层而言，行政要素主要包括组织职能、行政人员等方面。

测定组织效能要关注组织机构设置是否合理、健全，管理层次和幅度是否得当；权责关系是否明确；信息传递与沟通是否良好；组织内关系是否协调。

测定人事行政效能要关注四个方面：①是否按照《公务员法》等法律法规，建立健全合理的用人制度。②岗位要求与实际工作人员是否一致。③人岗编制是否合理，有无人员积压、浪费问题。④工作人员的向心力、积极性，是否达到了工作要求。

（三）测定决策效能的方法

测定高层行政组织和行政组织内决策指挥中心的管理效能，要求在测定执行效能的基础上，重点测定行政决策制定的科学性、行政控制是否完整有效、行政决策实现的程度、国民经济和社会发展规划执行的效果、人民群众物质和精神需求的满意程度等，主要方法有：

1.预期效率比较法

这是行政决策效能的预期测定。行政目标是行政管理的起因，对整体行政效有至关重要的作用。测定行政目标，必须关注行政目标是否符合政府、社会、人民群众利益的需求；是否符合本地区、本单位、本部门的实际；是否实事求是、顾全大局、目标与结果一致。为了确保行政决策质量，可以对各种决策方案预期效果进行测定和比较。在设计备选方案时，由于某些无形的因素可以忽略不计，或者可以转化为有形的因素加以计算，所以，各种备选方案的投入和产出的指标一般都是比较确定的。把这些指标代入行政效能公式，就可比较预期效能的高低。

2.民意测验法

民意测验法指通过民意调查、群众来信来访、征求各党派和群众团体的意见等活动，听取群众对行政决策及其执行结果的评价，分析研究行政组织和各项管理活动是否真正符合广大人民群众的利益，是否为人民群众所接受。通过此方法，可真正了解经济发展的速度、社会秩序的状况、人民群众的物质和文化生活水平，以此测定高层行政管理社会效益的高低。

3.专家论证法

专家论证法指召集有关方面专家、学者，从科学管理和专业技术的角度，对行政组织所开展的行政管理活动全过程进行全面认真的科学分析和研究，检查行政决策是否科学可行、组织制度是否健全、行政法规是否完备、行政人员素质是否符合工作要求、行政执行和调控的手段是否健全，以此测定行政管理效能的高低。

（四）测定行政效能的通用方法

1.行政职能测量法

行政机关开展行政活动，每种行政功能都是通过达到一系列有主次之分的行政目标来完成的。**行政职能测量法通过对行政机关和行政人员能否有效地实现行政目标、出色地完成行政任务等方面的衡量，评定行政效能的高低。**

运用此法首先要把机关单位的总体职能分解为具体的项目目标，定出各项目的理想标准和最低限度标准，分别确定等级分数，同时，要分别规定主要目标（分值可以高些）和次要目标（分值相对要低些）的权数。然后，按照行政机关和行政人员实际执行情况对多项目标评定分数，最后以各项目标的评分之和，即该职能的总分来反映行政效能的高低。此方法可用以测定行政机关的总体效能，可衡量鉴别该单位实现功能、完成任务的程度。例如，民政部门对基层政权建设、优抚安置、扶贫救灾、社会福利、行政区划、婚姻登记、社团管理、殡葬改革等各项功能的分数相加，便可以说明其行政效能的高低。

这种方法的优点是将行政计划与目标管理结合起来，有利于督促行政机关实现预定的目标。但是，由于有些行政机关（如公安部门）的职能指标（如犯罪预防）很难确定，或者即使制定了也难以作为评价的根据（如某公安机关的破案率高，很难确定究竟意味着其管辖区内的治安状况是好还是坏），因而，该种方法在实践中容易出现简单化的倾向。

2.标准比较法

标准比较法又称常模参照法，这种方法是用公认的或有关部门规定的标准（常模）对行政活动的效果进行评定，看其是否达到标准或在多大程度上符合标准。标准比较法是定性比较法。国家和社会对各项行政活动的效果都有一定的要求和标准，这些标准有的是公认的，有的是经专家研究由有关部门规定的。在运用这个方法时，要分等级确定分数，并确定一般标准分。将实际的行政效果与标准作比较，凡达到标准或超过标准的说明其行政效能较高，反之则低。按照这种方法所测定的行政效能是一种相对值，它只表明所测得的行政效能和标准的比值，不代表效能的绝对值。

3.综合效益分析法

综合效益分析法全面系统地分析比较各种因素所产生的社会效益，综合地判断行政效能的高低好坏。既要看行政机关自身的办事效率，又要看它所产生的社会效益；既要看其所产生的经济效益，又要看精神文明建设情况；既要看它在眼前、局部取得的效果，更要看它对长远、整体产生的影响作用。这种方法虽然有些项目可以通过数据统计、报表资料去分析比较，但由于它所涉及的环境、人、财、物和技术力量等方面的条件与经济、政治、文化、精神文明建设等方面成果之间的相互关系是极其复杂的，因此有些项目难于量化。判断行政效能的高低，需要用综合效益分析方法，系统地、综合地从质的方面评估行政效能。此法一般用于评定某级政府（如省、地、市、县、乡）、某个部门（如公安、铁路、邮电、银行、外贸等）的行政效能。

　　总之，由于各级各类行政部门的性质不同，要求不同，各有各的效能指标，因此，要根据实际情况，采取不同的办法测量行政效能。在测定行政效能时还应注意以下几方面问题：（1）全面性。必须用全面系统的观点分析和评价行政效能，既要分析过去的情况，又要认真总结现实的效果；既要看到有形的经济和物质发展，又要了解无形的精神面貌和行政人员的政治思想觉悟。（2）区别性。由于地区不同、部门不同、层次不同，测定行政效能的标准也就不会千篇一律、形式单一，必须在尺度一致的前提下，区别不同地区、部门、层级的不同情况，采取形式多样的效率标准进行测定。（3）突出重点。行政效能的测定，虽然强调全面性，但绝不能事无巨细均作为考察对象和要素而列入测定行政效能的项目中，应该突出重点，考察和测定的重点应放在行政组织的中心任务和法律规定的行为准则上。（4）严肃性。测量行政效能是对行政活动的审核，总结经验、发现问题、找出差距，因此应该把测量结果公布于众或者内部通报，并据此进行奖惩，促进行政效能的进一步提高。

▶▶

专栏10-1

强化"三力"　　推进绩效考核结果运用

　　绩效考核是转变政府职能、提高政府效能的重要手段和重要环节。用好绩效考核结果，需要强化绩考的公信力、引导力和制约力，切实发挥绩考提能增效的重要作用。

　　将绩效考核指标设计与群众公认结合起来，既定量又定性，提高绩考公信力，真正做到与待遇挂钩实而有信、实而有效、实而有力。一是要注重绩效考核指标体系的科学性。从日常工作、任务进展、取得效果、困难问题等方面，以日、月、季、年等时段，分逐日填写、阶段小结、年度总结等事项，科学设计个体考核指标体系；根据各部门和单位职责，列出目标清单，结合其清单完成和个体绩效情况，设定相关子项指标权重，厘清关联事项。无论是定量还是定性指标都要有操作性，还应根据情况变化对各项指标进行动态调整。二是要引入第三方机构参与考核。选择有资质、较权威的第三方机构，独立评估各部门和单位绩效，提高绩效考核的客观性、公正性，避免谁有话语权、谁管的部门和单位就讨好，避免哪个部门职能强，就让其年年得优、连连坐庄。三是要充分考虑民意。设定绩效考核民意调查环节，并以一定权重计入总分。多形式、多渠道听取公众和市场主体对被考核部门和单位的评价，改变以往格式化的电话问答方式，真正从基层群众那里听到真实情况。

资料来源：乔太平.强化"三力"　推进绩效考核结果运用［N］.湖北日报，2018-09-01.

▶▶▶

第三节　行政效能的提高

一、影响行政效能的因素

研究行政效能的目的在于尽可能提高行政效能，而行政效能的提高首先必须找出影响行政效能的因素。这里我们从外部因素和内部因素两大方面来分析。

（一）外部因素

任何行政管理活动总在一定行政环境下运行，因此，外在行政环境会对行政管理活动造成影响，行政环境的各种因素直接或间接地影响行政效能的高低。外在因素对各个层次的行政组织和行政人员的影响基本上是一致的。一般来说，影响行政效能的外在环境因素主要包括以下几个方面：

1.政治因素

政治因素是指社会的一般政治气候，包括政治制度、政党制度、政治机构、国家结构、政治意识形态等等。行政管理属于政治上层建筑中与经济基础相衔接的部分，不仅受经济基础、经济制度和经济体制的制约，又为基本政治制度和具体政治体制所决定。国家的政治安定，政治生活的民主化、法治化是行政活动正常进行的基本条件，也是影响行政效能的重要因素。

2. 文化因素

文化是人类社会活动的方式以及人类在社会活动中所创造的精神产品。行政文化是人们对行政系统及其活动的认识、情感和价值观。它包括行政管理活动开展所面临的历史背景、意识形态、价值观念和社会准则等。文化环境制约和影响着行政系统的样式、行政活动的方式以及行政变革的进程。例如，在我国悠久、丰富的历史文化传统中有像"当官不为民作主，不如回家卖红薯"这样的做清官情愫，但同时也有像"官本位"、"官大真理多"及"求稳怕乱"这样的人治观念、因循守旧观念等封建糟粕观念，而且至今还在一定程度上影响人们的思想观念和思维方式，其表现就是在行政管理中以言代法、以权代法、官僚主义、搞特权等现象，这些现象在各个层次的行政管理中都还不同程度地存在。

3. 经济因素

社会的行政系统属于政治上层建筑，而经济环境构成社会的经济基础。国家行政系统的产生是经济发展的产物。经济环境包括国家生产力发展水平、生产制度、分配制度、交换制度、消费制度等。经济环境决定着行政系统的性质和发展，也影响着行政效能的高低。

4. 自然因素

自然因素是指自然环境的状况，包括地域、气候、温度、资源的性质、数量和可用性等条件。政府在不同地区进行同样的活动，其速度、耗费、信息都有所不同，在效果上也可能会有很大的差异，尤其是像我国这样一个幅员辽阔，南北地理、气候等自然环境差异较大的国家，自然因素对行政效能的影响较为明显。

（二）内部因素

在国家行政管理活动的发展过程中，直接影响行政效能的主要因素是行政管理本身内在的因素，是行政组织自身的主观状态。一般包括下列几种主要因素：

1.行政组织因素

行政组织因素主要包括行政责权划分的体系、行政组织各工作部门的设置和职责、行政职能的确定等。行政组织的设置、结构、编制和活动原则等，都对行政效能有直接的影响。例如，行政组织和功能是否齐全；行政机构的编制是否合理、精简；权责是否分明，权责划分是否合理；管理的层次和幅度是否适当。任何一个行政机构，其行政职位的数量都应根据实现组织功能的需要，按照科学、高效的原则，经过法律程序确定下来。任何无助于本组织职能的实施，只是因人设岗的行政职位，都必然会影响整个行政组织效率的提高。行政管理过程是由计划、指挥、决策、执行、监督等许多环节构成的。这些环节是否健全和尽责，对行政效能的影响极大。有效的行政组织一方面要合理划分内部活动的各环节，使之专业化、程序化，各司其职；另一方面又必须联结各环节的活动，形成协调的工作关系。

2.行政人员因素

在管理要素中，人是最为关键的，人员因素对行政效能有直接影响。行政人员因素包括行政领导者和一般行政人员的思想观念、政治品德、业务能力、知识水平等。行政人员是行政活动的主体，行政领导者尤其是组织的决定性因素，可以将组织和事业的兴衰系于一身，他们自身的政治思想、专业知识、工作能力、道德修养等方面素质的高低以及他们的时间观念、效率观念的强弱，都直接影响着行政效能的高低。现阶段我国一些地方行政机关出台的"首问负责制""限时办结制""责任追究制"就是针对这些行政人员不良行为现象作出的对策。有了高素质的行政人员，还必须有科学有效的人事管理，只有建立科学的选拔、考核、奖惩、晋升制度，合理使用行政人员，发挥其专长，充分调动其积极性、创造性，才能人尽其才，提高行政效能。

3.行政过程因素

行政过程因素包括行政管理活动开展的先后次序、法定的管理程序及决策、执行、指挥、控制等环节之间的相互关系和地位作用等。这其中最重要的是决策的正确程度和实施的准确、快捷与否。行政决策决定着行政管理的方向和目标。任何管理活动总是先作决策，再制订计划和组织实施，调控整个过程。无数事实说明，决策一旦失误，错误决策的层次越高，执行越坚决，危害性越大，社会效益越低，行政效能反倒只能是负担。决策制定以后，任何行政任务的完成，还要看其实施情况。决策正确，如果实施者理解错误，那么非但落实不了，而且还造成巨大浪费，也无效率可言。因此，正确理解决策以后，能否迅速果断地予以贯彻执行；实施过程中出现偏差，是否予以及时纠正；控制和监督检查是否有力等，都对行政效能发生重要影响。

4.行政技术因素

行政技术因素包括行政机关和行政人员掌握并运用的行政手段和管理方法以及现代科学技术的合理性、灵活性，物质条件状况等。行政管理的优化高效，需要辅之以一定的方法和技术。行政技术是行政科学的具体运用，是所有行政方法、技巧的总和。它随着国家行政管理和现代科学技术的不断进步而发展着。尤其是二战以后，人类科学技术飞速发展，大量先进的理论和现代化技术手段不断涌现，给国家行政管理带来了一场空前的革命，形成了许多现代行政技术。大胆运用现代行政技术才能大幅度提高行政效能，如运用科学的决策技术方法，可提高决策水平，更加迅速、准确地选出最佳方案；运用以电子计算机为中心的信息技术，逐步实现办公自动化，可大大提高信息管理效率。

二、提高行政效能的途径

影响行政效能的因素是多种多样的，它们相互联系、相互作用，构成一个复杂的系统。要提高行政效能，就必须对各方面因素进行充分研究和分析，积极利用各种有利因素推进行政管理高效化。为此，首先要使行政管理活动与其外在环境相适应，并积极创造有利于行政管理自身发展的环境因素。其次，要注意从行政管理活动本身分析和研究，寻找提高行政效能的内在的、根本的途径，这是提高行政效能的关键所在。其具体途径主要表现在如下几个方面：

（一）加强政府部门作风建设

政府行政效能是落实中央和省政府各项工作决策的有力保障。随着我国从传统计划经济体制向社会主义市场经济体制的逐渐转变，人们的价值观念、思维方式、行为准则都发生了深刻的变化。在这种情景下，观念的更新尤为重要。要牢固树立效率观念，把行政效能作为考核各级政府、各工作部门及公务员政绩的主要指标，在政府机关中形成人人讲效率、事事讲效能的良好风气。政府的作风是反映政府效能建设的一面镜子，机关作风问题也是影响政府效能和党政形象的关键问题。因此行政机关要着重提高服务意识，增强服务本领，在解放思想和提高干部素质上下工夫。习近平总书记在"不忘初心、牢记使命"主题教育总结大会上指出，各级党组织和广大党员、干部深入进行清正廉洁教育，涵养了风清气正的政治生态。

政府干部要牢固树立人民利益至上的思想，始终坚持立党为公、执政为民的宗旨。时刻牢记自己是人民的公仆，摆正与人民群众的关系，真正做到权为民所用、情为民所系、利为民所谋。特别是领导干部，要把正确的政绩观与权力观统一起来，切实摆正与人民群众的关系，增强公仆意识，提高为人民服务的质量和水平。

增强服务本领必须要有大局意识，才能服务好政府的中心工作、服务好改革发展大局。各级干部是效能建设的主体，自觉树立全局思想，要按照各自分工做好本部门工作，自觉加强对重大问题的协调协同，这是效能建设的关键环节。要以建设专业学习型组织为载体，把建设专业学习型组织作为加强机关作风建设和提高机关干部整体素质的有效抓手。

(二) 贯彻行政管理制度化、依据依法行政的原则

依法行政是保证政令畅通，提高行政效能的有力保障。国家行政机关应以完备的立法形式、准确的执法手段和有效的监督机制来规范各种行为，促进效率的提高。国家应该集中力量制定各种必要的法律和制度，将行政法治建设作为实现法治的基础和手段。使一切政府机关和工作人员都必须依法行政，做到有法可依、有法必依、执法必严、违法必究。各级机关还应按照法治和科学的原则，建立和完善适合于本机关特点的日常工作制度，如岗位责任、请示报告、公文管理等制度。这些制度的建立和有效的执行，将对机关杜绝人浮于事、敷衍塞责、推诿扯皮、争利避责等现象有重要的影响和意义，对提高工作效率有巨大的推动作用。

实施规范化管理，建立一整套科学、可操作的责任追究制度，加强行政效能监察，要设立效能监督机构，完善效能投诉受理机制。首先，

健全行政制度体系，贯彻落实《行政许可法》等法律法规，建立和完善岗位责任制、服务承诺制、首问负责制、限时办结制、绩效考评制、重大项目跟踪服务制等制度。其次，深化审批制度改革。简化行政审批环节，实行重大项目审批会审制度和一般项目审批主办部门负责制度，实行"阳光"审批。最后，建立和完善政务公开制度。只要不违反保密要求，属办事依据程序、时限、承诺、项目、收费标准和办事结果的，原则上都要向社会公开。把群众关心、社会关注的问题和环节作为重点，加强行政行为的监管，进一步规范政务公开。

（三）促进行政决策的民主化和科学化

加强行政决策的科学化，就是指决策这一主观活动要完全符合客观事物的实际。一切从实际出发，注意现实条件的可能性；掌握充足、准确的信息；运用科学的理论、方法、手段，遵循科学决策的原则、程序进行决策。实现行政决策科学化，必须发扬民主，调动行政组织中所有成员的积极性，充分发挥他们的聪明才智，广泛听取各行各业专家、学者的意见，使群众充分行使决策参与的民主权力。行政决策民主化和科学化是密不可分、相辅相成的。民主化必须有科学的程序、方法和体制。实现行政决策科学化、民主化，就能从根本上保证行政决策的正确性，从而使提高行政效能有了可靠的前提。

（四）科学界定政府职能

这是提高行政效能的组织保证。行政效能低下固然有其经济的、文化的和社会历史的原因，但是，它与政府职能定位不清，职能越位、错位、缺位所导致的政府机构臃肿、层次繁杂、职责不清、分工过细、人浮于事和权力过分集中等有密切关系。因此，要提高行政效能，首先，要改革行政体制，科学界定政府职能，在转变政府机关管理职能的前提下，从机构配置的科学性和整体性出发，适当精简专业执行管理部门，建立和加强综合调控行政机关，依法授予其相应的独立管理权限，使之能够切实有效地对整个国家行政管理活动实现宏观调控，监督各项管理活动按行政决策的要求进行。其次，根据确定的政府职能再合理地建立行政组织及其内设部门，依据科学的组织建设原则，按法律规定的程序建立行政组织。再次，根据最低限度和控制幅度等原则，在深化行政体制改革的过程中，确保行政任务有相应的行政人员完成的前提下，科学合理地设置行政职位，减少中间层次，坚决裁减冗员，少设副职，杜绝虚设机构及行政职位倒置的不良现象，确保行政管理活动运行机制的畅通无阻。最后，还要注意保持适当的机构结构比例。

（五）提高行政人员素质

提高人员素质是提高行政效能的重要环节。行政人员是行政管理的主体，行政人员的素质如何、积极性如何，对行政效能具有决定性的影响。首先，要建立健全政府部门人力资源管理制度。根据国家法律和行政法规，依法制定系统、合理的人事管理法规和具体的规章制度，完善公务员制度。其次，不断加强和改善培训工作。提高行政人员素质的重要途径之一便是开展各种形式的行政人员培训工作。要有长期培训规划，包括确立培训目标和人员轮训期限；加强培训基地和师资队伍建设；采取多种灵活有效的培训形式；强化培训内容，探索适合行政管理发展需求的培训内容。再次，要注意采取正确的领导方式、方法，提高行政人员执行力，善于调动他们工作的主动性、积极性和创造性。行政人员是行政管理的主体和运作者，是行政效能的力量源泉。在这个过程中，要了解行政人员各不相同的心理需要和工作动机，对行政人员的工作成绩给予适当的奖励，以激发他们的工作热情，不断提高自身工作水平。

（六）加强监督机制建设，完善绩效考核制度

1.加强监督机制建设

要强化内部监督，建立健全部门效能投诉中心，加强社会监督，坚持效能监察工作与舆论监督相结合。把群众监督和职能部门监督结合起来，要向社会公布监督结果，增强监督的公开性和透明性。完善投诉信息处理机制。

2.完善绩效考核制度

要完善绩效考核的具体内容，设计既科学合理又简便易行的评估指标体系，把经济增长质量和效益情况、群众生产生活条件提高情况、社会发展和环境保护改善情况、政府职能转变和行政效能进步状况纳入到考核指标体系中来。坚持以能力和业绩为导向，突出量化考核的作用，形成正确的政绩导向，采取社会评议和日常考核相结合，定量与定性相结合，网上评议与座谈评议相结合，平时评议与定期评议相结合的形

式。在考核评议中，将群众对干部的评价和认定制度化，加大干部政绩考核的民主含量。把绩效考核结果与行政问责以及干部的选拔任用、升降去留、奖励惩戒等结合起来。要把考核结果记入个人档案，并与干部提拔、晋级、奖惩和评优结合起来，作为考核各部门工作实绩的重要依据。

専栏10-2

英国政府内部监督机制

英国政府为适应本国政治、经济、文化的需要，1987年以来，相继建立了相关监督机制。

当前，政府内部的监督分为一般性监督和专门机构监督两个方面。一般性监督指上级对下级的监督；专门机构监督包括公民宪章处、公务员制度调查及公职道德规范委员会和反贪污诈骗局等。英国各郡、市、区警察局均设有贪污欺诈案件调查办公室，负责对政府官员的贪污行为以及相关企业欺诈行为的调查。

英国还建立有司法监督制度。成立于1986年的皇家检察院隶属于国家政府机构，负责受理所有的由英格兰和威尔士警察机关提交的刑事诉讼案。英国的司法机构独立于政府，不受政府管辖。英国法院通过合宪审查和行政诉讼案件审理，行使对行政的司法监督权。例如，行政相关人如不服法庭判决，可上诉至最高法院和议会上院。

在人员方面，英国的监察专员分为两种：议会监察专员和地方政府监察专员。议会监察专员监察范围只限于中央政府部门和议员，不管辖地方政府的监察事务。议会设有独立的监察专员署，职责是监督政府机关及其工作人员是否依法履行公务，防止公民受政府不良行政的侵害，保护公民的正当权益。但议会监察专员署不接收公民的直接投诉。公民必须先将投诉递交下院议员，当议员认为自己解决不了的问题，才转交议会监察专员署处理。

资料来源：赵永仁.英国的反腐与监督机制［J］.中国人大，2014（15）.

提高行政效能是长期的艰巨任务，行政效能的提高始终是相对的。效率的高低总是动态的和变化的，随着社会政治、经济的发展和进步，

会面临许多需要解决的问题。正是这样，社会才能得到发展。正如美国学者考夫曼所说："没有任何一种特定行政模式会永无止境地提高效率，增加效率和应变能力。"所以，提高行政效能的根本途径在于不断进行行政改革，探索建立一个适应行政环境变化的、灵活高效的行政运行机制，保持一个职责分明、机构精干、领导有力、运转有效的行政机构，以保证行政效能的不断提高。

思政课堂

构建人民满意的高效能服务型政府

党的十九届五中全会强调，坚持和完善党领导经济社会发展的体制机制，坚持和完善中国特色社会主义制度，不断提高贯彻新发展理念、构建新发展格局能力和水平，为实现高质量发展提供根本保证。这要求我们进一步加快政府治理现代化进程，完善国家行政体系，更好发挥政府作用，显著提升行政效率和公信力，使国家治理效能得到新的提升。

※"三变革五更加"

"十四五"时期，要把新发展理念贯穿发展全过程和各领域，构建新发展格局，切实转变发展方式，推动质量变革、效率变革、动力变革，实现更高质量、更有效率、更加公平、更可持续、更为安全的发展。这里所提出的"三变革五更加"，正是新发展阶段、新发展格局对行政系统加快实现政府治理现代化目标所提出的新任务、新要求。

政府治理现代化是中国特色社会主义政治与行政制度及其执行能力的集中体现。新发展阶段、新发展格局对加速推进政府治理现代化的新任务、新要求，具体体现在以下四个方面：

（1）经济治理——要处理好政府和市场的关系。党的十九届五中全会再次强调"市场在资源配置中的决定性作用"，强调通过政府治理现代化促进政府在创设良好市场环境、提供高效服务等方面更好发挥作用，进而更好发挥我国的制度优势。

（2）政治治理——要促进民主法治公平正义。在坚持党的领导、人民当家作主、依法治国"三位一体"的政治前提下，通过政府治理现代化促进社会主义民主法治更加健全，社会公平正义进一步彰显。

（3）行政治理——要完善行政体系，提升效率和公信力。通过政府治理现代化，进一步健全和完善中国特色社会主义行政体制，更好发挥政府职责作用，促进国家行政体系的执行效率、行政公信力显著提升。

（4）社会治理——要加强基层治理和提升应急处理能力。根据中央的部署，新时代社会治理工作务必"重心下沉"，务必把抓基层、打基础、强基本放在更加突出的位置。要通过政府治理现代化，促进社会治理特别是基层治理水平明显提高，防范化解重大风险体制机制不断健全，突发公共事件应急处理能力显著增强。

※五个优化路径

面向"十四五"时期，党的十九届五中全会明确要求建设职责明确、依法行政的政府治理体系。基于深化简政放权、放管结合、优化服务改革，全面实行政府权责清单制度，持续优化市场化、法治化、国际化营商环境等，提高决策科学化、民主化、法治化水平，推进政务服务标准化、规范化、便利化。

根据上述要求，政府行政系统应当在以下几个层面作出优化路径选择：

一是在国家行政管理体制机制完善层面，以推进国家机构职能优化、协同、高效为着力点，优化行政决策、行政执行、行政组织、行政监督的体制机制等。

二是在政府职责体系优化层面，重点完善政府宏观调控、公共服务、市场监管、社会管理、生态环境保护等职责功能，实行政府权责清单制度，厘清政府和市场、政府和社会关系等，进一步理顺中央和地方权责关系，加强中央宏观事务的管理，维护国家法制统一、政令统一、市场统一。

三是在政府组织结构优化层面，重点推进机构、职能、权限、程序、责任法定化，使政府机构设置更加科学、职能更加优化、权责更加协同。

四是在行政治理改革深化层面，重点把"放管服"改革作为全面深化改革的重要内容持续加以推进，并提出具体的目标任务和运作模式。"放"就是进一步释放市场活力，"管"就是提升高效监管的水平与能力，"服"就是提供更加优质的行政服务。

五是在系统集成整合层面，加速推进机构精简、权力下放、职能转变的行政改革系统集成，促使行政系统整体性优势转化为行政治理协同的高效能。

同时，加速推进行政治理理念、行政治理模式、行政治理手段创新的系统集成，形成政府治理现代化理念与方法论的有机统一；加速推进政府治理、市场治理、社会治理的法治化，促使依法行政优势转化为法治国家建设的高效能。

在此基础上，形成有为政府、有效市场、有序社会的有机统一，以适应"十四五"时期构建新发展格局的现实需求，进而构建一个充分体现中国特色社会主义政治与行政制度优势、人民满意的高效能的现代化治国理政体系和服务型政府系统。

资料来源：李琪.构建人民满意的高效能服务型政府［N］.解放日报，2020-11-26.

【思考】请结合我国行政体制改革的进程，谈谈新时代对政府效能的理解发生了哪些变化？

关键概念

行政效能　行政职能测量法　标准比较法　综合效益分析法

复习思考题

一、单项选择题

1.研究行政管理和进行行政改革的根本目的，就是提高（　　　）。

A.管理能力　　　　　　　　B.治理水平

C.改革效率　　　　　　　　D.行政效能

2.考核行政效能的公式包括：（　　　　）和行政效率。

A.行政绩效　　　　　　　　　B.行政效果

C.行政效益　　　　　　　　　D.行政目标

3.（　　　）是提高行政效能的组织保证。

A.科学划分行政职能　　　　　B.选用高素质公务员

C.制定科学行政制度　　　　　D.独立行政组织权限

4.（　　　）属于政治上层建筑中与经济基础相衔接的部分。

A.行政职能　　　　　　　　　B.公务员

C.行政管理　　　　　　　　　D.各级官员

5.（　　　）是反映政府效能建设的一面镜子。

A.政群关系　　　　　　　　　B.政府作风

C.政治氛围　　　　　　　　　D.政绩

二、多项选择题

1.（　　　）是衡量效能的依据。

A.效率　　　　　　　　　　　B.效果

C.效益　　　　　　　　　　　D.目标

2.行政效能的特点包括（　　　　）。

A.政治性　　　　　　　　　　B.社会性

C.关联性　　　　　　　　　　D.多样性

3.行政费用法主要包括（　　　　）。

A.单位费用法　　　　　　　　B.人均负担法

C.事均费用法　　　　　　　　D.时效测定法

4.使一切政府机关和工作人员都必须依法行政，做到（　　　　）。

A.有法可依　　　　　　　　　B.有法必依

C.执法必严　　　　　　　　　D.违法必究

5.测定决策效能的方法有（　　　　）。

A.预测效率比较　　　　　　　B.民意测验

C.专家论证　　　　　　　　　D.要素评分

三、简答题

1.什么是行政效能？

2.简述行政效能在行政管理中的地位。

3.简述测量行政效能原则。

4.简述影响行政效能的因素。

5.讨论如何提高行政效能。

〈 第十一章 〉

机关管理

机关管理是行政管理活动过程中的重要组成部分，它作为行政系统内部组织管理活动，在保证政府行政目标的实现上发挥着不可忽视的作用。机关管理的水平直接反映行政效能的高低与行政成本的大小，在行政管理现代化建设中具有特殊的作用。

第一节 机关管理概述

一、机关管理的含义和特征

（一）机关管理的含义

行政机关有广义和狭义之分。广义上的行政机关，是指从中央到地方各级政府机关及其所属各部门和直属单位，其职能主要是行使行政权力管理社会事务。而狭义的行政机关是特指一级政府部门的办公厅（室），它是在政府首长直接领导下为处理综合性事务，辅助进行全面管理工作而设立的。

机关管理也有广义与狭义之分。广义的机关管理是指对行政机关各方面的管理，包括内部机构的设置、行政人员的配备、行政决策的制定及组织实施、行政控制与监督等方面的内容。**狭义的机关管理专指行政机关为保障其职能活动正常、有效地开展而进行的内部具体事务管理，主要涉及机关日常事务、工作制度、文秘工作、工作秩序、后勤服务等内容。**本章所阐释的机关管理是狭义的，即行政机关本身的管理，主要是与办公厅（室）有关的事务。

在我国，机关管理的主体是各个行政部门中的办公厅（室），以及与其相关的文秘、后勤、总务等具体执行机关管理事务的专职附属办事机构。国务院和地方政府所设立的办公厅（室）以及机关事务管理机构是承担机关管理的机构。国务院办公厅在国务院秘书长的领导下工作，其行政地位高于部级；国务院所属各部、委和直属机构以及省、直辖市、自治区人民政府的办公厅，其行政地位略高于局级；地级市、自治州人民政府，地区行政公署以及县级人民政府均设办公室；更低的行政基层组织一般只设一个专职人员负责秘书工作，协助领导处理日常事务。

（二）机关管理的特征

1.复杂性

由于机关管理是对政府部门的办公地点、设施等的管理，因此机关管理所涉及的事务较为琐碎繁杂，而且种类较多。它包括与组织日常运营相关的机关办公程序管理、与政府组织成员的工作和生活条件相关的机关后勤管理、与政府组织信息的流动和合理利用相关的机关文书管理、与行政决策密切相关的机关会议管理等。无论是何种类别的机关事务，都是机关管理不可或缺的一个组成部分，共同构成机关管理系统，其相互作用和有效互动是政府部门连续正常运转和有效开展政府职能活动的前提和保证，共同为政府目标的实现提供前提条件和组织保障。

2.固定性

机关管理的对象是机关，即政府部门固定的办公处所、地点或设施。政府部门正是在"机关"处理相关行政事务，并通过机关与行政系统的外部环境发生联系，对外代表政府部门的是机关。固定的"机关"是政府部门的象征、物质对象和经常性工作的物理空间，正因为有了机关的存在，正常的政府活动才能进行，公共政策才能保持连续性，人们的社会经济生活才能稳定有序。

3.辅助性

实施组织内部管理的机关，一般直接隶属于行政首脑，是辅助行政首脑处理组织内部行政管理事务的办事机构，而负责机关管理事务的政府办公厅（室）则更具有辅助性、从属性、补充性和管理性的特征。机关管理事务所具有的辅助性具体体现为保证行政首脑与各职能部门间联系的协调性特征，以及在综合性事务方面为各职能部门提供后援的服务性特征。

4.技术性

机关管理事务纷繁复杂、种类多样，虽然机关管理事务一般具有定型、例行和程序化的特点，但无论是政府文书的处理，还是机关环境的安排，或者是后勤服务的开展等，都需要一定的技术的、制度的和经验的积累，并且随着行政环境的变化而不断开发和创新机关管理的方法、技术，以形成适应时代和环境变化的良好的机关管理模式与文化。否则庞大的政府组织难以稳定运转和连续运行，这也是由政府组织本身以及现代国家的行政活动特有的超大规模特点所决定的。

总之，机关管理涉及面广、复杂多样。因此，机关管理工作中，我们要认清机关管理工作的性质，对机关事务进行有效的管理，使整个行政活动得以顺利开展。

二、机关管理的原则和作用

（一）机关管理的原则

机关管理工作由于具有不同的层次，因而面临各不相同的具体任务，其工作的优劣也会有不同的衡量标准。但任何层次的行政机关管理都同工作大局密不可分，都有需要共同遵循的原则，主要有以下几条：

1.管理程序规范原则

行政机关既是政治性、原则性、从属性很强的综合部门，又是组织性、纪律性、机密性要求很高的要害部门。任何一个层次的行政机关管理，都不可避免地涉及贯彻执行路线、方针和政策的问题，在贯彻落实党的路线方针政策的过程中，一定要讲政治方向、政治立场、政治纪律。行政组织中所有机关事务的开展都应按照行政组织客观规定的规则、规章制度连续进行，机关管理首先应具有严格的规范化的管理，机关办公程序的规范保证了行政部门的正常、连续和稳定运转。履行机关管理的管理程序规范原则就是要彻底规范和实施机关管理制度以及维持机关管理秩序。这是机关日常工作制度的管理内容，是机关管理的重要内容，也是保证机关管理的其他要素得以正常、连续运转的前提，而且与这方面的管理内容相伴出现的具体行政事务，如办公秩序、办公时间、考勤制度以及会议的管理等，是现代行政管理必不可少的基本前提，也是评价行政效率、保证行政系统合理运营的重要因素。

2.服务原则

机关管理全部工作的出发点和落脚点就是为公众服务，在群众眼里，机关人员的一言一行都会直接影响到机关及其领导者的形象。因此，机关工作人员一定要树立良好的服务意识，一定要明确在服务好领导的同时，还要服务好群众，更要服务好全局。行政机关的事务管理，对内是为机关发挥其职能而提供学习、工作、生活的条件，对外是为机关完成其肩负的任务提供高效快捷的服务保证。

3.各司其职、互相协作原则

行政机关管理作用范围广泛，内容各异，情况复杂。因此，要有比较科学的分工和合理的协调，要有善于化解矛盾、解开疙瘩的协调能力，要善于运用科学的工作方法：一是要严以律己，宽以待人；二是要交心谈心，以心换心；三是大事讲原则，小事讲风格；四是要提高个人修养，堂堂正正做人；五是在要待人处事上，对上要诚实、服从，对下要谦虚、礼貌；六是要做到多琢磨事，少琢磨人；七是要上下级之间、同志之间善于用"换位思考"的方式处理问题，达到增进了解、消除误解、加深理解的目的。

4.效率原则

机关日常运转的工作量大，涉及的面广，有许多是被动的、受命而为的工作。这就更需要发挥主观能动性，善于寻找工作规律，重视沟通和协调。为使机关工作及时高效，就要处理好五个关系：一是要处理好主要矛盾和次要矛盾的关系；二是要处理好为领导服务与为群众服务的关系；三是要处理好事务与政务的关系；四是要处理好工作与学习的关系；五是要处理好大事与小事的关系。当天的事情要在当天办，能马上办的事情要马上去办，重要的事情要下力气去办，紧急的事情要抓紧去办，复杂的事情要认真去办，不能办的事情不要强办。要杜绝文牍主义、官僚主义和形式主义，不断提高工作质量和工作效率。

5.坚持信息反馈原则

机关的主要工作是围绕领导班子的决策进行全方位服务，要形成一套有秩序的指挥、联络系统，一套有效运转的工作体系。在这个过程中，有大量的决策，有大量来自四面八方的信息。机关就是完成这些承上启下、沟通八方、文件收发、信息集散工作的枢纽部门。因此，机关人员在调查研究、搜集整理信息的过程中，要为同级部门进行联系、传达、反馈等服务，要为上级布置的各项工作做服务性工作，对下还要听取反映、接待来访、处理来信。要确保一个单位的领导决策和经济活动落实到位，反映出领导决策和经济活动的正确效果，实现领导机关"信息—决策—执行—反馈—再决策"的良性循环。

（二）机关管理的作用

机关管理的工作任务充分体现了它在行政管理中的作用，概括起来主要表现在以下几个方面：

1.提高领导决策的水平

领导者要进行科学决策，就需要对客观情况作细致的了解，掌握大量的信息，这需要多方面的协助，咨询部门可以完成其中的许多工作，同时还有许多工作需要机关办公厅（室）等部门当好参谋和助手。

2.提高行政工作效率

一个强有力的机关办公厅（室）能对各专业部门起很好的协调、组织和监督作用，使他们能很好地实现领导者的意向。而且，领导者的许多工作都是经机关办公厅（室）来完成的。这些工作的成果如何，直接影响着整个行政工作的效率。比如会议管理，文书处理，在很大程度上都取决于机关办公厅（室）的工作，所以，搞好机关管理，建立一个干练的机关办公厅（室），能够大大提高领导者的工作效率。

3.提高行政服务质量

完成行政工作必须有适当的后勤保证，即为工作人员创造必要的工作条件和生活条件。而这些工作，一般均属机关办公厅（室）的工作范围。这些工作办得好坏，将直接影响行政任务的完成。从这个意义上说，机关办公厅（室）起着各级政府后勤部门的作用。做好机关办公厅

（室）工作，可以免除第一线人员的后顾之忧，促进行政任务更好地完成。

三、机关管理的意义

机关管理事务支撑着庞大的行政组织的运转，机关管理所具有的特点实际上也反映出现代公共行政组织的特征。一般而言，政府履行国家职能、管理社会的行政活动是最根本意义上的行政管理活动，其载体是行政组织。保证行政组织有效、正常运营的行政系统内部组织管理活动也是一种必不可少的行政管理活动，其重要性也早已被人们所认识，而且正是二者的结合才构成现代行政管理的全貌。

现代行政的特征是行政业务的大量增多和行政活动的专业化。机关组织自身的行政事务亦随之大量增多，机关管理因此需要具有更高的技术性和熟练性。另外，从机关管理的内涵和它所包含的具体内容分析，我们不难看出，机关管理虽然是行政运营管理的重要内容，但在企业等的一般社会组织管理中也存与行政系统的机关管理内容类似或相同的内部运营管理。因此，在这方面无论是企业管理还是行政管理，它在具体内容和实际操作上没有本质差别，是具有共性的。但由于长期以来的传统行政的影响和现代政府行政活动所具有的规模性、法律制约性、政治机制决定性等结构性因素依然存在，所以不论在我国还在其他国家，公共行政的机关管理同企业相比，在效率上都存在着明显的滞后现象。加强机关管理的研究和改进机关管理，严格遵循制度化、科学化、效率化等原则，都对提高机关管理的效率至关重要，因此具有紧迫性和重要性。

这主要体现在以下几个方面：

（1）良好的机关管理，是行政机关正常运转、充分发挥其职能作用的需要；

（2）良好的机关管理，是行政领导统领全局，科学决策，实施有效领导的需要；

（3）良好的机关管理，是机关工作人员充分施展才华，免除后顾之忧的需要；

（4）良好的机关管理，是有效地利用行政资源，提高行政效率的需要；

（5）良好的机关管理，是树立政府优良形象，保持与公众良好关系的需要。

总之，机关管理本身并不是目的，而是实现目的的手段。公共行政的机关管理是为有效进行社会管理的行政活动服务的，而实现现代机关管理的目标则应遵循制度化、科学化、效率化等根本原则。

第二节　机关管理的内容

一、业务管理

所谓业务管理，就是要把机关各项工作妥善安排，明确工作人员的职、责、权，各司其职，有条不紊，收到应有的效果。搞好业务管理应采取以下措施：

（一）计划安排工作

这是机关管理的第一步，是对将要进行的工作进行整体安排。计划工作就是事先决定做什么，在什么条件下做，由谁去做及怎么做的过程。因此，计划工作必须上升为一种管理职能。同时，计划也是组织实施的纲领，并为控制提供标准。机关作为行政行为、行政领导者的综合管理机构，要协助领导协调其他各职能部门的工作，办理涉及全局的任务或事务，并且协助领导对各职能部门的工作进行监督和检查。其面对的关系错综复杂，工作千头万绪，而且相互影响、相互制约，这就更需要计划安排。搞好计划安排工作，是行政机关管理工作日常的和首要的内容。

（二）组织实施工作

组织实施工作是行政机关管理的实质性步骤。计划要实现，必须通过组织实施这一环节，即各项具体工作要落实到人，事事有着落、人人有任务，各就各位、恪守本职。做好各项沟通、协调工作，要严格遵守规章制度，秩序井然地开展工作。

（三）沟通信息工作

沟通就是彼此了解情况。沟通信息是行政机关及其个人对任务和问题获得统一认识的方法和过程。其目的是取得思想认识上的一致，加深相互了解。及时沟通信息，可以应付紧急事件的发生，避免额外损失。机关的信息处理，主要包括信息收集、信息传递和反馈、信息加工和信息储存等。从具体工作内容上来说，主要包括调查研究、情况收集与反映、简报编写、资料统计、电讯业务、新闻发布、信息网络与设备的管理等。

（四）综合协调工作

管理过程是复杂多变的，往往会出现计划中难以预料的情况。因此，对管理过程要始终施加控制协调，以免在管理过程中因意外情况而造成失误。综合就是把各方面的意见归纳起来，使其集约化、条理化、明朗化；妥善安排好机关全局的各项活动，使其科学化、有序化；运用协调、说服、动员等手段，把不同的认识统一起来，把各种矛盾化解开来，把解决问题的办法梳理出来，把消极因素变为积极因素，以解决管理中领导机关及其所属机关之间、机关各部门之间的矛盾和冲突，使问题得到尽快解决。

（五）检查总结工作

一项机关管理工作结束，要检查和总结原定目标是否已经实现，要检查和总结计划实施、协调控制等工作情况，要提出经验或教训、成绩与不足。对重要工作检查总结应形成文字并存档，以便为今后机关管理工作提供经验教训。具体来说，就是要协调领导积极有效推动决策的实施，使其落到实处、收到实效。

二、文书和档案管理

文书和档案是传递和储存行政信息的主要手段，是行政机关工作的重要组成部分。搞好文书档案管理，真实地记录机关各项情况并加以保存，不仅可以充分发挥文档在机关管理中的重要作用，提高机关工作效率，而且可以为以后的科学研究提供宝贵的资料。

（一）文书管理

机关文书即公务文书，就是一般所说的公文，是各类公文的泛称。机关文书种类繁多，它作为传达贯彻政府方针和政策、发布法规、请示和答复问题、指示和接洽工作、报告情况和交流经验的一种重要工具，在行政管理中起着重要的作用。具体说来，文书有两种解释：一是指人们利用公文表达意图，进行联系，记述情况和作为根据的一种书面形式，有公务文书和私人文书两类；二是指机关中从事公文工作的人员。

1.文书的处理与要求

机关中的文书处理工作包括两个方面：一是发文处理；二是收文处理。

发文的处理依次包括撰拟、审核、签发、文印、校对、封发和归卷等程序。撰拟是指起草文稿。审核是指由有经验而且水平较高的文书人员在文稿送交领导人审批签发之前，对公文内容和形式的审核。签发是指领导人核准公文并签字，包括姓名和日期，这是文稿效用的关键，签发人要最后把关，如有问题，可以签不发或待修正后再发。文印是指打印公文。校对是指核对文字和版面安排。封发是指按领导批准份数盖印发文，信封上要写收文机关全称和地址，左上角标明保密级别。归卷是指公文发出后，把原稿和附件归档保存，供需要时查找和借阅。在这些程序中，撰拟是发文处理的中心环节，因而撰拟文稿有很多要求，在形式上它要符合特定的格式；内容上要做到准确，这需要公文符合国家的方针、政策、法律和法令，提出明确具体的要求和措施；同时协调好涉及其他部门或地区的问题，从而保证公文质量；数量上要尽可能精简，一事当前，首先判断是否有形成公文的必要，可否用电话或口头形式来取代公文解决问题。不要滥用公文，以避免文牍主义，治愈文山的弊病，提高行政效率。

收文的处理一般包括签收登记、分发、拟办、批办、承办、催办、清退和归卷等内容。签收登记是指清点并记录公文的收进。分发是指文书工作人员把收到的外机关来文分送有关部门领导及人员。拟办是指承办部门或承担人对收文提出初步的办理意见。批办是指机关负责人在阅读公文后，对拟办请示提出处理意见。承办是指承办部门或人员根据批办意见接受办理。催办是指文书人员按照处理文书的时限检查催促承办机关或人员加紧办理。清退是指承办机关或人员办理完公文后，依公文立卷要求，把公文原稿及有关材料整理好，返归原发文机关或其指定的有关单位。归卷是指鉴别无存档价值的公文，经主管领导批准，在专人监督下登记销毁，而把其余重要公文立卷并等待归档保存。处理收文，要求保证准确、及时和保密。处理准确是指收文的分发转呈不得有误，登记无差错。处理及时是要求根据公文内容的轻重缓急抓紧处理，做到随收随办，不积压，不拖延，不误时，不误事，减少公文旅行的时间，保证行政效率和经济效益。处理保密是要防止处理公文过程中，出现泄密和丢失，给国家造成政治或经济损失。

2.文书的立卷

任何机关都处在由行政组织所形成的网络之中，它必然与上下左右及内外发生联系，收发文数量繁多，内容庞杂，种类有别，呈现出纷繁零散的状态。文书立卷就是要按一定的原则把纷繁零散的文书材料整理成系统有序的分类案卷，以此方便有关人员的查找和使用，同时为有价值的文书资料的存档做好准备工作。

文书立卷的原则大致有以下几个方面：（1）遵循文书材料形成前因后果、时间顺序和前后衔接等自然规律，按一定线索清理文书的来龙去脉。例如，机关的内部活动存在着先决定、再计划、而后实施和总结的时间顺序。机关的外部关系存在着下级请示、上级批复的前后衔接，这些活动都伴随着文书材料的形成。因此，文书立卷要依机关的活动规律登记注册文书材料。（2）文书立卷要反映机关工作的真实面貌。机关文书反映了机关工作的面貌，立卷的文书要避免不加选择地全部立卷或删减过分，更不能主观编制立卷材料，掩盖原有文书所反映的机关工作本质。不同性质和职能的机关应对文书材料分门别类立卷，有综合性而不能归类的文书材料可归入办公室立卷，由两个以上部门联合办理的文书材料，归主办部门立卷，以便忠实反映机关工作面貌。（3）文书立卷要以方便保管、检索和使用为目的，这要求各卷所含公文量需适当，不同密级和不同形式的公文要分别立卷。

（二）档案管理

档案是各机关、团体、企事业单位和某些个人在社会活动中形成并作为历史记录保存起来，以备查考的各种文书和有关资料。机关档案是机关活动的历史记录，是由机关文书有条件地转化而来的，是按照一定规律保存起来的文书资料。档案在机关管理中具有重要作用。首先，档案所记录的机关历史可以作为机关工作研究处理问题的依据，因而它有真凭实据的作用。其次，它可以保持行政的连续性和稳定性，从而提高机关工作效率和质量。

1.机关档案管理的原则

机关档案管理，就是按照科学的原则和方法使机关档案保存完好，为机关工作提供服务，为国家积累档案史料。这是机关工作的一部分，也是档案工作的基础，它必须遵守一定的规则。首先，档案管理形式要集中统一。档案是国家机密和宝贵财富。为保守国家机密，为节约人力和物力，档案必须集中统一管理。为此，机关档案部门有必要指导监督本机关文书材料的归档工作，国家档案机关有必要指导检查所属系统机关的档案工作。有关机构或人员如果要调阅，需填写调卷单，并经一定批准手续，再向档案部门调阅。其次，档案必须完整、安全，这是对档案管理工作的基本要求。完整，体现在数量上既要随时清理，有所存毁，又要保证档案齐全；体现在质量上，就是要维护档案完好无损，保持其有机联系和历史真迹。安全体现在防止档案损坏，延长使用寿命和保证档案不丢失、不失密、不泄密。最后，档案管理要方便利用，这是它的根本目的所在，也是检查档案管理优劣的主要标志，这需要检索迅速、调阅方便，为机关领导、基层单位或教学、科研搞好服务。

2.机关档案管理的内容

机关的档案管理基本内容是收集、整理、鉴定、编目、装订、保管、提供各种服务和统计等。

（1）收集，是把数量众多分散在各部门的立卷文书聚集起来，进行点收和登记，以便统一归档。收集的范围，除了收发文书外，还包括会议文件、调查报告、访问记录、规章制度、统计报表和重要活动照片等。

（2）整理，是把收集来的文书加以分门别类，使之系统化，从而方便保存和使用。

（3）鉴定，是指甄别档案材料的科学价值和实践价值，确定保管期限。随着时间的推移，不断有新的档案产生，档案总量与日俱增，而库存容量有限。为了解决这一矛盾，需要对以往档案进行甄别，剔除其中已失去保存价值的档案，并经一定手续予以销毁，以容纳更多新的有价值的档案，也可采取移存、删除、提要等方法，简化档案，增加库存量。甄别中如发现损坏或遗失，应及时报告机关主要负责人，并设法追查补救，销毁后要保存好注明已销毁的清册。

（4）编目，是为了使用者易于了解和查找。编目方法很多，包括依收发文号及日期先后所编的登记目录、依档案内容所编的分类目录，以及标题目录、名称目录、机关或人员目录、检字法目录等。

（5）装订，是按公文顺序装订成卷，一般20件左右为一卷，以使厚度适宜，查阅方便。

（6）保管，也称典藏，是档案管理中最基本、最经常的任务。由于自然和社会的原因，档案管理总是处于不断地被破坏与被希望能长久保持完好的矛盾过程之中，保管工作就是要运用科学技术手段，采取保护措施，防火避湿，灭虫灭鼠，延长档案使用寿命，克服档案必然损坏的现实与档案保持完好的愿望之间的矛盾。

（7）提供各种服务，是档案管理的目的所在，是在档案管理的上述工作基础上，为满足机关利用档案的需要，更好地开发档案信息资源，充分发挥档案作用所提供的各种方便，包括编辑、公布和出版有关档案资料，提供阅览和借出。

（8）统计，由于档案数目繁多，内容复杂，在管理中要做到胸中有数，从而方便利用，就必须对档案的收进、移出、整理、鉴定、保管和利用中表现出来的数量现象进行调查分析，借以了解档案管理工作的规模、水平等情况，为改进档案管理工作提供依据。

提供各种服务这一环节是其他档案管理工作的出发点和归宿，后者要围绕前者来开展。社会的进步，为档案管理的现代化提供了极大的可能。同时，机关对档案管理也提出了新的要求，这又使档案管理的现代化由可能逐渐成为现实。利用计算机检索档案，不仅提高了查找速度，也提高了查全率和查准率；微缩技术与复印、扫描技术的使用，不仅提高了快速复制服务，而且保护了档案原件，方便了保管。

三、会议管理

会议是召集大家商讨问题的集会，它是一种有组织有目的的活动。机关在其职能活动中需要经常召开一些形式不同、类型各异的会议。会议管理是机关管理中一项非常重要的内容。

（一）会议类型

会议，从不同的角度可以有不同的分类，而不同的会议对会议管理工作有不同的要求。经常召开的会议主要有以下几类：例行会议、联席会议、布置总结会议、经验交流会、座谈会、电话会议、紧急会议等。

（二）会议管理的基本环节

会议管理的基本环节包括会前准备、会议的组织管理和会后工作三个方面的内容。

1.会前准备

会前准备是会议管理的基础，它直接关系到会议的质量和效率。会前准备主要是确定会议主题，明确通过开会要解决的问题和所要达到的目的，准备好会议文件、材料，以便学习讨论使用。其次，确定出席者范围、会议议程等有关要求，并通知与会者。再次，搞好会务工作，如布置会场、安排日程、安排好迎送等工作。会前准备好这些工作，就为会议的成功召开打下了基础。

2.会议的组织管理

会议的组织管理工作是保证会议质量和效率的关键。会议的组织管理工作主要有：检查会前的准备工作落实完成情况，完成参会者签到，会议物品发放登记，做好会议记录、会议纪要和会议简报等工作。

3.会后工作

会后工作主要包括清理会场，归还借用物品，结算所需账目，安排好与会者的返回等等。此外，一些重要会议的文件要进行编目、存档，以便查考，以及对会议管理的经验教训进行总结。

召开会议不是行政管理的唯一方法，更不是万能的方法，滥开会议不但会造成人、财、物和时间的浪费，而且还会助长官僚主义和公款消费的不正之风。加强会议管理，科学地利用会议方法来实现行政管理的目标，是机关管理的一项重要任务。

四、日常工作制度和后勤管理

机关日常工作制度主要包括机关办公制度和会议管理两个方面的内容，后勤管理也是机关管理的一项重要内容。

（一）机关办公制度

机关办公制度是机关人员在日常工作中应该严格遵守的行为准则，它包括办公时间、考勤制度和办公秩序等。

办公时间是指几点上下班和每天工作多少小时。每天工时由政府统一规定，各机关不能自己更改时间。但上下班起止时间，可以由机关主管依本机关工作特点和季节的轮转而变换。工作人员必须依规定准时到所在机关上班，不得迟到早退。

为了避免工作人员迟到早退，妨碍工作，各机关都有些监督措施，即考勤制度，归纳起来有四种方法：（1）备置签到簿，由专人负责管理，每天在上下午的上下班时间由工作人员分别签到签退，主管人员定期查核。由于主管人员公务忙或不耐其烦而不能按时查核，因此，这种方法监督作用有限，往往不为一般人员所重视。（2）每天有专人负责点名，而后向主管人员报告上班人数。（3）采用打卡机，各人上班时，把签到卡片放到时钟附属机器上打印出实际到达时间，这种方法十分准确。（4）每个工作人员做一名牌，挂在大板上，悬在机关主管和一般人员容易看见以方便监督的地方，各人是否到位以翻转名牌表示，他人不得代翻。根据考勤制度，查核迟到早退现象后，一般采用警告、罚款等形式予以处罚。

办公秩序是指在办公时间里不得喧哗，不得做与工作不相关的事情，不许随意进出，更不得在签到之后，擅自离去办私事，有私事必须亲自办理要请常假；偶尔患病需治疗调养要请病假；长期工作后需例行休假。这都得由本人申请，提出正当的证明或充足的理由，获得主管的批准，同时对必须有人处理的工作要找人代替。针对破坏办公秩序的现象，办公室负责人要坚持及时登记，作为年终考绩的参考。

（二）机关后勤管理

我国机关的后勤管理工作主要由机关管理综合部门的直属办事机构如总务、后勤处等负责管理。这里讨论的后勤是指狭义的后勤，可以说是最后方的工作或后勤中的后勤，即仅指与生活起居有关的问题。这些问题也可称作保证机关工作正常运转的生活条件。机关人员如果在生活方面困难重重，必定影响到机关工作及其效率。所以，机关管理人员不能认为这类工作是生活小事而予以忽视。

机关在后勤管理上要做的工作大概有四个方面：（1）食堂、宾馆和招待所的管理，这方面主要是要求提高伙食质量和服务质量，增进工作人员身心的健康，安定工作情绪。（2）住房管理，包括住房的建筑、分配、调配、管理和维修等，特别要帮助住房拥挤、离办公地点偏远的工作人员克服困难。（3）通过设置班车等方式解决工作人员上下班的交通问题。（4）除了上述工作以外，后勤工作还要注意完善工作人员的卫生保健、托幼等生活条件，解决机关人员工作的后顾之忧。

从机关管理发展的角度，应该不断借鉴国外以及非公共部门机关管理的相关经验，通过对机关管理制度加以科学的设计来完善机关事务的处理，这还需要政府行政首脑的支持以及所有行政组织成员经常性的努力和机关事务处理经验的长期积累，最终促进良好的机关文化的形成。

专栏11-1

持续推进节约型机关建设

习近平总书记多次强调，党和政府带头过紧日子，目的是老百姓过好日子。2020年8月，习近平总书记对制止餐饮浪费行为作出重要指示，强调要坚决制止餐饮浪费行为，在全社会营造浪费可耻、节约为荣的氛围。艰苦奋斗、勤俭节约，是机关事务工作的重要原则。党的十八大以来，机关事务部门建立健全党政机关厉行节约制度体系和标准体系，在办公运行、会议差旅、公务接待、政府采购、后勤保障等方面行简约、倡俭朴、戒奢华，大力压减一般性支出，提高资金资产资源使用效率，推动机关运行成本进一步降低。深入学习贯彻习近平生态文明思想，积极推进全国公共机构能源资源节约和生态环境保护工作，组织开展节约型公共机构示范单位创建，在全国范围内建成3 600多家示范单位、180多家能效领跑者、3万多家节水型公共机构。与2015年相比，2019年全国公共机构人均综合能耗下降9.96%、单位建筑面积能耗下降8.08%，人均用水量下降12.07%，预计到2020年年底将圆满完成"十三五"既定目标任务。干部职工节约意识、环保意识、生态意识不断增强，机关节俭文化日益深入人心，在全社会发挥了示范引领作用。

新冠肺炎疫情影响广泛深远，世界经济形势复杂严峻。在这样的背景下，财政收支矛盾更为突出，党和政府过紧日子的要求尤为迫切。机关事务部门要坚守节用裕民之道，把过紧日子的要求落实落细，努力以尽可能少的支出、尽可能小的成本，保障党政机关高效运转。开展机关运行成本统计、分析、考核和质量评价，逐步实现机关运行成本核算科学化、开支标准化、效益最大化。抓好《节约型机关创建行动方案》组织实施，推动公共机构生活垃圾分类，统筹推进绿色建筑、绿色出行、绿色食堂、绿色数据中心建设，持续做好机关节水、节电、节粮、节油、节纸等工作，力争到2022年70%的县级及以上党政机关达到节约型机关创建要求，引导带动全社会形成崇尚生态文明、践行绿色发展的浓厚氛围。

资料来源：中共国家机关事务管理局党组.着力提升机关事务工作保障和管理效能［J］.求是，2020（22）.节选.

第三节　机关管理现代化

机关管理现代化包括双重含义：一是指机关管理的现代化目标如何实现的问题，即如何按照机关管理的原则推行有效的机关管理，这可以通过机构设置、管理制度、人员配置等方面进行提高。二是具体到如何引进先进的科学技术设备、提高机关管理效率的问题。由于近年来电子传播手段、高科技研究成果开始广泛应用到人们的社会经济生活中，在政府活动的机关管理领域，办公自动化、信息传递网络化、资讯储存规模化、办公环境高科技化管理的程度得到飞速提高，节省了大量的人力和物力，极大地促进了政府公共行政的效率化和机关管理的科学合理化。

一、机构设置的现代化

机关作为综合管理部门，是一个有具体目标和任务的组织单位。行政机关的管理要实现现代化，必须确立合理的组织结构，并在此基础上建立起精干和高效的机关管理体制。

现代机关组织机构的设置是随着机关工作任务的变化、职能的转变、办公手段的变化而不断调整、完善的。机关的工作要实现规范化、科学化和现代化，其机构的设置必须遵循以下原则：

（一）任务目标原则

从物质上、信息上保证机关职能活动正常高效地进行，是机构设置的总目标。任务目标的明确性与管理工作的有效性是紧密相联的。一个单位或部门在管理活动中首先必须明确任务目标，才能根据任务目标来确定机构、职位的设置和人员的配备。目标既是提高行政效能的前提条件，也是团结和鼓舞行政人员齐心协力完成工作任务的根本动力。

（二）职、责、权一致的原则

在单位、部门目标确定之后，就要根据任务、目标来确定职位，规范工作责任，包括单位的责任和个人的岗位责任。有了责任，就要赋予相应的权力，真正建立和完善权责一致的体制；真正做到事事有人负责，人人各司其职、各行其权。此外，为保证职、责、权的有效行使，行政机关应对每个工作人员行使权限和是否尽职、尽责的情况进行考核和监督，并根据考核的实绩进行奖惩。

（三）效率原则

机构设置的根本目标在于实现既定目标，要实现目标就必须讲究效率。特别是在当今高科技迅速发展的信息化时代，企业不讲效率就无法竞争，就会面临破产和倒闭的危险，行政机关不讲效率就会对国家和人民的利益造成重大损失。因此，在行政机关设置机构时，必须认真考虑如何设置机构才有利于提高工作效率的问题。要使机关管理高效运转，根本办法就是运用竞争的机制，强化决策咨询，加强工作监督，调整健全信息渠道，裁除冗员，真正做到优胜劣汰。只有这样，才能使机关高效运作。

二、机关管理制度的规范化

要实现机构设置的现代化，仅仅关注机构设置本身的问题还不够，还必须加强机关管理制度的规范化，在行政机关各部门中建立相应的规章制度，如工作制度、责任制度、考核制度和奖惩制度等。这些规章制度既要有稳定性和延续性，又要根据形势和环境的变化不断加以完善和修订，使其能更好地满足机构设置现代化的需要。

管理制度化的目的，是使机关工作有章可循、工作人员各司其职，做到事事有人管、件件有落实，从而提高工作的效率和质量。机关工作的主要规章制度有：岗位责任制、公文处理办法、会议制度、接待制度。

规范，在机关管理中是指人们对工作所制定的原则和标准。机关管理的规范化，就是要求机关工作按制定的原则、标准去做。目前，机关管理的规范化首先要做好这几项工作：公文撰写规范化，公文处理规范化，公文安排规范化，接待工作规范化，办事程序规范化。

有了一整套规范和制度，也就有了一定的标准和程序。它不仅可以使工作人员明确自己的职责和权限，可以干什么、不可以干什么、干到什么程度，也便于工作人员尽快熟悉业务，提高水平，减少浪费。有了制度，还具有激励的效果，可以增强工作人员的自主权和主人翁责任感，便于调动积极性和开创性，也便于领导者对工作的指导和检查，便于领导者从繁琐的具体工作中解脱出来，尽快了解部下的工作情况，掌握工作节奏，用更多的精力思考重大问题。

总之，管理制度化、规范化，就是通过制度明确职、权、责，规范和约束行政人员的行政行为和管理活动，形成一种制约机制和规范机制，从而提高工作效率。

三、办公手段的现代化

机关办公手段的现代化，是机关管理现代化最显著的标志。办公工具是物化了的科学技术，它也像机器设备一样，客观上体现了人们利用最新科学技术的能力。在社会发展的每一个时代，行政技术手段的发展都是由当时的社会生产力水平决定的。办公手段的现代化，是现代化行政机关管理的物质基础。随着现代社会生产力的发展和科学技术的进步，我们已经应用了许多比较先进的行政工具和办公手段。

目前，实现办公手段的现代化就是建立全国统一的电子政务平台，以更好地提升行政效率，进一步降低行政成本，更好地发挥社会管理职能。电子政务系统是基于互联网技术，面向政府机关内部、其他政府机构的信息服务和信息处理系统，系统利用高现代信息技术对政府进行信息化改造，以提高政府部门依法行政的水平。**电子政务是在现代计算机、网络通信等技术支撑下，政府机构日常办公、信息收集与发布、公共管理等事务在数字化、网络化的环境下进行的国家行政管理形式。**它包含多方面的内容，如政府办公自动化、政府部门间的信息共建共享、政府实时信息发布、各级政府间的远程视频会议、公民网上查询政府信息、电子化民意调查和社会经济统计等。在电子政务中，政府机关的各种数据、文件、档案、社会经济数据都以数字形式存储于网络服务器中，可通过计算机检索机制快速查询、即用即调。政府作为国家管理部门，其本身上网开展电子政务，有助于政府管理的现代化，实现政府办公电子化、自动化、网络化。通过互联网这种快捷、廉价的通信手段，政府可以让公众迅速了解政府机构的组成、职能和办事章程，以及各项政策法规，增加办事执法的透明度，并自觉接受公众的监督。办公手段的现代化对于实现公共行政管理的现代化具有重大意义。它可以大规模取代日常繁杂的事务性工作，大大提高处理事务的速度和质量，避免办公人员在"文山会海"中消耗大量的工作时间，从而大大提高行政效率；同时，通过对大量情报数据的分析加工，能很好地解决公共行政管理业务信息量剧增的尖锐矛盾，为迅速、果断地进行行政决策和行政执行提供条件。

四、机关工作人员的现代化

机关管理的现代化关键是工作人员的现代化。没有现代化的人，就建立不起现代化的机关管理。社会发生了深刻变化，机关工作在服务对象、工作要求、协调组织、公关能力、技术准备和管理理论等方面的要求发生了很大变化。除了会使用电子政务系统应付日常事务外，通常还要求会外语，能使用计算机，能公关，懂点体育，有教养。

所有这些变化都对机关管理人员素质、工作能力、工作作风提出了更高的要求。第一，机关的工作性质、任务要求工作人员应具备以下几种能力：参谋能力，这是指工作人员为领导者出谋献策、进行智力辅助的能力；办事能力，这是指及时、准确、优质、高效地完成领导者交办事项的能力。第二，转变工作方式，改善工作作风。工作要积极主动，主动想大局、想大事，当好参谋助手；主动想落实、想细节，从基础工作抓起，从日常工作抓起，要做到到位不越位，有权不擅权；主动为领导节约时间、精力，排忧解难；遇事先要从全局打算，为中心工作打算，为领导打算，为基层打算，见利益能让则让，甘于奉献。第三，要有扎实的理论功底和理性思维能力。机关工作人员要有较高的政策理论水平和理论素养，用科学理论武装头脑；同时，有较强的口头表达能力，能沟通、会表达，讲话有逻辑性、感染力，能突出重点；有较强的文字表达能力，能写公文，学会用笔当参谋助手；能调查研究、总结经验教训。

机关的工作效果常常是与工作人员的办事能力和办事效率联系在一起的。要实现机关管理的现代化，必须加强人力资源配备的现代化，也就是要加强工作部门人力资源的开发管理，实现行政领导和工作人员群体结构的优化，提高行政人员的办事能力和行政部门的工作效率。同时，现代化的机关人员要有全心全意为人民服务的思想，要有信息、效益、改革等现代化观念，要有创造性、敏捷性等现代思维方式以及较高的科学文化水平和业务水平等等。

在机关管理现代化的进程中，机关管理的专业部门和管理者还需要注意以下问题：

首先，机关管理的现代化是一个系统工程，需要根据公共行政和政府机关管理的特点，基于效率和节约原则，确定整个政府部门机关管理现代化的总体目标，制订中长期实施方案。这需要根据政府的财力以及现阶段技术进步的实际分阶段推行，而且需要制定统一的标准和细则，否则无助于行政效率的提高。

其次，在机关管理现代化的推进过程中，机关管理的专业部门应该在政府的机关管理现代化目标的设计、计划的制订、标准和细则的完善上，确立机关管理发展的问题意识、把握好机关管理的特点和现状、了解世界各国机关管理现代化发展的趋势以及存在的问题，进而不断与其他职能部门加强协调，全面引导机关管理现代化的进程。

再次，如何有效引入先进的机关办公系统和设备等，还要对机关事务进行具体详细的分析，找出哪些机关行政事务最需要推进机关管理现代化。然后提供适合该项行政事务所需要的先进办公器材等，这样才能降低机关管理现代化的成本，使其效益最大化，从而提高机关管理的实效。

最后，同其他的行政系统内部的组织管理一样，要根据时间和行政环境的变化，根据需要对机关管理现代化的目标、功能、推进程序、实施方法等进行重新审视和变革。同其他的政府行政管理活动一样，机关管理的不断变革也是机关管理发展的必然规律。

因此，在现代行政的运营中，作为机关事务的管理者不能再像以往那样处于被动的地位，而应该作为机关事务卓越的管理者经常思考如何研发科学的机关事务管理的标准和系统，进行机关事务分析，进而确定科学的机关事务管理规范、规程和完善机关管理的计划，主动推动机关管理的良性发展。

专栏 11-2

利用大数据思维，重塑无缝隙政府

无缝隙政府是政府精准治理的新模式，强调从整体治理出发，以社会公众需求为导向，在治理的过程中要求政府工作人员与社会公众直接接触，提供最直接、最有效的公共服务举措。随着大数据技术不断发展，政府与社会公众的沟通渠道多元，有效缩短政府与公众之间的距离，便于时刻了解公众需求，提供高效便捷、直接对等的公共服务。

无缝隙政府强调为社会公众提供"永不关门"的公共服务，政府利用大数据技术，通过搜集社会公众信息使用痕迹，分析社会公众需求，提供相应的公共服务。以公共交通为例，无缝隙政府从城市公共交通整体出发，以社会公众交通便捷为导向，利用大数据技术采集不同区域乘坐地铁、公交的流量信息，对人流集中时间、地点进行分析，在高峰时期投入更多的车次，满足社会公众的交通出行要求。同时，利用大数据技术能够搜集社会公众出行意见，结合公众意见调整车站、车次，确定车站最佳设置点，并模拟公众出行情况，提供高效便捷的公共交通服务。现阶段，广州已经开通"广州交通APP"，出台"热力地图""出行指数"等功能，针对广州地铁乘坐人数、车次情况进行数据分析，形成公共交通枢纽人流热力图，社会公众能够通过APP即时查看地铁客流，判断交通拥堵情况，再选择合理的出行时间和出行路线，大大缩短了公众乘车时间，为公众出行提供便利。

公共交通是无缝隙政府的试验点，目的就是实现城市交通的精准治理，始终以社会公众出行需求为导向，为社会公众规划最佳的出行时间和出行路线，让公众自由选择。无缝隙政府利用大数据技术描绘出社会公众的真实需求，实现资源优化配置，保障资源无缝隙流动，在资源总量不变的前提下，提高服务质量、服务效率，提高社会公众对政府精准治理满意度。

资料来源：陈倩.善用大数据，为公众获取服务提供便捷 [EB/OL]. [2020-09-29]. https:// reader.gmw.cn/2020-09-29/content_34233457.htm.

机关单位加强保密管理 这一类工作人员千万不能落下

机关单位非在编人员中有一类从事非公务性服务工作，如驾驶、收发、保洁、安保等的人员，一般将他们统称为"工勤人员"。虽然工勤人员一般不属于涉密人员，但是由于他们身处环境和岗位特殊，和公务人员接触紧密，面临的挑战、诱惑也相对较多。如果放松对工勤人员的保密管理，轻则导致工作上的一些内部事项被公开，重则导致国家秘密泄露，损害国家安全和利益。

※工勤人员泄密事件时发

近年来，工勤人员泄密的案例时有发生，为我们敲响了警钟。

案例一： 某市涉密单位工勤人员段某系物业公司派驻该单位的日常保洁负责人，同时承担着该单位领导办公室的带班保洁任务。

某日，段某出于个人目的，主动与境外组织联系为其提供情报。随后，段某利用打扫卫生和代取文件之机，偷拍涉密文件后通过互联网传递给境外组织。截至案发，段某共提供机密级、秘密级国家秘密3份，获利约13万元。事件发生后，段某被判处有期徒刑10年，剥夺政治权利2年，该涉密单位对11名责任人员给予了党纪政纪处分。

案例二： 某机关工勤人员黄某负责办公楼保洁卫生，其利用工作之便，私自将存放于仓库的报废涉密计算机，藏匿于垃圾清扫箱内带出。

此后，黄某尝试将涉密计算机连接互联网时，被强制阻断。经技术核查，涉案计算机内未存储任何涉密文件、资料。案件发生后，有关部门对直接责任人黄某作出调离原工作岗位、工资级别由10级降为9级的处理；对仓库管理员刘某和负有管理责任的后勤部部长蔡某进行通报批评，并责令作出深刻书面检讨。

※务必重视对工勤人员的保密管理

以上案例的发生，给国家秘密安全带来极大隐患，也折射出用人机关单位对工勤人员的保密管理还存在着一定疏漏，必须采取有效措施，防范泄密事件的发生。

一、强化保密教育

机关单位的工勤人员在单位工作，但又与单位的"体制内"人员有所不同，他们由于"非在编"等特殊情况，往往处于保密监管的空白地带，所接受到的保密教育也相对较少，因此保密意识和保密常识淡漠，对实施违法行为后所要承担的违法后果知之较少，受到外界居心叵测的诱惑时，可能会在缺乏清醒认识的情况下，铤而走险。基于此，机关单位应当将对工勤人员的保密教育工作重视起来，一方面要强化宣传教育的力度，做到时时讲、事事讲，另一方面还要注意方式方法，要结合工勤人员的工作性质和工作特点，多讲一些有针对性的案例和指导性强的规范，包括安全保密提醒、安全保密具体要求、紧急情况处置等，让保密意识能够真正地入脑入心入行。

二、完善保密制度

无规矩不成方圆，做好机关单位工勤人员保密管理，完善保密制度是关键，尤其要完善涉密载体管理制度，严格涉密载体的使用、保存、传递等，防止因为工作疏忽给别有用心者以可乘之机。而对于工勤人员的保密管理制度，则要对工勤人员在涉密场所的工作方式、时间和范围作出严格限定，例如上岗前经过安全保密培训、签订保密承诺书，使用单位门禁卡、房门钥匙要登记，禁止私自单独出入涉密场所，禁止进入与岗位工作无关的区域，禁止接触和知悉与工勤服务工作无关的涉密信息等。对于隶属于机关外物业公司等的劳务派遣工勤人员，还应当在正式上岗前对其进行背景复审。

※严格保密管理

有了完善的保密管理制度，还要认真落实到位。对于工勤人员违反保密管理规定的行为，一经发现，一定要按照行为严重程度予以罚款、通报批评、开除等惩罚措施，切不可有姑息纵容之举。单位同时还应当考虑指定有关部门工作人员对工勤人员的政治态度、思想状况、工作表现等予以监督并定期考核，对于存在不良倾向的，应当及时辞退并报告保密管理部门，坚决把泄密风险和隐患消除在萌芽之中，防止酿成严重后果追悔莫及。

资料来源：佚名.机关单位加强保密管理　这一类工作人员千万不能落下 [EB/OL].[2019-04-17].https：//www.sohu.com/a/308530108_99902816.有删减.

【思考】请梳理一下我国关于保密管理方面的法律法规。

关键概念

机关管理　业务管理　文书　档案　会议　电子政务

复习思考题

一、单项选择题

1.机关管理全部工作的出发点和落脚点就是（　　），机关人员的一言一行都会直接影响到机关及其领导者的形象。

A.为领导服务　　　　　　　　B.为机关事务服务

C.为人民服务　　　　　　　　D.为协调各方服务

2.（　　）是机关管理的第一步。

A.计划安排　　　　　　　　　B.组织实施

C.沟通信息　　　　　　　　　D.综合协调

3.（　　）是行政机关管理的实质性步骤。

A.计划安排　　　　　　　　　B.组织实施

C.沟通信息　　　　　　　　　D.综合协调

4.（　　）也称典藏，是档案管理中最基本、最经常的任务。

A.鉴定　　　　　　　　　　　B.编目

C.装订　　　　　　　　　　　D.保管

5.档案（　　），是档案管理的根本目的所在，也是检查档案管理优劣的主要标志。

A.快速收集　　　　　　　　　B.方便利用

C.编目清晰　　　　　　　　　D.妥善保管

二、多项选择题

1.机关管理的主要特征有（　　　　）。

A.复杂性　　　　　　　　　　B.固定性

C.辅助性　　　　　　　　　　D.技术性

2.机关管理主要涉及机关（　　　）、后勤服务等内容。

A.日常事务　　　　　　　　　B.工作制度

C.文秘工作　　　　　　　　　D.政策制定

3.行政机关既是政治性、原则性、从属性很强的综合部门，又是（　　　）要求很高的要害部门。

A.组织性　　　　　　　　　　B.机密性

C.纪律性　　　　　　　　　　D.独立性

4.会议管理的基本环节包括（　　　）、（　　　）和会后工作三个方面的内容。

A.会前准备　　　　　　　　　B.沟通协调

C.会议组织管理　　　　　　　D.发布通知

5.管理制度化、规范化，就是通过制度明确（　　　），规范和约束行政人员的行政行为和管理活动。

A.利　　　　　　　　　　　　B.权

C.责　　　　　　　　　　　　D.职

三、简答题

1.简述机关管理的含义与特征。

2.简述机关管理的原则。

3.简述档案管理的原则和内容。

4.简述会议管理的基本环节。

5.简述机关管理现代化的主要内容。

第十二章

行政法制

　　现代西方国家的行政管理最重要的特征是法治化的管理，也称为法治行政，这种法治行政的精髓就是行政法治。行政法治的目标，是要实现依法治国，建设法治国家；对政府机关和公务员的基本要求，就是要依法行政。

第一节　行政法制概述

一、行政法制的概念

（一）行政法制与行政法治

　　行政法制是关于行政的法律制度，是国家行政管理的法律制度的总和。具体来说，是指对行政管理的各个方面、各个环节进行规范的法律制度以及这些法律规范的制定、执行、适用等制度。国家行政机关在行政管理活动中，各机关之间、机关各部门之间、机关组织与工作人员之间、管理机关与管理对象（包括企业、事业单位、社会组织和公民）之间必然发生各种各样的关系，行政法制就是调整这些关系的规范。行政法制的核心是依法行政。

从本质上说，行政法制和行政法治是一个概念，都是强调法制对行政的指导作用、规范作用和监督作用，行政必须以法律为依据。但是二者强调的侧重点不同：行政法制强调有关国家公共行政的法规制度，是一种静态的表述，是实现行政法治的前提。而行政法治强调在进行国家治理过程的法的精神的体现和对法规制度的遵从，是动态的表述，是行政法制追求的目标。本文是从动态和静态的统一的角度来介绍行政法制的。

（二）行政法制概念要点

掌握行政法制的概念需要把握以下几点：

第一，行政法制是我国社会主义法制建设的重要组成部分，是《宪法》和有关法律对行政工作在法律上的规定，目的是使行政规范化、制度化和法制化。

第二，行政法制的内容既包括依法建立起来的行政机构设置、职能、权限、程序等静态的法律制度，又包括政府动态的法律活动，即行政立法、行政执法、行政执法监督、行政司法等职能活动。

第三，行政法制包括"依法行政"和"以法行政"两层含义。前者是指行政机关在法律授权的前提下，行使行政权力、管理社会公共事务必须依据法律规定；后者是指行政机关具有法定权力，它制定的行政法规和规章要求行政管理相对人普遍遵守，并以国家强制力为保障。

二、行政法制的基本内容

行政法制工作主要包括两个方面的内容：一方面是政府如何运用法律手段管理国家行政事务，另一方面是政府如何运用法律手段规范自身的行为。两者互相依存、互相促进。总之，凡是政府根据《宪法》和法律规定应该管理的国家事务，凡是政府依照法律规定需要调整的法律关系，凡是政府依法可以采取和应该运用的法律手段，都属于政府法制工作的范畴。行政法制工作的基本任务，就是使行政管理走上法制化的道路。为此，政府要积极而又稳定地立法，严肃认真地执行，切实加强对行政立法和行政执法活动的监督，进一步提高政府法制工作水平。总体来说，就是要做到"有法可依、有法必依、执法必严、违法必究"。

（一）有法可依

有法可依就是要加强行政立法，建立和完善一个完备、配套而又切实可行的行政管理法规体系，用法律法规来规范行政管理的每一个环节，规范行政机关和行政人员的每一个行政行为。把法律法规作为行政管理的手段，用法律法规确定公民和法人的作为或不作为。

（二）有法必依

有法必依就是要坚持依法行政，把法律法规作为行政行为的准则，依照法律法规去作为或不作为。行政管理过程中对具体事情的处理，所采取的具体措施，行政机关和行政人员的言行，都必须严格按照法律法规的要求去做，任何人都不得违反法律法规，任何活动都不得超越法律法规规范的范围。当前，这是突出需要解决的问题。

（三）执法必严

执法必严要求严格执行法律法规，坚决维护法律的尊严，决不允许以情代法、以权压法，决不允许徇私舞弊、贪赃枉法。在执法过程中，应严肃认真，严格按照法律规定的内容和程序办事，不能有任何违反。按照法律法规要求，该办的事坚决办好，不该办的事坚决不办，不能讲例外、搞特殊。

（四）违法必究

违法必究就是对违反法律法规的组织、团体、公民和法人，不管级别、职务高低，不问背景，坚决依法追究查办。在行政执法过程中，决不允许任何组织和个人享有法律法规以外的特权。决不允许搞以钱代罚，以罚代刑，或随意免除违法者应承担的法定义务和应负的法律责任。

有法可依，有法必依，执法必严，违法必究，是相互联系、相互依存、不可分割的有机整体，必须全面理解坚决贯彻。按照这一基本要求，行政机关立法要慎重、及时、准确，执法要坚决、严肃、秉公。行政人员要努力做到知法、懂法、用法、守法、护法。

三、我国行政法制建设的必要性

"立善法于天下，则天下治；立善法于一国，则一国治。"法治社会是构筑法治国家的基础，法治社会建设是实现国家治理体系和治理能力现代化的重要组成部分。要实现依法治国，建立社会主义市场经济国家，必须首先加强我们的法制建设。行政法制工作是整个社会主义法制建设中的一个重要组成部分，是我们发展市场经济的有力保障。

（一）行政法制是我们推行依法治国的必然要求

我们推行依法治国，就是要做到有法可依、有法必依、执法必严、违法必究，要求进行相应的立法、执法、司法、监督等工作，这些工作都与行政法制有着密切关系。在我国，政府承担着繁重的行政立法任务，由于全国人大及其常委会制定的法律有限，难以满足日益发展的经济社会生活的要求，各地政府就出台了相关的行政法规和规章，以调节工作中遇到的各项社会事务。行政机关作为国家权力机关的执行机关，其主要职能是执法。除了执行《宪法》和法律、制定行政法规和规章等抽象执法外，政府及其职能部门更担负了繁重的具体执法任务，如公安、税务、市场、城建、卫生部门等。与此同时，还建立了一整套的法律监督制度和执法监督机制，真正做到"有法可依，有法必依，执法必严，违法必究"。由上可见，社会主义法制建设的每一项内容都离不开行政法制，行政法制始终处于社会主义法制建设的第一线，是国家法制建设的重要体现和保证，具有举足轻重的地位。

（二）行政法制是整个行政机关工作的基础

各级政府部门虽然职权、任务各不相同，但其组织体制、管理程序与方法都必须在法律的规范下依法建立。政府作为我国社会主义现代化建设的领导机关，应当履行哪些职能，需要通过行政法制来规范；政府部门的行政管理活动必须严格遵守社会主义法律，依法行政，按照《宪法》、法律、行政管理法规办事；政府部门及其工作人员的行政行为如果违反了相关的法律法规，也同样要受到法律制裁，承担法律责任。因此可以说，整个行政机关的工作都与行政法制有直接关系。

（三）行政法制是改革开放的有力保证

行政法制作为治国安邦的一个重要手段，在改革开放中发挥着保障作用。改革中各种社会关系的变革以及改革取得的成果，需要通过完备的法制来维持和巩固。在过去很长一段时期，由于行政法制不健全，缺少必要的法律和规章制度，各项工作职权不清，责任不明，"一个将军一个令""人在政在，人去政息"等现象突出。因此，加强行政法制建设，将改革中探索到的有益经验制度化、法律化，形成规范，才能持久地、普遍地发挥作用，使之具有法律的效力和普遍的约束力，保证改革开放的顺利进行和社会主义现代化建设的有序推进。

（四）行政法制建设是建立和完善社会主义市场经济的必然要求

市场经济实质上是法制经济，社会主义市场经济的建立、完善和健康运行需要完备的法律来保障。在市场经济运行过程中，要运用行政法制来规范新的经济活动；新的经济秩序也需要行政法制来引导和约束，以维持新的利益格局，保持社会稳定。可以说，市场经济的完善和发展，必然要求有完善的行政法制。在《宪法》的基础上，我们要制定完备的市场经济法规体系，并保证在实际生活中得到严格的执行和遵守，克服市场自身的局限性和消极方面，以保持社会主义市场经济的健康发展和有效运行。

▶▶

专栏12-1

依法行政的标志性变革

检察机关提起公益行政诉讼，不但是检察机关法律监督职能的新发展，而且是推进依法行政的一个重大标志性变革。这种"官告官"的新现象，使行政诉讼不再限于"民告官"，使保护公益的客观诉讼制度和保护个体权益的主观诉讼制度同时并存，我国行政诉讼制度的结构更加合理，有助于推进依法行政的有效实行。

依法行政和法治政府的本质要求，是保证行政机关依法全面履行行政职能，建立和维护行政法上的客观法律秩序。在党的十八届四中全会出台的决定中，保证依法全面履行行政职能被列为推进依法行政和建设法治政府的首要工作。按照这一原则要求，试行检察机关提起公益诉讼就是推进这一进程的标志性重大步骤。公益行政诉讼以保护国家和社会公共利益为宗旨，其中环境和生态公益行政诉讼还涉及保护代际公正，它与保护个体权利为中心的传统行政诉讼有很大的不同。

传统行政诉讼重在保护公民、法人和其他组织的个体权利，这一制度对过去多些年来法治政府的工作布局和依法行政的推进方式产生过较大影响，现在需要进行观念上的再认识和制度上的新拓展。行政机关是公共机关，行政机关活动的宗旨是实现国家和社会公共利益，法治政府建设的重心应当是保证行政机关依法全面履行行政职能。在行政机关履行法定职能过程中，保障公民、法人和其他组织的个体权利不受侵犯是法治政府建设的必要内容，但是我们没有理由说只要不侵犯公民权利就实现依法行政了。宪法和法律授予我国行政机关大量职权性职能，这些职能必须依靠积极作为的行政活动去实现。所以，保护个体权利的反行政侵权制度或者保护主观权利的制度，具有更多的过程属性和延伸属性，仅有这样的制度是不够的。

在我国推进依法行政，应当使保护公共权益的客观法制度与保护个体权益的主观法制度之间保持合理的结构性关系。检察机关提起公益行政诉讼的新制度，将有力地推进这种结构关系的形成。公益行政诉讼的提起者，可以是国家检察官或者大众检察官。大众检察官制度，是公民或者社会组织作为社会公益代表提起的公益行政诉讼。但是由于存在起诉人与权益主体的分离，大众检察官资格呈现多样性，这种公益行政诉讼的稳定性相对低下。我国采用国家检察官制度，赋予国家检察机关以公益代表的诉讼职能。这在引入公益行政诉讼的最初阶段是必要的，它有利于提高公益行政诉讼的有效性和稳定性。这种"官告官"的新现象，使行政诉讼不再限于"民告官"，使保护公益的客观诉讼制度和保护个体权益的主观诉讼制度同时并存，我国行政诉讼制度的结构将更加合理，有助于推进依法行政的有效实行。

资料来源　于安．依法行政的标志性变革［N］．法制日报，2015-07-10.

第二节　行政立法

行政立法是我国的主要立法活动。它所要解决的基本问题是，既要依法保护公民、法人的权利和合法权益，又要维护行政机关的权威和保证行政机关及其工作人员行使合法权力。行政立法对于健全国家立法制度，建立和完善中国特色社会主义法律体系，保障和发展社会主义民主，推进依法治国，建设社会主义法治国家，具有十分重要和深远的意义。

一、行政立法的概念和特征

（一）行政立法的概念

对于行政立法，目前我国学术界有不同的理解。从广义的角度说，把国家立法机关和行政机关制定行政法律规范的活动统称为行政立法，不论制定主体的性质如何，凡是制定行政法律规范的行为都属于行政立法。**本书所讲的行政立法是狭义的概念，是指国家行政机关依照法定权限和程序，制定和颁布有关行政管理方面具有法律效力的规范性文件的活动，简言之即行政机关的立法。**

狭义的行政立法行为是行政权作用的一种表现方式，是就行政机关实施行政行为与相对人所形成的关系结构来说的。与其对应的有行政执法行为、行政司法行为，它有别于立法机关（即国家权力机关）的立法行为和其他行政行为。

（二）行政立法的特征

1.行政立法的主体

行政立法的主体是依法享有行政立法权的国家行政机关，现阶段包括国务院，国务院所属各部、委，省、自治区、直辖市人民政府，省、自治区人民政府所在地的市和经国务院批准的较大的市的人民政府。

2.行政立法的客体

行政立法的客体即行政法规和规章调整的对象，是国家行政管理活动中所发生的各种社会关系。国家在管理经济、社会、文化事务中，与被管理的个人或组织会发生一定的社会关系，行政法规和规章就是调整这种关系的。

3.行政立法必须依据法定职权或经授权

各个立法主体必须在法定权限内严格按照行政立法程序进行立法。行政立法属于委任立法，是为了适应国家生活和社会生活的千变万化，使行政机关能及时处理各种具体的事件和问题，由国家立法机关通过法律把一部分立法权授予行政机关，委托行政机关进行的立法。

4.行政立法的对象只能是行政法规和规章

不同的行政立法主体制定出的规范性文件的称谓不同：国务院制定的规范性文件称为行政法规，国务院各部委制定的规范性文件称为部门规章，而省、自治区、直辖市人民政府以及省、自治区人民政府所在地的市和经国务院批准的较大的市的人民政府制定的规范性文件称为地方规章。

二、行政立法的意义

行政立法对于我国的行政法制化建设起着十分重要的作用，这主要表现在：

（一）行政立法有利于政府"依法治国""依法行政"

行政管理活动需要有一套系统而完整的法律制度，有了法律制度，就可以有效地避免因一些人为因素改变行政活动方向的现象，避免随心所欲、反复无常的行为发生。

（二）行政立法有利于提高我国行政效率

通过行政立法，明确规定每一职位的责任和权力，规定行政人员的权利和义务，这样就会增强其责任感，从而使行政效率有较大的提高。

（三）行政立法是行政组织建设的有力保障

在我国历次的机构改革中，之所以出现机构减而复增、乱设临时机构的现象，其主要原因就是机构改革后没有及时地通过行政立法保障机构改革的成果，从而造成了机构增减的随意性。通过行政立法，就能有效克服机构建设的随意性，较好地保证机构的相对稳定性。

三、行政立法的原则

（一）合法原则

行政立法必须严格遵守合法的原则，才能达到维持行政体系的稳定和提高行政体系效能的目的。行政法规和规章的制定，必须符合宪法和法律。行政机关的行为也只有在遵守宪法和法律规定的前提下才是合法的。

（二）权限一致原则

在行政体系中，各级行政部门的权限大小及其范围是分级的，因此行政立法过程应严格遵守权限一致原则，即各级行政机关必须在自己的权限范围内制定行政法律文件，行政立法的主体也必须是法律规定的具有行政立法权的机构。

（三）程序原则

行政机关立法活动必须遵守法定的程序和形式，行政立法过程中的程序原则是行政机制运行规律的体现。

（四）效力分级原则

行政体系中，各个行政部门的权限是不同的，因此行政立法活动产生的行政法规和规章在效力上也是分级的。

四、行政立法权限的划分

（一）行政立法权限划分的含义

行政立法权限的划分，是关于行政机关立法权项的明确规定，包括国家权力机关（立法机关）与国家行政机关之间的立法权限划分和享有行政立法权的国家行政机关之间，主要是指国务院与国务院各部委之间、国务院与地方政府之间的立法权限划分，亦即哪些事项应由哪级机关制定、颁布法规。换句话说，哪些事项应由法律来规定，哪些事项应由法规、规章来规定。

（二）国家权力机关的行政立法权限

1.国家权力机关的立法权限：法律

我国的全国人民代表大会是国家最高权力机关。全国人民代表大会及其常委会有权制定和通过法律。法律的效力仅次于宪法。法律中涉及行政权力的取得、行使及对其教育监督和进行补救的规范等均为行政法律规范。

2.地方国家权力机关的立法权限：地方性法规

地方性法规，是指由省、自治区、直辖市以及省、自治区的人民政府所在地的市及国务院批准的较大的市的地方人民代表大会及常委会根据本地实际需要，在不同宪法、法律、行政法规相抵触的前提下颁布的规范性文件。地方性法规中很大部分涉及地方国家行政机关的权力取得、权力行使以及对权力的监督等，涉及公民、法人或者其他组织在行政权力行使过程中的权利和义务。

（三）行政立法权限：行政法规

我国的行政法规，是指国务院为领导和管理国家各项行政工作，根据宪法和法律，并且按照行政法规规定的程序制定的政治、经济、教育、科技、文化、外事等各类法规的总称。

由于法律关于行政权力的规定较原则性、抽象，不具有很强的操作性，因而还需要行政机关进一步具体化。行政法规就是法律具体化的一种主要形式。行政法规的地位仅次于法律，高于地方性法规和规章。行政法规具有两个特点：

1.行政法规从属于宪法和法律，不得与宪法和法律相抵触

行政法规是国务院根据宪法和组织法授权，在其职权范围内制定的具有普遍约束力的规范性文件，是各类行政机关必须遵守执行的行使权利的依据。但是，行政法规的效力低于宪法、法律，不得与宪法、法律相抵触，否则，该行政法规无效。

2.行政法规必须是按法定程序和方式制定发布的

国务院是制定行政法规的唯一机关，其他任何机关均无权制定行政法规。国务院制定行政法规也须按照行政法规制定程序进行。非经国务院按照法定程序制定的规范性文件，不能视为行政法规，不具有行政法规的效力。

（四）国务院各部门的行政立法权限：部门规章

部门规章，是国务院各部、各委员会根据法律和国务院的行政法规、决定、命令，在本部门权限内，按照规定程序制定的规定、办法、实施细则、规则等规范性文件的总称。

（五）地方人民政府的立法权限：地方规章

地方规章，是指省、自治区、直辖市以及省、自治区的人民政府所在地的市和经国务院批准的较大的市的人民政府根据法律和行政法规、地方性法规所制定的普遍适用于本行政区域行政管理工作的规定、办法、实施细则、规则等规范性文件的总称。

五、行政立法的程序

行政立法程序，是指国家行政机关依照法律的规定，制定、修改和废止行政法规或规章的活动方式和步骤，是行政立法行为合法成立的必要程序条件。根据国务院 2002 年 1 月 1 日施行、2017 年 12 月修订的《行政法规制定程序条例》和现行行政立法实践，行政立法一般要经过以下程序。

（一）立项

行政立法和国家经济、社会、文化事务的发展一样，必须有计划地进行。国务院于每年年初编制本年度的行政立法工作计划。一般先由国务院各主管部门根据行政管理的需要提出本部门的行政立法方案，并说明行政立法项目所要解决的主要问题、依据的方针政策和拟确立的主要

制度。由国务院法制建设部门通盘研究、综合协调、拟订规划草案后，上报国务院审定；计划经国务院审定下达后，国务院法制建设部门负责组织实施和监督执行；在执行过程中，国务院法制建设部门可以根据形势发展的需要，对规划和计划作适当调整。

1986年4月，为了加强人民政府法制工作，更好地为改革开放和社会主义现代化建设服务，中央决定，将原国务院办公厅法制局和国务院经济法规研究中心合并，重新成立了国务院法制局，为国务院直属机构；1988年10月，国务院法制局被确定为国务院的办事机构；1994年3月又被确定为国务院的直属机构；1998年3月，根据《国务院关于机构设置的通知》，设置国务院法制办公室，作为国务院办事机构，行政级别为正部级。2018年3月，根据第十三届全国人民代表大会第一次会议批准的国务院机构改革方案，将国务院法制办公室的职责整合，重新组建中华人民共和国司法部，不再保留国务院法制办公室。

（二）起草

行政立法由相应的政府主管部门起草。我国行政法规草案一般由国务院各主管部门分别负责，重要的行政法规草案或内容与几个部门有关的法规草案则由国务院法制建设部门或主要的部门为主负责，组成各有关部门参加的起草小组进行工作。起草行政法规，应当深入调查研究，总结实践经验，广泛听取有关机关、组织和公民的意见。听取意见可以采取召开座谈会、论证会、听证会等多种形式，目前在这一点上我国还有待加强。如果起草的行政法规涉及其他部门的职责或者是与其他部门关系紧密的规定，必须与有关部门协商一致；经过充分协商不能取得一致意见的，应当在上报行政法规草案送审稿时说明情况和理由。

（三）审查

行政法规和规章草案拟定以后，必须经过国务院法制机构审查，以确定所制定的行政法规是否符合宪法、法律的规定和国家的方针政策；是否遵循立法法确定的立法原则，并符合宪法和法律的规定；是否与有关行政法规协调、衔接；是否正确处理有关机关、组织和公民对送审稿主要问题的意见等。行政法规送审稿涉及重大、疑难问题的，国务院法制机构应当召开由有关单位、专家参加的座谈会、论证会，听取意见，研究论证。行政法规送审稿直接涉及公民、法人或者其他组织的切身利益的，国务院法制机构可以举行听证会，听取有关机关、组织和公民的意见。另外，国务院有关部门对行政法规送审稿涉及的主要制度、方针政策、管理体制、权限分工等有不同意见的，国务院法制机构应当进行协调，力求达成一致意见；不能达成一致意见的，应当将争议的主要问题、有关部门的意见以及国务院法制机构的意见报国务院决定。行政法规草案由国务院法制机构主要负责人提出提请国务院常务会议审议的建议；对调整范围单一、各方面意见一致或者依据法律制定的配套行政法规草案，可以采取传批方式，由国务院法制机构直接提请国务院审批。

（四）决定与公布

行政法规草案由国务院常务会议审议，或者由国务院审批。国务院法制机构应当根据国务院对行政法规草案的审议意见，对行政法规草案进行修改，形成草案修改稿，报请总理签署国务院令公布施行，并载明该行政法规的施行日期。行政法规签署公布后，及时在国务院公报和在全国范围内发行的报纸上刊登。国务院法制机构应当及时汇编出版行政法规的国家正式版本。行政法规应当自公布之日起30日后施行；但是，涉及国家安全、外汇汇率、货币政策的确定以及公布后不立即施行将有碍行政法规施行的，可以自公布之日起施行。行政法规在公布后的30日内由国务院办公厅报全国人民代表大会常务委员会备案。

（五）行政法规解释

行政法规条文本身需要进一步明确界限或者作出补充规定的，由国务院解释。国务院法制机构研究拟订行政法规解释草案，报国务院同意后，由国务院公布或者由国务院授权国务院有关部门公布。行政法规的解释与行政法规具有同等效力。

六、行政立法的效力

行政立法的效力，是指行政法规、规章的法律效力。行政法规、规章本身不是法律，但一经制定、发布，就具有近似于法律的效力。行政法规必须遵守，若有违反都应追究相应的法律责任。虽然行政法规、规章具有与法律同样的约束力和执行力，但它们在法律体系中地位是不同的。我国整个法律体系按照效力等级从高到低可以划分为：

（一）宪法

宪法作为国家的根本大法，具有最高法律效力，处于最高的法律地位，是各项立法的依据。宪法所包含的行政法律规范通常原则性很强，涉及行政权力的取得、行使及对其监督的根本性问题的规定。

（二）基本法律

基本法律如刑法、民法、香港特别行政区基本法，由全国人民代表大会通过。

（三）一般法律

一般法律由全国人大常委会制定通过。基本法律和一般法律都是根据宪法制定的，二者的区别在于制定机关不同，其法律效力等级，前者应当高于后者。

（四）行政法规

行政法规由国务院制定发布或经国务院批准发布，其法律地位低于宪法和法律，高于行政规章。

（五）地方性法规、民族自治地区的自治条例和单行条例

地方性法规、民族自治地区的自治条例和单行条例由地方政府、民族自治政府制定，其法律地位更低。

（六）行政规章

行政规章包括中央行政规章、地方行政规章，由政府组成部门制定，其法律地位最低。

第三节　行政执法

一、行政执法概念、特征

（一）行政立法的概念

行政立法只是做到了有法可依。行政法规制定出来以后，就进入了行政执法环节。**行政执法是国家行政机关执行和适用法律规范的活动，即国家行政机关依据法律的授权，将具有普遍约束力的宪法、法律、行政法规、行政规章等规范性文件适用于具体个人和组织的行为。**它通过执法形式把国家意志直接转化为人民群众的实际行动，使国家行政管理的各种措施落到实处。换言之，行政执法的过程，也就是运用行政法规实施行政管理，发挥行政法规的功能作用的过程。行政执法的内容，并

不局限于行政管理法规的执行，而是包括对国家一切法律法规的执行和实施。执法的对象，是国家的一切公民、法人和其他社会组织。

（二）行政执法的特征

行政执法与其他行政行为比较，主要有以下特征。

1.特定性

行政执法是各级行政部门针对具体问题所作的行为，是针对特定的人和特定的事物的，如市容监察机关命令某人拆除违章建筑物的行为就属此类。

2.单方面性

行政执法是行政部门根据法律和行政法律文件所作的单方面的决定，它不需要经行政行为施加的对象的同意就能成立，如税务机关工作人员根据税法可单方面要求年收入满12万元的公民到税务机关申报收入。

3.强制性

行政执法是各级行政部门代表国家权力对行政活动中的具体问题作出的处理决定，是行政部门执行法律和法规的具体形式，因而具有强制性，如市场监管部门有权要求食品安全卫生不达标的小吃店关门整改，情节严重的可以吊销其营业执照，相关的小吃店必须遵照执行。

4.多样性

行政管理的多样性，决定了行政执法行为的多样性。其内容涉及政治、经济、文化以及社会生活的各个方面。

5.灵活性

由于有权进行行政执法活动的部门范围很广，因此行政执法行为有很大的灵活性。但是由哪一层级采取的行政措施，其效力只限于那一级范围，不能越权。

二、行政执法的主要类别

世界各国行政执法的类别各有不同。从我国实际情况看，以行政执法本身的内容、性质为标准，可以把行政执法分为以下四类。

（一）行政处理

行政处理即行政主体依照职权或依照行政相对方的申请实施某种行为，处理涉及相对方权利、义务的某种事项，以使相应的法律、法规、规章确定的行政管理目标得以实现。行政处理是一种内容最为广泛、形式最为多样化的行政执法行为。其具体种类主要包括行政命令、禁令、行政许可、免除、行政征收、征用、行政批准、登记、行政授予、撤销等。

（二）行政监督

行政监督即行政主体为了保障相应的法律、法规、规章在其所管辖的地区、部门、领域的执行，实现其行政管理的目标和任务，依法对行政相对方守法和履行法定义务的情况进行监督的行政执法行为。其主要形式包括行政检查、审查、调查、行政统计、发布信息以及财政与财务审计等。

（三）行政强制执行

行政强制执行即行政主体为了保障相应法律、法规、规章在其所管辖地区、部门、领域的执行，实现其行政管理的目标和任务，在当事组织或当事人不履行行政法律文件对其规定的义务时，依法采取强制措施，迫使当事人履行自己的法定义务的行政执法行为。

（四）行政制裁

行政制裁即行政主体对实施了某种违法行为的行政相对方依法采取行政处罚或其他制裁措施。行政制裁的基本形式是行政处罚，此外还包括对行政相对方采取某种对其权益不利的行政措施，如不发放某种许可证、不赋予某种资格等。

三、行政强制

（一）行政强制的含义

行政强制是行政主体为了保障行政管理的顺利进行，强制不履行法定义务的公民、法人或其他组织履行其义务，或者出于维护社会秩序或保护公民健康、安全等合法权益的需要，而对作为行政相对方的个人的人身、财产或作为行政相对方的组织的财产采取的直接或间接的强制措施。强制执行以义务人不履行义务为前提，强制执行的主体是行政机关，而执行的行政机关必须由法律法规明确授权。

（二）行政强制的方式

行政强制的方式主要有两种：

第一，间接强制。间接强制又分为两种情况：一是代执行。当义务人不履行法定义务时，如果由他人代为履行可以达到同样目的，则行政执法机关将此项义务交由他人代为履行，代为履行所需的一切费用由法定义务人承担。二是执行罚。当义务人不履行法定义务，而该义务又无法由他人代为履行时，行政执法机关为促使其履行义务，采取课以财产上新的给付义务的措施，这种措施可以反复多次使用，直到法定义务人履行义务为止。

第二，直接强制。直接强制是指行政执法机关在采取间接强制措施不能达到目的，或在极为紧迫的情况下，对法定义务人的人身或财产直接加以实力强制的措施，如强制传唤、强制划拨、强制收缴、强制拆除等。当法定义务人不履行法定义务又拒绝履行因此而附加的金钱或物品给付义务时，行政执法机关可对其查封或扣押的财产拍卖，然后强制收缴。实施直接强制时，不得对法定义务人的人身加以伤害，直接强制措施实施的费用，亦不得向法定义务人征收。

（三）强制执行的程序

强制执行必须由法定的行政执法机关严格按法定程序实施。实施的程序包括：第一，作出强制执行决定。通过调查核实，确定法定义务人无正当理由不履行义务，而非客观上不能履行义务时，则要作出强制执行的决定，并将强制执行决定以书面形式送达法定义务人。第二，以书面形式告诫。行政执法机关在实施强制执行前，以书面形式告诫法定义务人，再次要求其履行义务，如法定义务人接到书面形式告诫后，仍拒不履行义务，则需要实施强制执行。第三，实施强制执行。实施强制执行前，仍需再给法定义务人一定的时间，促使其履行义务。执行时应向法定义务人出示证明身份的证件、执行文书并说明情况，如法定义务人不在场时，请有关人员到场作执行见证人。执行完毕后，应作出执行记录。

四、行政处罚

（一）行政处罚的含义

行政处罚是国家行政机关为了维护公共利益和社会秩序，保护公民、法人和其他组织的合法权益，对于公民、法人或其他组织违反行政法规、规章予以制裁的行政行为。

（二）行政处罚的种类

《中华人民共和国行政处罚法》第八条规定，行政处罚的种类主要有：警告、罚款、没收违法所得、没收非法财物、责令停产停业、暂扣或者吊销许可证、暂扣或者吊销执照、行政拘留。另外该法还规定了一些由国家法律、法规设定的，只在特定情况下使用的行政处罚，如对违法的外国人驱逐出境。

1.警告

警告由国家行政机关对违反行政法规、不履行行政义务的当事人的谴责和警戒，是行政主体适用最经常、最普遍的行政处罚形式之一。警告既可以适用于个人，也可以适用于组织。警告具有教育性质，能促使被警告的当事人提起应有的注意和警惕；警告也有强制性质，因为它是更重处罚的预示，若逾期不改，将面临较重的行政处罚。

2.罚款

罚款是由国家行政机关对违反行政法规、不履行行政义务的相对方个人及法人组织的经济性制裁，也是行政主体适用最经常、最普遍的行政处罚形式之一。罚款通常由法律或法规规定一个限制幅度。例如，《中华人民共和国治安管理处罚条例》针对纳税单位和个人逃税所作的规定，对违反该法的行为罚款幅度是100～200元。针对纳税单位和个人逃税所作的经济处罚称为罚金。凡是罚款或罚金都应用书面通知规定在一定的期限内交纳，如到期不交，对违反义务的当事人可加倍处罚或改处拘留。

3.没收违法所得、没收非法财物

没收主要是对生产、保管、加工、运输、销售违禁物品或实施其他营利性违法行为的当事人所给予的经济性制裁。例如，海关没收走私者的走私物品，文化行政管理机关没收黄色书刊，市场监督管理机关没收违法物品及违法所得，公安机关没收违反治安管理的违禁财物等。

4.责令停产停业

这是由市场监督管理部门为违反市场监督管理行政法规的工商企业或个体经营户所作的限期停业或勒令停业的处罚，这种行政处罚通常是对严重违法的行政相对人实施的。行政主体实施这种处罚，一方面是为了制裁违法的行政相对人，另一方面是为了保护社会公众利益免受违法企业违法行为的损害。

5.暂扣或者吊销许可证、暂扣或者吊销营业执照

这是指由相关国家行政机关对违反行政法规不履行行政义务的当事人,吊销其从事某项活动的法律凭证,使其无法再从事这类活动的一种处罚。例如,未经核准登记擅自开业、擅自改变经营范围、伪造或擅自复印营业执照、逃避债务、从事非法经营活动等,主管机关都可根据情况予以吊销营业执照的处罚。

6.行政拘留

它是由公安机关对违反行政法规、不履行行政义务的当事人在短期内剥夺其人身自由的处罚形式。此种处罚由于涉及公民的人身自由,故法律对它的使用作了较严格的限制性规定,如法律只授权公安机关使用,其他机关无权使用;只适用于法律明确规定的较严重的违法行为,对法律未规定的违法行为不适用。此外,在适用时间上,法律规定拘留时间为1~15日,行政主体适用拘留不得超过15日。

(三)行政处罚的程序

行政处罚必须遵循法定的程序以保证合法、公正、有效。行政处罚的程序有简易程序、一般程序和听证程序等。

1.简易程序

简易程序适用于对违法事实确凿并有法定依据而处罚较轻的行为。例如,公民处以50元以下、法人或者其他组织处以1 000元以下的罚款或警告。简易程序由执法人员当场作出,其程序包括:向当事人出示执法身份证件;告知当事人作出行政处罚决定的事实、理由及依据,并告知当事人依法享有的权利;听取当事人的陈述和申辩;填写行政处罚决定书并当场交付当事人;收缴法律规定可以当场收缴罚款并当场开具罚款收据;将处罚情况向所属行政机关上报备案,并在法定期限内将罚款交所属行政机关。

2.一般程序

一般程序又称普通程序,是行政处罚决定的基本程序,具有程序完整、手续严格、适用广泛的特点。除法定可以作出当场处理的以外,其他的行政处罚应遵照一般程序进行,其程序包括:向当事人出示执法身份证件;对当事人违法事实进行调查或检查,搜集证据;行政机关负责人对调查结果进行审查,并向当事人告知行政处罚的事实、理由和依

据，听取当事人陈述和申辩后，作出行政处罚决定；制作行政处罚决定书并当场交付当事人。

3.听证程序

听证程序是在行政机关作出某些行政处罚决定之前，组织听证会，由调查人员提出当事人违法的事实、证据和处罚建议，当事人进行申辩和质证的程序。其目的在于进一步查明事实、核实证据、听取各方意见。听证程序仅在一定范围内适用。根据《中华人民共和国行政处罚法》的规定，下列行政处罚可适用听证程序：责令停产停业；吊销许可证或执照；较大数额的罚款。听证实际上就是听取当事人的陈述和申辩的另一种方式，其具体程序为：当事人在法定时间内提出听证要求；行政机关按当事人要求在法定时间内通知当事人举行听证的时间、地点；公开听证，由当事人参加或当事人委托代理人参加；制作听证笔录，交当事人审核签字或盖章；听证结束后，行政机关依法作出是否处罚的决定。

以上各种行政处罚一般由行政主管机关裁决，并作出裁决书交给当事人。对罚金、罚款要规定时限，并给予收据，逾期不执行的则可依法强制执行。受到行政处罚的当事人如不服裁决，可在规定时间内向裁决机关的上级行政机关提出申诉，或向人民法院起诉。上级行政机关或人民法院受理复查并作出最后的裁决，可变更原裁决的一部分或全部，并通知原裁决机关和申诉人。

第四节　行政司法

行政司法是国家行政机关在行政执法过程中对行政纠纷的处理和参与处理民事纠纷的活动和制度，主要有调解、仲裁、行政复议、行政诉讼、行政赔偿等。对执法过程中发生的行政纠纷的处理，是对行政执法活动状况的一种监督；参与某些民事纠纷的处理，也是行政机关的职责。行政执法和行政司法都是行政法制的组成部分，也是我国社会主义法制建设的辅助性工程。行政司法通过"准司法"形式排除行政执法中的障碍，保证行政管理沿着公正、合理的法制轨道向前发展。本节主要介绍行政复议和行政诉讼。

一、行政司法的特点

行政司法的特点主要包括：

（1）行政司法行为是享有准司法权的行政行为，即以依法裁处纠纷为宗旨的行政司法行为。它按照准司法程序来裁处纠纷，坚持程序司法化的原则；

（2）行政司法行为的主体是法律规定的具有行政司法职权的行政机关，在我国，主要是指行政复议机关、行政裁决机关及调解机关；

（3）行政司法行为的对象是和行政管理有关的行政纠纷以及民事、经济纠纷，这些一般都由法律给以特别规定。它们是由于当事人不服行政机关的决定，或双方当事人不履行义务，或行政机关、其他当事人侵害相对方合法权益而产生的，是权利和义务发生利害关系时的争议或纠纷；

（4）行政司法行为是行政主体的依法行政的活动，即行政机关依法裁处纠纷的行为；

（5）行政司法行为不同程度地具有确定力、约束力、执行力（行政调解的执行问题有特殊性），但它对纠纷的解决一般都不具有终局性，所以原则上也具有可诉性，不服行政司法决定的还可以向法院起诉。

二、行政复议

（一）行政复议的概念和特征

1.行政复议的概念

行政复议，是指公民、法人或者其他组织不服行政主体作出的具体行政行为，认为行政主体的具体行政行为侵犯了其合法权益，依法向法定的行政复议机关提出复议申请，行政复议机关依法对该具体行政行为进行合法性、适当性审查，并作出行政复议决定的行政行为。行政复议是公民、法人或其他组织通过行政救济途径解决行政争议的一种方法。

2.行政复议的特征

（1）提出行政复议的人，必须是认为行政机关行使职权的行为侵犯其合法权益的公民、法人或其他组织。

（2）当事人提出行政复议，必须是在行政机关已经作出行政决定之后，如果行政机关尚未作出决定，则不存在复议问题。复议的任务是解决行政争议，而不是解决民事或其他争议。

（3）当事人对行政机关的行政决定不服，只能按法律规定，向有行政复议权的行政机关申请复议。

（4）行政复议，以书面审查为主，以不调解为原则。行政复议的结论作出后，即具有法律效力。只要法律未规定复议决定为终局裁决的，当事人对复议决定不服的，仍可以按《中华人民共和国行政诉讼法》（以下简称《行政诉讼法》）的规定，向人民法院提请诉讼。

（二）行政复议的作用

1.行政复议是具有一定司法性因素的行政行为

行政复议的司法性是指有行政复议权的行政机关借用法院审理案件的某些方式审查行政复议，即行政复议机关作为第三人对行政机关和行政相对人之间的行政争议进行审查并作出裁决。

2.行政复议是行政机关内部监督和纠错机制

行政复议是由法院系统内部的行政机关对下级或者政府对所属的行政机关作出的违法或者不当的具体行政行为实施的一种监督和纠错行为。

3.行政复议是国家行政救济机制的重要环节

行政救济包括行政诉讼、行政赔偿、行政复议、行政监督。行政复议是其中不可或缺的一种。

（三）行政复议基本原则

行政复议基本原则，是指由《中华人民共和国行政复议法》（以下简称《行政复议法》）确立和体现的，反映行政复议基本特点，贯穿于行政复议全过程，并对行政复议起规范和指导作用的基本行为准则。

1.合法、公正、公开和及时原则

合法原则是任何行政行为和司法行为都必须遵守的基本原则。行政复议的依据、程序及结果都要公开，复议参加人有获得相关情报资料的权利，同时要符合公平、正义的要求。最后复议机关应当在法律许可的期限内，以效率为目标，及时完成复议案件的审理工作。

2.书面审查原则

行政复议是一种行政司法行为，它具有行政性，它不仅要追求公平，更要追求效率。行政复议不可能像行政诉讼那样要经过严格的开庭辩论程序，只需根据双方提供的书面材料就可以审理定案，以求实现行政效率。

3.合法性和适当性审查原则

这一原则要求，行政复议机关在实施行政复议时，不仅应当审查具体行政行为的合法性，还要审查它的合理性。

（四）行政复议的受案范围

行政复议的受案范围，系指相对人可以申请行政复议，行政复议机关可以依法复议的事项范围。《行政复议法》第六条采用列举和概括相结合的方式，对申请复议的肯定范围作了详细的正面规定。根据这一规定，申请人对侵犯其合法权益的具体行政行为不服，都可申请行政复议。

行政复议的排除范围即当事人不能提起行政复议的事项范围，主要包括内部行政行为、对民事纠纷处理的行为。

三、行政诉讼

（一）行政诉讼的概念和特征

1.行政诉讼的概念

行政诉讼是指公民、法人或者其他组织认为行政机关和法律、法规授权组织的具体行政行为侵犯其合法权益，在法定期限内依法向人民法院起诉，人民法院对被诉行政行为的合法性进行审查，并依法作出裁决的活动。 在我国，行政诉讼与刑事诉讼、民事诉讼并称为三大诉讼，是国家诉讼制度的基本形式之一。简单地说，行政诉讼就是"民告官"或者"官告官"。

2.行政诉讼的特征

（1）行政诉讼中的当事人具有特定规定性。

行政诉讼的原告只能是行政管理相对人，即公民、法人或者其他组织；行政诉讼的被告只能是行政管理中的管理方，即作为行政主体的行政机关和法律、法规授权的组织。

（2）行政诉讼所要审理的是行政争议案件。

这是行政诉讼在受理、裁判的案件上与其他诉讼的区别。行政诉讼解决的是行政争议，即行政机关或法律、法规授权的组织与公民、法人或者其他组织在行政管理过程中发生的争议。

（3）行政诉讼的主管机关是人民法院。

行政诉讼是人民法院通过审判方式进行的一种司法活动。这是行政诉讼与行政复议的不同，行政复议是由行政复议机关作出的，而行政诉讼是由人民法院运用诉讼程序解决行政争议的活动。

（4）行政诉讼的核心是审查具体行政行为的合法性。

行政诉讼是通过对被诉的具体行政行为合法性进行审查以解决行政争议。其中，进行审查的行政行为为具体行政行为，审查的根本目的是保障公民、法人或者其他组织的合法权益不受违法行政行为的侵害。

所谓具体行政行为，是指国家行政机关和行政机关工作人员、法律法规授权的组织、行政机关委托的组织或个人在行政管理活动中行使行政职能，针对特定的公民、法人或者其他组织，就特定的具体事项，作出的有关该公民、法人或者其他组织权利义务的单方行为。

（二）行政诉讼的作用

1.行政诉讼是保障公民、法人或者其他组织合法权益的重要手段

行政机关在广泛的领域内进行管理活动，必然会与被管理的公民、法人及其他组织发生争议和矛盾。行政诉讼为个人、组织提供一系列保障其权利和利益的程序，为当事人提供了一条得到行政救济的渠道，使其合法权益不致遭到任意侵犯。通过行政诉讼活动，维持正确的行政决定，纠正错误的行政决定，既保护了公民、法人和其他组织的合法利益，也促进了行政机关严格依法办事，达到维护社会秩序和公共利益的目的。

2.行政诉讼是监督和制约公共行政机关行使职权的主要措施

行政诉讼作为行政司法的一部分，是对行政的监督和保障。通过行政诉讼，可以检查、发现行政执法中存在的问题，不断完善和改进行政执法活动，防止行政机关及其工作人员滥用权力行为的发生，促进国家行政管理的民主化和法制化。

（三）行政诉讼的基本原则

行政诉讼基本原则是指反映行政诉讼基本特点、一般规律与精神实质，贯穿于行政诉讼整个过程或主要阶段，对行政诉讼活动具有普遍指导意义的基本行为准则。

1.人民法院依法独立审判原则

人民法院依法对行政案件独立行使审判权，不受行政机关、社会团体和个人的干涉。人民法院专门设立行政审判庭，审理行政案件。

2.当事人法律地位平等原则

在行政诉讼的双方当事人中，一方是行政主体，它在行政管理活动中代表国家行使行政权力，处于管理的主导地位；另一方是公民、法人或者其他组织，他们在行政管理活动中处于被管理的地位。两者之间的关系是管理者与被管理者之间从属性行政管理关系。但是，双方发生行政争议依法进入行政诉讼程序后，他们之间就由原来的从属性行政管理关系，转变为平等的行政诉讼关系，成为行政诉讼的双方当事人，在整个诉讼过程中，原告与被告的诉讼法律地位是平等的。

3.人民检察院对行政诉讼进行法律监督的原则

人民检察院有权对行政诉讼实行法律监督。在行政诉讼中的基本主体是法院、原告和被告，被告是国家行政机关，其职权和职责均是法定的，既不允许滥用，也不允许放弃，因此，在行政诉讼中理应接受检察院的法律监督。

4.公开原则

为保证当事人的平等地位，除了适用国家保密规定外，行政诉讼的审理应当公开。

5.辩论原则

当事人在行政诉讼中有权进行辩论。所谓辩论，是指当事人在法院主持下，就案件的事实和有争议的问题，充分陈述各自的主张和意见，互相进行反驳的答辩，以维护自己的合法权益。辩论原则具体体现了行政诉讼当事人在诉讼中平等的法律地位，是现代民主诉讼制度的象征。

6.回避原则

在行政诉讼中，凡是可能影响公正解决行政纠纷的审理人员都应该自行回避。当事人也有权提出回避要求。

（四）行政诉讼的受案范围

行政诉讼受案范围，是指人民法院受理行政诉讼案件的范围，这一范围同时决定着司法机关对行政主体行为的监督范围，决定着受到行政主体侵害的公民、法人和其他组织诉讼的范围，也决定着行政终局裁决权的范围。按照《行政诉讼法》第十一条的规定，人民法院受理公民、法人和其他组织对下列具体行政行为不服提起的诉讼：

（1）对拘留、罚款、吊销许可证和执照、责令停产停业、没收财物等行政处罚不服的；

（2）对限制人身自由或者对财产的查封、扣押、冻结等行政强制措施不服的；

（3）认为行政机关侵犯法律规定的经营自主权的；

（4）认为符合法定条件申请行政机关颁发许可证和执照，行政机关拒绝颁发或者不予答复的；

（5）申请行政机关履行保护人身权、财产权的法定职责，行政机关拒绝履行或者不予答复的；

（6）认为行政机关没有依法发给抚恤金的；

（7）认为行政机关违法要求履行义务的；

（8）认为行政机关侵犯其他人身权、财产权的。

除前款规定外，人民法院受理法律、法规规定外可以提起诉讼的其他行政案件。

同时，《行政诉讼法》第十二条规定，人民法院不受理公民、法人或者其他组织对下列事项提起的诉讼：

（1）国防、外交等国家行为；

（2）行政法规、规章或者行政机关制定发布的具有普遍约束力的决定、命令；

（3）行政机关对行政机关工作人员的奖惩、任免等决定；

（4）法律规定由行政机关最终裁决的具体行政行为。

总之，我国行政司法裁决的主要是行政机关在管理国家事务中和公民、社会组织之间发生的行政法律关系。行政机关作为裁判者解决行政争议和某些民事纠纷，行政争议由不服行政决定的管理相对人向作出决定的原机关或其上级机关申请复议。根据《行政复议条例》的规定，行政复议解决的主要是行政机关影响公民、社会组织的人身权、财产权的问题，以及法律法规规定的其他行政争议。同时根据《行政复议法》第三十条"公民、法人或者其他组织认为行政机关的具体行政行为侵犯其已经依法取得的土地、矿藏、水流、森林、山岭、草原、荒地、滩涂、海域等自然资源的所有权或者使用权的，应当先申请行政复议；对行政复议决定不服的，可以依法向人民法院提起行政诉讼。"

《行政复议法实施条例》和《行政诉讼法》的实施，标志着我国已全面建立了复议制度。

▶▶

专栏12-2

行政诉讼制度的演变

以普通法院管辖大多数行政诉讼案件，是普通法系国家行政诉讼制度的最大特点，以英国模式为典型。英国的具有现代特色的行政诉讼制度最初形成于17世纪。19世纪国家开始关心教育、卫生、经济和文化事业，注意解决工人的就业、工伤抚恤、老年救济和其他福利问题。行政机构增加，管理范围扩大，行政权力膨胀。行政活动的特殊性，使其解决纠纷的方式与普通诉讼不同。在这种情形下，英国行政诉讼制度获得较大的发展。

大陆法系国家，如法国、德国则设立了行政法院。法国、德国的行政诉讼制度的发展在很大程度上体现为行政法院的发展。法国最高行政法院的前身，是创建于1799年的"国家参事院"。1872年通过的法律赋予国家参事院独立的审判权，同时还规定设立一个"权限争议法庭"，裁决行政法院和普通法院之间的权限争议。从此，国家参事院成为真正的最高行政法院。1953年9月30日的行政审判组织条例及同年11月28日作为补充规则的公共行政条例，进一步明确了最高行政法院的地位：既是政府的咨询机关，又是行政诉讼的审判机关。19世纪70年代，德国成立了与普通法院平行的行政法院，对行政行为实施监督。随着行政审判实践的发展，行政法院的任务也发生了转变，从以前的监督公务员行为是否符合王权和上级行政机关的意志，逐步转变到监督行政行为是否依法对公民权利实施了保护。

从西方国家行政诉讼制度的演变中，我们不难发现，从对王权负责到对民权负责，实际上意味着司法民主化进程的推进和政府（含立法、行政、司法部门）职能的转变：从以前的以政府权力为中心逐渐转变为以公民权利为中心。

资料来源：施雪华，邓集文.西方国家行政问责制度的历史发展及其动因 [J].哈尔滨工业大学学报（社会科学版），2014（6）.此处为内容摘要.

▶▶

法治政府建设一直在努力

※曾经的"奇葩证明",不用开了

办出境游手续要"证明你妈是你妈",兑换破损钞票要证明"非被人为故意破坏",去派出所开"无犯罪证明"要证明你需要这份证明……

面对这些"奇葩证明",你是否曾"跑断腿""磨破嘴"?

从方便自己"要证明",到方便群众"减证明",这些年来,各部门为清理各类证明事项做了大量工作,截至2019年底,共取消证明事项13 000多项。

一万多项证明,是怎么取消的?梳理起来一般有"三招"。

一是梳理证明清单。各部门向群众列清楚"不开"和"可开"两张清单,证明事项"开不开""由谁开""怎么开",办事窗口和老百姓都做到"心中有数"。

二是简化办事流程。有关办事单位梳理办事手续,凡是没有法律依据的证明和盖章环节一律取消,只向群众要确实该证明的"证明",从源头堵住"证明泛滥"。

三是提高信息化水平。为了应对"这边不开了""那头还在要",各部门打破"壁垒",联结信息"孤岛",用电脑"点击"代替群众"跑腿"。

国务院办公厅印发《关于全面推行证明事项和涉企经营许可事项告知承诺制的指导意见》,标志着证明事项告知承诺制将在全国全面推开。今后,行政机关在办理有关许可登记等事项时,不再索要证明,而是将证明义务、证明内容以及不实承诺的法律责任一次性告知申请人,在其作出书面承诺后便直接予以办理。从清理"奇葩证明"到推广"告知承诺",法治政府建设抓铁有痕,相信未来老百姓会有更多获得感。

※办很多事,不用跑了

在浙江很多医院新生儿服务站办理窗口,新生儿父母只需填写一张"新生儿联办事项申请表",提供身份证、户口簿、结婚证等

4份常规材料，不到1个小时，就能办结7个政务事项。

出生医学证明、预防接种证、新生儿户籍登记、城乡医保参保、城乡医保缴费、市民卡、产妇生育医疗保险待遇申领，以往这7个事项要在6个部门办理，前后需提交24份材料。

这几年，"简化办、网上办、就近办、移动办"越来越多，老百姓享受到了真真正正的实惠。办普通护照、往来港澳台通行证等出入境证件，补办身份证，考小汽车驾驶证……原来要回户籍地办，现在人在哪儿，就在哪儿办！新生儿落户、居住证在线申报……过去要跑好几个部门，现在拿出手机就能办！下一步，"放管服"改革继续升级提速，"只进一扇门""一个窗口通办"还不够，将努力做到"只上一张网""能办所有事"。

※ "教科书式"执法，常见了

"第一次警告，把驾驶证拿出来。第二次警告，把驾驶证拿出来。第三次警告，把驾驶证拿出来。"面对民警的三次警告，当事男子仍拒不配合。"重要的事情说了三遍后，民警使用警用催泪剂，提示周围无关人员避开，对男子用警棍制服并强制带离。"这段上海警方"教科书式"执法，引得网友纷纷点赞。

曾经，时常出现的高铁、飞机"霸座"和城市养犬治理过程中发生的阻挠执法、抗拒执法、执法疲软等问题，让公众对严格规范执法的呼声越来越高。

《中共中央关于全面推进依法治国若干重大问题的决定》和《法治政府建设实施纲要（2015—2020年）》对全面推行行政执法公示制度、执法全过程记录制度、重大执法决定法治审核制度作出了具体部署。

如今，执法不规范、不严格、不透明、不文明以及不作为、乱作为等突出问题正得到解决。"严格、规范、公正、文明"的"教科书式"执法，成为老百姓常能见到的身边事。

不只公安机关，市场监管、生态环保、文化市场、交通运输、农业等领域行政执法体制机制都在不断完善。

展望2035年，我国将基本建成法治国家、法治政府、法治社会。在这一推进过程中，依然存在一些需要加快解决的"堵点""痛点""难点"，但为了你我的获得感，法治政府建设一直在努力！

资料来源：熊丰，刘奕湛.法治政府建设一直在努力［EB/OL］.［2020-11-14］.http：//www.xinhuanet.com/mrdx/2020-11/15/c_139517106.htm.有删减.

【思考】我国法治政府建设还有哪些方面可以改进？

关键概念

行政法制　行政立法　行政法规　部门规章　地方规章　行政执法　行政司法　行政复议　行政诉讼

复习思考题

一、单项选择题

1.行政法制的核心是（　　）。

A.法治建设　　　　　　　　B.法制建设

C.依法行政　　　　　　　　D.立法司法

2.国家最高权力机关在我国是（　　）。

A.国务院　　　　　　　　　B.人大常务委员会

C.全国人大及地方各级人大　D.全国人大

3.（　　）是制定行政法规的唯一机关，其他任何机关均无权制定行政法规。

A.国务院　　　　　　　　　B.人大常务委员会

C.全国人大及地方各级人大　D.全国人大

4.（　　）作为国家的根本大法，具有最高法律效力，处于最高的法律地位，是各项立法的依据。

A.宪法　　　　　　　　　　B.法律

C.部门规章　　　　　　　　D.行政条例

5.（　　）是行政主体适用最经常、最普遍的行政处罚形式之一。

A.罚款　　　　　　　　　　B.警告

C.没收   D.拘留

二、多项选择题

1.行政立法的基本原则包括（   ）。

A.合法原则   B.权限一致原则

C.程序原则   D.效力分级原则

2.行政法规从属于（   ）和（   ），不得与之相抵触。

A.宪法   B.法律

C.部门规章   D.行政条例

3.行政执法的基本特征包括（   ）。

A.特定性   B.单向性

C.强制性   D.多样性

4.行政执法的主要类别有（   ）。

A.行政处理   B.行政监督

C.行政强制执行   D.行政制裁

5.行政救济包括（   ）。

A.行政诉讼   B.行政赔偿

C.行政复议   D.行政监督

三、简答题

1.行政法制包括哪些内容？

2.我们为什么要进行行政法制建设？

3.我国行政立法的权限是如何划分的？

4.行政处罚的种类有哪些？

5.行政诉讼的基本原则是什么？

第十三章

行政改革

为了适应国内、国外环境的变化，在国际竞争中取得有利地位，满足国内社会政治经济发展的基本要求，我国政府必须不断地从结构、职能和体制等方面进行变革和调整。因此，探讨行政改革理论，具有重要意义。

第一节　行政改革概述

一、行政改革的含义及与其他改革的关系

（一）行政改革的含义

行政改革主要是行政学领域研究的概念，人们对它的界定由于国情、价值取向、研究视角和方法等的不同，目前还没有各国公认的定义。美国学者蒙哥马利认为："行政改革是一个过程，是指调整行政机构与社会其他要素之间的关系或者行政机构内部的关系，改革的目标和所体现的各种弊病都随着政治情势的不同而改变。"这一界定强调了行政与政治的密切关系。霍普认为，行政改革可以定义为："为了根本改

变政府官僚机构的结构以及有关人员的态度和行为而专门筹划和慎重进行的努力，旨在提高组织的效能，实现国家的发展目标……从技术和实践的观点来看，改革是对政府机器的重建。"这个定义明确提出了行政改革的目的和内容，认为行政改革包括组织结构和组织内人员态度和行为的变革。我国学者对行政改革也进行了多角度的界定，如竺乾威认为："行政改革是指行政系统在组织体系结构、运作功能等方面进行的变革，以使行政系统能适应变化的环境。"从界定中可以看出，行政改革有狭义和广义之分，但在具体内容上有所差异。这里介绍较有代表性的夏书章、王乐夫教授从系统的角度的界定："狭义的行政改革仅指政府机构改革；广义的行政改革则是指国家行政机关为适应内外环境的变化，对行政管理的各方面因素进行的调整和变革。它包括行政责权的划分、行政职能、行政组织、人事制度、领导制度、行政方式和行政运行机制等方面的改革。"

综合上述观点，一般认为，**所谓行政改革，是指政府的行政系统为了适应外部环境和系统内部因素的变化，有意识地对其自身的结构、功能以及人员、技术、制度等进行调整和创新，以提高行政效能、保持行政系统与环境之间的动态平衡的过程。**行政改革的内涵是十分丰富的，这个定义包含了4个层次的意思：第一，行政改革是一种有目的、有计划的政府活动；第二，行政改革是一种主动适应的过程，是对行政系统外部环境和系统内部因素的变化情况进行理性分析和科学判断的基础上采取的自我调整、自我适应的行动；第三，行政改革的对象或内容是全方位的，不仅包括机构和人员的增减，而且还要有实质性的职能转变，同时在技术、方法、制度、人员的行为和观念上也要与时俱进；第四，行政改革的目标是要提高行政组织的效能，增强政府的行政能力。

（二）行政改革与其他改革的关系

为了理解行政改革，要搞清楚行政改革与其他改革的关系：

1.行政改革与政治体制改革的关系

行政是政治的一部分，行政的本质是为了维护政治统治，政治因素渗透于行政的各个环节、各个层面。因而，政治是行政改革的主要外部动力。纵观历史和现实，绝大多数行政改革都是在政治的发动和促进下进行的，政治体制改革决定着行政的变革，政治力量格局的调整决定着行政决策的目标和方向的变化，政治意识形态的起伏影响着行政的价值理念和评价标准。行政改革追求管理的科学化、法治化、效率化，实际属于行政组织及其管理领域内的事务。相对于政治体制改革而言，行政改革产生的后果和影响仍是局部的。政治体制改革追求政治民主，涉及范围更广，产生的后果和影响是全局性的。所以行政改革是政治体制改革的重要组成部分，许多国家的行政改革也正是作为政治改革的一部分进行的。两种改革虽然配套进行，关系十分密切，但内容、方式等方面又是相对独立的。

2.行政改革与行政体制改革的关系

行政改革包含行政体制改革，除此之外，行政改革还包括行政管理的方式、职能、人事管理、职权划分、办公手段及行政原则等方面的改革，但要明确，行政体制改革是行政改革的关键环节，是核心的改革领域。

3.行政改革与经济管理体制改革的关系

经济管理体制改革一般是指政府筹划的，对经济管理体制、管理方式的改革。在这个意义上，经济管理体制改革是政府行政改革的一个组成部分。

二、行政改革的必然性

（一）行政改革是上层建筑必须与经济基础相适应的社会发展规律的要求

社会主义的基本矛盾，仍然是生产关系与生产力的矛盾、上层建筑与经济基础的矛盾，在社会主义发展进程中，这些矛盾始终存在。随着我国经济的发展，特别是社会主义市场经济体制的建立，作为上层建筑最重要的组成部分，国家的政府机构必然会出现一些与变化着的经济基础不相适应的现象，因此，人们必须能动地进行调整，不断地调整政府机构以完善上层建筑的整体结构，适应经济基础和生产力发展水平，这是社会主义社会发展的必然要求。我国目前仍处在社会主义初级阶段，政府机构及其管理方式必须适应社会主义初级阶段的特点，要把解放和发展生产力作为行政改革的出发点和归宿。

（二）行政改革是行政环境发展变化的必然要求

和平与发展仍是当今世界两大主题，随着全球一体化的发展，世界各国在各个领域上的竞争程度日益加剧，这一方面要求各国政府不断转换政府职能，加强经济、科技等领域的综合协调和宏观调控职能及服务职能，另一方面又促使各国政府不断地引进新的行政技术和方法，建立新的行政机制，从总体上减少行政成本，以提高本国的竞争能力。同时，全球化中的政治文明传播及文化交融需要政府更新原有的行政文化，由封闭走向开放，更新施政理念，更加贴近公众，注重服务意识。因此，行政改革已成为时代发展的要求。

（三）实现行政管理科学化和现代化的需要

提高行政绩效，实现行政管理的科学化和现代化，是当代行政管理研究的出发点和落脚点，也是各国政府行政管理活动的基本目标。为了实现行政管理的科学化和现代化，需要实现行政职权的合理划分，政府职能的科学配置，组织机构的精干高效，人事制度、领导制度的不断完善，行政法规、行政制度的建立健全，行政管理方式方法等诸方面的不断改进和完善。而这一切都需要通过行政改革才得以实现，不进行行政改革，旧的行政弊端就无法克服和消除，新的行政体制就难以建立和运作。因此，行政改革是促进和实现行政管理科学化及现代化的基本途径与重要手段。

第二节　当代西方国家行政管理改革

一、西方国家行政改革的主要理论

作为一门综合性的学科，行政管理的前沿理论众多，但其中比较宏观和有持续影响力的当属20世纪70年代末和80年代初兴起、到现在还在继续的长达约40年之久的一股强劲的政府改革思潮。这一思潮的主要理论基础是20世纪60年代出现的公共选择学派。同期和后期的比较重要和宏观的新公共管理、新公共服务和治理理论都是建立在与公共选择理论对峙和发展的基础之上的。在讨论这些新的行政改革理论之前，有必要先回顾一下传统的行政管理理论。

（一）传统的行政管理理论

传统的行政管理（19世纪60年代—20世纪70年代）源于西方工业

化和城市化的过程之中。在德国的俾斯麦时代、法国的后拿破仑时代、美国的进步运动时代，传统行政管理强调政治与行政两分，政治上靠依赖民主程序的立法机制汇集和表达公民意志，行政上靠传统的官僚管理机器来实现国家和民主意志。政府在管理过程中强调效率和效益，大包大揽，用国家的力量管理社会和推动社会的进步。这些方法曾被认为是拯救了西方的资本主义，使之从原始资本主义走上了能够有持续活力的在国家管理条件下的现代资本主义。例如，美国建国先贤汉密尔顿早期提出的国家干预经济发展、保护民族工业、国家工程、联邦银行等思想都随着美国的发展，逐渐在它的行政管理中得到了体现，并在20世纪30年代的大规模经济危机后得到了长足的发展。

这种传统行政模式的蓝本是马克斯·韦伯的官僚制理想类型。韦伯的官僚制模型具有六大特征：（1）法治化。现代行政管理机构的权限是由法律或行政法规规定的。行政管理就是在法律法规限制之内，合理地维护制度所规定的利益。（2）层级制。所属官僚制政府机构都实行机关等级制和各种按等级赋予权力的原则，从而形成一种牢固而有序的上下级制度，同时机构的各个层级都有固定的监督和监察制度。（3）公私分开。官僚制行政管理明确区分公务活动领域与私人生活领域，主张严格的公事公办，公私之间界限分明，任职人员不能将职位据为己有。（4）专业化。官僚制的行政管理强调照章办事，这就需要对工作人员进行专业培训。一般来说，只有培训合格的人，才有资格被录用为行政管理人员。（5）专职化。公务活动要求行政官员全身心投入，而不计较规定的上班时间。职务就是职业，担任职务被视为承担一种忠于职守的义务。（6）效果的可预见性。现代社会的技术和经济基础要求行为结果的可预见性。这就要求行政官员必须掌握一种专门的技术性学问，如法学、行政学或企业管理学等。传统的官僚制行政在西方各国得以确立。

尽管国情的不同使得各国的实践形式有所差异，但至少在6个方面存在共同点：（1）政治中立的公务员制度。这要求行政人员忠实地执行任何一个合法政府的政策，而不应该有明显的政治倾向。（2）层级制和规则。政府部门内部实行等级制和规章制度式的管理。（3）永久性和稳定性。公务员通常被看作一种终身职业，凭借着一种"社会契约"，公务员可以获得一定的收入以保障其职业的安全稳定。（4）制度化的公务员制度。这要求把公务员制度当作一个法人团体来进行管理。（5）内部管制。这要求公务员应该毫不迟疑地接受和响应其名义上的政治家发布的政策命令。（6）平等。对内来说要做到结果平等，资格相同的公务员应该得到平等的报酬和工作条件；对外则强调服务平等，即目标相同的顾客所得到的利益也应该是相同的。

（二）公共选择理论

传统行政模式为工业社会的发展作出了贡献，但同时，它也使政府的规模日益膨胀，这个趋势持续到20世纪70年代。20世纪70年代末（1979年）和80年代初（1981年），英国的撒切尔夫人和美国的里根分别获得大选胜利，入主白金汉宫和白宫。在面对大政府的臃肿、膨胀、人浮于事的现象和沉重的社会福利的包袱时，他们顺应当时的民意，提出私有化、分权化、市场化的口号，对当时膨胀低效的政府部门进行改革。当然，他们所采用的方法，包括他们深层次的改革理念并不完全相同。

在科学革命以后，现代社会科学开始积极借用科学的假设、观察和论证方法来研究社会问题。现代经济学借市场经济的成功得到了良好的发展，一些学者（政治学、经济学和社会学学者）开始用经济理性来分析不同的社会现象，解释社会问题。在20世纪60年代初，美国学者布坎南和塔洛克两人合写了一本《允诺的微积分：宪政民主的逻辑基础》（国内译成《同意的计算》），**尝试用理性经济人的假设来解释政治运作和决策的过程，包括宪法理性，这就是大家所知的公共选择理论**。这一理论认为所有的人都是理性自私的，国家只是人们在一起进行公共决策和执行的工具，如果收益大于成本，人们就会参与决策，否则，人们就不参与。参与的人越多，决策成本越高，但执行成本越低；参与的人越少，决策成本越低，但执行成本越高。用这一理论能解释为什么参加全国大选投票的人少，而参加地方、基层投票的人多。这一理论的核心是否定公共利益的存在，认为所谓的公共利益只不过是个人利益的总和。公共选择学派将传统公共行政国家对经济效率和效益的追求变成了政治价值观优先的理论，符合西方自由主义传统。同时，它又从经济理性的角度出发，演化出政治参与的逻辑假设——个人利益的最大化。也就是说，将公民的满意度和民主政治的效益等同于综合的个人利益的最大满足。

公共选择理论的优点在于找到了一个定义清楚、逻辑一贯、相当有预见力的衡量组织运作的综合测量方法。它的问题在于忽视了组成国家的不完全是具有经济理性的人，还有非经济理性的部分。美国公共管理学大师古利克在他年近百岁的时候说过，管理学的挑战在于它的研究对象是复杂多变的人。作为一种高等动物，他们可以为贪婪而侵夺，为荣誉而竞争，也可以为爱情而牺牲。人类情感的变化和特定条件下的自我牺牲精神（道德理性），是经济理性学派的死穴。

事实上，公共选择理论更致命的弱点是对传统自由主义思想中公共利益的否定。西方民主政治和自由主义的开山大师约翰·洛克在他著名的《政府论》中否定了君权神授或以弱肉强食的"丛林之法"作为政府的基础后，提出了人类的"自然状态"、"战争状态"和"共同体状态"（即"公民状态"）的概念。在"自然状态"下每个人都是绝对平等和自由的个体。而为了较长久地保护自己的生命和财产，人们选择了"公共体"（集体），制定一套奖惩的法规，保护生命、财产权不受任意侵犯。为了这个目的，人们自愿放弃一些在"自然状态"中应该属于自己的权益，如完全自由、不从属于任何人、不必尊崇任何法律等，进入"共同体状态（公民状态）"成为社会人。至此，完全自由的个体就已经不存在了。而现代经济学的鼻祖亚当·斯密在其《国富论》中提出的"放任自由市场"的理论也是对洛克自由主义的继承。在亚当·斯密的市场里的个人已经是"社会人"而不是"自然人"。洛克和斯密理论都是建立在"共同体"的基础概念之上的，承认了大"公"的存在和个体为了寻求政治保护（第一位和核心的）与经济利益（第二位和非核心的）对个人权利的部分放弃。如果说公共利益的核心是人的平等权利，当社会贫富悬殊大到富人可以用几百万、几千万来购买穷人的器官或生命时，那么什么是政治的合理性呢？所以说，公共选择理论作为微观管理理论有它的独到之处，但公共选择理论试图以微观的思想方法和手段来替代宏观的国家治理理论，至少到目前为止还没有成功。作为国家理论也找不到国家的核心价值观。因为，多数人的利益和少数人的利益、强势集团的利益和弱势集团的利益总是矛盾的。强势集团的利益必然要由弱势群体来作铺垫。西方自由主义利用利益集团来推动民主，但利益集团的力量随着现代工业集团和金融财团的壮大而壮大，制衡越来越少，只要少数大财团达成内部协议就可以操纵国家政治命脉，侵夺大众的利益。当代西方国家利益集团政治和小布什政府的市场型政府改革导致大利益团体侵吞社会财富，都从不同的侧面佐证了这个结论。

（三）新公共管理

1979年，撒切尔夫人出任英国首相并推行西欧最激进的政府改革计划，1980年，里根当选美国总统并尝试大规模削减政府机构人员规模、收缩职能、压缩开支、倡导公共部门私有化，标志着新一轮全球性行政改革浪潮的开始。这场改革后来也波及到英联邦的不少国家，包括新西兰和澳大利亚，并在一定的程度上影响了克林顿政府的改革。在此期间，一些代表性学者将这一改革提升到理论的高度，通过一系列的著作将这一思潮传播向全世界。戴维·奥斯本（David Osborne）（美）被誉为"政府再造大师"，奥斯本的著作《改革政府：企业精神如何改革着公营部门》（1992）、《摒弃官僚制：政府再造的五项战略》（1997）、《改革政府手册：战略与工具》（2000）都成为"新公共管理"改革教科书级的著作。同时期的英国学者胡德（Christopher Hood）对政府行政、规制和公共部门改革有深入的研究，胡德的《国家的艺术：文化、修辞与公共管理》（1998）同样成为推动政府行政改革的重要参考，该书获得2000年英国政治研究学会的"麦肯齐图书奖"。巴泽雷（Michael Barzelay）（美）的《突破官僚制：政府管理的新愿景》（1992）、《新公共管理：改进研究与政府对话》（2001）等著作都积极呼应了前几位学者的研究，并进一步验证了英美政府进行的政府改革运动。经过这些理论与实践的反复验证，逐渐形成"新公共管理"这一思潮。在这以后的理论探索也往往以此为新的发力点。严格说，新公共管理并不是一个理论或一种学说，而是一种思潮在公共管理领域里的体现。用它的原始命名者胡德的话来说，是一个为方便起见而做的标签。最初，奥斯本在《改革政府》一书中提出"十项原则"，为政府改革提供了明确的方向：（1）起催化作用的政府：掌舵而不是划桨；（2）社区拥有的政府：授权而不是服务；（3）竞争性政府：把竞争机制注入到提供服务中去；（4）有使命感的政府：改变照章办事的组织；（5）讲究效果的政府：按效果而不是按投入拨款；（6）受顾客驱使的政府：满足顾客的需要，不是官僚政治的需要；（7）有事业心的政府：有收益而不浪费；（8）有预见的政府：预防而不是治疗；（9）分权的政府：从等级制到参与和协作；（10）以市场为导向的政府：通过市场力量进行变革。胡德将新公共管理的成功经验归纳为7点：（1）注重让专业管理人员实际操作。这就是说，让管理人员来管理（即让经理人员来经营），注意责权相配。（2）应该注重明确的业绩评估的标准和测量方法。这就需要明确标准，设置业绩目标。（3）更重视对结果的控制。资源被直接用到可以进行业绩评估的领域，强调结果而不是过程。（4）将公共领域的单元分割得更小，创造可控制的单元以便得到跟公共领域或私营领域比起来都有利的效益规模。（5）向公共管理领域内更强烈的竞争的方向变化。比如说更多地使用定期合同和公共程序监督，用竞争降低成本、提高业绩标准。（6）强调在管理实践中使用私营企业的风格和方法。逐渐脱离军事化型的公共服务道德标准，使用灵活雇工和灵活奖赏的方式。（7）强调在资源使用方面更强的原则性和节约性。限制企业在执行公共政策法规方面的花费。限制公共部门的资源需求，用更少的钱办更多的事。

新公共管理的改革的意图是推行小政府，提高政府工作效率，提高公众对政府的信任。但在改革过程中，为求小而小，为私有化而私有化，不顾实际社会工作的需要，给后来的政府工作留下了巨大的隐患。比如，撒切尔夫人的私有化改革，把英国铁路私有化得七零八落，铁路运行分段和与车站管理分家降低了管理效益。克林顿政府的国家业绩评估委员会的改革目标是帮助政府提高绩效和对人民显示政府工作业绩，以提高人民对政府的信任。这两个目标，经过美国学者论证，认为都没有达到预期目的。新公共管理改革叫得最响的是新西兰，在澳大利亚也有不少举措。但根据胡德等学者的评估，它们的改革效果也是不佳的。

在理论上，胡德尝试将制度经济学、公共选择理论、委托代理理论、私有化理论、博弈论等归到新公共管理的范畴。但从实践来看，在新西兰，人们偏重公共选择、交易成本和委托代理的提法；在英国和澳大利亚，人们偏重管理主义；在美国，里根偏重前者，克林顿偏重后者。他们的改革目标是十分不一样的。再者，从渊源上看，新公共管理注重的效率、效益是传统公共管理的价值观；它注重的绩效评估，在过去的科学管理法、目标管理法、质量管理、项目预算管理法中都有过；

它注重的管理主义和强调责权一致扩大了的管理权限，是政治与行政两分法和首长责任制思想的继续；它的分权思想是联邦主义的内核；它的私有化思想，是西方市场经济的传统；它认为公共管理可以无条件地向私营管理借鉴方法，是反复受到过质疑的通用管理主义（公私一体论）的翻版。所以说，一定要说新公共管理是一个理论，那么这个理论的问题就是：在渊源上出自不同学派，在实践上被偷梁换柱，在逻辑上自相矛盾，在作为国家理论的前景上一窍不通。

（四）新公共服务理论

随着新公共管理运动全球席卷，众多国家以此理论为基础展开国家行政改革。而新公共管理对政府的经济人假设导致的政府逐利行为引起了很多负面问题。以罗伯特·B.登哈特、珍妮·V.登哈特（美）为代表的众多学者对新公共管理理论提出了质疑。登哈特夫妇撰写了《新公共服务：服务，而不是掌舵》一书，系统批判了新公共管理思潮，介绍了新公共服务理论。**新公共服务理论主要指建立公共行政人员以公民为中心的治理体系，并在其中扮演的角色相关的一系列理念。**该理论对服务行政相当具有指导意义的7个方面为：①服务而非掌舵；②公共利益是目标而非副产品；③战略地思考，民主地行动；④服务于公民而不是顾客；⑤责任并不是单一的；⑥重视人而不止是生产率；⑦超越企业家身份，重视公民权和公共服务。

登哈特夫妇对新公共管理提出疑问主要是：①公共管理从业人员是企业家吗？②民主与公平优先还是效率优先？③行政相对人是"顾客"还是"公民"？新公共服务理论认为，公共管理从业人员不仅要具备商人一样的头脑，也要具备服务者的公共属性，不能忽视其他的素质。将"3E"作为新公共管理的价值基础，忽视了公共管理对公平愿望的要求，这样很难担负公共行政捍卫民主与公平的政治责任，道德水准也受到质疑。公共服务的相对人不能仅仅看作"顾客"，他们更重要的是"公民"。

新公共服务的理论基础源于：①民主公民权理论；公民权来自于法律权威的合法资格，并具备一定的权利和责任。公民有权利了解公共事务，公民应根据自身利益作出选择，他们会反过来管理政府；行政官员不应该将公民只视作投票人或者顾客，而应当将他们当作真正的公民，公共管理者应当寻求更有效的回应，相应地提高公民的信任度。②社区与公民社会理论：政府在创建、促进公民与社区之间联系中能够起到重要的决定性作用。首先，社区和公民社会构成了公民利益的表达空间。由社区、小型社会团体构成的"市民社会"是公民能够以个人对话和讨论的形式共同参与进来的组织，而这种方式便是社区建设和民主本身的实质。其次，社区和公民社会的建立为政府提供了新的对话讨论平台。政府可以依靠社会资本建立更强大的社区网络。③组织人本主义思想：它认为传统的官僚制组织限制了人类活动的视野。所以人本主义试图把公共组织改变成为更少地受权威控制和支配的、更有利于个人积极性、主动性、创造性发挥和自我实现、自我满足的组织。而新公共服务则吸取了组织人本主义中因由于传统组织理论的部分。④后现代行政思想：新公共服务理论设想人人都参与的民主前景，强调自主参与的重要性，设计了社会组织多方的对话机制。

新公共服务理论将很多学界淡忘的传统公共行政理念再次以创新的方式提出，比如强调公民的权利，强调民主参与；强调公共利益在公共管理领域的重要性；重新定位政府的角色，使政府回归到服务社会的本质中。同时，客观地看，登哈特夫妇只提出了新公共服务理论的框架和理念，但并没有一系列的框架体系去支撑其实施，如同一个理想国。新公共服务理论对民主的强调，会带来低效率的问题，而民主治理等理念缺乏可行的实施方案。这一理论从客观上引导了很多国家政府的改革方向，比如我国多年致力于透明政府、责任政府、绩效政府等理念都是这一理论的反映。

（五）治理理论

治理理论是越来越受到重视的理论。治理的提法开始于1898年世界银行专家在讨论非洲发展时，对发展中国家挪用国际援助款、腐败等问题而提出的对策中，首次提到"治理危机"（crisis in governance）。自此，治理理论成为政治学、管理学中越来越多被讨论到的理念，并逐渐发展成治理、善治、全球治理等内含丰富的独立理论模块。

按照词典上的标准定义，治理一般用来指代统治和控制。麦科迪（McCurdy）曾把行政管理学称为治理之道，一门致力于寻找管理政府和公共事务之最佳途径的学问。缪勒把治理定义为"关注制度的内在本质和目标，推动社会整合和认同，强调组织的适用性、延续性及服务性职能"。治理包括掌控战略方向、协调社会经济和文化环境、有效利用资源、防止外部性、以服务顾客为宗旨等内容。**全球治理委员会对治理的定义最具有代表性："治理是各种公共的或私人的个人和机构管理其共同事务的诸多方式的总和。"**该定义强调在市场机制和政府管理机制失灵的情况下，由非政府组织、社会运动力量、各种专业性团体等公民社会力量自发形成的管理模式。它是使相互冲突或不同的利益得以调和并采取联合行动的持续的过程。这既包括有权迫使人们服从的正式制度和规则，也包括各种人们同意或以为符合其利益的非正式的制度安排。治理理论倡导了分权、公民参与的多元多中心的管理模式，讲求管理过程中的公平、平等、透明和参与。治理模式中的上下管理层次主要是通过合作、协商、伙伴关系、认同的目标等方式实施管理。治理的权威来源于成员的高度认同和共识，没有多数人的认同，治理是很难真正实施的。

我国著名学者俞可平的《治理与善治》一书正式提出"善治"理念。善治的本质特征就在于它是政府与公民对公共生活的合作管理，是政治国家与公民社会的一种新颖关系，是两者的最佳状态。善治实际上是国家的权力向社会的回归，善治的过程就是一个还政于民的过程。善治表示国家与社会或者说政府与公民之间的良好合作。具体而言，善治模式的主体未必是政府，也无须依靠国家的强制力量来实现；善治模式强调国家与社会的合作，模糊了公共领域与私人领域的界限，并更加强调国家与社会的依赖关系；善治是一个上下互动的管理过程，强调了管理对象的参与；善治也意味着管理方式和手段的多样化。同时，俞可平教授也提出了善治的10个要素：合法性、法治、透明性、责任性、回应、有效性、参与、稳定性、廉政、公平。

全球治理理论是顺应世界多极化趋势而提出的旨在对全球政治事务进行共同管理的理论。该理论最初由社会党国际前主席、国际发展委员会主席勃兰特于1990年在德国提出。著名学者俞可平认为，"所谓全球治理，指的是通过具有约束力的国际规制解决全球性的冲突、生态、人权、移民、毒品、走私、传染病等问题，以维持正常的国际政治经济秩序。"俞可平从5个层面来诠释全球治理，即价值、规则、主体、对象和绩效。全球治理的基本特征包括：一是全球治理的实质是以全球治理机制为基础，而不是以正式的政府权威为基础。二是全球治理存在一个由不同层次的行为体和运动构成的复杂结构，强调行为者的多元化和多样性。三是全球治理的方式是参与、谈判和协调，强调程序的基本原则与实质的基本原则同等重要。四是全球治理与全球秩序之间存在着紧密的联系，全球秩序包含那些世界政治不同发展阶段中的常规化安排，其中一些安排是基础性的，而另一些则是程序化的。全球治理的核心要素包括5个方面：一是全球治理的价值，即在全球范围内所要达到的理想目标，应当超越国家、种族、宗教、意识形态、经济发展水平之上的全人类的普世价值。二是全球治理的规制，即维护国际社会正常秩序，实现人类普世价值的规则体系，包括用以调节国际关系和规范国际秩序的所有跨国性的原则、规范、标准、政策、协议、程序等。三是全球治理的主体，即制定和实施全球规制的组织机构，主要有3类：（1）各国政府、政府部门；（2）正式的国际组织，如联合国、世界银行、世界贸易组织、国际货币基金组织等；（3）非正式的全球组织。四是全球治理的客体，指已经影响或者将要影响全人类的、很难依靠单个国家得以解决的跨国性问题，主要包括全球安全、生态环境、国际经济、跨国犯罪、基本人权等。五是全球治理的效果，涉及对全球治理绩效的评估，集中体现为国际规制的有效性，具体包括国际规制的透明度、完善性、适应性、政府能力、权力分配、相互依存和知识基础等。[①]

二、西方国家行政改革的内容

当代西方行政管理改革包括如下几个方面的主要内容：

（一）优化政府职能，推进市场化与民营化

政府面临的财政困境和管理困境是政府职能大幅扩张的结果。因此，当代行政管理改革的一个重要内容就是转变、调整和优化政府职能。解决政府应该管什么、不应该管什么的问题。政府只有对那些不该管的事放手不管，才能集中财力和精力把该管的事管好。政府职能转变的主要措施之一是民营化。

民营化即公有企业和公用事业的产权转移或私有化。民营化一方面

---

① 徐凡. 国际政治经济学导论 [M]. 北京：对外经济贸易大学出版社，2014.

可以减少政府对企业决策的直接控制，减轻政府的工作负担，另一方面能促使企业自主经营，根据市场变化的需要及时进行生产、经营方面的战略调整。通过放松规制和国有企业民营化，来实现收缩政府经济职能。不仅放松对企业的市场准入、价格投资、财务会计方面的经济规制，而且在涉及劳动者和消费者安全、健康卫生、环保防灾方面的社会规制也更趋灵活。以放松对工商业的经济规制为中心的改革浪潮遍及欧美各国，行业重组、跨行业兼并以及政府部门的公司化蔚然成风。与此同时，各国利用市场机制提高企业效率、削卸财政包袱。为了应付财政困难，西方国家对政府社会服务职能进行压缩式管理，主要措施包括：公共项目系统排序，分清主次，拨款时区别对待；中止效率和效益不佳的社会项目，解散相应机构；有选择地降低社会服务的总体水平；逐步实行公共服务使用者付费制度，节约公共开支。

（二）改革政府内部管理体制，建立公共服务型政府

新公共服务理论明确提出"服务而非掌舵"的公共管理新原则。在当代行政管理改革中，西方政府开始积极推行公共服务型的政府，促进公共服务社会化与市场化。主要措施有两个方面：一是利用市场和社会力量，推行公共服务市场化；二是改革行政体制，提高政府管理效率与水平。公共服务市场化的主要形式包括公私之间的合作与竞争机制、政府内部竞争机制等。很多国家为克服危机导致财政收支紧张困局，公共服务从原有的规模扩张转向适度削减、质量提升。通过撤销非政府的公共机构，以公共服务外包的方式填补"公共服务缺失"。

通过大部制改革，将职能相似、交叉的职能部门整合，目标是精简政府机构、减少横向协调困难、增强首长对各部门的直接控制，精简机构可以大幅减少政府开支。例如，澳大利亚政府设定了消灭预算赤字的承诺，其中一个措施就是联邦政府进行机构重组，通过裁撤、合并、私营化等方式精简大量政府机构，一些公共机构将被卖给私营部门，从而为联邦政府日常运行筹集财政资金。

政府部门内部的管理体制改革包括组织机构改革、权责关系调整、人事制度改革、管理方法和技术改革等方面，其目的是提高政府工作效率和服务质量。其主要措施有：利用信息技术革命新成果，建设电子政府；部门内部的组织结构变革，减少中间管理层次，改革上下级权力关

系及控制方式；推进公共人事制度改革，完善公务员激励机制；强调顾客取向和以服务对象为中心，提高服务质量，改善公共机构形象；大力引进私营企业的管理技术和方法，如绩效管理、全面质量管理、人力资源开发等，以提高政府部门的行政效率和整体绩效。

（三）政府的分权与授权

（1）行政改革往往引起中央政府与地方政府之间的纵向分权。中央政府与地方政府之间的分权，是中央政府将若干权力（法规制定权、财权、项目管理权、人事权等）下放到地方政府，从而使地方政府较以前有更大的权力。与中央集权相比，地方分权可以确保政府决策更符合地方实际，使地方当局更好地选择适合地方条件和需要的公共计划。同时，由于赋予其自主权，有利于各级地方政府主动性和创造性的发挥，而且不同地方之间的竞争也使得公共服务的质量得到进一步改进，政府政策创新的可能性也大大提高。克林顿政府以结果为本的分权制度设计，将联邦政府的社会职能逐步转移给州和地方政府，甚至是社区。

（2）行政组织内部层级间的分权。通过将部分管理权限授权给基层组织、减少中间管理层、倡导全面质量管理，有利于实现组织结构由传统的金字塔结构向现代扁平式结构的转变。例如，英国的财政分权如"财务管理新方案"和荷兰的内部代理机构如管理局和核心司的设置等改革，便属此例。

（3）政治家与非民选官僚之间的分权。譬如，美国通过联邦人事法等方式向行政官员授权，放松规制、减少繁文缛节。新西兰实施各部副部长绩效合同雇佣制，以此实现政治官员对行政官员的分权。英国通过设立执行局改革（中央决策与执行机构分离的"适距控制"）、实施绩效管理以达到有效分权。

（4）政府部门分化出独立性质的公共公司。典型的改革是英国的"下一步行动方案"和新西兰的公司化改革，把原部门内的中下层组织转变为具有独立性质的单位，实行经理负责制和人事、财务自主，实现了上下级由直接隶属到合同关系的转变，行政纵向控制由注重过程向关注结果转变。①

---

① 黄建洪，金太军.当代西方行政改革：整体态势及其启示［J］.国外社会科学，2013（2）.

（四）建立政府与社会的合作伙伴关系，完善多中心的治理结构

当代公共管理主张实行多中心的治理，强调政府与第三部门、非政府组织、私人部门的合作，在建设"小政府"的同时建设"大社会"。20世纪90年代后期，行政管理改革的一个重要发展趋势就是发展政府与社会、非政府组织、公民的合作伙伴关系，完善多中心的治理结构。常见的社会化治理工具有社区治理、志愿者服务、公私伙伴关系以及公众参与即听证会等，它们在养老管理、残障服务、环境保护方面成为有力的公共管理或服务工具。欧美国家较关注政府职能缩减、优化及市场回归，同时通过鼓励和规范社会的发展，重视社会力量的有效利用和公共服务社会化，弥补和克服市场失灵与政府失败，进而实现社会善治。[①]

建立政府与社会的合作伙伴关系的主要措施是鼓励公共治理中的公民参与。所谓公民参与，指的是政府外部的社会公众对公共行政管理过程的介入、反控制。在现代民主社会里，缺乏公众的参与，政府很难使其行动合法化。没有有效的公民参与，可能会出现公共权力的运行偏离社会公共目标，导致公共权力的异化。目前，公民参与包括两个方面，一方面是程序性的公民参与，另一方面是实体性的公民参与。程序性的公民参与包括：第一，行政程序上的公民参与制度，如公共事业价格听证会等。第二，司法程序上的公民参与，如公益诉讼制度等。所谓公益诉讼，又称公民诉讼，即公民可以针对公益或环境中存在的问题，在对自己没有什么直接损害的情况下，仅仅出于维护公益的目的，就无关自己权利及法律上利益之事项，针对行政机关的行为提出的诉讼。第三，立法程序上的公民参与，如立法听证会等。实体性的公民参与从参与的程度上分，有全民公决（对政府政策采取公民投票方式）、共同规划（由公民与社团与政府共同决定复杂决策，参与协商、执行、仲裁和调解）、公共对话（政府采取公共会议、研究讲习、开放式论坛的方式与公民对话）、民意调查、政务信息公开等五种；从参与的形式上分，有公民投票、协商、共同提供公共服务、志愿服务、非政府组织合作网络等。例如，美国曾经运用公民咨询委员会方式，辅助环保总局在地方政

---

① 黄建洪，金太军.当代西方行政改革：整体态势及其启示 [J].国外社会科学，2013（2）.

府层级实施联邦政府报告的水质量标准；运用一系列公民大会参与形式，决定一个城市将如何分配、支出联邦政府划拨的社区发展项目拨款；运用争议调停、冲突解决分式，决定一个城市是否应该以及在何处建设公共住房，地方政府应该怎样有效地推行该计划。

专栏13-1

广东省数字政府改革建设示范区正式挂牌

近年来，我国大力推进电子政务建设，运用现代信息技术手段实现组织结构和工作流程的优化重组，提高服务效率。广东深入贯彻落实习近平总书记关于以信息化推进国家治理体系和治理能力现代化的重要指示精神，持续推动"数字政府"改革建设，在全国省级政府网上政务服务能力指数评估中连续两年排名第一。

越秀区是广州市中心城区，被誉为"广府文化源地、千年商都核心和公共服务中心"。近年来，越秀区委、区政府坚决贯彻落实党的十九大对建设网络强国、数字中国、智慧社会作出的重大战略决策部署，紧密围绕省、市数字政府改革建设体系，创新打造"越有数"数字政府"一中心三板块"核心体系，构建决策科学化、治理精准化、服务多元化的整体"智"治政府，2019年已被列入广东省"数字政府"基层减负便民专项试点区。

越秀区深化数据互联互通，基于省、市、区数据中心，探索政务大数据一体化建设，依托"广东大脑""穗智管"，打造"越秀智库"辅助决策利器，汇聚全区106个成员单位、701个数据主题、15.78亿条实时更新数据。建立数据分析模型，重构越秀概况、经济发展、城市治理、民生保障、党的建设等九大领域智能运算场景，依托AI地图，各线口核心数据直观呈现、一目了然，辅助智慧指挥。立足城市运行监测、管理、处置、决策四大领域，打造智慧城市运行综合指挥中心，实现对城市的多维度精细化管理、分析预判、智能决策，构建科技创新城市新形态。

资料来源：曾卫康，王燕.广东省数字政府改革建设示范区正式挂牌[N].广州日报，2020-12-11.

第三节　中国的行政管理改革及发展趋势

任何国家的行政改革实践都是以一定理念为依托的，这些理论和相应的路径、措施、方法等构成了行政改革的总体模式。但由于历史传承、民族文化和现实国情因素的影响，不同国家在不同历史时期所选择的行政改革的模式是不同的。中华人民共和国成立以来，党和国家一直在探索建立适合社会主义中国发展道路的政府而不断努力。

一、中国行政改革的历史沿革与发展

改革开放以来，随着国家情势的变化，从1982年到2008年我国国家行政组织先后进行过7次改革。

（一）1982年政府机构改革

粉碎"四人帮"后，从1977年开始，国务院很快恢复了部门管理体制。至1978年底，国务院行政单位76个，此后，由于种种原因，国务院继续增设机构，到1981年国务院设部委机构52个、直属机构43个、办公机构5个，机构总数高达100个，达到了中华人民共和国成立以来的最高峰，并形成了中央政府设置的第三次高峰，也是最高峰。机构大量膨胀不仅使国务院机构林立、职责不清、人浮于事、运转不灵，而且导致了严重官僚主义的滋长。这一切显然背离了社会主义国家行政管理的原则。对此，邓小平同志尖锐指出，这个问题不解决，不仅"四化"建设没有希望，而且可能要亡党亡国。在这种背景下，党和政府作出重大决策，下决心进行领导体制和管理制度的改革。改革后，国务院部委机构减为43个，直属机构改革减为15个，办事机构减为2个和1个办公厅，机构总数为61个。这次改革是在党和国家工作重心全面转移到社会主义现代化建设上来之后首次进行的行政改革，它所提出和建立的关于改革的思想，在一定程度上为以后的行政改革提供了理论基础。它起到了由机构调整到领导制度、管理体制改革的先导作用。但是，由于未能建立起与社会主义初级阶段的发展特征相适应的国家行政管理的基本模式，所以，已经精简的机构很快又膨胀起来，出现并形成了一种精简-膨胀-再精简-再膨胀的恶性循环的行政现象。

（二）1988年的政府机构改革

根据1984年《中共中央关于经济体制改革的决定》提出的实行政企职责分开、正确发挥政府机构管理经济的职能要求，以及1987年10月中国共产党第十三次代表大会关于政治体制改革七项任务中改革政府机构的要求，1988年政府机构改革再度开始，这次改革明确提出了要转变政府职能：按照政企分开的原则，弱化直接管理职能，减少具体审批事务，加强决策、咨询、调节、监督和信息等职能，使政府对企业由直接管理逐步转到间接管理，从微观管理逐步转到宏观管理，从部门管理逐步转到行业管理。同时，对国务院机构进行了调整并精简了人员，主要是调整专业经济管理部门和综合部门中的专业管理司局，调整党政重复设置的机构和政治体制改革的机构。经过调整，国务院工作部门由72个减至68个，其中部委由45个减为41个，直属机构由22个减为19个，办事机构由4个增至7个（不包括国务院办公厅）；此外，部委归口管理机构由12个增至15个；在改革政府机构的同时，推进干部人事制度改革，开始建立和逐步实施公务员制度，开办行政学院，培养行政管理人才。

这次改革按照转变职能的方向和原则，本着加强综合管理与宏观调控、减少直接管理与部门管理的原则，着重对国务院的专业经济部门和综合部门中的专业机构进行了适当的调整合并，为建立一个适应经济体制和政治体制改革要求的新的行政管理体系打下了基础。但是，这次改革未能有效地促进职能转变的进程，涉及转变职能的几个主要问题，譬如政企分开问题、进一步下放权力问题、加强宏观调控问题、减少部门的直接管理问题以及与政治体制改革相关的几个问题都远未解决。

（三）1993年的政府机构改革

1992年10月召开的中国共产党第十四次代表大会明确提出，为在我国建立社会主义市场经济体制，要使市场机制在国家宏观调控下对资源配置起基础性作用。为适应经济体制上的这种转换，这次代表大会同时提出了进行行政管理体制改革和机构改革的任务。1993年，经第八届全国人民代表大会第一次会议批准，国务院于当年进行了第三次政府机构改革。这次改革总的指导思想是：把适应建立社会主义市场经济体制和加快市场经济发展作为机构改革的目标，按照政企分开和精简、统

一、效能的原则，在转变职能、理顺关系、精兵简政、提高效率方面取得明显进展。改革的重点是转变政府职能，其具体要求是：按照社会主义市场经济体制的要求，加强宏观调控和监督部门职责，强化社会管理职能部门作用，减少具体审批事务和对企业的直接管理；理顺国务院各部门之间的关系，合理划分职责，避免交叉重复，调整机构设置，精简各部门的内设机构和人员。经过本次改革，国务院原有的组成部门由42个调整为41个；原有直属机构19个调整为13个；原有办事机构9个调整为5个；国家局仍设15个。1993年的机构改革在转变职能、理顺关系、精兵简政等方面明显取得了进展。当然，由于历史条件的制约和宏观条件的限制，政府行政体制存在的诸多问题仍未得到根本性的解决，机构设置和社会主义市场经济发展的矛盾仍十分突出。

（四）1998年的政府机构改革

1997年9月中共十五大召开，提出要按照发展社会主义市场经济的要求，积极推进机构改革。按照十五大精神，1998年3月召开的九届人大一次会议通过了《国务院机构改革方案》。这次改革的目标是：建立办事高效、运转协调、行为规范的行政管理体系，完善国家公务员制度，建设高素质的专业化国家行政管理干部队伍，逐步建立适应社会主义市场经济体制的有中国特色的行政管理体制。改革的基本原则是：一是按照发展社会主义市场经济的要求，转变政府职能，实现政企分开，要把政府职能切实转变到宏观调控、社会管理和公共服务方面来，把生产经营的权力真正交给企业。二是按照精简、统一、效能的原则，调整政府组织结构，实行精兵简政，加强宏观经济调控部门，调整和减少专业经济部门，适当调整社会服务部门，加强执法监管部门，发展社会中介组织。三是按照权责一致的原则，调整政府部门的职责权限，明确划分部门之间的职能分工，相同或相近的职能交由同一个部门承担，克服多头管理、政出多门的弊端。四是按照依法治国、依法行政的要求，加强行政体系的法制建设。

1998年的政府机构改革是在我国经济体制改革进入重要阶段，社会经济发展进入关键时期进行的，其涉及面之广、改革力度之大都是前所未有的，对于我国社会经济生活的各个方面都具有深远的影响。通过改革，国务院组成部门由40个减少到29个，省级政府机构设置平均由

55个减少到40个，市、地级政府机构平均由45个减少到35个，县级政府机构由平均28个减少到18个。在人员编制方面，国务院各部门精简47.5%，省级政府精简48.2%，市县乡各级党政群机关精简19.4%。同时，政府职能转变迈出了实质性步伐，如国务院各部门有200多项职能移交给企业、社会中介机构和地方，有100多项职能在各部门内部转移。此外，机关建设和工作作风出现了新的气象，行政效能有了较大提高。但是，行政管理体制改革是一项综合配套的系统工程，具有复杂性、艰巨性和渐进性的特点，因此，本次改革仍是过渡性的。随着我国经济体制改革的深入和加入世贸组织的新形势发展，原有行政管理体制仍然存在一些不适应的问题，必须通过继续改革加以解决。

（五）2003年的政府机构改革

2003年3月，第十届全国人大一次会议审议通过了新一轮的国务院机构改革方案，启动了改革开放以来的第五次行政改革。这次改革是在加入世贸组织的大背景之下进行的，其目的在于解决行政管理体制中的一些突出矛盾和问题，为促进改革开放和现代化建设提供组织保障。改革的重点是：深化国有资产管理体制改革，完善宏观调控体系，健全金融监管体制，继续推进流通管理体制改革，加强食品安全和安全生产监管体制建设。机构改革涉及七个方面：深化国有资产管理体制改革，设立国务院国有资产监督管理委员会；健全金融监管体制，设立中国银行业监督管理委员会；推进流通管理体制改革，组建商务部；加强食品安全和安全生产监管体制建设，在国家药品监督管理局基础上组建国家食品药品监督管理局；将国家经济贸易委员会管理的国家安全生产监督管理局改为国务院直属机构；将国家计划生育委员会更名为国家人口和计划生育委员会；不再保留国家经济贸易委员会、对外贸易经济合作部。根据国务院机构改革方案，除国务院办公厅外，国务院组成部门共设28个。国务院机构改革以后，地方各级政府机构改革在中央的统一部署下，也结合本地实际，积极探索符合各地特点的改革路子。

（六）2008年的政府机构改革

2007年，中国共产党的十七届二中全会通过《关于深化行政管理体制改革的意见》，描绘了新一轮改革的蓝图：按照精简统一效能的原则和决策权、执行权、监督权既相互制约又相互协调的要求，紧紧围绕职能转变和理顺职责关系，进一步优化政府组织结构，规范机构设置，探索实行职能有机统一的大部门体制，完善行政运行机制。2008年，十一届全国人大一次会议第五次全体会议通过了国务院机构改革方案，国务院将现有机构进行了撤并，调整了部分隶属关系。改革新组建工业和信息化部、交通运输部、人力资源和社会保障部、环境保护部、住房和城乡建设部；不再保留国防科学技术工业委员会、信息产业部、交通部、人事部、劳动和社会保障部、建设部；改革后，除国务院办公厅外，国务院组成部门设置27个。这次改革突出了三个重点：一是加强和改善宏观调控，促进科学发展；二是着眼于保障和改善民生，加强社会管理和公共服务；三是按照探索职能有机统一的大部门体制要求，对一些职能相近的部门进行整合，实行综合设置，理顺部门职责关系。

（七）2013年的政府机构改革

2013年3月14日，十二届全国人大一次会议第四次全体会议表决通过了关于国务院机构改革和职能转变方案的决定。此次改革重点紧紧围绕转变职能和理顺职责关系，稳步推进大部门制改革，具体内容是：

（1）实行铁路政企分开。将铁道部拟定铁路发展规划和政策的行政职责划入交通运输部；组建国家铁路局，由交通运输部管理，承担铁道部的其他行政职责；组建中国铁路总公司（现为中国国家铁路集团有限公司），承担铁道部的企业职责；不再保留铁道部。

（2）组建国家卫生和计划生育委员会。将国家人口和计划生育委员会的研究拟定人口发展战略、规划及人口政策职责划入国家发展和改革委员会；国家中医药管理局由国家卫生和计划生育委员会管理；不再保留卫生部、国家人口和计划生育委员会。

（3）组建国家食品药品监督管理总局。保留国务院食品安全委员会，具体工作由国家食品药品监督管理总局承担；不再保留国家食品药品监督管理局和单设的国务院食品安全委员会办公室。

（4）组建国家新闻出版广播电影电视总局。不再保留国家广播电影电视总局、国家新闻出版总署。

（5）重新组建国家海洋局。国家海洋局以中国海警局名义开展海上维权执法，接受公安部业务指导；设立高层次议事协调机构国家海洋委员会，国家海洋委员会的具体工作由国家海洋局承担。

（6）重新组建国家能源局。将现国家能源局、国家电力监管委员会的职责整合，重新组建国家能源局，由国家发展和改革委员会管理；不再保留国家电力监管委员会。

改革后，国务院正部级机构减少4个，其中组成部门减少2个，副部级机构增减相抵数量不变。改革后，除国务院办公厅外，国务院设置组成部门25个。

（八）2018年的政府机构改革

根据党的十九大和十九届三中全会部署，深化国务院机构改革，要着眼于转变政府职能，坚决破除制约使市场在资源配置中起决定性作用、更好发挥政府作用的体制机制弊端，围绕推动高质量发展，建设现代化经济体系，加强和完善政府经济调节、市场监管、社会管理、公共服务、生态环境保护职能，结合新的时代条件和实践要求，着力推进重点领域和关键环节的机构职能优化和调整，构建起职责明确、依法行政的政府治理体系，提高政府执行力，建设人民满意的服务型政府。2018年3月，我国开展第八轮政府机构改革。改革后，除国务院办公厅外，国务院设置组成部门26个。

其中，国务院设置部门调整如下：

（1）组建自然资源部。不再保留国土资源部、国家海洋局、国家测绘地理信息局。

（2）组建生态环境部。生态环境部对外保留国家核安全局牌子。不再保留环境保护部。

（3）组建农业农村部。将农业部的渔船检验和监督管理职责划入交通运输部。不再保留农业部。

（4）组建文化和旅游部。将文化部、国家旅游局的职责整合，组建文化和旅游部，作为国务院组成部门。不再保留文化部、国家旅游局。

（5）组建国家卫生健康委员会。保留全国老龄工作委员会，日常工作由国家卫生健康委员会承担。民政部代管的中国老龄协会改由国家卫生健康委员会代管。国家中医药管理局由国家卫生健康委员会管理。不再保留国家卫生和计划生育委员会。不再设立国务院深化医药卫生体制改革领导小组办公室。

（6）组建退役军人事务部。将民政部的退役军人优抚安置职责，人力资源和社会保障部的军官转业安置职责，以及中央军委政治工作部、后勤保障部有关职责整合，组建退役军人事务部，作为国务院组成部门。

（7）组建应急管理部。中国地震局、国家煤矿安全监察局由应急管理部管理。公安消防部队、武警森林部队转制后，与安全生产等应急救援队伍一并作为综合性常备应急骨干力量，由应急管理部管理。不再保留国家安全生产监督管理总局。

（8）重新组建科学技术部。将科学技术部、国家外国专家局的职责整合，重新组建科学技术部，作为国务院组成部门。科学技术部对外保留国家外国专家局牌子。国家自然科学基金委员会改由科学技术部管理。

（9）重新组建司法部。将司法部和国务院法制办公室的职责整合，重新组建司法部，作为国务院组成部门，不再保留国务院法制办公室。

（10）优化水利部职责。将国务院三峡工程建设委员会及其办公室、国务院南水北调工程建设委员会及其办公室并入水利部。不再保留国务院三峡工程建设委员会及其办公室、国务院南水北调工程建设委员会及其办公室。

（11）优化审计署职责。将国家发展和改革委员会的重大项目稽察、财政部的中央预算执行情况和其他财政收支情况的监督检查、国务院国有资产监督管理委员会的国有企业领导干部经济责任审计和国有重点大型企业监事会的职责划入审计署，构建统一高效审计监督体系。不再设立国有重点大型企业监事会。

（12）监察部并入新组建的国家监察委员会。国家预防腐败局并入国家监察委员会。不再保留监察部、国家预防腐败局。

国务院其他机构调整：

（1）组建国家市场监督管理总局。不再保留国家工商行政管理总局、国家质量监督检验检疫总局、国家食品药品监督管理总局。

（2）组建国家广播电视总局。在国家新闻出版广电总局广播电视管理职责的基础上组建国家广播电视总局，作为国务院直属机构。不再保留国家新闻出版广电总局。

（3）组建中国银行保险监督管理委员会。不再保留中国银行业监督管理委员会、中国保险监督管理委员会。

（4）组建国家国际发展合作署。

（5）组建国家医疗保障局。作为国务院直属机构。

（6）组建国家粮食和物资储备局。不再保留国家粮食局。

（7）组建国家移民管理局。

（8）组建国家林业和草原局。不再保留国家林业局。

（9）重新组建国家知识产权局。

（10）调整全国社会保障基金理事会隶属关系。将全国社会保障基金理事会由国务院管理调整为由财政部管理，作为基金投资运营机构。不再明确行政级别。

（11）改革国税地税征管体制。将省级和省级以下国税地税机构合并，具体承担所辖区域内各项税收、非税收入征管等职责。国税地税机构合并后，实行以国家税务总局为主与省（自治区、直辖市）人民政府双重领导管理体制。

当代中国改革开放以来的八次行政改革从整体上看基本上是围绕着调整中央与地方的关系、调整国民经济结构、调整社会管理重点而进行的，其最基本的表现形式则是调整机构和精简人员，以及后来的转变政府职能。这些改革从历史发展序列或过程上反映了对社会主义国家行政管理的不断再认识。应当说，这些在不同程度上都对完善我国的国家行政管理体制产生过积极的影响，适应了我国政治、经济的发展要求，促进了我国政治稳定与经济发展，同时也积累了一些有益的经验。随着改革的不断深入，一些深层次的矛盾凸现出来，新问题也层出不穷，与市场经济体制相适应的行政体制仍然是一个不断追求的目标。因此，总结历史的经验教训，探索未来的发展模式，对于提高我国社会主义初级阶段政府行政管理的效能、深化改革开放，进而推进社会主义大业，是十分必要的。

二、中国行政改革的经验、困难与发展趋势

（一）中国行政改革的经验

1.正确的目标定位是决定行政改革成败的关键

在我国全面改革开放的历史进程中，行政改革始终具有特定的和极其丰富的内涵，它既是政治体制改革的重要组成部分，又是经济体制改革的重要内容；既涉及行政管理的方方面面，又涉及党和国家领导体制的相关内容；既有对旧体制弊端的改造，又有对新体制新机制的创新。因此，历次行政改革的目标都具有多重性和不确定性的特征。但始终坚持以经济建设为中心，围绕经济建设事业进行，无论是机构的精简，还是人员的调整，都服从发展经济的需要。同时，把转变政府职能、促进政企分开、使企业拥有真正的自主权摆在突出的位置，并随着经济体制改革的进程而不断深化。几次行政改革中，中央把行政改革的目标集中在政府职能的战略转变上，但政府职能转变却是一个十分复杂的社会系统工程，它不同于精兵简政只涉及政府内部的改革问题，而是要解决政府与市场的关系、政府与企业的关系、政府与社会的关系，并在调整上述关系中，推进行政体制改革。这是一个伴随着社会主义市场经济的建立和完善而逐步发展和修正的漫长又艰难的历程。

2.坚持积极稳妥的方针，正确处理改革、发展和稳定的辩证关系

中国正处于市场经济转变的改革深水时期，没有社会的稳定不可能发展经济和促进改革。而经济的持续和快速发展是社会稳定的基础，改革又是经济发展的基本动力。因此，发展是目的，改革是动力，稳定则是推进改革和发展的基本前提。中国政府在推进行政改革过程中，十分注意从整体上把握这三者之间的辩证关系，把改革的力度、发展的速度和社会可承受的程度统一起来，把不断改善人民生活作为处理改革发展稳定关系的重要结合点，使之相互协调、相互促进。特别是在机构精简、人员分流等涉及人们切身利益的敏感问题上，始终注意采取积极稳妥的方针，既坚定不移地推进改革，又妥善安置富余人员，在保持政府工作连续性和社会稳定的前提下，使改革达到预期的目的。

3.坚持统一领导，分级负责，分步实施，从实际出发，因地制宜地进行改革

改革是对各种利益和权力的重大调整，必然会引起权益格局和社会关系的重大变化，也必然会遇到许多矛盾和问题。而我国人口众多、幅员辽阔，各地的经济发展又有很大的不平衡性，其发展水平由沿海到内陆到西部呈梯次分布状态，且每个地区、每个县市之间的发展水平也有很大的差异。这就决定了中国的行政改革具有相当的复杂性、艰巨性和长期性，不可能一蹴而就、一步到位，而必须采取渐进的方式。因此，

我国在推进行政改革的过程中，采取从点到面，从局部到整体，从表层到深层分步实施的做法，自上而下地逐步推行，使改革取得了明显的效果。

（二）中国行政改革的困难

1.转变观念难

每一场大的变革，总是伴随着观念的变革。没有观念的变革，行政改革就会显得困难重重、步履维艰。因此从某种程度上看，转变行政观念是行政改革中最大的难点。我国是一个有五千年历史的文明古国，传统文化给当代中国带来丰富营养的同时，也不可避免地带来了一些消极影响，如因循守旧、求稳怕乱等观念。受传统的"企业主管部门"思维方式的影响，在政企关系上往往立足于"给予"而不是"归还"，因而放权举措实际上成了对企业的"施舍"，放权不可能放彻底、放到位，甚至上级部门下放到企业的权力也往往被在不同程度上加以截留。

2.在动态的过程中建立关于改革的共识难

随着我国行政改革的深入，人民群众对公共服务的需求越来越高，对切身利益的关注度越来越强，这与政府能够提供的公共产品和公共服务的能力形成矛盾。目前，我国人民群众对物质文化的需求不断提高，期望也不断增强。但是，我国具有特殊的国情，政府能够提供的公共产品和公共服务，只能逐步增加和提高，教育、卫生、社会保障等社会事业的发展，也只能逐步加快步伐。这种状况与人民群众对政府的要求和期望值形成了反差。同时，人民群众不仅要参与改革，也要求分享改革的成果，希望尽快获得看得见的物质利益。这就要求在推进行政管理体制改革的过程中，处理好人民群众根本利益与眼前利益的关系，既要引导群众参与改革，又要教育群众着眼于长远利益和根本利益，而这是一个很难解决的问题。

3.恰如其分地把握赶超型经济发展战略与政府职能转变的关系难

对于单一制的后发展国家来说，在现代化进程的初期，政府的公共权力存在着一种集权与分权的悖论：一方面，政府需要足够的权力推动市场经济的完善和发展，推动自上而下的政府系统的改革，进而推动国家以经济发展为基础的整体进步；另一方面，政府又必须为了实现前一个目标而调动各方面的积极性，并为此向企业、社会、公民分权。这意味着，政府需要根据国家发展的进程，准确地判断集权与分权的利弊，及时调整集权与分权的尺度，同时满足集权与分权的双重需要。

我国是一个后发展国家，遵循的是一种"赶超式"的现代化模式，政府主导经济发展的特征十分明显。不可否认，各地方政府运用所掌握的各种资源发展经济，大幅提高了人民群众的生活水平。但另一方面，不少地方政府在辖区和部门利益的驱动下采取了大量取代或妨碍市场的行为，如频繁的招商引资行为、直接干预企业的行为、地方保护主义的行为等，这些行为严重阻碍了经济市场化的进程。在市场经济发展的社会基础还不成熟的情况下，政府职能的定位必然有一部分是过渡性的、模糊的；而政府机构是职能的"硬件"和"外壳"，既然有许多经济事务要由政府管理，就必然要设置相应部门，机构改革难以到位也就在情理之中。

用理性的观点看待问题，一切政府改革由于都在一定程度上是对旧的、落后的、不合时宜体制的革新，因此，有关改革的每一项举措在得到赞许和支持的同时，都伴随指责、非难和反对。这就要求我们必须要正视这些困难，并对这些困难进行系统地、更深入地思考，才能作出相应的选择，也才能保证使我国行政改革始终保持正确的方向。

（三）中国行政改革的发展趋势

前文已溯及，一个国家的行政改革的理念以及相应的措施、方法等共同构成了行政改革的总体模式。总结既有经验，展望改革道路，我国行政改革与发展表现以下几个领域：①

1.关注民主价值，转变观念误区

改革的主要出路在于将行政改革的重点放在那些可以增进民主价值的行政制度和机制的改革上。当务之急主要包括三个要点：首先是强化人大的民主政治功能，包括选举、罢免、质询以及弹劾等，尽快实现人大在政治上的功能复位和程序完善，这也是构建现代化民主行政和政府模式的必然要求；其次是强化包括听证、信访、政务公开等在内的民意表达机制，实现其在制度、程序和运行等方面的规范和完善，构建、疏通和保障政府与公民之间的正常沟通渠道；再次是公共政策的制定应重

---

① 王浦劬.深化行政体制改革的新特点［N］.人民日报，2016-02-28.

点关注医疗、教育、就业、社会保障等民生问题，这些与公众生活和社会和谐息息相关的问题，既是民主价值在当代社会的重要体现，更应成为中国行政改革的核心领域。

可以看出，行政体制改革对民主的呼唤，本质上是进行着法治政府建设。法治政府，本质上是按照人民意志和要求进行治理的政府，是按照人民主权、人民授权、人民约定、人民监督的法定规则行政的政府。因此，现代法治政府本质上必定是民主政府，法治政府的行政必然是民主行政。另一方面，服务型政府是权为民所用、利为民所谋的政府，也是按照人民主权和公民权利法定规则运行的政府。坚持人民主体地位是法治政府和服务型政府双重目标的共同要求。

2.行政体制改革，旨在提升政府治理能力

（1）深化行政体制改革优化和提升政府治理能力。国家治理能力现代化的目标，规定了新时期深化行政体制改革的目标包含着推进政府治理能力现代化的要求。所谓政府治理能力，是治理主体基于公共利益的实现要求，运用政府制度管理社会各方面事务的能力，是把社会主义制度优势转化为政府治理效能的素养、素质和本领。这就要靠制度，靠高素质干部队伍，提升和强化政府在改革、创新、落实和执行制度方面的能力。

（2）深化行政体制改革推动实现政府治理现代化。在国家治理实践中，行政体制集中体现为政府治理体系。政府治理体系的现代化，就是适应现代化发展的要求，改革不适应实践发展要求的体制机制、法律法规，不断构建新的体制机制、法律法规，使政府管理制度更加科学完善，由此实现政府治理制度化、规范化、程序化。在此基础上，优化政府权力结构，推进政府科学民主依法高效运行。

3.始终顺应市场改革的需要，处理好政府与市场的关系

（1）政府职能与市场功能辩证结合。经济体制改革是全面深化改革的重点，核心问题是处理好政府和市场的关系。使市场在资源配置中起决定性作用和更好发挥政府作用是有机统一的，不是相互否定的，不能把二者割裂开来、对立起来。由此构建市场功能和政府职能相互补充、相互协调、相互促进的辩证关系，推动经济社会持续健康发展。

（2）处理好政府和市场的关系。深化行政体制改革，必须遵循市场

经济发展规律和要求，使市场发挥配置资源的决定性作用；同时，全面履行政府职能，更好发挥政府作用。就深化行政体制改革而言，正确处理政府和市场关系的着眼点主要体现在：科学确定政府与市场的各自运行边界、范围、层面和内容；科学创设政府与市场的联系机制，尤其是经济发展的宏观调控机制、市场制度规则、政策方针和法律法规的制定与实施机制；合理确定政府与市场在不同发展阶段和条件下的功能互补内容和机制以及政府对市场的有效监管机制。

（3）按社会主义市场经济的发展要求进行改革。社会主义市场经济与行政体制改革有着紧密联系，其改革和发展要求深刻影响着行政体制改革的方向、任务和进展。在两者关系中，社会主义市场经济改革和发展为"自变量"，行政体制改革为"因变量"。要破除一切不利于社会主义市场经济发展的行政体制机制，创设有利于社会主义市场经济发展的行政体制机制。与其他方面体制机制改革协调推进。坚持社会主义市场经济改革方向，要使各方面体制改革朝着建立完善的社会主义市场经济体制这一方向协同推进，使各方面体制更好适应社会主义市场经济发展提出的新要求。这表明，行政体制改革在按照社会主义市场经济发展要求部署实施的同时，还必须与政治体制、社会体制、文化体制、生态文明体制建设以及党的建设制度等体制机制改革进程协同，确保改革全面协调推进。

4.服务型政府的建构

我们可以看出未来中国行政改革的发展趋势——建设服务型政府。这一点，理论界和各级政府对建设服务型政府已经达成共识。所谓服务型政府，一般认为就是在公民本位、社会本位的理念指导下，通过法定程序，按照公民意志组建起来的以为公民和社会服务为宗旨并承担服务责任的政府。以建设服务型政府为切入点，可以统筹行政管理体制改革的各个方面。建设服务型政府，可以起到牵一发动全身的作用，促进改革全面推进。因为，建设服务型政府要求推进政府职能转变，完善社会管理与公共服务职能；要求改革政府机构、调整中央与地方的职能配置、准确定位各级政府与各政府部门的职责；要求推进依法行政，规范政府的公共服务行为，落实政府的公共服务责任；还要求转变政府管理方式，以高效、便民、负责的方式提供服务。同时，要求采取适应民众要求的、有回应性的公共政策与社会政策等。

建设服务型政府是落实科学发展观、统筹经济与社会发展、化解社会矛盾与维护社会稳定的总抓手。公共服务具有调节收入分配、促进社会和谐的功能。强化政府公共服务职能，完善社会保障、社会福利、公共医疗、义务教育等公共服务制度，是维护人民群众根本利益、保障弱势群体利益、保持社会利益均衡的根本措施。建设服务型政府也是对经济波动与经济周期进行有效调控的重要手段，政府公共服务支出能自动调节社会总需求，达到抑制消费或拉动需求的目的。

服务型政府建设的根本指导思想是以人为本、执政为民，是为人民群众提供优质高效的公共产品与公共服务，为企业发展创造优良的服务环境，因而，能够很好地解决政府管理"为谁服务"的问题。服务型政府是由以政府为主的公共部门来提供公共服务，是由政府部门、政府服务类机构、公共服务事业法人共同提供公共服务，这就很好地解决了"谁来服务"的问题。服务型政府所提供的服务包括维护性公共服务、经济性公共服务和社会性公共服务等部分，包括为实现公民权利、促进经济发展、推进社会进步而提供的公共服务，这就解决了"服务什么"的问题。服务型政府主张转变政府管理方式，建设法治政府、责任政府、阳光政府、电子政府和高效政府，其实质是以最有效的方式提供人民群众最满意的公共服务，这就很好地解决了"怎样服务"的问题。

▶▶

专栏13-2

"十四五"规划的特殊意义

《中共中央关于制定国民经济和社会发展第十四个五年规划和二〇三五年远景目标的建议》指引下的"十四五"时期，2021年起正式开启。"十四五"规划是开启全面建设社会主义现代化国家新征程的第一个五年规划。

早在2013年，习近平总书记就高瞻远瞩地指出：面向未来，中国将相继朝着两个宏伟目标前进：一是到2020年国内生产总值和城乡居民人均收入比2010年翻一番，全面建成惠及十几亿人口的小康社会。二是到2049年中华人民共和国成立100年时建成富强民主文明和谐的社会主义现代化国家。由"十四五"开启的全面建设社会主义现代化国家新征程，恰好处于这两个宏伟目标承上启下、承前启后的历史交汇点上，时机特殊、意义重大、影响深远。

"建议"对开启这个新征程的顶层设计，充分体现了既要有足够历史耐心的长远谋划，又要有只争朝夕紧迫感的干在当下。"建议"所擘画的到2035年基本实现社会主义现代化远景目标之精髓要义，就是"一个进入"，即进入创新型国家前列；"三个基本实现"，即基本实现新型工业化、信息化、城镇化、农业现代化，基本实现国家治理体系和治理能力现代化，美丽中国建设目标基本实现；"两个建成""一个基本建成"，即建成现代化经济体系，建成文化强国、教育强国、人才强国、体育强国、健康中国，基本建成法治国家、法治政府、法治社会；"两个形成"，即形成对外开放新格局、广泛形成绿色生产生活方式；"两个中等"，即人均国内生产总值达到中等发达国家水平、中等收入群体显著扩大；"两个达到"，即平安中国建设达到更高水平，国民素质和社会文明程度达到新高度；"两个增强"，即参与国际经济合作和竞争新优势明显增强，国家文化软实力显著增强；"一个实质性进展"，即人民生活更加美好，人的全面发展、全体人民共同富裕取得更为明显的实质性进展。

"建议"聚焦推动国内国际双循环相互促进的新发展格局提出的一系列创新思路和举措，给予人们这样的启示：我们党和国家在新发展阶段着力构建的新发展格局，实际上既是"建议"提出的"十四五"时期要为全面建设社会主义现代化国家开好局的"好局"，又是"于变局中开新局"的"新局"之生动体现。党的十八大以后的五年，我们党着力于丰富完善"五位一体"总体布局、"四个全面"战略布局；党的十九大以来的这三年，我们党又与时俱进地逐步明确并更加坚定了"构建以国内大循环为主体、国内国际双循环相互促进的新发展格局"。实践已经证明："布局"决定全局；实践还将证明："格局"决定结局，这个结局就是：中国共产党在新时代、新发展阶段，完全有基础、有条件、有能力团结带领全国各族人民，积极有效应对外部发展环境的不稳定不确定因素，在国际形势动荡变革中保持稳定发展、在世界格局深刻调整中把握战略主动，稳中求进、踔疾步稳地实现"十四五"时期经济和社会发展主要目标和2035年基本实现社会主义现代化远景目标，在新发展阶段按照新发展理念、新发展格局，创造让世界刮目相看的新发展奇迹。

资料来源：施芝鸿."十四五"规划是开启全面建设社会主义现代化国家新征程的第一个五年规划[［J］. 求是，2020-12-04.

思政课堂

深化机构和行政体制改革

一、提出过程

中华人民共和国成立后，我国确立了社会主义基本制度，逐步建立起具有我国特点的党和国家机构职能体系。改革开放后，国务院先后进行了7次机构改革，实现了从计划经济条件下的机构职能体系向社会主义市场经济条件下的机构职能体系的重大转变。党的十八大以来，习近平同志为核心的党中央明确提出，全面深化改革的总目标是完善和发展中国特色社会主义制度、推进国家治理体系和治理能力现代化。习近平总书记在党的十九大报告中指出："深化机构和行政体制改革。"2018年2月，党的十九届三中全会颁布《中共中央关于深化党和国家机构改革的决定》。

二、基本内涵

统筹考虑各类机构设置，科学配置党政部门及内设机构权力、明确职责。统筹使用各类编制资源，形成科学合理的管理体制，完善国家机构组织法。转变政府职能，深化简政放权，创新监管方式，增强政府公信力和执行力，建设人民满意的服务型政府。赋予省级及以下政府更多自主权。在省市县对职能相近的党政机关探索合并设立或合署办公。深化事业单位改革，强化公益属性，推进政事分开、事企分开、管办分离。

三、意义作用

党和国家机构职能体系是中国特色社会主义制度的重要组成部分，是我们党治国理政的重要保障。深化党和国家机构改革，构建系统完备、科学规范、运行高效的党和国家机构职能体系，形成总揽全局、协调各方的党的领导体系，职责明确、依法行政的政府治理体系，中国特色、世界一流的武装力量体系，联系广泛、服务群众的群团工作体系，推动人大、政府、政协、监察机关、审判机关、检察机关、人民团体、企事业单位、社会组织等在党的统一领导下协调行动、增强合力，全面提高国家治理能力和治理水平，是新时代坚持和发展中国特色社会主义的必然要求，是加强党长期执政能力建设的必然要求，是社会主义制度自我完善和发展的必然要求，是实现"两个一百年"奋斗目标、建设社会主义现代化国家、实现中华民族伟大复兴的必然要求。

四、实践要求

深化党和国家机构改革，是推进国家治理体系和治理能力现代化的一场深刻变革，必须遵循坚持党的全面领导、坚持以人民为中心、坚持优化协同高效、坚持全面依法治国的原则。要完善坚持党的全面领导的制度。建立健全党对重大工作的领导体制机制，更好发挥党的职能部门作用，统筹设置党政机构，推进党的纪律检查体制和国家监察体制改革。要优化政府机构设置和职能配置。合理配置宏观管理部门职能，深入推进简政放权，完善市场监管和执法体制，改革自然资源和生态环境管理体制，完善公共服务管理体制，强化事中事后监管，提高行政效率。要统筹党政军群机构改革。完善党政机构布局，深化人大、政协和司法机构改革，深化群团组织改革，推进社会组织改革，加快推进事业单位改革，深化跨军地改革。要合理设置地方机构。确保集中统一领导，赋予省级及以下机构更多自主权，构建简约高效的基层管理体制，规范垂直管理体制和地方分级管理体制。要推进机构编制法定化。完善党和国家机构法规制度，强化机构编制管理刚性约束，加大机构编制违纪违法行为查处力度。

资料来源：本书编写组.新时代党员干部学习关键词［M］.北京：党建读物出版社，2019.

【思考】深化机构和体制改革，整个体系包含哪些方面？

行政改革　公共选择理论　新公共服务理论　治理

复习思考题

一、单项选择题

1. （　　）是行政改革的主要外部动力。

A.政治　　　　　　　　　　　B.经济

C.文化　　　　　　　　　　　D.社会需要

2. 从某种程度上看，（　　）是行政改革中最大的难点。

A.获得支持　　　　　　　　　B.转变观念

C.政策执行　　　　　　　　　D.绩效考核

3. 西方民主政治和自由主义的开山大师是（　　）。

A.马基雅维利　　　　　　　　B.马克斯韦伯

C.蒙哥马利　　　　　　　　　D.约翰洛克

4. 公共选择学派的代表性学者是（　　）。

A.马克斯韦伯　　　　　　　　B.布坎南

C.胡德　　　　　　　　　　　D.威尔逊

5. 美国公共管理学大师古利克在他年近百岁的时候说过，管理学的挑战在于它的研究对象是（　　）。

A.组织　　　　　　　　　　　B.财务

C.人事　　　　　　　　　　　D.制度

二、多项选择题

1. 韦伯的官僚制模型具有（　　）特征。

A.层级制　　　　　　　　　　B.专业化

C.法制化　　　　　　　　　　D.公私分明

2. 新公共服务理论的思想来源包括（　　）。

A.民主公民权理论　　　　　　B.公民社会理论

C.组织人本主义理论　　　　　D.后现代行政思想

3. 俞可平教授提出善治的10个要素，其中不包括（　　）：

A.合法性　　　　　　　　　　B.合规性

C.稳定性   D.可持续性

4.奥斯本在《改革政府》一书中提出"十项原则"，其中包括（   ）.

A.有事业心的政府   B.讲究效率的政府

C.有预见的政府   D.不受顾客驱使的独立政府

5.服务型政府，是在（   ）本位、（   ）本位的理念指导下，通过法定程序，按照公民意志组建起来的以为其服务为宗旨并承担服务责任的政府。

A.权利   B.公民

C.社会   D.人民

三、简答题

1.行政改革的含义是什么？

2.简述西方行政改革的几种理论内容。

3.简述我国行政改革的发展趋势。

4.简述我国最近一次行政改革的内容和意义。

5.讨论我国行政改革应关注的领域。

主要参考文献

［1］习近平.习近平谈治国理政（第三卷）［M］.北京：外文出版社，2020.

［2］夏书章.行政管理学［M］.6版.广州：中山大学出版社，2018.

［3］王河江，陈国营.行政管理学：变革中的行政管理［M］.北京：经济科学出版社，2017.

［4］赵宏斌，叶常林.行政管理学概论［M］.北京：中国科学技术大学出版社，2016.

［5］郭小聪.行政管理学［M］.北京：中国人民大学出版社，2016.

［6］登哈特 J V，登哈特 R B.新公共服务［M］.竺乾威，丁力，译.北京：中国人民大学出版社，2014.

［7］徐凡.国际政治经济学导论［M］.北京：对外经济贸易大学出版社，2014.

［8］黄新华.公共部门经济学［M］.厦门：厦门大学出版社，2010.

［9］黄建洪，金太军.当代西方行政改革：整体态势及其启示［J］.国外社会科学，2013（2）.

［10］王浦劬.深化行政体制改革的新特点［N］.人民日报，2016-02-28.